불교의 길

Buddhism: Its Essence and Development by Edward Conze

ⓒ1951, Bruno Cassirer, Oxford Inglaterra
All rights reserved.
Korean translation edition ⓒ2021, TTRAN
Published by arrangement with the Estate of Edward Conze
All rights reserved.

불교의 길

Buddhism: Its Essence and Development

배광식 옮김

에드워드 콘즈 지음

또란

아더 웨일리의 서문

오늘날 영어 또는 다른 어떤 언어로든 불교에 관해 콘즈의 책만큼 포괄적이고 읽기 쉽게 설명한 글은 없다. 여러분은 한 왕이 맹인들에게 코끼리가 어떻게 생겼는지 물어본 이야기를 알고 있을 것이다. 한 사람은 코끼리 코를 만져보고 마차바퀴 축 같다고 했고, 다른 사람은 귀를 만져보고 팔랑개비 같다고 말했다. 이 비유는 불교사를 쓰려고 하는 서양인에게도 적용될 수 있다.

그러나 이는 역사가의 잘못이라고 할 수 없다. 19세기 초까지는 오직 네팔의 중세불교를 대표하는 문헌에만 접근할 수 있었기 때문이다. 그 후 스리랑카에서 팔리어로 쓰인 초기경전들이 속속 발견되면서 초기불교의 전모가 드러났다.

1932년에 이르러 리스 데이비즈가 저술한 『상급 학생을 위한 불교

편람Manual of Buddhism for Advanced Students』(꽤 야심찬 제목이다)은 거의 팔리어 문헌만을 원전으로 사용했다. 일 년 후 토마스가 그의 저서『불교 사상의 역사History of Buddhist Thought』에서 좀 더 포괄하여 종합적인 내용을 다루었지만, 일반 대중보다는 전문 불교학자를 위한 것이었다.

키스의『불교철학Buddhist Philosophy』과 같은 다른 책들은 단순히 여러 견해들을 나열하는 데 그쳐서 일반 대중과는 동떨어져 있으며, 체계와 완성도에서 미흡한 점이 많다.

콘즈 박사의 글은 불교에 관한 질의응답이 실제적이고 살아 있으며, 시종일관 역사적 통찰을 통해 현재의 불교와 밀접하게 연관되어 있다.

책이란 저자의 관점이 드러나지 않으면 가치가 없고, 사실을 왜곡시켜서도 안 되며, 저자의 감성과 지성으로 알게 된 사실들이 독자에게 명확하게 전달되어야 한다고 생각한다. 콘즈 박사의 책은 내가 오랫동안 읽어온 어느 책들보다도 이것을 성공적으로 표현하고 있다.

• 아더 웨일리Arthur Waley(1889~1966). 영국의 동양학자, 시인. 중어중문학 및 일어일문학의 권위자이며, 중국과 일본의 시와 소설 등을 다수 번역하여 서양 세계에 소개했다. 1953년 시 부문 퀸즈 메달the Queen's medal for poetry을 수상했다.

지은이의 말

ⵖ

이 책의 아이디어는 내가 햄프셔의 가드스힐에서 살던 1941년, 친구들과 함께 최근에 얼마나 많은 불교 명상 수행이 실제로 이뤄지고 있는지 알아보던 중에 시작되었다.

앞 장들은 몇 년 전 옥스퍼드의 세인트 피터즈 홀에서 강연한 내용이며, 그래서 약간 구어체 말투가 묻어 있다. 1948년에 옥스퍼드의 윌리엄 콘* 박사가 내게 불교 사상 전반을 다뤄주면 좋겠다고 제안한 데 힘입어 이 책을 완성했다. 콘 박사가 전체적으로 많은 오류를 바로잡아 주었고, 나중에 아더 웨일리와 크리스마스 험프리스도 교정을 해주었다. 그리고 클로드 써튼과 아더 싸우스게이트가 영어 문체를 감수해주었다.

난해하거나 논란이 되는 부분은 여러 학자들과 논의를 거쳐 바로

잡았으며, 그때 도움을 준 토마스 교수, 토마스 박사, 콜롬보의 무르티 교수, 벨기에 루뱅의 라모트 교수, 파리의 드미에빌 교수, 로마의 투치 교수, 그리고 네덜란드 레이던의 포트 교수에게 감사드린다.

　내 책을 쓰는 데 바탕이 된 많은 원전들이 아직 영어로 번역되지 못했다. 앞으로 언젠가 불교 사상의 주요 문헌을 번역한 선집이 독자들에게 제공되어, 여기에서 겨우 간단히 서술한 부분들이 입증될 수 있기를 바란다.

1951년 1월
이윌름 사프란 클로즈에서
에드워드 콘즈

• 윌리엄 콘William Cohn(1880~1961). 독일계 영국 미술사가, 중국 연구가. 2차대전이 끝난 뒤 런던의 브리티시 박물관 재개관에 관련된 일을 했고, 1949년 옥스퍼드 동아시아 예술 박물관을 개관했다.

차례

서장 불교의 길에 들어서며

1장 불교의 공통 기반

2장 승단불교

3장 대중불교

4장 옛지혜학파

7장 유식파

8장 탄트라 혹은 주술불교

9장 인도 밖에서 발전한 불교

【일러두기】

- 불교 전문 용어에 익숙하지 않은 독자를 위해 가능한 한 일반 용어를 사용하고, 통용되는 한자 개념어를 [ ] 안에 병기했다. 또 영어, 산스크리트어 등을 병기하여 불교 공부에 도움이 되게 했다.
- 산스크리트어 또는 팔리어로 된 인명과 경전명에는 한국불교에서 널리 사용되는 한자어를 [ ] 안에 병기했다.
- 주는 모두 옮긴이의 주이고, 원저의 주는 '저자 주'로 명기했다.
- 주는 바로 참조할 수 있도록 각주로 달았다. 참조하지 않아도 내용을 이해하는 데는 무리가 없으나, 보다 깊이 있는 공부를 위해 각주읽기를 권한다.
- 원저는 인용문의 출처를 책 말미의 Quotations에 한데 모아 편집했으나, 번역서에서는 해당 인용문 끝에 원어로 밝히거나 주 형식으로 표기하고, 한글 또는 한문을 병기했다.
- 부록으로 편집한 원저의 참고문헌은 번역하지 않고 영문 그대로 실었다.
- 부록 '불교사 주요 연표'는 쉽게 이해할 수 있도록 원저와 조금 달리 편집했다. 원저의 약어는 풀어서 소개했다. 연표에도 옮긴이 미주를 달아 보다 심도 있게 공부할 수 있게 하는 한편 원저의 연도 오기를 바로잡았다. 본문에 이미 각주로 설명한 부분이라도 공부의 편의를 위해 중복하거나 보충하여 수록했다.
- 부록 '불교사의 갈래와 흐름'에도 옮긴이 미주를 달아 독자의 이해를 돕고자 했다.
- 책의 맨 끝에 정리해둔 '현재도 읽히는 콘즈의 책'은 옮긴이가 부기했다.
- 경전 제목은 《 》, 경전의 품과 편은 〈 〉, 책과 잡지는 『 』, 시와 게송은 「 」로 표기했다.

서장

불교의 길에 들어서며

1

종교로서의 불교

불교는 영성을 다루는 동양적인 방식이다. 불교의 가르침은 기본적으로 세계의 모든 다른 종교들과 이른바 '신비적'인 면에서 동일하다. 이 삶의 철학적 본질은 토마스 아 켐피스[1]가 그의 책 『그리스도를 본받아Imitation of Christ』에서 강한 어조로 분명하게 밝혔다. 우리가 알고 있는 불교는 지혜에 관한 인류 공통 유산의 일부이다. 불교의 지혜로 사람들은 유한한 이 세계를 극복하고 불멸, 곧 불사不死의 삶을 얻게 되었다.

---

1 Thomas à Kempis(1380경~1471). 독일 출신의 수도사, 영성 저술가. 네덜란드 즈볼러 근처에 있는 아그네텐베르크 수도원에서 일생 동안 모범적이고 경건한 신앙생활을 이어갔다. 성서 다음으로 널리 읽히는 『그리스도를 본받아』(준주성범遵主聖範)는 그리스도를 따라 영적인 신앙생활을 함으로써 완전한 덕을 추구하는 신심서이다.

지난 2세기 동안 유럽에서 영성에 관한 관심은 경제적·사회적 문제에 밀려서 뒤편으로 물러나 있었다. 요즈음 '영성'이란 말은 모호하고, 정의하기가 정말 쉽지 않다. 영성 자체가 무엇인가를 정의하기보다는 영성 세계에 도달한다는 것이 무슨 의미인지를 밝히는 게 더 쉬울 것이다.

성현들이 보편적으로 전해준 전통에 따르면, 영성 세계에 이르는 길은 세 가지이다. 첫째는 감각적 경험을 비교적 중요하지 않게 여기는 것, 둘째는 집착을 버리려고 노력하는 것, 셋째는 생김새·지성·인종(피부색과 체취)·교육 수준 등이 어떠하든 모든 사람을 평등하게 대하는 것이다. 이러한 기준에 따르면, 지난 여러 세기 동안 유럽인들의 집단적인 노력은 영적이지 않은 길로 흘러갔다.

흔히들 동양과 서양, 유럽과 아시아 사이에는 삶에 대한 태도, 인생관, 영혼의 기능 등에서 근본적이고 본질적인 차이가 있다고 간주되어 왔다. 불교가 유럽의 상황에 맞지 않다고 생각하는 기독교도들은 자신들의 종교뿐 아니라 모든 종교가 아시아에서 기원했다는 사실을 망각하고 있다.

종교는 영성에 대한 열망이 구체적으로 조직화된 것으로서 감각적인 세계를 거부하고, 그런 세계에 우리를 옭아매는 충동을 부정한다. 3,000년 동안 아시아 홀로 영성에 대한 사유나 방법을 창의적으로 개발해왔다.

유럽인은 이런 문제들을 아시아에서 빌려와서 아시아의 생각에 적응하고자 했으나 때로 어설프기도 했다. 내 생각에 유럽의 영성 개발은 유럽에서 기원하지 않았고, 근본적으로는 모두 동양의 영성에서 자극 받은 2차적인 것이다.

유럽의 사상은 사회법과 사회 조직을 정교화하는 데, 그리고 감각 현상을 과학적으로 이해하고 그것을 조정하는 데 뛰어났으며, 유럽 중에서도 특히 로마와 영국이 탁월했다. 유럽의 고유한 전통은 삶의 의지를 긍정하고 감각적 세계에 몰입하는 것이다.

반면에 인류의 영성에 관한 전통은 삶의 의지를 부정하고 감각적 세계를 멀리하는 것이다. 모든 유럽인의 영성은 피타고라스와 파르메니데스[2] 때부터 주기적으로 동양 정신이 유입되어 새로워졌다. 그리스 철학에서 동양의 요소를 제외하고, 예수 그리스도·바울·디오니시우스 아레오파기타,[3] 그리고 아랍 사상을 제외한다면, 지난 2,000년 동안의 유럽의 영적 사유는 상상할 수 없다. 1세기 전부터는 인도 사상이 유럽에 영향을 미치기 시작했다. 이제 시들어버린 유럽의 영성이 다시 활성화될 것이다.

불교에는 다른 지혜의 형태와 구분되는 몇 가지 특징이 있다. 이들은 두 종류로 나눌 수 있다.

첫째, 불교가 전래된 것은 지혜를 닦는 수행 때문이 아니라 불교 공동체가 존재했던 사회적 상황, 불교에 사용된 언어, 불교를 채택한 사람들 사이에 유행한 과학과 신화에 기인한 바가 더 크다. 우리는

2　Parmenidēs(BCE 6세기~BCE 5세기). 고대 그리스의 철학자.
3　Dionysius Areopagita. 기독교의 성인. 1세기경의 그리스인으로 사도 바울의 제자이다.

성스러운 삶의 본질적 요소를 이국적인 호기심과 철저히 구분해야
한다.

둘째, 명상을 통해 구원받는 방법은 많지만 불교의 전통은 어떤 종
교나 사상보다도 명쾌하고 충분한 해법을 제시한다. 그러나 이것은
다분히 (다른 종교의 명상과는 다른) 불교만의 특질이다. 잘 검토해
보면, 자이나교,[4] 수피,[5] 이집트 사막의 기독교 수사,[6] 가톨릭의 금욕
적 신학 및 신비신학神秘神學[7] 등의 문헌에서도 명상을 다루고 있다.

자신이 속한 동시대의 세계와 자기 자신에 대해 철저히 환멸을 느
낀 사람에게 불교는 매력적인 부분이 많다. 오묘한 사유로 도달하는
피안彼岸[8]의 초월적 숭고함, 불교 예술의 화려함, 광대한 영역으로 전
파된 그 장엄함, 불교에 심취한 사람들에게서 보이는 부동의 결단력
과 고요한 선정 등이 매력의 일부이다.

처음에는 그러한 이국적인 정취 때문에 불교에 빠져들더라도 불
교가 나날의 일상적인 삶에 끼치는 변화를 보고 판단해야만 불교의

---

4 인도에 현존하는 유서 깊은 종교. 최고의 완성자를 지나Jina(승자勝者)라고 부르고,
   그 가르침이라 하여 지나교 또는 자이나교라는 호칭이 생겼다. 인도에서 하나의
   종교로 성립된 이후 불교·힌두교와 더불어 커다란 영향을 미쳐왔으므로, 인도의
   전통문화와 그 유무형의 유산에 관해서 자이나교를 무시하고는 이야기할 수 없다.
5 코란에 계시된 정신적 내용에 관해 깊이 명상하고, 수행으로 진리를 체득하는 이
   슬람의 신비주의.
6 사막교부砂漠敎父. 3세기경에 시작되었으며, 주로 이집트의 스케티스 사막에서
   생활한 은둔수도자들·금욕주의자들·수사들·수녀들을 이른다.
7 그리스도교 등에서 인간의 영혼과 신과의 사이에 이뤄지는 숨은 교류 현상을 연
   구하는 신학의 한 부문.
8 '저 언덕'이라는 뜻으로, 사바세계 저쪽에 있는 깨달음의 세계, 수행의 완성으로
   닿을 수 있는 열반의 세계를 의미한다.

참가치를 올바로 알 수 있다.

불교 경전에서 권유하는 유익한 행위의 규범은 대개 세 가지로 나뉘는데, 계율[계戒], 명상[정定], 지혜[혜慧]이다.[9]

이 중에서 계율과 명상은 일상적인 평범한 사회를 떠나 구원을 추구하는 모든 인도 종교의 공통 자산이다. 여기에는 재가신도를 위한 행위 규범 외에도 출가공동체 생활을 위한 규율, 마음을 챙기는 규칙적인 호흡법, 감각 제어법, 색환colour circle 응시를 통한 무아경 유도법, 황홀경의 여러 단계를 비롯한 많은 요가 수행들, 또 자애·연민·함께 기뻐함·평정함[자비희사慈悲喜捨][10] 등이 있다. 나아가 어떤 신비적 종교에서도 흔히 발견되는 의식 고양적이고 교화적인 특징, 예를 들면 죽음에 대한 명상, 역겨운 이 물질적인 몸의 기능들에 대한 명상, 그리고 붓다와 붓다의 가르침과 승가에 대한 명상 등이 있다.

이러한 모든 수행법을 일평생에 전부 닦을 수는 없다. 해탈을 위한 길은 이처럼 많지만, 이들 모두의 공통점은 개아個我[11]가 실존한다는 믿음을 소멸시키는 데 목표가 있다는 것이다.

개아라는 단어를 요즘처럼 막연하게 받아들인다면, 붓다가 말한

---

9 계율을 지켜 실천하는 계, 마음을 집중·통일시켜 산란하지 않게 하는 정, 미혹을 끊고 진리를 주시하는 혜, 이 세 가지를 합쳐서 계정혜戒定慧 삼학三學이라고 한다. 이는 불교 수행자가 반드시 닦아야 할 세 가지 근본 원칙이다.
10 자慈는 남에게 즐거움을 주려는 마음, 비悲는 남의 괴로움을 덜어 주려는 마음, 희喜는 남이 괴로움을 떠나 즐거움을 얻으면 기뻐하는 마음, 사捨는 남을 평등하게 대하는 마음이다. 이것은 수행 방법으로서, 한량없는 중생에 대하여 일으키는 마음이므로 사무량심四無量心이라 한다.
11 개별 존재로서의 자아. 절대 변하지 않는 가장 내밀하고 초월적인 자아.

무아無我의 참뜻을 이해할 수 없다. 붓다의 가르침에 따르면, 인간은 다섯 가지 무더기[오온五蘊]로 구성되어 있다. 나중에 자세히 살피겠지만 우선 다섯 가지 무더기를 열거하면, 형체[색色, The Body], 느낌[수受, Feelings], 지각[상想, Perceptions], 의지[행行, Impulses] 그리고 의식[식識, Acts of Consciousness]이다.

사람이 움켜쥐고 기대고 이용하는 것은 모두 이 다섯 가지 중의 하나이며, '개아'를 구성하는 재료이다. 이 다섯 무더기 위에 '자아self'가 있다고 지어내는 데에서 개아가 있다는 믿음이 생긴다. 이 믿음으로 인해 '이것은 나의 것', '나는 이 가운데 어떤 것', '이것들 중 어떤 것은 나 자신'이라고 가정하게 된다. 바꿔 말하면, 개아가 있다는 믿음 속에서 '나는 이것이다', '나는 이것을 가지고 있다', '내 속에 이것이 있다', '내가 이 속에 있다'라고 표현하게 된다.

개아는 실체가 없는 상상에 불과하므로 개아라는 사실은 그 가상假相[12]에 대한 확고한 믿음이 사라짐과 동시에 없어진다. 개아는 다섯 무더기가 임의적인 덩어리로 구성된 가상이므로 존재하지 않는다. 개아가 사라진 그 결과가 불교의 목표인 니르바나nirvāṇa[열반]이다. 이에 대해 '참개아를 발견했다'고 표현하고 싶은 사람도 있을 수 있다. 지금 이해되고 있는 '개아'라는 단어가 워낙 모호하고 탄력적이어서 이를 용납할 만도 하지만, 불교 경전에서는 명백하게 이런 표현과 그에 상당한 어떤 표현도 기피하고 있다.

---

12 겉으로 나타나 있는 헛되고 거짓된 모습.

불교가 여러 학파로 나뉜 것은 목표에 접근하는 방법의 다양성에서 비롯되었는데, 이 부분에 대해서 설명하겠다. 초기 교단에서도 다양한 기질과 자질을 가진 사람들이 각기 다른 길을 통해 목표에 이르렀다고 알려져 있다. 사리푸트라Śāriputra[사리붇]는 지혜 제일로 유명했고, 아난다Ananda[아난]는 믿음과 헌신으로, 마우드갈랴야나maudgalyāyana[목건련]는 신통력으로 유명했다. 후기에는 서로 생각이 다른 사람들이 다양한 학파를 형성했고, 점차 교리가 널리 전파되면서 지역적인 분리가 심해지고 이질적인 교단 조직들이 파생되었다.

이 책의 후반부에 탈개별화(무아無我의 증득)를 이루는 방법들에 대해 다룰 텐데, 현존하는 문헌으로 보면 초기불교 전통에서는 이 부분에 대해 전혀 언급이 없거나 아주 희미한 조짐만 보인다. 그러나 많은 후기 불교도들이 주장했듯이 붓다는 중생에 대한 지극한 사랑으로 올바른 것을 원하는 사람들을 도울 수 있는 어떤 것도 배제하지 않았을 것이다.

이 책의 많은 부분을 주요 학파들의 주장을 다루는 데 할애하고, 각 부파部派들이 그들 나름대로 특별히 선택한 방법들을 통해서 어떻게 다른 부파들과 동일한 목표에 이르게 되는지를 설명할 것이다. 그리고 그것이 어떻게 역사 속에서 부침했는지도 살펴볼 것이다.

2

철학으로서의 불교

유럽에서 우리가 이해하는 철학Philosophy은 그리스의 산물이다. 단지 좀 더 알기 위한 목적으로 '실제 존재란 무엇인가'를 묻는 철학은, 불교 전통에 젖은 사람에게는 낯설게 느껴지고 소중한 시간을 낭비하는 것으로 보인다.

붓다의 가르침은 오로지 구원에 이르는 길을 보여주는 데만 관심이 있다. 불교 논사들의 저술 중에 철학적인 것이 나올 수도 있으나, 그것은 아주 부수적이다. 방대한 불교 용어 가운데 우리가 쓰는 '철학'에 해당하는 단어는 찾을 수 없다. 다음의 비유에서 그 입장을 분명히 알 수 있다.

중국인은 중국어에 문법이란 게 없다는 것을 알고 있다. 그리고 중국에서는 문법 지침 없이 중국어를 배운다. 몇몇 유럽의 언어학자들이 라틴어 문법 범주의 모델에 따라 중국어를 위한 문법을 만들었다. 그 문법은 중국어에 잘 맞지 않고, 중국인들은 여전히 문법 없이 언어를 사용한다. 그러나 라틴 스타일의 문법은 그 범주에 익숙한 유럽인들이 중국어를 좀 더 쉽게 배우도록 도움을 준다. 마찬가지로 불교 사상을 현재 유럽에서 사용하는 철학 용어로 정의하는 것은 유럽인들이 불교에 접근하는 데 많은 도움이 된다.

철학적으로 불교를 묘사한다면, '심리학적' 경향이 있는 '변증법적' '실용주의'라고 할 수 있다. 이 세 가지 용어를 하나하나 살펴보도록 하자.

실용주의

불교의 기원과 의도에서 볼 때 구원(해탈)의 가르침인 불교는 항상 수행을 강조하는 실천적 태도가 특징이었다. 구원과 무관한 일에 대해 이러쿵저러쿵 논하는 일은 권장되지 않았다. 고통은 삶에서 떼어낼 수 없는 근본적 사실이다.

만약 어떤 사람이 화살을 맞아 고통스러운 상황에 처했다면 "이 화살을 누가 쏘았는지, 화살을 쏜 자가 기혼인지 미혼인지, 키가 큰지 작은지, 금발인지 흑발인지 등을 알기 전에는 절대 화살을 뽑을 수 없어"라며 화살 뽑기를 거부하지는 않을 것이다. 그가 무엇보다 원하는 것은 화살을 뽑는 일이다.

붓다가 제자들에게 남긴 마지막 가르침은 "모든 조건 지어진 것들은 영원하지 않으니, 부지런히 해탈을 위해 정진하라."이다. 불교의 오랜 역사에서 이런 실천적 성향을 잃어버린 적은 한 번도 없다. 불교 논사들의 서술은 실제 본성에 관한 명제를 다루는 공허한 논의가 아니라 어떻게 행동할 것인가에 대한 조언, 행동 양식에 대한 서술, 그리고 그에 따른 경험들을 다루고 있다. "거기에 도달하고자 하면 너는 반드시 이것을 해야 한다." "네가 이것을 행하면 너는 이런 경험을 할 것이다." 이러한 사실들을 알게 되면, 불교를 허무주의로 보는 등의 많은 오해가 풀릴 것이다.

그러므로 우리는 불교 사상에 이른바 실용주의 경향이 있다고 상당히 진실을 담아 말할 수 있다. 사상의 가치는 그 사상으로 우리가 무엇을 할 수 있는지, 그 사상이 삶의 질을 어떻게 변화시키는지에 따라 판단되어야 한다. 집착의 해소, 친절, 고요한 자신감 등의 증거를 어디에서나 발견할 때 우리는 그 태도의 배경이 되는 철학을 우호적으로 믿게 된다.

어떤 가르침이든 그것이 격정이 아닌 평정으로, 집착이 아닌 초탈로, 세속적 이득의 증가가 아니라 감소로, 탐욕이 아니라 소박함으로, 불만족이 아니라 지족知足으로, 무리 속이 아니라 홀로, 무기력함이 아니라 활력으로, 악을 기뻐하는 것이 아니라 선을 기뻐하는 것으로 이끌면 당신은 다음과 같이 확실히 단언할 수 있다. "이것이 규범이다. 이것이 수행법이다. 이것이 스승의 가르침이다." – Vinaya[율장律藏] II 10

불교가 발전함에 따라 실용주의 경향은 더욱 뚜렷해졌다. 우리는 어떤 것을 말로 하는 순간 그것을 그르치게 된다. 단지 말을 했다는 사실만으로 이미 어긋난 것이다.

"말하는 자는 모르고, 아는 자는 말이 없다."[13] 오직 고귀한 침묵만이 진실을 그르치지 않는다. "부득이 말을 해야 한다면, 소위 방편으로 쓰일 때만 말하는 것이 용납된다."고 고귀한 침묵의 옹호자들이 얼마나 강조했는지를 알면 놀라게 된다. 다시 말하면, 다른 사람을 영적 진보의 어떤 단계로 이끄는 데 도움이 될 때만 말을 한다.

성스러운 가르침은 원래 약이고, 붓다는 의사와 같다. 마치 의사가 여러 종류의 질병을 진단하고 원인과 치료약과 치료법을 알아 질병에 적용하듯이 붓다는 고통, 고통의 원인, 고통의 소멸, 고통의 소멸에 이르는 길이라는 네 가지 성스러운 진리[사성제四聖諦]를 가르쳤다(82~92쪽 참조). 만약 붓다의 가르침을 수행과 별개로 분리해서 생각한다면 이는 아주 무의미한 일이 되고, 가르침의 강력한 힘을 잃게 된다.

심리학적 경향

명상은 불교에서 해탈의 주요한 수단임에 틀림이 없다. 겉으로 드러내는 활동보다는 명상과 마음 수련을 훨씬 더 강조한다. 명상으로

---

13 지자불언知者不言 언자부지言者不知(아는 사람은 말하지 않으며, 말하는 사람은 알지 못하는 사람이다.) —『노자老子』56장

정신의 변화 과정을 조절하는 데 목표점을 두는 것이다. 그 결과 불교 사상은 소위 심리학적인 것들로 가득 채워져 있다. 서양과는 비교할 수 없을 만큼 형이상학과 심리학이 잘 융화되어 있다.

변증법적 경향

실용주의와 심리학적 특징이 두드러지는 데 더해 불교 사상은 변증법적 경향을 보이고 있다. 변증법은 유럽에서 엘레아의 제논[14]과 헤겔의 논리 형태와 연관되어 있다. 그것은 다음과 같은 믿음을 의미한다. 즉 당신이 만약 어떤 일에 대해 올바르고 깊게 생각한다면, 당신은 상반되는 것들이 서로를 일정 부분 상쇄하는 모순에 도달하게 된다. 불교 사상가들은 역설과 모순을 사랑했다. CE 350년경에 성립되어 가장 많이 읽히고 있는 형이상학적 경전인 《금강경》[15]의 두 가지 인용문을 통해서 살펴보자.

《금강경》에서 붓다는 이렇게 말했다.

---

14 Zenon of Elea(BCE 490~430년 추정). 그리스 엘레아 학파의 철학자. 아리스토텔레스에 의하여 변증법의 창시자로 불린다.

15 《금강반야바라밀경金剛般若波羅密經》의 약어. 산스크리트명《바즈라체디카 프라즈냐파라미타Vajracchedikā–prajñāpāramitā》. 인도에서 2세기에 성립된 공空사상의 기초가 되는 경전으로, 산스크리트 원본이 현존한다. 금강金剛은 금강석, 곧 다이아몬드를 말한다. 금강석처럼 단단하고 예리하고 반짝이는 완전한 반야의 지혜로 절대적 자유, 참된 깨달음에 이르는 길을 설하고 있다.

수보리여! "존재는 존재가 아니다. 그러므로 존재라고 불리운다"라고 여래[16]께서 가르치셨다.[17]

또 이렇게 말했다.

이 세계 구조 속에 있는 수많은 중생의 다양한 생각의 경향을 나는 나의 지혜로 다 알고 있다. 왜 그러한가. 수보리여, "생각의 경향은 생각의 경향이 아니다"라고 여래께서 말씀하셨다. 그러므로 소위 생각의 경향이라고 불리운다. 왜냐하면 과거의 생각은 잡을 수 없고, 미래의 생각도 잡을 수 없으며, 현재의 생각도 잡을 수 없기 때문이다.[18]

16 여래는 산스크리트어 타타tathā(그처럼)와 아가타āgata(다가오는 자)의 합성어, 곧 타타가타tathāgata의 한역이다. 인도인은 진리가 모든 언어적 표현을 초월한다고 생각하여, 진리를 가리키는 최소한의 표현으로서 '그것tat'이라는 말을 이용했다. '그처럼'도 이런 종류의 표현으로, 중국인은 '여如'라고 번역했다. 따라서 '여래'는 '진리 그 자체로서 다가오는 자'라는 뜻이 된다.

17 수보리須菩提 소언일체법자所言一切法者 즉비일체법卽非一切法 시고是故 명일체법名一切法(수보리여, 일체법이라 한 것은 일체법이 아닌 것을 말씀하신 것이며, 그러므로 일체법이라 불린 것이다.) ―《금강경》〈제17 구경무아분究竟無我分〉
    뜻을 풀어보면 다음과 같다. "말과 생각으로 미치지 못하는 진리를 항상 변하지 않는 실체가 있는 듯이 표현한 개념화된 말로 설명한 것은 방편으로, 참진리와는 이미 어긋난 개념적인 말일 뿐이다. 곧 일체법이라는 연기적 진리는 일체법이라는 개념화된 말로 표현되는 것이 아니다. 일체법이라 표현된 말은 개념화된 이름(방편)일 뿐이니 말과 생각 너머의 있는 그대로의 연기적 진리를 깨달아야 한다."

18 불고수보리佛告須菩提 이소국토중소유중생爾所國土中所有衆生 약간종심若干種心 여래실지如來悉知 하이고何以故 여래설제심개위비심如來說諸心皆爲非心 시명위심是名爲心 소이자하所以者何 수보리須菩提 과거심불가득過去心不可得 현재심불가득現在心不可得 미래심불가득未來心不可得(부처님께서 수보리에게 말씀하셨다. "이러한 세계 중에 있는 중생들의 갖가지 마음의 흐름을 여래께서는 지혜로 통찰하여 모두 다 아시느니라. 왜냐하면 여래께서 말씀하시기를, "중생들

생각을 무산시킴으로써 모순이 해소된다. 존재의 또 다른 속박[19]을 벗어버림으로써 진리의 무한 광대한 공간이 스스로 열린다. 좀 더 세속적인 방법으로는, 희문戱文[20]을 읽으면서 비슷한 느낌을 받는 사람도 있다. 불교에서 일반 논리의 규칙은 그 규칙을 초월하는 영성의 자유라는 이름으로 무력화된다. 게다가 제논, 니콜라스 쿠사,[21] 헤겔처럼 자기모순적 서술이 허용되는 절대의 개념이 도입되었다.

의 모든 마음의 흐름은 다 마음의 흐름이 아닌 것을 마음의 흐름이라고 말한다" 라고 했으니, 그것이 마음의 흐름이라고 불린다. 어떤 까닭이냐? 수보리여, 과거의 마음도 얻을 수 없고, 현재의 마음도 얻을 수 없고, 미래의 마음도 얻을 수 없기 때문이니라.") -《금강경》〈제18 일체동관분一體同觀分〉

19 연기로 인해 무상한데, 변함없이 항상恒常한 듯이 개념화한 것을 말한다.
20 터무니없는 글, 유머, 풍자시(극), 패러디 문학 등.
21 Nicholas of Cues(1401~1464). 독일의 철학자, 신학자, 법학자, 천문학자. 독일 최초의 르네상스인문주의 지지자이다.

3

자아 소멸, 곧 무아의 가르침

불교가 종교사상에 기여한 독특하고 분명한 점은 무아無我(Not Self)의 가르침을 강조한 데 있다. 불교에서 자아自我(self)가 있다는 믿음은 고통을 유발하는 필연적 조건으로 여겨진다.

우리는 '나'와 '나의 것'이라는 생각을 일으켜서 매우 바람직하지 않은 상태를 많이 초래한다. 어떤 심리학자들은 만약 우리가 자아를 떨쳐버릴 수 있다면, 엄마 배 속의 태아처럼 완전한 행복, 지극하여 더 없는 행복을 누리게 될 것이라고 말한다.

"자신이 더 이상 거기에 없을 때만이 진정 행복할 수 있을 것이다"라는 주장은 일반인에게는 당연히 터무니없는 생각으로 비쳐질 법한 변증법적 역설이다. 어쨌든 나 자신을 다른 것과 동일시할 때, 곧 나 아닌 것에게 일어난 것을 나 자신에게 일어난 것으로 여길 때 불행해진다는 것은 명백하다.

만약에 치아가 있고 그곳에 충치가 있다면, 충치는 치아에서 진행되는 것이고, 거기에 붙어 있는 신경에서 진행되는 것이다. 그런데 만약 나의 '나'라는 생각이 치아까지 뻗쳐서, 그렇게 확신할 필요가 없어 보이는데도 '이것은 나의 치아다'라고 확신한다면, 그래서 치아에 일어난 일이 나에게 영향을 끼칠 것으로 믿는다면, 심리적 장애가 초래된다. 불교도는 그런 상황을 다음과 같이 본다. "여기에 상상으로 꾸며낸 '나'라는 관념이 있을 뿐 그에 상응하는 실재는 아무것도 없다." 세상에는 모든 종류의 수많은 과정이 계속 일어나고 있다.

지금 여기에서 나는 상상력의 또 다른 가공물을 만들어내는데, '소유'라는 관념이다. 소유에 대해 명확히 윤곽을 정할 수는 없지만, 이 세상의 어떤 부분은 '나'에게 속한다는 결론에 이른다. 여기서 불교의 접근법은 서양의 전통과는 아주 다르다. 예를 들면, 아리스토텔레스의 철학에서 '소유(속함)'의 관념은 별다른 비판 없이 경험의 궁극적 기준으로 다뤄졌다. 아리스토텔레스의 논리와 존재론은 그 위에 세워졌다.

무아의 가르침은 매우 심오하다. 그 근저에 이르려면 일평생도 모자라다는 사람도 있다. 불교 전통에 따르면, 무아에는 우리가 구분해야 할 두 가지 명제가 들어 있다.

첫째, '나', '나의 것', '소유' 등의 말이나 관념에 상응할 만한 실체가 없다. 다시 말해, '자아'는 실재하는 사실이 아니다.

둘째, 우리의 경험적 자아는 진짜 자아로 간주할 만한 아무런 가치가 없다(209쪽 참조).

이 명제들 중 두 번째는 이 책이 전개되면서 명백히 밝혀질 것이므로, 우선 첫 번째부터 간략히 살펴보도록 하자.

우리는 자아, 영혼, 실체 또는 소속, 소유라는 관계가 존재한다는 지적 확신과 부단히 싸워야 한다. 자아가 일반인의 상식에서 세상을 보는 기준이 된다는 것을 부정하는 것은 아니다. 그러나 자아 등의 유사한 관념들을 궁극적인 실제의 사실로 받아들이는 것은 거부해야 한다. 이렇게 하다보면 중요한 필연적 결과를 얻게 된다. 자아라는 것이 없다면, 개인(인격)이라는 것도 없다. 왜냐하면 개인은 어떤 성장의 중심점인 내면의 핵심, 곧 자아를 축으로 하여 구성되기 때문이다.

나는 『모순과 실제Contradiction and Reality』라는 내 책에서 자아 개념의 객관적 타당성을 부정하는 불교의 논의를 현대적인 용어로 재정리해본 적이 있다. 그것을 여기에서 되풀이하면 너무 샛길로 빠질 것 같아 생략한다.

아무리 자아를 부정하는 논의가 무성하다 해도 우리는 습관적으로 그것을 말하고, 또 그 말을 빼고 지내기는 분명히 어렵다. 영국에서는, 심리적 과정과 구별되는 실재로서의 에고가 존재한다는 생각을 부정한 흄의 주장이 무아의 가르침에 아주 가깝다.

순전히 이론적인 관점으로만 보면 불교는 별로 가르칠 만한 것이 없으며, 흄과 윌리엄 제임스 같은 사상가들이 좀 더 서양인의 마음에 맞는 형태로 설명해놓았다.

그러나 불교와 서구 철학자들의 차이점은 그들이 도달한 철학적 명제로 무엇을 실행했는가에 있다. 유럽인은 철학자의 이론과 실천 수행 사이, 그들의 우주관과 생활양식 사이의 거의 메울 수 없는 간격에 익숙해져 있다.

특히 두드러진 예로 쇼펜하우어와 허버트 스펜서가 언뜻 떠오른다. 철학자가 에고가 없다는 것을 증명했다면 그것을 생활에 적용해야 하는데, 실제로는 에고가 있는 듯이 행동한다. 그의 탐욕과 증오와 집착은 그의 철학적 논의와 무관하게 그대로 남아 있다. 그는 삶이 아니라 견해의 일관성에 따라 평가된다. 문장 스타일, 박학다식함, 다시 말해 순전히 지적 기준에 의해 평가된다. 부인에게 형편없이 무례하고, 친구의 재산을 부러워하고, 반박을 당하면 허둥댄다고 지적하면서 철학자를 비판하는 것은 당치 않은 일이었다.

반면에 불교에서는 생활 태도, 삶의 성스러움, 이 세상에 대한 집착의 제거 등에 강조점을 둔다. '에고는 없다'와 같은 단순한 이론적 명제는 완전히 무익하고 쓸모없는 것으로 간주된다. 사상은 도구에 불과할 뿐이고, 그것의 정당성은 실천 결과로 평가된다.

에고가 없다는 지적 확신에 만족하지 않고, 불교도는 전적으로 새로운 생활 태도를 목표로 한다. 나날의 일상에서 여러 일을 하고 번거로움을 겪으면서 마치 에고가 없는 듯이 행동하기를 배워야 한다. 자아의 문제에 대해 놀랄 정도로 새롭고 듣도 보도 못한 아이디어를 불교에서 기대하는 사람들은 적잖이 실망할 것이다. 어떻게 무아의 삶을 일구어갈 것인가에 대한 조언을 구하는 사람들은 불교에서 많은 것을 배울 수 있다.

불교철학의 위대한 공헌은, 우리들의 내켜하지 않는 마음에 무아의 진리를 각인할 수 있는 방법을 제시하고, 이 진리를 자기 존재의 일부로 만들기 위해 부과한 실천 수행에 있다고 하겠다.

4

불교는 근본적 염세주의인가

'무아의 가르침'은 한편 경험적 자아를 구성하거나 끌어당기는 모든 것과의 절연을 내포하므로 염세적 신앙이라는 평가를 받았다. 모든 것이 제약되고 무상한 이 세계는 고통과 유해한 것들로 온통 뒤덮여 있기 때문에 열반에 도달하려면 이들을 전적으로 거부하고, 완전히 던져버려야 할 그 무엇으로 여겨야 한다고 강조하는 점에서 염세적이라는 평가는 틀린 말이 아니다.

그러나 나는 세계에 대한 불교의 이런 태도를 '근본적 염세주의'라고 부르는 것이 좋은 단어 선택인지는 잘 모르겠다. 미얀마나 티베트 같은 불교국가를 보고 온 사람들이 말하기를, 그곳은 승려든 재가신자든 모두 자연스러운 쾌활함을 갖고 있으며, 때로는 흥겨워 보이기도 한다고 전한다. 이 세계는 전부 고통뿐이라는 불교 교리에서 느낀

염세적 우울을 불교국가 사람들의 쾌활한 표정에 비춰보는 것은 자
못 당혹스러운 일이다.

이 세계는 눈물의 골짜기일 수도 있지만 그 짐을 벗어버리고 나면
기쁨이 일어난다. 이 세상을 버려야 한다. 그러나 세상을 버림으로써
신의 왕국을 얻게 된다면, 그 얻은 것이 잃은 것을 상쇄하고도 남는
다. 어쨌든 '염세주의' 같은 말에 대해 우리가 할 수 있는 최선은 그런
말을 내버리고 문제 자체를 직시하는 것이다.

이 세계를 대하는 불교 사상가들의 부정적 태도는 분명히 인생의
의미에 대한 물음, 그리고 인간의 운명에 대한 문제와 밀접하게 관련
되어 있다. 이 문제들이 아무리 어렵더라도, 이 문제와 씨름하는 것
이 아무리 비과학적일지라도 우리는 결론을 내지 않으면 안 된다. 왜
나하면 우리 인생의 완전한 행복과 풍요로운 결실은 그 해답에 달려
있기 때문이다.

인간의 본성과 운명, 또 인간 존재의 의미에 대한 견해는 대체로
두 종류로 나뉜다.

첫째, 어떤 사람들은 이렇게 생각한다. 인간은 대지의 산물이다. 대
지는 인간의 고향이다. 그러므로 인간이 할 일은 이 땅에서 안온히 사
는 것이다. 자기보존은 지고至高의 법이고 인간의 의무이기도 하다.

둘째, 또 다른 사람들은 이런 믿음을 가지고 있다. 인간은 불안한
정신을 가지고 천국에서 추방된 영혼으로 이 땅의 이방인이다. 인간
이 할 일은 이 세계로 떨어지기 이전의 완전한 상태를 다시 회복하는
것이다. 자기부정은 지고의 법이고 인간의 의무이다.

우리들 현대문명은 첫 번째 견해를 선호하는 반면에 불교는 두 번째 견해를 취한다. 물론 이러한 문제들을 논쟁만으로 해결할 수 있다고 주장하는 것은 무익한 노릇이다. 가치관을 결정할 때는 자신의 개인적 취향이나 기질에 너무 기울지 않도록, 또 객관적인 자연의 법칙만을 너무 신봉하지 않도록 주의해야 한다. 우리는 자기 입장을 명확히 할 뿐 남에게까지 그것을 강요해서는 안 된다.

불교의 관점은 이 세상과 자신에 대해 완전히 환멸을 느낀 사람들, 아픔과 고통을 포함한 내적 혼란에 극히 민감한 사람들, 궁극의 행복을 바라는 사람들, 그리고 금욕에 상당한 자질이 있는 사람들에게만 호소력을 갖는다. 모든 사람들이 불교 교리를 이해할 수 있거나 기꺼이 이해할 거라고 기대하는 불교도는 아무도 없다.

불교도들은 이 세상 너머의 완전한 행복을 추구한다. 왜 그들은 그렇게 행복을 열망하는가? 비록 작은 것이라도 왜 이 세상에서 얻을 수 있는 최대한의 행복에 만족하지 못하는가? 답은 우리가 실생활에서 끝없이 갈구하고 만족할 줄 모른다는 데 있다. 만약 육신이 더 안락해지고 세속적 욕구가 충족되어야 만족할 수 있다면, 런던 교외의 주민들은 중국의 쿨리coolie[22]나 스페인 농부들보다 훨씬 행복감으로 빛나고 만족해야 한다. 그러나 실제로는 정반대이다. 불교의 주장에 따르면, 우리 인간의 본성은 완전한 영원성, 완전한 평안함, 완전한 안전이 보장되지 않는 한 어떤 것에도 만족하지 못한다. 그리고 무상

---

22 19세기에서 20세기 초까지 존재한 중국과 인도의 하층 노동자. 아프리카, 인도, 아시아의 식민지로 팔려가 가혹한 노동을 강요당했다.

하게 변해가는 이 세상에서는 이들 중 어느 하나도 찾아낼 수 없다.

최근에 철학자와 심리학자들이 인간 존재의 가장 핵심에 있는 불안의 중요성을 발견했는데, 이 내재적 불안은 불교의 주장과 상당한 연결고리가 있다.

셸러,[23] 프로이드, 하이데거와 야스퍼스가 상술한 견해에 의하면, 인간 존재의 핵심에는 근본적인 불안, 이를테면 모든 형태의 불안과 불편함이 힘을 얻는 원천 같은 조그만 빈 공간이 있다. 이 근본적 불안은 자기 성찰적이고 철학적 사고방식을 가진 사람들만이 순수한 형태로 경험할 수 있는데, 그것도 아주 드물게 일어난다. 이것을 직접 체험하지 못한 사람은 아무리 설명해도 납득하지 못한다. 반대로 일단 그것을 느낀 사람은 아무리 잊으려 노력해도 절대로 잊을 수 없다.

그것은 당신이 세상사의 시끄러움에서 벗어나 잠들 때 불현듯 찾아든다. 한밤중에 잠에서 깨어나 자신이 거기에 있다는 사실에 놀라움을 느낄 때, 그 느낌이 두려움과 공포로 변할 때 당신에게 그 근본적 불안이 찾아든다. 그때 당신을 둘러싼 무無의 심연에서 떠오른 당신 자신과 아주 잠깐 대면하게 되고, 통절한 무력감을 느끼며 철저히 속수무책인 채로 어쨌든 거기에 당신이 있다는 놀라운 사실을 발견하게 된다.

이러한 경험은 너무 충격적이고 고통스럽기 때문에 통상적으로

---

23 Max Scheler(1874~1928). 독일의 철학자, 사회학자.

우리는 될 수 있는 한 이 경험에서 멀리 떨어져 있으려고 한다. 자신이 자신을 만나지 않도록 자신에게 온갖 종류의 경험들을 덧칠한다. 항상 쫓기듯이 바쁜 사람들, 항상 무언가를 생각하는 사람들, 항상 무언가를 하고 있는 사람들은 이러한 근본적이고 원초적인 불안의 경험으로부터 끊임없이 달아나고 있는 것이다.

우리는 일상에서 늘 모든 불안의 원천인 자신의 비어 있는 중심 공간이 아니라 엉뚱한 것에 기대고 의지한다. 그러나 불교도들은 이 근본적인 불안을 극복하지 않고는 평안할 수 없다고 말한다. 그리고 무엇에도 의지하지 않고 홀로 설 때에만 불안을 극복할 수 있다고 생각한다.

5

자기 존재의 부정과
불멸의 삶

인간 본성에 대한 탁월한 견해와 더불어 불교도들은 '불멸의 삶'을 추구하는 것이 합리적이고 지각 있는 일이라고 여긴다. 대다수의 다른 종교들처럼 불교의 목표는 불멸, 곧 죽음 없는 삶을 얻는 데 있다.

붓다는 깨달음을 얻은 후 '불사不死의 문'을 열었다고 선언했다. '개체의 영속'과 '불멸' 사이에 엄청난 차이가 있다는 것은 명백하다. 불멸은, 죽음과 엮어 분리될 수 없는 현세의 삶과는 정반대편에 있다. 우리는 태어나는 순간부터 죽어가기 시작한다. 우리 몸의 신진대사율은 수정 직후부터 감소한다. 탄생은 죽음의 원인이 된다. 실제로 죽음을 초래하는 여러 정황들은 때가 익은 것일 뿐이다. 태어남, 정확하게는 수정이야말로 필연적인 죽음을 맞게 하는 원인이다.

가끔 나는 영국에서 죄수를 사형시킬 때 교수형을 고집하는 것은 이 처형 방법이 인생의 과정과 아주 흡사하기 때문이라고 생각한다. 말하자면, 우리는 수정되는 순간 목에 올가미를 걸고 바닥의 널빤지 아래로 뛰어내리는 것과 같다. 때가 되면 목이 조여 들고, 죽는 것은 시간문제이다. 감히 그것을 직면하든 아니면 외면하든 간에 우리는 항상 이 위험한 상황을 알고 있다. 죽음의 올가미가 점점 조여오는 그 사이에서 우리가 어떻게 평안할 수 있겠는가. 그러므로 불멸은 필연적 쇠멸이라는 대가를 치르고 사는 개체를 영속시키려는 욕구가 아니고, 이 개체를 초월하는 것이다.

여기에 아무개라는 사람이 있는데, 모든 것이 잠깐 머물다가 다시 부서질 운명으로 태어나는 이 상황에 질려버렸다고 하자. 그런데 그가 불멸이기를 원한다면, 전 생애에 걸쳐 매순간 자기 스스로를 부정하는 수밖에 다른 선택권이 없다. 그 자신에게 있는 영원하지 않은 모든 것을 전부 제거해야 한다.

그렇게 해서 불멸을 얻은 후에 그에게 무엇이 남아 있을지 생각해보자. 그의 육신은 분명히 남아 있지 않을 것이다. 몸과 함께 본능도 사라졌을 것이다. 왜냐하면 본능은 내분비선과 조직들의 도움이 필요하고, 한마디로 몸과 결합되어 있기 때문이다. 알다시피 마음 또한 희생되어야 한다. 왜냐하면 마음은 신체의 과정과 연결되어 있으며, 신체의 감각기관이 제공하는 정보를 기초로 작동하기 때문이다. 또 마음은 쉬지 않고 끊임없이 이곳저곳을 뛰어다니기 때문에 변화무쌍하고 무상하다.

마음이 사라지면 논리의 일관성에 대한 감각도 사라진다. 사실 그는 죽음 없는 삶에 이르러서 자신을 전혀 인지할 수 없게 된다. 자신이나 남에게 "이것이 나"라고 인지하게 할 만한 모든 표지를 다 잃어버린 것이다.

그는 자기 존재의 불멸성을 어지럽히는 온갖 것들을 부정하는 법을 배울 때에만 새로이 태어날 수 있다. 불교도들은 그를 구성하는 다섯 가지 무더기[오온五蘊] 밖에 불멸이 있다고 본다. 그러므로 그가 애착하는 소아小我를 구성하는 모든 요소를 부정해야 불멸에 이를 수 있다고 한다.

실제로 불교 수행은 우리가 태어날 때 잃어버린 불멸성을 다시 획득하는 데 방해되는 것들, 그것들에 대한 애착을 체계적으로 약화시키는 방법들로 이뤄져 있다. 육신은 정복되고, 본능은 약화되고, 마음은 평온해지고, 논리적 사유는 모순에 의해 막히고 탈진하며, 감각적 사실이 경시되는 동안에 육신의 눈 대신 믿음의 눈과 지혜의 눈이 자리잡는다. 이는 제자에게 "자신을 점차로 죽여 나가라"고 했던 존 웨슬리[24]의 계율과 거의 동일하다.

그러나 앞에서도 이야기했듯이 이 모두는 인간 본성에 대한 각자의 견해에 달려 있다. 인간을 오직 지상의 산물로 여기는 첫째 부류의 사람들은 불교도의 불멸에 대한 열망을 기껏 '하늘을 나는 여행을 위해 살던 집을 떠나는 달팽이'로 비유하고 싶을 것이다. 본질적으로

---

24 John Wesley(1703~1791). 영국의 종교개혁자, 신학자, 감리교 교회의 창시자. 종교적 체험과 성결한 생활을 역설하고, 산업혁명을 배경으로 대규모 신앙운동을 전개했다.

인간을 영적인 존재로 믿는 사람들은 불교의 비유인 산정호수에 살던 백조 이야기를 더 좋아할 것이다. 백조가 산정호수를 떠난 뒤 어디에도 정착하지 못하고 이 웅덩이 저 웅덩이를 떠돌다가 그들의 진정한 고향인 산정호수의 맑은 물로 돌아간다는 이야기 말이다.

6

불교는 어떻게 존속해왔는가

불교의 쟁점에 대한 성자들의 언설이 설득력 있고 유창하다고 해도, 일반 상식에서 보면 이런 종류의 비세속적 가르침은 매우 훌륭하고 고귀하지만 사실 이 땅에 발붙이고 살아야 하는 생활인들에게는 전혀 어울리지 않는다는 느낌을 지울 수 없다.

현대에 사는 우리 모두는 은연중에 다원주의자들이다. 그리고 비세속적 교리의 생존가生存價[25](살아남을 가능성)는 지극히 낮아 보인다. 불교는 어떻게 이 땅에 계속 존속할 수 있을까. 그러나 역사적 사실들은 일반 상식을 오히려 혼란스럽게 한다.

불교 공동체인 승가僧伽는 인류의 가장 오래된 제도이다. 자이나

---

25 생물체의 특성이 그 생존과 번식, 적응도 등에 미치는 영향의 값을 나타내는 용어.

교의 종파를 제외하고는 이보다 더 오래 유지되어온 제도는 없다. 역사적으로 대규모의 군대와 군함과 관료들을 거느린 위협적이고 강대한 제국들이 수없이 나타났지만, 아마도 3세기 이상을 버틴 제국은 거의 없을 것이다.

그런데 신중한 걸사乞士[26]들이 있었다. 그들은 항상 부유함보다는 가난을 소중히 여기고, 다른 생명을 위해하거나 죽이지 않기로 맹세하고, 열반에의 꿈을 이루고, 아름다운 극락을 건설하고자 일생 동안 수행에 매진했다. 이들은 어떠한 세속적 가치도 경시하고, 세속이 경시하는 온순함, 너그러움, 한가한 명상을 가치있게 여겼다. 그럼에도 불구하고 탐욕과 증오와 망상 위에 세워진 강대한 제국들이 겨우 수세기를 버티다 사라지는 동안 불교 공동체인 승가는 자기부정의 추진력으로 2,500년간 살아남았다.

나는 이 사실에서 꽤 많은 결론을 도출해낼 수 있다고 생각한다. 그중에 특히 한 가지 지적하고 싶은 것은, 다원주의를 포함하여 거대 제국을 떠받쳤던 여러 철학들은 대부분 매우 천박하다는 사실이다. 그러한 철학들은 한때 번성했지만 정말 짧은 기간이었고, 지속되는 동안에도 안정적이지는 못했다.

반면에 인류의 위대하고 보편적인 지혜의 전통은 삶의 숨결과 리듬에 뿌리를 깊이 내리고 있다. 이 땅은 온유한 사람들이 물려받았고, 온유한 사람들이 계속 물려받을 것이다. 왜냐하면 그들만이 기꺼

---

26 위로는 부처에게 법을 구하고, 아래로는 시주에게 밥을 구걸한다는 의미에서 일반적으로 출가한 스님을 가리킨다.

이 이 땅과 손잡고 살아가기를 원하기 때문이다. 중국의 철인 노자가 『도덕경』7장에서 이를 매우 아름답게 표현했다.

하늘과 땅은 오래도록 변하지 않는다. 하늘과 땅이 그렇게 오래 변하지 않는 이유는, 그들이 그들 자신을 위해서 살지 않기 때문이다. 그러므로 능히 오래 살게 된다. 이와 같이 성인도 그 자신을 뒤로 감추므로 오히려 전면에 드러난다. 그 몸을 잊으므로 그 몸이 보존된다. 사사로움이 없기 때문이 아니겠는가. 그러므로 능히 그 자신을 이루는 것이다.[27]

---

27 천장지구天長地久 천지소이능장차구자天地所以能長且久者 이기부자생以其不自生 고능장생故能長生 시이성인是以聖人 후기신이신선後其身而身先 외기신이신존外其身而身存 비이기무사야非以其無私邪 고능성기사故能成其私.

1장

불교의 공통 기반

1

붓다의 직설과
가르침의 향취

붓다의 가르침이 실제로 무엇이었는지 명확히 알고자 하는 역사가는 문자 그대로 수많은 불교 전적典籍과 맞닥뜨리게 된다. 그 전적들은 하나같이 붓다의 정통임을 주장하지만, 내용이 매우 다양하며 서로 모순되는 가르침도 있다.

비정통파 교육을 받은 사람들 가운데 일부 상당한 영향력을 가진 저술가들은 최근 "진정한 불교의 가르침은 BCE¹ 500년경에 실존한 고타마 붓다가 실제로 설한 것에서만 찾아야 한다"고 주장했다. 이러한 논지는 매우 지나치다. 사실 현존하는 문헌 가운데 가장 오래된 것들은 불확실한 추론과 추측으로 접근할 수밖에 없다. '본래의' 불교

---

1   before the Common Era. 기원전.

를 재건해보려는 다양한 시도가 있는데, 이들 모두에게 공통된 것은 오직 하나이다. 붓다의 가르침이 적어도 지금 불교도들이 이해하는 바와는 확실히 달랐을 것이라는 데 그들 전부가 동의한다.

예를 들면, 리스 데이비즈 여사[2]는 불교에서 무아의 가르침과 금욕 생활을 축출해버렸다. 그녀는 붓다에 대한 모종의 숭배를 불교의 본래 가르침으로 여겼다. 냉철한 제닝스[3]는 경전에서 윤회(환생)에 관한 것을 모두 제거한 후에 불교 가르침의 본 의미를 되찾았다고 주장했다. 또한 달케 박사[4]는 전통 불교에 풍부한 신통과 신화적 요소를 무시하고, 붓다의 가르침을 아주 합리적이고 불가지론적인 이론에 한정해버렸다.

이 책에서 나는 수세기에 걸친 불교의 살아 있는 전통을 묘사할 참인데, 우선 고백할 것은 원래의 불교 가르침이 어떤지는 나도 모른다는 것이다. 붓다 이후에 전개된 불교 역사를 '본래 불교'의 타락이라고 간주하는 것은 떡갈나무를 도토리나무의 퇴화로 여기는 것과 다를 바 없다.

붓다의 가르침이 지닌 지고한 위대함을 그 전체적인 폭과 깊이에

---

2 Caroline Rhys Davids(1857~1942). 영국 팔리성전협회(PTS) 제2대 회장으로, 초대 회장인 불교학자 리스 데이비즈의 부인이다.

3 Hargrave Jennings(1817~1890). 영국의 비교종교학자. 프리메이슨(18세기 영국에서 일어난 세계시민주의·인도주의적 우애 목적의 단체) 회원, 장미십자단(17세기 초 독일에서 일어난 정신 운동) 회원.

4 Paul Dahlke(1865~1928). 독일의 의사이자 독일 불교 창시자 중 하나. 불교의 가르침과 생활에 대해 폭넓게 저술했으며, 불교 문헌을 독일어로 번역했다. 1924년 베를린에 유럽 최초의 사찰인 '불교도의 집Buddhistische Haus'을 창건했다.

서 충분히 이해한다면, 본래의 가르침에 연결되어 역사적으로 끊임없이 지속되어온 모든 불교의 가르침들, 그리고 개아에 대한 믿음을 제거함으로써 무아에 이르는 방법을 제시한 가르침들은 모두 붓다의 가르침에 포함된다고 할 수 있다.

2

불교 경론의 체계

이 책 전반에 걸쳐 우리는 불교 역사의 핵심 문헌인 경전에 대해 알아볼 것이다. 우선 불교 문헌을 개괄하면서 경전의 다양한 분류, 성립연대, 그리고 보존된 장경藏經에 대해 간략히 살펴볼 필요가 있다.

초기부터 지금까지 경전은 경장經藏과 율장律藏으로 구분되어 있다. 율장은 수도 집단의 규율을 다루고, 경장은 교리를 다룬다. 나중에는 경장과 율장, 아비달마abhidharma[논장論藏]의 삼장三藏으로 구분되었다. 아비달마는 보다 진전된 교리, 곧 경장이나 율장에 대한 논의와 주석들을 다루고 있다(203쪽 참조).

또 다른 중요한 분류법은 경經과 샤스트라śāstra[5][논論]로 분류하는

---

5   경전·지식·인식·규범·규정을 의미한다. 불교나 힌두교에서 논서論書를 지칭하는 말로 사용되었다.

것이다. 경은 붓다의 말씀이고, 경의 서두는 항상 "이와 같이 내가 들었다. 한때 붓다께서 …에 머무르실 때 비구 대중 …명과 함께하시니…"[6]로 시작된다. 여기에서 "내가 들었다"의 '나'는, 붓다가 열반하신 직후에 붓다의 모든 말씀을 기억해 암송한 제자 아난다Ananda를 가리킨다. 많은 경전들이 붓다가 열반하고 수세기 뒤에 만들어졌다. 역사적으로 존재한 붓다의 말씀이 아닌 다른 경전들의 실제 저자들은 물론 알려져 있지 않다.

불교도들은 이들 나중에 성립된 경전들의 가치를 어떻게 평가하느냐에 따라 첨예하게 둘로 나뉜다. 히나야나Hinayana[소승小乘]라고 알려진 한 분파는, 제1차 결집結集[7]에서 암송되지 않고 BCE 480년 이후 상당 기간에 걸쳐 저작된 경전은 붓다의 말씀이 아닐 뿐더러 시나동화에 지나지 않는다고 했다.

그러나 마하야나Mahayana[대승大乘]로 알려진 다른 분파는 모든 연대기적 어려움에 당면하여, 나중에 저작된 경전들도 붓다의 직설이라고 단언한다. 붓다의 생존 기간과 간행까지의 시간차는 여러 가지 방법으로 해명을 시도했다. 그 가운데 잘 알려진 이야기를 예로 들면, 붓다가 지혜의 완성을 다룬 경전인 《반야경Prajñāpāramitā-sūtra》을

---

6   한역 경전에서는 '여시아문如是我聞 일시불재一時佛在… 여대비구중與大比丘衆… 구俱…'로 시작한다.
7   붓다가 열반하자 제자들은 스승의 가르침이 점차 소멸·왜곡되거나 해석상의 이견이 제기되는 경우가 발생할 것을 대비하여 붓다의 가르침을 정리하는 모임, 즉 결집을 단행했다. 제1차 결집은 붓다의 입멸 직후 마하 가섭이 이끌었고, 아난다가 교리 부분을, 우파리가 계율 부분을 먼저 외워 선창하면 비구들이 합송하여 서로 확인을 거친 뒤 완성해나가는 형식으로 진행되었다.

직접 설했는데, 당시의 중생들이 이해하기에는 너무 어려워서 명계
冥界인 나가스Nagas라 불리는 용궁에 보관하다가 시기가 무르익은 뒤
에 대보살 나가르주나Nagarjuna[용수龍樹]⁸가 명계에서 그 경전을 꺼내
인간계로 가지고 왔다는 것이다.

이 이야기를 모두가 믿지는 않을 것이다. 불교도들은 다양한 중생
의 각기 다른 기질에 맞추어 신화적 언어로 사유하는 사람에게는 신
화적 설명을, 철학적 사유에 익숙한 사람들에게는 철학적 설명을 할
준비를 언제나 갖추고 있었다. 후기 경전은 철학적 정당성을 위해 삼
신설三身說⁹을 도입했는데, 이에 관해서는 곧 설명하도록 하겠다. 삼
신설에 따르면, 초기의 오래된 경전은 붓다의 '육신으로 나타난 몸'[색
신色身]인 석가모니 붓다에 의해 설해졌고, 후기의 경전은 붓다의 '누
리는 몸'[보신報身]에 의해 설해졌다(336쪽 참조).

샤스트라[논論]는 일반적으로 이름이 잘 알려진 저자가 쓴 논서인
데, 보통 경전들보다는 더 체계적이고, 권위를 위해 경전을 인용하고

---

8   2~3세기 남인도 출신의 승려. 어려서부터 여러 학문에 밝았고, 출가해서는 남인
    도 지역에 있던 불교 문헌을 섭렵했다. 중인도에 가서 대승경전을 연구하고 말년
    에는 고향으로 돌아갔다. 대표 저작으로 『중론中論』이 있다.
9   삼신三身은 부처의 세 가지 유형, 즉 법신法身, 보신報身, 화신化身(응신應身)을
    말한다. 법신은 진리 그 자체, 또는 진리를 있는 그대로 드러낸 우주 그 자체로서
    의 부처이다. 비로자나불과 대일여래가 여기에 해당한다. 보신은 중생을 위해 서
    원을 세우고 거듭 수행한 결과 깨달음을 성취한 부처이다. 아미타불과 약사여래
    가 여기에 해당한다. 화신(응신)은 때와 장소, 중생의 능력이나 소질에 따라 나타
    나 그들을 구제하는 부처이다. 석가모니불을 포함한 과거불과 미륵불이 여기에
    해당한다.

있다. 학덕이 높은 나가르주나, 바수반두Vasubandhu[세친世親],[10] 그 외 몇몇 논사들이 쓴 많은 샤스트라들이 지금까지 보존되어 전해지고 있다.

불교도들이 쓴 전체 문헌은 상상 못할 정도로 매우 방대하지만 전해진 것은 그 일부에 불과하다. 그러므로 우리에게 전해진 불교 역사는 잠정적이고 단편적일 수밖에 없다. 붓다 열반 후 약 400년 동안은 송습誦習[11] 교단에 의해 입에서 입으로 구전되어 왔다. 초기경전은 잦은 반복, 운문 취향, 숫자에 따라 나열된 목록 등 몇몇 특징으로 보아 구전 전승되었음을 짐작하게 한다. 이러한 구전 전승의 선호로 초기 문헌의 상당수가 소실되었다.

문자화된 불교 문헌으로 정착된 때가 언제인지는 확실히 알 수가 없다. 불교의 문헌은 저자들의 이름이 몇몇만 드러나고, 연대가 확실히 알려진 것은 더욱 드문 전승의 결집이다. 그러니 우리가 현대의 역사비평historical criticism[12]을 불교 문헌에 적용하는 것은 정말 적합하지 않다. 랑글루아와 세뇨보[13]는 그들의 역사학 방법을 논한 책에서 "저자, 연대 그리고 출처가 불분명한 문헌은 아무짝에도 쓸모가 없다"고 말했다. 아! 그런데 우리가 불교의 역사를 구축하기 위해 다

10　4~5세기 북인도 간다라 출신의 승려. 형 무착無著 스님의 권유로 소승에서 대승으로 전향한 뒤 유식학唯識學에 정통했다.

11　경전을 암송하여 배움.

12　텍스트의 역사적 배경, 저작 연대와 저자 등의 사실 자료를 함께 고찰하는 비평학.

13　Charles Seignobos(1854~1942). 프랑스의 역사학자. 1차 자료의 중요성을 강조하기 위해 샤를 빅토르 랑글루아와 함께 저술한『역사학 연구서설Introduction aux études historiques』(1896)로 호평을 받았다.

루는 대다수의 문헌이 이 경우에 해당한다.

　인도인들은 역사적 연대에는 완전히 무관심한 태도를 보인다. 역사의 변화는 불변의 진리에 비할 때 전혀 중요하지 않은 것이다. 인도의 불교도들은 이런 태도를 공유하고 있으며, 붓다의 생몰연대 같은 기초적인 날짜조차도 추정 시기가 상당히 다양하다.

　현대의 학자들은 일반적으로 붓다의 열반을 BCE 483년으로 잡고 있다. 인도의 불교 전통에서는 이보다 많이 앞서 BCE 852년, BCE 652년, BCE 552년 설도 있고, 또 BCE 353년, BCE 252년 설도 있다.

　확고한 연대 체계가 없는 이상 우리가 말하는 불교 역사 속 사건들의 시대적 순서는 그럴듯한 추측에 그칠 따름이다. 그러나 비록 역사가에게는 매우 황당한 일이지만, 연대에 대한 불교도들의 태도가 겉으로 보이는 것만큼 잘못되지는 않았다는 것을 우리는 인정해야 한다.

　진리 자체에는 역사가 없다. 변하는 것은 진리가 작동하는 외부 환경일 뿐이다. 더욱이 영성과 종교적 관점에서 진정으로 중요한 것은 역사책에는 전혀 들어 있지 않다. 고독하게 스스로의 길을 간 현인과 성자들의 대부분의 경험은 역사가들의 눈을 피해가기 일쑤이다.

　불교도들은 또한 거의 이름을 남기지 않았다. 왜냐하면 불교가 가장 융성했던 시대에도 승려가 저술을 하면서 자신의 이름을 밝히는 것은 바람직하지 못한 행태로 여겨졌기 때문이다. 그들에게는 누가 그것을 말했는가는 문젯거리가 아니고, 그것이 진리인지, 청정한 생활에 도움이 되는지, 전통에 위배되지 않는지 등이 중요했다. 독창성과 혁신성은 별로 권장되지 않았고, 익명성이야말로 성스러움에 수반되는 덕목이었다. 이런 태도는 충분한 보상을 받았다. 오직 해탈과 영적 치유 체계의 구축에 헌신한 수많은 사람들의 집단적 노력이 오랫동안 지속된 결과 천년쯤 지나 아주 인상적인 결실을 맺은 것이다.

저자명이 언급되었을 때조차도 그것을 언제나 액면 그대로 받아들여서는 안 된다. 수많은 저작들이 아슈바고샤Aśvaghoṣa[마명馬鳴],[14] 나가르주나, 바수반두 등 위대한 저자들의 명의를 끌어오는 바람에 전통을 독실하게 따르는 후대의 사람들은 때로 이들의 생애를 수세기로 연장시켜야 했다. 또한 현대의 역사비평가들은 동일한 유명 저작자들의 이름 뒤에 숨은 실제 저자들을 구분해내느라 큰 어려움을 겪었다.

그럼에도 불구하고 저작물의 대체적인 성립 연대는 추정이 가능하다. 예를 들면,《숫타니파타Sutta-nipāta》[15]는 문체가 고어체이고, 테라바다Theravāda[상좌부上座部][16] 경전 속에 이 경의 일부 주석서가 들어

---

14 1~2세기 중인도 스라바스티(사위성) 출신의 승려. 처음에는 외도에 입문했으나 부나야사를 만나 불교에 귀의했다. 대표 저작으로 『대승기신론大乘起信論』 등이 있다.

15 팔리어 sutta는 경經, nipāta는 모음이라는 뜻으로, 숫타니파타는 '붓다의 말씀을 모아놓은 경전'이 된다. 불경 가운데 가장 먼저 이뤄진 경으로 대표적인 초기경전이다. 붓다의 말씀을 읊으면서 기억하기 위해 시의 형식을 사용했으며, 간혹 산문체의 긴 글도 들어 있다.

16 thera는 상좌上座·장로長老, vāda는 가르침이라는 뜻이다. 붓다가 입멸하고 100년쯤 지나 불교 교단 내에 계율 완화에 대한 문제가 불거져 서로 대립하게 되었다. 이때 계율을 전통대로 엄격하게 지켜야 한다고 주장한 이들은 소수로 장로상좌가 많아서 상좌부上座部라고 하며, 계율을 완화해야 한다고 주장한 이들은 다수를 이뤄 대중부大衆部라고 했다. 이 분열을 시작으로 부파불교의 시대가 전개되었다.

있기 때문에 현존 문헌 중에서 가장 오래된 경전 부류에 포함된다고
보고 있다.

언어적·교의적 배경을 바탕으로 살피면 불교 저작들에 대한 상대
적 성립 연대를 추정할 수 있다. 교의적 배경으로 판단할 경우에는,
자의적 개념으로 '원시' 불교를 설정해놓고 그에 비추어 모든 경전의
성립 연대를 정해버리는 위험에 직면할 수 있다. 과거에는 이 함정을
거의 피하지 못했다.

한역漢譯 경전은 꼼꼼하게 번역 연대를 기록했기 때문에 그 원전이
적어도 번역 연대보다는 이른 시기에 인도에서 저작되었다는 것을
추론할 수 있으므로 저작 연대가 의심되는 원전의 연대 추정에 도움
이 된다. 그러나 그런 경우에도 매우 중요한 저작의 연대 추정 범위
가 너무 넓게 잡힌다는 것을 감수해야 한다. 《마하바스투》[대사大事][17]
와 《방광대장엄경方廣大莊嚴經》[18] 같은 저작에는 BCE 200년~CE[19] 600
년에 걸친 자료들이 포함되어 있다. 《법화경法華經》[20]이나 《팔천송반

---

17 Mahavastu. 인도에 전해지는 율장 서적. 《자타카》[본생담]나 《아바다나》[비유]를
    증보한 것으로 여겨지며, 아주 오래된 내용에서 4~5세기경의 내용까지 실려 있
    는 것으로 보아 긴 세월 동안 여러 편저자가 저술한 내용을 한데 모은 것으로 보
    인다.
18 Lalitavistara. 석가모니 붓다의 전설적인 일대기를 기록한 경전. 대승불교 전통에
    서 매우 신성한 경전으로 존중되고 있으며, 불교예술의 여러 분야에 많은 영감을
    제공해왔다.
19 Common Era. 서력 기원, 서기.
20 Saddharma-puṇḍarīka-sūtra. 《반야경》,《유마경》,《화엄경》과 함께 초기에 성립된
    대표적인 대승경전. 석가모니의 40년 설법을 집약하여 다양한 비유와 상징을 통
    해 깨달음의 참정신을 드러내며, 붓다의 영원한 생명을 찬탄하고 있다. 현존하는
    3종의 한문 번역 가운데 구마라집鳩摩羅什이 번역한 《묘법연화경妙法蓮華經》이

야八千頌般若》[21]의 마지막 장들은 그 앞의 장들보다 수세기나 지나서 성립되었다.

현존하는 불교 경전들은 다음의 3대 모음집에 들어 있다.

1) 팔리대장경The Pali Tripitaka[남전대장경南傳大藏經][22]

소승부파들 중 하나인 상좌부의 경전들이 여기에 속한다. 다른 소승부파들의 경전들은 부분적으로 산스크리트어본과 한역본이 전해지고, 대부분은 남아 있지 않다. 앞으로의 참조를 위해서 소승경전의 간략한 분류표를 싣는다(62쪽 표1 참조).

2) 한역대장경The Chinese Tripitaka

한역漢譯대장경의 구성은 엄격하지 않고 다소 유동적이며, 시대의 흐름에 따라 매우 다양하다. CE 518년의 가장 오래된 목록에는 2,113편의 제목이 수록되어 있다. 그중에 276편은 현존한다. 972년에 처음으로 장경이 인쇄되었고, 가장 최신판은 일본의 대정일체경

가장 널리 유포되어 있고, 대승불교권에서 말하는《법화경》은 일반적으로《묘법연화경》을 가리킨다.

21 Aṣṭasāhasrikā-prajñāpāramitā-sūtra. 팔천 개의 게송으로 이뤄진 반야경으로,《소품반야경小品般若經》과 같다. 팔천八千은 aṣṭasāhasrika의 뜻번역이며, 송頌은 시구의 길이를 나타낸 것으로 32음절을 1송으로 한다.

22 본래 팔리어로 되어 있는 이 경전은 상좌부에 의해 스리랑카에 전래되었다. 그리고 대부분의 동남아 불교의 표준이 되었다. 1881년에 영국의 불교학자 리스 데이비즈가 런던에 팔리성전협회Pāli Text Society를 설립하여 팔리어 성전을 로마자로 간행했는데, 이 간행본(PTS본)을 저본으로 일본에서 1935년부터 일본어로 번역하기 시작하여 1941년에 완간한 것이 남전대장경이다.

소승경전

테라바다 [상좌부](팔리어)	사르바스티바다 [설일체유부](한역)	마하상기카 [대중부]
I. 비나야 피타카[율장律藏] 1,564 pp.	**I. 비나야[율장律藏]** 약 3,000 pp.	**I. 비나야[율장律藏](한역)** 마하바스투[대사大事], 비나야 로부터(산스크리트어)
II. 숫타 피타카[경장經藏] 1. 디가 니까야[장부長部], 904 pp. 2. 맛지마 니까야[중부中部], 1,092 pp. 3. 상윳따 니까야[상응부相應部], 　1,686 pp. 4. 앙굿따라 니까야[증지부增支部], 　1,840 pp. 5. 쿳다까 니까야[소부小部]: 15경 ・담마파다[법구경法句經], 95 pp. ・숫타니파타[경집經集], 226 pp. ・자타카[본생경本生經] ・아바다나[비유경譬喩經], 613 pp. 등	**II. 수트라[경장經藏]** 1. 장아함경長阿含經 2. 중아함경中阿含經 3. 잡아함경雜阿含經 4. 증일아함경增一阿含經 　(일부만 남아 있음) 5. 굴타가경掘陀迦經: ・법구경法句經[담마파다] 　(산스크리트어) ・본생경本生經[자타카] ・다수의 비유경[아바다나] 　(산스크리트어) 등	**II.** 1. — 2. — 3. — 4. 증일아함경增一阿含經(한역) 5. — 　— 　— 방광대장엄경方廣大莊嚴經 [랄리타비스타라] (산스크리트어)
III. 아비담마 피타카[논장論藏]: 7론 ・담마상가니[법집론法集論], 264 pp. ・위방가[분별론分別論], 436 pp. ・빳타나[발취론發趣論], 3,120 pp. 등	**III. 아비달마阿毘達磨: 7론** ・법온족론法蘊足論 　[달마스칸다파다], 232 pp. ・발지론發智論[즈냐나프라스 　타나], 554 pp. 등	**III.** 　— 　— 　—

⊙ 표1

간행회大正一切經刊行會에서 1924~1929년에 출간한 《신수대장경新脩 大藏經》 55권 2,184편이며, 각 권당 약 1,000페이지 정도이다.[23(저자 주), 24]

3) 티베트대장경The Tibetan Kanjur and Tanjur[25]

칸주르Kanjur는 경장經藏이고, 108권 또는 100권으로 되어 있다. 이 중 13권은 율장이나 승단의 계율, 21권은 반야바라밀[지혜의 완성], 45 권은 그 외 여러 종류의 경전들, 21권은 탄트라[밀교密敎] 경전을 다루고 있다.

탄주르Tanjur는 225권으로 주석과 논論으로 구성되어 있으며, 세 부분으로 나뉜다. 제1부는 64편의 송頌이 한 권에 실려 있다. 제2부 는 밀교 경전에 대한 2,664편의 주석이 86권에 들어 있다. 제3부는 잡

---

23 구성은 경장 21권, 율장 3권, 아비달마 논장 8권, 중국 논서 12권, 중국 및 일본의 종파 4권, 역사서 7권, 목록, 용어사전, 전기 등이다.

24 이 부분에 대한 콘즈의 설명은 약간 부정확한 면이 있다. 《신수대장경》의 원제는 《대정신수대장경大正新脩大藏經》이다. 다카쿠스 준지로의 주관으로 대정 11년 (1922)에 기획하여 소화 7년(1932)에 완성되었다. 고려대장경을 저본으로 여러 간행본과 사본 등을 대조하여 많은 차이점을 각 페이지 하단에 자세히 설명하고, 여기에 팔리어와 산스크리트어를 일부 병기했다. 여러 텍스트를 아함부부터 역 사적 순서로 배열하여 총 100권으로 정리했는데, 1~55권까지는 인도·중국 찬술 부, 56~84권까지는 일본 찬술부, 85권은 돈황 사본, 86~97권까지는 도상부圖像 部, 나머지 3권은 목록이다.

25 7세기 말에 티베트어가 제정된 이후 산스크리트어 본을 번역하기 시작하여 13세 기경에 완성했다. 번역자 약 350명, 불전 총수는 약 4,000종에 이른다. 인도에 서는 불교가 쇠망했기 때문에 인도 후기 불교의 불경과 논서들은 티베트역으로 남 아 있는 것이 많으며, 불교 연구에 귀중한 자료를 제공해주고 있다. 특히 티베트 역은 충실한 직역이기 때문에 산스크리트어 원전을 복원시킬 수 있는 중요한 자 료가 된다.

다한 문헌이 섞여 있다. 우선 반야바라밀에 대한 주석서 38편이 제1권~제15권에 걸쳐 있고, 다음은 마디야미카Mādhyamika[중관파中觀派][26]의 논서(제16권~제33권), 그리고 그밖에 여러 경전의 주석(제34권~제43권), 그 다음은 요가차라Yogâcāra[유식파唯識派][27]의 논서(제44권~제61권)가 실려 있다. 이것들이 대승불교의 교서敎書들이다. 그리고 소승불교에 속한 약 30권의 학문적 저작이 나온다. 이렇게 해서 3부 94권의 불교 논서들이 끝난다.

그 뒤의 나머지 부분은 30권에 이르는 산스크리트어 문헌의 번역서로서 논리학, 문법, 의학, 여러 가지 미술 공예, 사회경제학 같은 부수적인 주제를 다루고, 마지막으로 전문적인 주제를 다룬 13권의 티베트어 저작들이 수록되어 있다.

4) 결집이나 장경으로 집대성된 것은 아니지만, 다수의 산스크리트어 문헌이 현존하고 있다.

이 네 가지 표제 하에 열거된 문헌들만이 불교 사상의 권위 있는 자료로 간주된다. 그 선택은 나보다 훨씬 현명한 앞 사람들이 해놓은 것이므로, 내가 거기에 이의를 제기할 하등의 이유가 없다.

---

26 중도中道를 지향하는 인도 대승불교의 중요한 학파. 가장 유명한 사상가는 나가르주내용수龍樹]인데, 그는 모든 것이 공空이라는 교의를 발전시켰다.
27 4세기 인도의 아상가[무착無著]가 만든 대승불교의 대표적 학파. '유식'에서 유唯는 '오직', 식識은 '의식' 또는 '마음'을 뜻한다. 요가 수행자들의 체험을 바탕으로 유식학을 정립했다.

이 책의 대부분은 불교공동체의 특정 집단, 곧 승려와 재가자, 소승과 대승, 그리고 다양한 사상의 학파들이 가지고 있는 나름대로의 믿음과 수행을 논하는 데 바쳐질 것이다. 그러나 다양한 형태로 전개된 모든 불교 운동의 몇몇 공통된 믿음이 있는데, 우선은 그 부분부터 다뤄야겠다.

　무엇보다도 먼저 붓다에 대한 몇 가지 신앙 형태를 언급하고, 그것과 관련하여 소위 불교의 무신론에 대해 논하겠다. 다음으로는, 모든 불교도에게 공통되는 교리인데, 영적인 삶의 본질과 연관되어 있으면서 네 가지 성스러운 진리[사성제四聖諦]에 들어 있는 내용도 다루겠다. 힌두교에서 유래된 세계의 구조와 진화에 관해서도 살펴보겠다.

3

완전한 분, 붓다

붓다Buddha에 관한 신앙은 서양 문화유산의 일부가 아니기 때문에
대부분의 사람들에게는 잘 알려지지 않아서 주의 깊은 설명이 필요
하다. 붓다는 세 가지 관점에서 고려되어야 한다.

1) 인간으로서의 붓다
2) 영적 원리로서의 붓다
3) 이 둘 사이 어떤 것으로서의 붓다

1) 인간으로서의 붓다인 고타마Gautama는 아마도 BCE 560~480년
무렵 인도 북동부에 살았을 것이다. 그의 삶의 역사적 사실들은 모든
불교도들이 받아들이고 있는 전설과 분리될 수 없다. 불교도들의 신

앙에서 고타마, 즉 석가모니Śakyamuni(석가족의 성자)라는 한 개인의 존재는 어떻든지 중요한 문제가 아니다. 붓다는 개인의 모습으로 형상화된 전형, 곧 종교적 삶에 대한 관심을 이끌어내는 전형일 뿐이다.

때로 일반 신자들은 붓다를 한 개인으로 생각했을지도 모르지만, 공식적인 불교 신학은 그런 믿음을 부추기는 일은 전혀 하지 않았다. 공인된 불교 이론에 따르면, 붓다(깨달은 사람)는 각각 다른 시대에 다른 개아個我로 나타나는 원형으로서 그의 개별적 특성들은 아무 상관이 없다.

불교도들은 붓다의 재현을 믿기에 고타마가 BCE 560년경 처음 이 세상에 온 것이 아니라고 분명히 믿고 있다. 다른 모든 사람들처럼 붓다도 축생으로, 인간으로, 천인天人으로 태어나는 등 많은 생을 경험했다. 수많은 생을 거치는 동안 모든 생명체가 공통으로 겪는 운명을 똑같이 겪었을 것이다.

붓다가 이룩한 영적 완성은 단 한 번의 생으로 이뤄질 수 없고, 천천히 오랜 세월을 거치며 성숙되는 것이다. 붓다는 우리의 상상을 초월하는 긴 윤회를 거치면서 완성되었다. 붓다가 되기까지 보통 3아승기겁阿僧祇劫[28] 이상이 걸렸다고 한다(겁劫은 94쪽 참조). 연으로 환산하면 3×10^{51}년 정도이다. 그 장구한 세월 동안, 미래의 붓다는 가능한 모든 방법을 동원해 온갖 덕을 닦아나간다.

수많은 불상의 항마촉지인降魔觸地印[29]은 붓다가 성불하기 위하여

---

28 헤아릴 수 없는 시간을 뜻하는 산스크리트어 asaṃkhya-kalpa의 음역.

29 결가부좌하고 좌선하는 자세에서 오른손을 풀어 오른쪽 무릎 위에 얹고 손가락

오랜 세월 준비한 것을 상징한다. 전설에 따르면, 석가모니는 깨달음을 얻기 직전에 이 세상의 지배자인 마라Māra(악의 왕)와 싸운다. 석가모니가 마라에게 말했다. "나는 수많은 생을 거치면서 재산과 팔다리, 목숨까지 희생하며 세속의 권세와 위엄을 경시할 수 있었노라." 그러면서 증인으로 땅을 가리켰다. 그러자 지신地神이 땅에서 솟아오르며 그의 말이 사실임을 증명했다. 또한 석가모니가 보살로서의 수행과 의무를 완벽하게 다했음을 증언했다.

이 우화는 심오한 영적 진리가 함의되어 있다. 사탄에 해당하는 마라는 이 세상, 곧 이 땅의 주인이다. 그리하여 마라는 '이 세상 너머에 있고 이곳과는 어찌할 도리 없이 적대적인 보살'에게 명상하기 위해 앉을 땅 한 조각의 권리도 허용할 수 없다고 했다. 이에 대해 보살은 전생에 치른 수많은 자기희생의 대가로 이 땅 한 구석에 대한 권리를 얻었노라고 응수했다.

2) 만약 붓다의 가르침이 단지 어떤 한 개인의 말일 뿐이라면, 그것은 절대적 권위를 갖기에는 부족했을 것이다. 사실 그 가르침은 석가모니에게 내재된 영적 원리, 즉 불성佛性(Buddha-nature)에서 나온 것이다. 이 내재된 영적 원리가 석가모니로 하여금 진리를 깨닫고 가르치도록 영감을 불어넣었다고 말할 수 있다.

불교도들이 붓다를 영적 원리로 여길 때, 그들은 붓다를 여래, 혹

끝으로 땅을 가리키는 손모양이다. 왼손은 손바닥을 위로 해서 배꼽 앞에 놓은 그대로이다.

은 법신法身[30]이라고 부른다. 여래의 본래 의미는 지금 알 수 없다. 후세의 주석가들은 여래(타타가타Tathagata)를 두 단어가 합쳐진 것으로 설명하는데, '그렇게'라는 뜻의 'Tatha'와 '왔다'라는 뜻의 과거분사형인 'agata', 또는 '갔다'라는 뜻의 과거분사형인 'gata'의 합성어라고 설명한다. 다시 말하면, 모든 다른 여래들이 그렇듯이 여래는 '그렇게 왔던', 또는 '그렇게 갔던' 사람이다.

이러한 설명은 '역사적 붓다'가 단 하나의 현상이 아니고, 장구한 세월에 걸쳐 끊임없이 연속적으로 이 세계에 출현하여 한결같이 동일한 설법을 하는 수많은 여래들의 계열 중 하나라는 사실을 강조한다. 그러므로 여래들은 본질적으로 같은 군집群集에 속한 하나라는 것이다. 그 군집은 특히 7불, 24불, 혹은 천불 여래로 여겨지는 게 일반적이었다.

예를 들면, 산치[31]와 바르후트[32]에는 석가모니와 그 전의 6불을 합친 7불의 사리가 봉안된 일곱 기의 탑, 또 여래가 그 아래에서 깨달음을 이룬 일곱 그루의 나무가 예술적으로 표현되어 있다.

---

30 생사윤회하는 역사적 인물로서의 석가모니가 아니라 항상 보편하는 진리로 존재하는 '영원의 몸'을 말한다.
31 인도의 불교 유적지. 약 90m 높이의 언덕 위에 세 개의 스투파와 기원전 3세기부터 서기 11~12세기에 걸쳐 제작된 많은 불탑과 사당, 승원의 흔적이 보존되어 있다.
32 인도 슝가 왕조의 불탑이 발견된 곳으로 유명한 마을.

간다라,[33] 마투라[34]와 아잔타[35]에서는 7불이 사람의 모습으로 묘사되어 있는데, 실제로 서로 구분이 가지 않는 동일한 형상이다.

3) 우리는 이제 붓다의 빛나는 몸[장엄신莊嚴身, 보신報身][36]에 대해 살펴볼 것이다. 석가모니가 인간으로서 걸어 다닐 때는 자연스레 여느 사람들처럼 보인다. 그러나 인간 붓다의 이런 일상적인 모습은 그의 참성품을 감싸고 감추는 겉껍질에 불과하다. 그래서 아주 흔히 만날 수 있는 모습이고 거의 무시하고 지날 만큼 별로 특이하지 않아서 붓다의 참모습을 보여주기에 전혀 적절하지 않다. 이 겉껍질 안에 숨겨진 몸은 언젠가 반드시 죽게 되는 보통의 몸과는 여러 면에서 다르다. 그것은 오직 신심信心 깊은 사람의 눈에만 보인다. 불교도들은 이 모습을 '누리는 몸'[수용신受用身],[37] '순수의 몸'[순수신純粹身], '불성이 표현된 몸' 등으로 다양하게 부른다.

붓다의 몸은 초인의 32가지 두드러진 특징[32상相]을 지니는데, 80가지 부수적인 특징[80종호種好][38]도 가지고 있다. 32상은 불교의 모든 학

---

33 인더스강 중류에 있는 파키스탄 페샤와르 주변의 옛 지명. 예로부터 이 지역에서 고대 중앙아시아와 서부아시아의 여러 문화가 교류했다.

34 인도 예술의 가장 중요한 중심지를 이루는 도시.

35 인도의 대표적인 고대 불교 석굴사원으로 유명한 마을.

36 중생을 위해 서원을 세우고 거듭 수행한 결과 그 과보로 깨달음을 성취한 부처.

37 깨달음의 경지를 되새기면서 스스로 즐기고, 또 그 경지를 중생들에게 설하여 그들을 즐겁게 하는 부처.

38 부처가 인간과 다른 모습을 지닌다는 믿음 아래 부처의 형상을 표현한 32가지 모습과 80가지 외적 특징을 가리키는 용어. 인간은 갖출 수 없는 부처의 존엄을 상징하는 모습으로, 불상을 만들 때는 머리에 높이 솟은 육계, 이마의 백호, 둥글게

파에 공통적이며, 꽤 오래전부터 그러했음이 틀림없다. 불교 미술에서 보이는 붓다의 그림과 불상은 결코 일반적으로 볼 수 있는 인간의 형상을 묘사하지 않고, 항상 붓다의 장엄신을 표현하려고 노력했다.

현자만이 알아챌 수 있는, 초인의 몸에 드러나는 다양한 특징이 사람의 운명과 지위와 미래를 상징한다는 생각은 단지 불교 역사에서 나중에 창안된 것이 아니라 불교가 나타나기 훨씬 이전부터 있어 왔다. 불교 성립 이전에 쓰인 점성술 문헌에 초인의 상징으로 32상을 언급한 사례가 있다. 붓다의 장엄신은 보통사람들이 겪는 육체적 한계의 고통에서 벗어나 있다. 겨자씨보다 좁은 공간 안에서 자유롭게 움직일 수 있고, 때로는 정말 멀리 떨어진 제석천[39]에게 세 걸음 만에 도달하기도 한다.

불교 예술을 이해하자면 잘 알아야 할 사항이지만, 여기에서 초인의 전통적인 32상에 대해 상세히 논할 일은 아니다. 붓다의 장엄신은 키가 18피트(약 5.5미터)인데 많은 불상들이 그 정도 높이로 조성되었고, 불상의 몸은 황금빛이다.

붓다의 양미간에는 솜처럼 부드럽고, 재스민 꽃, 달빛, 소라껍질, 연의 꽃심, 우유와 흰 서리꽃같이 생긴 돌돌 말린 터럭인 우르나[미간 백호眉間白毫]가 있다. 눈송이나 은처럼 하얀 백호에서 수많은 색깔이 어우러진 빛이 방사되어 나온다. 불상 조각에서는 보통 단순한 점이

말린 머리카락인 나발, 금색으로 빛나는 신체 등을 가장 보편적으로 표현한다.
39 세계를 수호하는 12천신의 하나. 수미산 정상에 있는 도리천의 왕으로, 불법을 지키는 수호신이다.

나 보석으로 미간백호를 대신하여 표현한다. 후기 불교에서 탄트라 불교는 시바교[40]의 영향을 받아 미간백호를 '지혜의 눈'인 제3의 눈으로 해석했다. 불교가 영향을 많이 받은 요가 수행법의 전통을 살펴보면, 요기(요가 수행자)들은 양미간 사이 약간 위쪽의 '보이지 않는 중심'에 집중하여 명상한다. 요가 교리는 이마의 그 부분에 영적 힘의 중심부가 있다고 추정해왔다.

붓다의 장엄신에는 특히 뚜렷하고 중요한 다른 두 개의 특징이 있다. 첫째, 문자 그대로 머리에 쓰는 고깔의 일종인 터번을 뜻하는 우쉬니샤[육계肉髻]가 있는데, 이는 불상에서 머리 꼭대기의 혹처럼 융기된 돌기로 표현된다. 간다라 지방에서는 둥글게 묘사되고, 캄보디아에서는 원추형, 타일랜드와 11세기 벵골의 세밀한 소품에서는 점으로, 라오스에서는 불꽃의 형태로 묘사되었다. 둘째, 붓다의 몸에서 끊임없이 방사되는 광명이 있다. 광명의 줄기가 몸에서 나와 광대한 공간을 비춘다.

> 붓다의 몸 주위에는 항상 빛이 모든 방향으로 일정 범위에 걸쳐 뿜어져 나와 밤낮으로 천개의 태양처럼 밝게 빛나고 있다. 그래서 산더미 같은 보석이 일렁이는 것처럼 빛난다. – Vibhāṣā[비바사毘婆娑]

인도의 전통에서는 일반적으로 위대한 인물의 몸에서 불꽃 같은

---

40 시바를 최고의 신으로 숭배하는 힌두교 종파.

에너지가 방사되며, 선정이 깊을수록 그 에너지가 강해진다고 믿는다. 이 신비한 힘은 붓다의 형상을 둘러싼 광배光背[41]에서 방사되는 불꽃으로 자주 묘사되는데, 때로는 어깨 주위에만 표현되기도 한다.

자바에서는 불상의 광배에서 방사되는 작은 불꽃들이 신성한 글자 옴OM의 형태로 나타나기도 하는데, 이는 나선형 꼬리를 가진 물음표를 거꾸로 한 모양과 같다. 붓다의 머리 부분을 둘러싼 두광頭光은 신성과 성스러움을 상징한다. 간다라 예술에서는 천신이나 왕의 조각상에도 두광을 표현했다. 기독교 예술에서는 이러한 상징 표현을 4세기에 차용해갔다.

불교 전통에서 '붓다'라는 단어가 사용될 때는 이 세 가지 측면을 염두에 둬야 한다. 기독교도나 불가지론자 역사가들은 단지 인간으로서의 붓다만이 실제이고, 영적인 붓다와 신비적인 붓다는 허구일 뿐이라고 여긴다. 그러나 불교를 믿는 사람들의 관점은 사뭇 다르다. 불성과 장엄신이 오히려 선명하게 부각되고, 인간으로서의 붓다의 몸과 역사적 실제로서의 붓다는 이러한 장엄신의 겉에 걸쳐진 누더기로 생각한다.

---

41 부처의 머리나 등 뒤에서 밝게 빛나는 둥근 빛.

4

불교는 무신론인가

불교가 무신론적 사상 체계라는 의견이 종종 제시되었고, 이는 수 많은 논란을 불러 일으켰다. 어떤 사람은 불교가 신을 인정하지 않기 때문에 종교일 수가 없다고 주장하고, 또 다른 사람들은 종교가 꼭 신을 믿어야 한다는 법이 없으므로 신을 인정하지 않더라도 불교는 명백히 종교라고 말한다. 이런 논의들을 하려면 신의 개념이 분명해 야 하는데, 실제로는 전혀 그렇지 못했다.

여기에서 우리는 신의 개념에 대해서 최소한 세 가지 의미는 구분 해야 한다. 첫째는 우주를 창조한 인격신, 둘째는 비인격적 또는 초 인격적인 신성(삼위일체로서의 신), 셋째는 다신多神 혹은 신들과 명확 히 구별되지 않는 천사들이다.

1) 우선 불교도들의 전통에서는 창조신의 존재를 확실하게 부정하지는 않지만 '누가 우주를 창조했는가'는 실제로 큰 관심거리가 아니다. 불교 교의의 목적은 뭇 생명체(중생)를 고통에서 해방시키는 것이다. 그리고 우주의 근원에 관한 관심은 고통을 소멸시키는 데 별반 기여하지 못한다고 여긴다. 우주의 근원에 관심을 두는 것은 시간낭비일 뿐 아니라 본인이나 타인에게 쓸데없는 의지를 유발시켜서 고통의 소멸을 지연시키는 결과를 초래한다는 것이다.

따라서 불교도들은 인격신에 대한 의문에 불가지론적인 입장을 취하지만, 브라흐마보다 붓다가 우월하다고 강조하는 데에는 주저하지 않는다. 브라만교에 의하면, 브라흐마는 우주를 창조한 최고의 창조신이다. 불교도들이 볼 때 브라흐마는 이런 생각을 갖고 있다. '나는 브라흐마요, 나는 위대한 브라흐마요, 나는 제신諸神들의 왕이로다. 나는 창조된 것이 아니라 온 세계를 창조했으며, 이 세계의 지배자로서 나는 창조할 수 있고, 변전시킬 수 있고, 생명을 줄 수 있다. 나는 만물의 아버지이다.'

경전은 여래가 그러한 유치한 자부심에서 자유롭다고 분명히 지적하고 있다. 만약 우주 창조자로서의 인격신에 무관심한 것이 무신론이라면, 불교는 진정으로 무신론이다.

2) 그렇지만 오늘날 우리는 '영원의 철학'[42]의 본질적 특징으로서

---

42 동서고금을 막론하고 모든 문화에서 반복적으로 나타나는 모든 시대의 인간정신, 즉 위대한 영적 스승, 철학자, 사색가들이 보편적으로 합의한 세계관을 말한

신과 신성의 차이에 꽤 익숙해져 있다. 올더스 헉슬리의 저작을 훑어보면 그 차이를 분명히 알 수 있다. 기독교 사상의 좀 더 신비적인 전통에서 이해되는 신성의 속성과 열반의 속성을 비교해보면, 거의 차이를 발견하지 못한다.

열반은 우주(창조)적인 기능이 없다. 열반은 신의 세계가 아니고, 우리의 탐욕과 어리석음을 딛고 이룩된 세계이다. 불교도들은 기독교도들 사이에서 발견되는 것보다 더 세계의 모든 면에 대해 근원적 거부감을 드러내는 것이 사실이다. 동시에 그들은 여러 가지 곤란한 신학적 수수께끼를 모면할 수 있었다. 예를 들어, 전지전능하고 자애가 충만한 신과, 고통과 혼란이 넘치는 이 세계가 어떻게 함께할 수 있는지를 해명할 필요가 없었다. 또한 불교도들은 결코 신은 곧 사랑이라고 말한 적이 없다. 이는 불교도들이 지적 정밀성에 대해 엄격하기 때문일지도 모르는데, 사랑이라는 단어는 우리가 쓰는 용어 중에서 가장 성에 차지 않고 모호한 단어라고 생각했던 것이다.

반면에 열반은 영구적이고, 안정적이고, 불멸이고, 부동不動이고, 영원하고, 불사不死이고, 불생不生이고, 불변不變이어서, 그것은 힘이며, 지복至福이자 행복이며, 안전한 귀의처이고, 대피처이며, 난공불락의 요새라고 보았다. 또한 열반은 진정한 진리이고, 최고의 실재

다. 영국의 작가 올더스 헉슬리Aldous Huxley(1894~1963)가 주창하면서 많이 알려진 용어인데, 그는 "신성 또는 근원적 실재는 모든 성질, 묘사, 개념을 뛰어넘으며 기존 종교 전통에서는 이것을 브라만, 도, 또는 신 등 다양한 용어로 부르고 있다"면서 세계의 모든 주요 종교의 최대 공통 요소는 '영원의 철학'이라고 했다.

이며, 선善이고, 최고의 목표이고, 바로 우리 인생의 단 하나의 완성, 영원하고 신비하고 헤아릴 수 없는 평화라고 했다. 말하자면, 열반의 인격적 구현인 붓다는 우리가 종교적이라고 불러왔던 모든 감정의 대상이 된다.

기독교에서와 마찬가지로, 불교 역사 전반에 걸쳐 종교에 대한 신앙적 접근과 지혜적 접근 사이에 긴장이 존재해왔다. 그렇지만 기독교와 달리 불교에서는 늘 혜안慧眼의 통찰을 더욱 진실한 것으로 여기고, 신앙적 헌신은 일반 대중을 위한 다소간의 방편적 양보로 간주되었다(280쪽 참고). 이러한 현상은 철학 사상에서도 나타나는데, 절대자를 다루는 철학 개념조차도 일종의 감정적 온기를 띠고 있다. 아리스토텔레스가 묘사한 시동자始動者[43](Prime mover)를 생각해보면 알 수 있다.

그러나 불교에서는 '지적으로 이해된 절대자'와 불교 의식과 신앙심의 고양이라는 전 체계가 밀접하게 연관되어 있다는 것을 첨언해둔다. 그러한 양자의 연관은 이치에 아주 합당하지는 않지만, 오랫동안 실제 삶에서 조화롭게 공존함이 증명되었다.

3) 이제 다신론이라는 곤란한 주제를 다뤄야 한다. 우리 교육에 영향을 미쳐온 기독교의 가르침은 다신교가 인류의 과거사에 속하며,

---

43 모든 사상 혹은 변화의 원인들 중에서 가장 최초의 원인을 칭하는 말. 다른 어떤 힘에 의해서도 생성되거나 변화되지 않는, 즉 더 이상의 어떤 원인도 없는 궁극의 원인으로 자체 충족적인 것이다.

유일신교에 밀려서 현대인의 마음에는 아무런 반향을 끌어내지 못한다고 믿게 만들었다.

불교도들의 다신교에 대한 포용력을 평가하기 위해서는, 우선 다신교가 우리들 사이에도 많이 살아 있다는 사실을 깨달아야 한다. 이전의 아테나,[44] 바알,[45] 아스타르테,[46] 이시스,[47] 사라스바티,[48] 관음觀音[49] 등이 불러일으킨 대중적 상상력이 요즘에는 민주주의, 진보, 문명, 평등, 자유, 이성, 과학 같은 용어들로 대체되어 있다. 다수의 인격신들이 추상명사들에게 자리를 내준 것이다. 유럽에서는 프랑스인들이 성모 마리아를 대신하여 그녀에 대한 애착심을 이성理性의 여신에게로 옮기면서 전환점이 찾아왔다.

이러한 변화의 이유는 쉽게 알 수 있다. 인격신들은 대다수 군중이 문맹인 농경문화의 토양에서 성행한 반면 추상명사들은 근대도시의 학식 있는 사람들이 선호했다. 중세인들은 예수 그리스도, 성 조지,[50] 그리고 산 호세[51]를 위해 기꺼이 전쟁터에 나갔다. 현대의 십자군들은 기독교, 기독교적 생활양식, 민주주의, 그리고 인권 등의 추상적

---

44 Athena. 그리스 신화에 나오는 올림포스 12신 중 하나. 지혜, 전쟁, 기술, 직물, 요리, 도기 등을 관장하는 여신이다. 로마 신화의 아테네에 해당한다.
45 Baal. 고대 동방 여러 나라에서 숭배한 최고의 신으로 토지의 비옥함과 생물의 번식을 주재한다.
46 Astarte. 고대 셈족의 풍요와 다산의 여신.
47 Isis. 고대 이집트 및 그리스·로마 등지에서 숭배된 최고의 여신.
48 Sarasvati. 인도 신화에 나오는 여신으로, 사바스(호수)를 가진 여신이라는 뜻이다.
49 자비로 중생의 괴로움을 구제하고 왕생의 길로 인도하는 불교의 보살. 관세음觀世音, 관자재觀自在라고도 한다.
50 Saint George. 초기 기독교의 순교자이자 14성인 가운데 하나인 성 게오르기우스.
51 San Jose. 예수 그리스도의 양부 성 요셉.

개념들을 위해 싸운다.

그렇지만 읽고 쓰는 능력의 여부가 현대의 다신교와 고대의 다신교를 구분하는 유일한 요인은 아니다. 또 다른 요인은 우리가 자연의 힘으로부터 분리된 데 있다. 한때 모든 나무, 우물, 호수와 강, 그리고 거의 모든 종류의 동물들은 신성을 품고 있었다. 우리는 이제 자연에서 너무 멀리 떨어져 나와서 그런 생각을 할 수 없다. 게다가 우리의 민주주의적 성향은 위대한 인물을 신성화하는 경향을 사라지게 만들었다. 인도에서 왕들은 신으로 여겨졌고, 이집트의 전성기 이래 로마, 중국, 이란과 일본 등에서 보듯이 광대한 제국을 유지하는 가장 효과적인 방법은 신성의 권위를 지닌 통치자의 지배였다. 그렇지만 지금 사람들은 히틀러, 스탈린과 처칠 등에게 완전한 신성을 부여하지 않는다.

위인의 신격화는 정치인에 국한되지 않는다. 인간 심성에 깊게 뿌리 내린 다신교 사상은 기독교와 이슬람의 공식적인 일신교의 외피를 부수면서 많은 성자들을 숭배하는 형태로 드러났다. 더하여 이슬람교에서 성자들은 고대부터 여러 다른 지역에 존재해온 신령들과 융합되어 버렸다.

마지막으로, 우리는 모든 종교인들이 자기 종교에서 즉각적인 복을 기대한다는 점을 알아야 한다. 최근에 나는 옥스포드에 있는 영국 성공회의 상점 진열장 앞에서, 지금은 성 크리스토퍼[52]만이 유일하

---

52 Saint Christopher. 기독교의 순교 성인. '그리스도를 업고 가는 사람'이라는 뜻으로, 등산가·운동선수·운전사·철도 노동자·짐꾼·여행자 등의 수호 성인이다.

게 성공회도들의 마음을 사로잡는 성자임을 느꼈다. 그들은 성 크리스토퍼의 메달이 자동차 사고로부터 자신을 보호해준다고 믿고 있었다. 이와 유사하게 불교도들도 그들의 종교가 질병과 화재로부터 지켜주고, 자식을 점지해주고, 여타의 복을 줄 것이라고 믿는다. 별들 위로 높이 솟아올라 우주 전체를 돌봐야 하는 유일신이 그러한 사소한 일들에 시달리면 안 된다는 것은 명백한 사실이다. 그러므로 각각의 특별한 요구들을 충족시킬 특별한 신들이 나타났다. 요즘에는 과학과 산업이 그런 요구들을 충족시켜줄 것이라는 믿음이 커졌고, 우리의 미신적 성향은 위험 요소가 큰 일들에 맞닥뜨릴 때 두드러지게 드러난다.

인간의 거의 모든 활동들은 많은 위험 요소를 내포하고 있다. 따라서 수많은 신들에게 보호와 도움을 기원하게 마련인데, 불교를 종교로 받아들인 지역의 사람들도 예외가 아니었다. 불교도들은 많은 신들을 숭배하는 데 거부감이 없었다. 이는 '질투심 많은 유일신'의 개념이 불교에는 없기 때문이다. 그리고 개인들의 지적 통찰력은 매우 제한적이어서 자기만 옳다고 확신할 수도 없고, 다른 사람이 틀렸다고 확신하기도 불가능하기 때문에 다신 숭배를 거부할 이유가 없다고 생각했다.

가톨릭처럼 불교도들 또한 신앙은 보통사람들의 마음에 깊이 배어 습관이 될 때만 생명력이 지속된다고 믿었다. 그 결과 불교도들은 초기경전에서 브라만교의 신들을 당연하게 받아들였고, 나중에는 각 지방에서 온 승려들이 출신 지역의 신들을 불교에 수용했다는 사실을 알 수 있다.

만약 신의 존재를 부정하는 것이 무신론이라면, 불교를 무신론이라고 표현하는 것은 상당히 오해의 소지가 있다. 반면에 유일신교는 결코 불교에서 호응을 얻지 못했다. 불교도들은 한 가지 예외를 제외하고는 우주의 기원에 대해 조금도 관심이 없었다. CE 1000년경 인도 북서부 지역의 불교도들이 잇달아 승리한 이슬람 세력과 접촉을 하게 되었는데, 전 인류를 포용하려는 열망으로 일부 사람들이 아디붓다Ādi-Buddha[본초불本初佛]라는 개념을 끌어들여 자신들의 신학을 모나지 않게 변형시킨 적이 있다. 아디붓다는 전지전능한 시원의 붓다로 명상을 통해 우주를 창조했다고 하는데, 네팔과 티베트의 몇몇 종파가 이 개념을 받아들였다(373쪽 참조).

5

네 가지 성스러운 진리

붓다에 이어 붓다의 가르침인 다르마[53]에 대해 살펴보자. 모든 종
파가 받아들인 핵심 가르침이 바로 네 가지 성스러운 진리[사성제四聖
諦]인데, 이것은 붓다가 깨달은 직후 바라나시[54]에서 처음으로 설법한
가르침이다. 여기서는 이 기본 가르침의 공식을 우선 제시한 다음 그
내용을 다룰 것이다.

---

53 산스크리트어 Dharma, 팔리어 Dhamma. 불교의 핵심 개념으로, 법法으로 한역한
    다. 붓다가 깨달은 진리, 붓다의 가르침, 일체의 사물[제법諸法], 인간 행위를 규
    정하는 규범 전체 등을 의미한다. 제법무아諸法無我, 연기법緣起法, 법성法性,
    일체법一切法 등에 사용된다.
54 인도에서 가장 오래된 도시 중 하나이자 힌두교 최대의 성지이다. 베나레스라고
    도 한다.

1) 고통에 관한 성스러운 진리[고성제苦聖諦]란 무엇인가?

태어남[생生]도 괴로움[고苦]이고, 늙어감[노老]도 괴로움이고, 아픔[병病]도 괴로움이고, 죽음[사死]도 괴로움이다. 또한 싫어하는 사람과 마주치는 것도 괴로움[원증회고怨憎會苦], 사랑하는 사람과 헤어지는 것도 괴로움[애별리고愛別離苦], 바라는 것을 얻지 못하는 것도 괴로움[구부득고求不得苦]이다. 그리고 단적으로 다섯 가지 무더기[오온五蘊]에 집착하는 것이 괴로움[오성음고五盛陰苦]이다.

2) 고통의 원인에 관한 성스러운 진리[집성제集聖諦]란 무엇인가?

윤회를 불러오는 갈애로서, 기쁨을 찾아 동분서주하는 탐욕, 즉 감각적 경험에 대한 갈애[욕애欲愛], 어떤 것이 되고자 하는 갈애[유애有愛], 어떤 것을 회피하고자 하는 갈애[무유애無有愛]를 말한다.

3) 괴로움의 소멸에 관한 성스러운 진리[멸성제滅聖諦]란 무엇인가?

갈애의 완전한 소멸, 갈애에서 물러남, 갈애 이전으로 돌아감, 갈애를 벗어남, 갈애로부터의 해방, 갈애에 대한 무집착을 말한다.

4) 그러면 괴로움의 소멸에 이르는 길[도성제道聖諦]이란 무엇인가?

여덟 가지 바른 길[팔정도八正道]이 그것이다. 팔정도는 바른 견해[정견正見], 바른 사유[정사유正思惟], 바른 언어[정어正語], 바른 행위[정업正業], 바른 생계[정명正命], 바른 노력[정정진正精進], 바른 마음챙김[정념正念], 바른 명상[정정正定] 등 여덟 겹의 바른 길이다.

삶의 근본적 사실들에 대한 명상, 곧 네 가지 성스러운 진리에 대한 체계적 명상은 불교도의 생활에서 중심된 실천 덕목이다. 필자는 여기에서 논의의 대상을 첫 번째 진리인 고성제에만 국한시키려고 한다. 고성제의 내용들을 살펴보면 불교의 가르침을 올바른 관점에서 바라보는 안목을 여는 데 큰 도움이 되기 때문이다.

고성제의 앞부분에 열거한 고통의 사례들을 이해하는 데는 거의 어려움이 없으며 누구나 동의할 것이다. 고통으로 가득한 삶에서 모두가 공감할 수 있는 일곱 가지를 열거했으니 말이다. 우리의 지적 저항은 고성제의 뒷부분, 즉 오온 자체에 집착하는 것이 괴로움이라는 고통의 보편성을 추론하는 부분에서 시작된다. 그렇지만 쉽게 공감하고 이해할 수 있는 일곱 가지 고통조차도 직면하기를 꺼리는 강력한 감정적 거부감을 눈여겨봐야만 한다.

우리들 대다수는 천성적으로 인생의 밝은 면만을 보고, 어둡고 불편한 부분은 짐짓 축소하고 무시하려는 경향, 곧 '바보들의 낙원'에 살려는 심리적 경향을 타고났다. 고통을 직시하며 곱씹는 것은 이러한 성향에 반하므로, 우리는 보통 온갖 종류의 '감정적 보호막'으로 고통을 덮으려 한다. 우리의 심리적 경향이 삶의 행복한 면 못지않게 역겨운 면을 강조한다면, 대부분의 사람들은 있는 그대로 삶을 직시하는 것을 견디지 못할 것이다.

우리는 고통스러운 사실들을 가능하면 외면하고자 한다. 이것은 완곡어법이 널리 사용되는 데에서도 알 수 있는데, 완곡어법은 불유쾌한 연상을 불러일으키는 단어들을 피하기 위해 쓰인다. 모호하거나 간접적인 표현들은 불편하거나 금기시되는 사실들을 덮어준다. 모든 언어에서 죽음, 기형, 질병, 성性, 소화 과정, 그리고 가정불화 등에 대한 수많은 완곡어가 등장한다. 사람은 '죽는 것'이 아니라 '돌아가시고', '숨지고', '잠들고', '세상을 등지고', '조물주의 부름을 받는다' 등이다.

죽음의 실제를 완벽하게 직면하기 위해서는 명상에 특별한 노력을 기울여야 한다. 일반적으로 우리는 불쾌한 사실들에 눈감고 무시하고, 그 중요성을 축소하고, 미화한다. 중년 여성들은 자신의 나이를 떠올리기 꺼려한다. 사람들은 시체를 보면 몸서리치고 시선을 돌린다. 삶의 불쾌하거나 비관적인 측면을 대화의 주제로 삼는 것은 '선량한 사람들'에게 충격을 주고, 다른 이들을 놀라게 하는 짓이다.

다시 말하지만, 보통의 일상에서 교묘하게 호도된 것들을 전면으로 부각시키려면 특별한 명상이 필요하다. 불쾌한 진실에서 도피하려는 노력은 부분적으로 나르시시즘적인 자기애自己愛에 기인하고, 그 근본적인 주요 원인은 인격의 온전함에 흠집을 내려는 위협에서 자신을 보호하고자 하는 욕구와 두려움이다. 이에 관해 여기에서 세세히 다룰 수는 없다.

대다수의 사람들은 삶에 대해 현실 외면적 태도를 견지하지 않고는 즐겁게 살기 어렵다. 이런 의미에서, 첫 번째 진리인 고성제는 자명하지 않다. 고성제를 이해하려면 우리의 뿌리 깊은 사고 습관을 뜯어고쳐야만 한다. 내켜하지 않는 마음속에 삶의 보기 안 좋은 면을 각인시키기 위해 불교 수행자들은 앞에 언급한 일곱 가지 전형적인 고통을 하나하나 극히 세밀하게 반복적으로 명상했다.

차례로 고통을 열거한 끝에 붓다는 세속의 모든 것은 고통과 결부되어 있다고 말했다. 앞에서 이미 언급한 바와 같이 물질, 느낌, 지각, 의지, 인식 등 다섯 가지 무더기[오온五蘊]에 대한 집착은 필연적으로 고통의 속박을 가져온다는 것이다. 붓다고사[55]는 최적의 비유를 들어 붓다가 설한 뜻을 잘 설명했다.

> 불이 장작을 괴롭히듯이, 활이 과녁을 괴롭히듯이, 쇠파리와 모기 등이 소의 몸뚱이를 괴롭히듯이, 농군이 밭을 괴롭히듯이, 도둑이 마을을 괴롭히듯이, 여기 이렇게 생로병사 등이 집착된 오온五蘊을 괴롭힌다.[56] 마치 풀과 덩굴이 땅에서 자라듯이, 꽃과 과일이 나무에서 피고 자라듯이 생로병사는 오온 속에서 생겨난다.
>
> — 위숫디막가Visuddhimagga[청정도론清淨道論] XVI, p. 505

고통의 보편성은 단박에 자명한 사실로 드러나는 것이 아니다. 우리는 이 세상에서 어떤 행복을 발견할 수 있다는 믿음에 집요하게 매달린다. 지혜의 완성에 이른 성자 아라한만이 첫 번째 진리인 고성제

---

55 Buddhaghosa. 인도의 학승. 430년경 스리랑카에 건너가 토착어인 싱할라어로 된 불교 경전을 팔리어로 번역하고, 그에 대한 주석서 『청정도론清淨道論』을 지었다. 붓다고사의 이름을 한역하여 불음佛音이라고 부른다.

56 사람은 색수상행식色受想行識의 오온이 일시적으로 모여 몸과 마음을 이룬 것으로서, 고정된 본체가 없는 무아의 존재이다. 이러한 오온개공五蘊皆空의 이치를 깨치지 못하고 오온에 집착하면 온갖 고통이 따라오게 된다.

를 완전히 이해할 수 있다. 붓다는 이렇게 설한다.

> 아주 먼 거리에서 좁은 열쇠구멍 같은 과녁에 화살을 연속하여 쏘아서
> 화살마다 명중시킬 수는 없다. 머리털같이 가는 화살을 쏘아 머리털 끝
> 을 백발백중 명중시키기는 더욱 어렵다. 이보다 더더욱 어려운 것은 '모
> 든 것은 고통이다[일체개고—切皆苦]'라는 사실을 꿰뚫어 아는 일이다.
> — 상윳따 니까야Saṃyutta Nikāya V 454

사실 고통의 보편성을 꿰뚫어 아는 통찰력은 우리의 영적 성장에
따라 점차 확장된다. 세상에는 아주 명백한 괴로움도 있지만, 고통의
상당 부분은 숨겨져 있어서 오직 현자만이 그것을 감지할 수 있다.
명백한 괴로움은 그에 수반하는 불쾌하고 괴로운 느낌으로, 회피와
혐오의 반응으로 인지할 수 있다. 숨겨진 고통이란 겉으로는 즐거워
보이지만 그 밑에는 고통이 깔려 있는 것이다.
네 종류의 숨겨진 고통을 언급하려 하는데, 이 정도면 충분하리라
생각한다. 이에 대한 이해는 우리의 영적 통찰의 성숙도에 달려 있다.

1) 즐겁기는 하지만, 다른 이의 고통을 수반한다.
사람들은 보통 향락의 이런 면을 눈치채지 못한다. 연민의 용량이
커질수록 자신의 슬픔으로 여기는 폭이 더 넓어진다. 오리의 느낌을
무시할 때만이 오리구이를 먹는 것이 즐겁다. 우리의 무의식적 마음
은, 우리가 평소에 지각하는 것보다 훨씬 더 타인에 대해 연대감을

느낀다. 우리가 타인의 행복을 빼앗으며 그 대가로 쾌락을 얻으면, 이는 분에 넘치는 특전인 셈이다. 따라서 마냥 즐겁지 않고 무의식적 죄책감이 수반된 즐거움을 느끼는 것이다.

이는 부자들의 부에 대한 태도에서 드러난다. 내가 만난 부자들 중에 가난해지는 것을 두려워하지 않는 부자는 거의 없다. 그들은 자신이 그 부를 누릴 만한 자격이 없다고 느끼는데, 이는 그들이 자격을 증명하려고 애써 노력하는 것을 보면 알 수 있다. 부자들은 가난한 사람들의 희생으로 부를 얻었기 때문에, 될 수 있는 한 가난한 이들을 시야 밖으로 쫓아내려 한다. 푼돈을 주고 쫓아내든가 '그들은 원래 가난뱅이일 수밖에 없다'고 생각함으로써 심리적으로 짓밟아 버린다.

억제된 연민심은 무의식적 죄의식을 초래한다. 이런 부자들은 자신을 고통 받는 이들, 가난한 이들, 지체장애자들과 비교하고, 때로는 그들의 처지와 자기를 바꿔 생각하기도 한다. 우리들 중 어떤 이들은 자신이 불운한 동료들보다 더 나은 삶을 살 만한 가치나 자격이 없다고 느낀다. 오히려 벌 받아 마땅하다거나, 나쁜 운명으로부터 자신을 지켜줄 만한 것이 전혀 없으므로 불행해질 수 있다고 느낀다. 이러한 불쾌한 경험을 차단해야 심각한 정신적 고통을 피할 수 있다.

또한 사회적 양심은 결코 완전히 소멸될 수 없다는 것을 유념해야 한다. 잘사는 이들은 항상 타인의 불행을 자기 책임으로 보는 경향이 있다. 따라서 그들은 불행이 최소화되거나, 정당화 혹은 미화되는 사회상을 조작해낸다. "영국에는 먹을 것 없이 지내는 사람이 없다."

"모든 이들이 원하기만 하면 일자리는 얼마든지 있다." "거지들은 본인이 게으른 탓이고, 때로는 꽤 알부자이다. 최근 신문에 난 그 사건을 못 보았는가?" "가난한 이는 술만 덜 마셔도, 또는 담배만 덜 피워도 훨씬 잘살 수 있다."

이는 모두 지당한 말일 수도 있다. 하지만 만약 그들 마음의 밑바닥에 죄의식이 없다면, 굳이 의식적으로 이런 자기합리화의 상부 구조를 정교하게 만들어낼 필요가 있을까?

2) 즐겁기는 하지만, 그 즐거움을 잃을까 두려워하기 때문에 불안과 묶여 있다.

불교도들은 이것을 '즐거운 일이 파괴되어 없어지는 고통[괴고壞苦]'이라고 하는데, 전부는 아니더라도 거의 모든 즐거움이 이에 해당한다. 불안과 걱정은 집착과 떼려야 뗄 수 없는 불가분의 관계이다. 이것은 집착에서 힘써 벗어나 지극한 행복[지복至福]과 두려움 없음[무외無畏]의 평온을 맛본 이에게만 명백히 드러날 수 있다.[57]

3) 즐겁기는 하지만, 많은 고통을 초래할 바탕이 되는 조건에 우리들을 얽어맨다.

단지 육체가 있다는 사실만으로 우리는 얼마나 많은 두려움에 노출되는가? 많은 즐거움들이 악업의 과보果報, 곧 벌을 부르고, 또 우

---

57 봄이 와서 겨울 코트를 벗으며 홀가분함을 느낄 때 겨울에는 무겁다는 의식 없이 입었던 코트의 무게를 새삼 실감하게 되는 것과 같다.

리를 세속에 단단히 묶는 새로운 갈애를 부른다.

고통은, 우리가 인연생멸의 조건에 제약된 유위有爲의 존재라는 사실만으로도 이미 본래적으로 내재되어 있다. 그런데 보통은 그런 사실을 알지 못한다. 그것을 볼 수 있는 눈은 지속적인 명상을 통해 우리의 본래 고향인 인연생멸을 떠난 무위無爲의 세계에 대한 지혜를 얻을 때 트이고 열린다(211쪽 참조).

4) 오온에 속한 것에서 얻은 즐거움은 마음 저 깊은 곳의 바람을 충족시키지 못한다.

그 즐거움은 짧은 순간에 사라지고, 불안으로 가득하고, 거칠고 비천하다. 이 세상은 쉽게 변하고 사소하며 별 의미도 없는데, 그 위에 진정한 평온을 구축하려는 시도는 가당치 않다. 이 사실은 영적인 지복을 경험하고 나면 점점 더 명백해진다. 그에 비해 감각적 즐거움은 갈애의 소멸과 거부로 얻는 고요를 방해하기 때문에 불만족스러울 뿐 아니라 오히려 치명적으로 유해해 보인다.

> 이 세상 쾌락의 기쁨,
> 그리고 지대한 천상의 기쁨도
> 갈애의 소멸로 얻어지는 기쁨에 비하면
> 그 16분의 1에도 미치지 못하네.
> 무거운 짐진 자들은 애처롭고,
> 짐을 벗어버린 이들은 행복하여라.

짐을 한 번이라도 벗어본 이들은

더는 짐 지려 하지 않을 것이네.

— Tibetan Vinaya[티베트 율장][58]

두 번째 진리인 집성제와 세 번째 진리인 멸성제는 그 의미가 아주 명료하다. 갈애가 괴로움의 원인이고, 갈애의 소멸로 괴로움이 소멸된다는 것이다. 갈애와 괴로움의 필연적 연결 구조는 연기법緣起法으로 알려진 사성제의 중요한 인과 추론 형식으로 서술되어 있다.

무명無明으로 시작하여 노사老死로 끝나는 12연기緣起[59]는 이 세상에서 일어나는 모든 것을 포함한다. 12연기의 발견은 여래의 위대한 업적으로 찬탄된다. 게송 하나가 모든 불교 종파들의 이러한 신조를 잘 요약해주고 있다. 이 게송은 불교에 영향 받은 전 세계 곳곳의 사찰, 바위, 석상, 비석, 필사 등에 새겨져 있다.

---

58 Edward Joseph Thomas, The Life of Buddha, 1927, p. 79.
   E. J. 토마스(1869~1958)는 영국의 고전주의자, 불교사 작가이자 저명한 불교학자로서 케임브리지 대학교 동양어과장을 지냈다. 팔리어 번역에 능했으며, 그의 저서 『The Life of Buddha: As Legend and History』는 지금도 출판되고 있다.
59 인간의 괴로운 생존이 열두 가지 요소의 순차적인 상관관계에 의한 것임을 설명한 불교의 핵심 교리이다. 진리에 대해 무지한 무명無明을 근본 원인으로 하여 행行(의도적인 행동), 식識(의식작용), 명색名色(몸과 마음), 육처六處(눈, 귀, 코, 혀, 몸, 의식), 촉觸(접촉), 수受(느낌), 애愛(갈망), 취取(집착), 유有(존재), 생生(태어남), 노사老死(늙고 죽음)가 순차적으로 일어난다.

여래는 모든 것이 인연 따라 생겨나고, 인연 따라 소멸한다고 설하셨다.
이것이 위대한 스승의 가르침이다.[60] — Vinaya[율장律藏] I 41

그렇지만 12연기에 대한 정확한 해석은 여러 부파들에서 상당한
차이가 있다. 자세한 설명은 이 책에서 생략한다. 여덟 가지 바른 길
[팔정도八正道]의 구성 요소는 이어지는 장에서 상세히 다룰 것이다.
여기에서는, 바른 견해[정견正見]란 네 가지 성스러운 진리[사성제四聖
諦]를 아는 것이고, 바른 사유[정사유正思惟]란, 붓다고사가 포기·악의
없음·해가 없음 등 세 가지 용어로 정리한 바 있듯이, 자아의 소멸과
다른 이의 안녕에 대한 열망 등을 의미하며, 바른 노력[정정진正精進]이
란 모든 유해한 것을 버리고 유익한 것을 획득하고 증가시키고 발전
시키려는 노력에 해당한다는 사실만을 언급해둔다.

---

60 "모든 법은 연緣에서 일어나니, 여래께서는 이러한 인因을 설하셨노라. 저들 법의
  인과 연은 결국 사라지리니, 이것이 대사문의 말씀이라네."(제법종연기諸法從緣起
  여래설시인如來說是因 피법인연진彼法因緣盡 시대사문설是大沙門說) —《근본
  설일체유부비나야출가사根本說一切有部毘奈耶出家事》T1444_.23.1027b21-22

6

불교의 우주관

　네 가지 성스러운 진리는 불교의 독특한 핵심 교의를 서술하고 있다. 그렇지만 우주의 구조와 진화에 관해서 불교도들은 당시의 힌두교 전통에서 빌려 쓰는 데 만족했다. 힌두교의 우주론은 대체로 신화적이고, 서구와는 매우 다르다. 우리는 힌두 우주론의 핵심적인 특징에 대해 얼마간 언급해야만 한다. 그 언급 범위에서 한편으로는 겁劫과 우주 체계를, 다른 한편으로는 살아 있는 중생[유정有情]의 여섯 가지 갈래[육도六道]를 다룰 것이다.

　코페르니쿠스[61] 혁명과 망원경의 발명 이전에 유럽의 정신은 아주

61　Nicolaus Copernicus(1473~1543). 지동설地動說(태양중심설)의 제창자로 알려진 폴란드의 천문학자.

작은 크기의 우주에 갇혀 있었다. 갈릴레이[62]는 1638년에 눈이 멀게 되었을 때, 친구 디오다티Elie Diodati에게 이런 편지를 보냈다.

아, 애석하도다! 그대의 사랑하는 벗이자 일꾼인 갈릴레오는 절망적으로 지난달에 눈이 멀어버렸네. 그리하여 내가 경탄할 만한 발견과 명쾌한 논증으로 구시대의 현자들이 믿었던 세계보다 수십만 배나 넓혀놓은 이 하늘, 이 땅, 이 우주가 이제부터는 내 몸으로 더듬을 수 있는 좁은 공간으로 줄어들고 말았다네.

17세기 유럽인들은 인도의 '구시대의 현자들'이 이미 오랫동안 시공간의 광대무변함에 대해 올바로 알고 있었다는 사실을 몰랐다. 하지만 인도인들은 '경탄할 만한 발견과 명쾌한 논증'이 아니라 직관적인 우주적 상상력으로 알고 있었다.

먼저 시간의 크기에 관해 인도인들은 우주적 시간을 햇수로 측정하지 않고 겁劫의 단위로 따졌다. 1겁은 우주가 생성되어 완전히 파괴될 때까지 걸리는 시간이다. 1겁의 기간은 비유를 통해 제시되거나 수치를 통해 계산되기도 한다. 예를 들어, 히말라야보다 훨씬 큰

---

62 Galileo Galilei(1564~1642). 이탈리아의 천문학자, 물리학자. 1610년 스스로 제작한 망원경으로 목성의 위성, 토성의 띠, 달 표면의 요철, 태양의 흑점 등을 발견하고, 코페르니쿠스의 지동설에 강력한 근거를 부여했다. 같은 해에 피렌체 대공의 초청을 받아 그의 보호 아래 연구에 전념했다. 그의 연구에 대한 교회 관계자의 비난에 답하기 위해 스스로 로마에 가 해명을 시도했지만, 결국 종교재판에 회부되어 1616년에 지동설 포기를 명령받았다.

바위산이 있는데, 한 사람이 바라나시에서 만들어진 아주 고운 천 조각으로 100년에 한 번씩 살짝 스쳐서 이 바위산이 모두 닳아 없어질 때까지 걸리는 시간이 1겁이다. 수치로 말하면, 1겁은 134만 4천 년이라고도 하고, 12억 8천만 년이라고도 하는 등 의견이 분분하다. 일치된 합의에 이르지는 못했지만 어떤 경우이든 매우 길고 계산할 수 없는 무한한 시간을 말한다.

1겁이 경과하는 동안, 우주의 초기 응축으로부터 우주가 완전 소멸될 때까지의 과정, 곧 성주괴공成住壞空이 한 번 일어난다. 한 우주의 성주괴공이 끝나면 잇달아 다음 우주의 성주괴공이 일어나 시작도 끝도 없이 무한히 되풀이된다.

한 우주는 많은 태양과 달 등의 복합체이고, 셀 수 없이 많은 우주가 가없는 공간에 펼쳐져 있다. 어떤 면에서는, 현대천문학에서 말하는 '섬우주들'[63]과 개념이 유사하다. 지금까지 알려진 섬우주는 백만 개 이상이고, 개중에는 100만~200만 광년 떨어진 것도 많다. 그러한 각각의 나사선성운螺絲旋星雲은 공통의 중심 주위를 회전하는 수십억 개의 별들로 구성되어 있다. 그 형태는 종종 불교도들이 주장했던 것처럼 물레방아바퀴 모양이다. 은하계는 불교도들이 말하는 사바세계[64]에 해당하며, 지구는 이 사바세계의 일부분이다.

---

63 은하계와 외부 은하가 우주에 산재하는 모습을 큰 바다에 떠 있는 섬에 비유하여 이르는 말.

64 산스크리트어 sahā-loka-dhātu의 음역. 중생이 갖가지 고통을 참고 견디며 살아가는 이 세상을 통칭한다.

우주의 크기에 관해서 근래의 발견은 불교도들의 견해를 뒷받침한다. 그리고 그들의 광대한 우주적 관점은 영적 성장에 틀림없이 이로운 것이었다. 그렇지만 불교경전에 나오는 우주의 자세한 묘사들이 현대과학의 결론과 꼭 맞아떨어진다고 주장할 수는 없다. 거의 모든 전통적인 주장이 우리에게는 우화적으로 보인다. 특히 우리는 각 세계 체계[일수미세계—須彌世界][65]에 수반되는 천상과 지옥에 관해 귀에 딱지가 앉을 정도로 들어왔고, 땅의 모양에 대해서도 들어왔는데, 현대 지도책에 나오는 그림과는 아주 다르다. 그런데 불교도들은 으레 삶이 이승에 국한된 것이 아니고, 중생들이 다른 여러 별에도 살고 있다고 추정한다. 그리고 후기 대승불교는 우리 세계 체계보다 다른 세계 체계의 고통 받는 중생들을 구제하기 위해 노력하는 부처와 보살들을 강조한다(299쪽 참조).

이제 중생들의 분류에 대해 살펴보자. 현재 우리는 생명체를 인간, 동물, 식물 등 세 가지로 나누지만, 불교 전통에서는 여섯 가지로 구분한다. 중생의 여섯 차원은 천상, 아수라, 인간, 아귀, 축생, 지옥 등이다. 어떤 때는 아수라를 뺀 다섯 차원으로 분류하기도 한다. 세부로 들어가면 이견이 많지만, 일반적인 틀은 모든 학파에서 수긍한다.

---

[65] 불교의 우주관에서는 우주를 삼천대천세계三千大千世界라 하는데, 이는 일수미세계—須彌世界가 10억 개 모인 것이다. 일수미세계라는 명칭은 기본 구성 단위를 이루는 1세계의 중심, 또는 근간이 되는 것이 수미산須彌山이기 때문에 붙여졌다. 일수미세계는 풍륜風輪(바람)·수륜水輪(물)·금륜金輪(땅)·공륜空輪을 더한 4륜, 9산8해九山八海, 4대주四大洲, 그리고 욕계의 하늘들인 6욕천과 색계·무색계의 하늘들로 구성되었다. 수미산은 9산 가운데 하나로, 일수미세계의 가장 중심에 있는 산이다.

세계의 무수한 중생들은 이들 여섯 또는 다섯 종류의 차원에 속하며, 전생에 얻은 공덕으로 어디에 태어날지가 결정된다.

천상의 신[천인天人]은 인간에 비해 몸을 구성하는 물질이 정묘하다는 점에서, 감정이 덜 거칠다는 점에서, 수명이 훨씬 길다는 점에서, 고통을 덜 받는다는 점에서 인간보다 높은 곳에 있다. 이런 면에서 그들은 올림포스 산의 신들과 닮았지만 천인은 불멸이 아니라는 점이 다르고, 오히려 어떤 면에서는 신이라기보다는 천사와 닮았다. 불교 전통은 신들을 세밀하게 분류하지만, 여기에서는 언급을 생략하기로 한다. 아수라 역시 천상의 존재로서 천인들과 쉴 새 없이 싸우는 사나운 정령이다. 어떤 때는 아수라를 천상이나 아귀에 포함시키기도 한다.

축생, 아귀, 지옥은 '세 가지 어두운 길'[삼악도三惡道], 또는 '비통한 상태'라고 부른다. 아귀는 본래 '방황하는 망령'을 뜻했는데, 불교 이론이 발전함에 따라 인도에서 널리 유포된 민간전승의 많은 부분을 이 이름 아래 체계화하려는 시도가 있었다. 지옥은 매우 많은데, 대개는 뜨거운 지옥과 차가운 지옥으로 나뉜다. 지옥 생활은 언젠가 끝나기 때문에 정통 기독교의 지옥보다는 가톨릭교의 연옥에 더 가깝다.

고통은 모든 중생의 공통 운명이다. 천상인도 복이 다하면 천상의 좋은 환경에서 떨어지기 때문에 고통이고, 인간은 즐거움보다는 슬픔이 훨씬 많으며, 혹은 삼악도에 떨어지기에 고통이다. 아귀는 쉴 새 없이 기갈에 시달리므로 고통이고, 지옥 중생은 그 고통이 더 말할 나위도 없다. 이러한 광대한 고통의 바다[고해苦海]에 직면하면, 불교 교의에 따라 수행한 사람은 연민을 느끼면서 되돌아볼 것이다.

"내가 이들 고통 받는 중생들에게 아무리 큰 세속의 행복을 준다 하더라도, 그 행복은 마침내 고통으로 끝날 것이다. 열반의 영원한 지복만이 그들에게 도움이 될 것이다. 그러므로 나는 우선 참깨달음을 얻어서 모든 중생을 안락하게 할 것이다."

그러나 인간으로 태어나는 것은 진리를 깨닫는 데 꼭 필요한 일이다. 천상인은 조건 지어진[유위有爲] 삶을 싫어하기에는 너무 행복하고, 무상함을 느끼기에는 너무 오래 산다. 축생, 아귀, 지옥 중생은 정신의 명징성이 결여되어 있다. 인간은 일단 어느 정도의 영적 고양이 이뤄진 뒤에는 삼악도에 떨어지지 않는다. 그렇지만 모든 불교 부파의 일치된 견해에 따르면, 삼악도 중생에게 진리를 알려주기 위해 그들 사이에 태어나기를 자청할 수도 있다. 그렇게 함으로써 그는 삼악도의 중생을 기쁘게 하고 용기를 북돋울 수 있다. 그리고 현존에 대한 염오와 인욕을 증장시켜 나간다.

2장

승단불교

1

출가 공동체, 승가

불교도들을 분류할 때 우선 가장 기본적으로는 출가 승려와 재가 신도로 나눈다. 이 장에서는 승단僧團[1] 생활의 핵심 덕목을 서술하고, 다음 장에서 일반 대중의 불교를 살펴본 다음, 나머지 장들에서는 불교 사상의 다양한 부파들을 개관하려고 한다.

불교 운동의 핵심은 승려들이 맡았다. 일반적으로 숭고한 목표를 서원한 영적인 삶을 위해서는 승단 생활을 하는 것이 유리하다. 스님들은 공동체를 이뤄 생활하거나 홀로 은둔자로 살았다. 스님들의 공

---

1 승려들의 집단인 출가 공동체를 가리키는 말. 산스크리트어 saṃgha에서 유래했다. saṃgha를 음역한 말이 승가僧伽인데, 여기서 승려가 유래했다. 오늘날 사용하는 승, 또는 승려라는 말은 사실 개인을 뜻하는 것이 아니라 출가자 단체를 뜻했다. 이렇게 의미가 다소 바뀐 '승'에 단체를 뜻하는 '단'을 붙인 것이 승단이다. 넓은 의미로는 승려나 승려 단체는 물론 승려들이 머무는 공간까지를 포함한다.

동체 조직과 은자들을 통틀어 승가Saṃgha라고 부른다. 물론 승가는 불교 공동체의 아주 작은 부분일 뿐이다. 재가신도에 비한 출가 승려의 비율은 시대나 사회 상황에 따라 크게 달라졌다. 중국의 예를 들면, CE 450년에는 비구 및 비구니 스님이 77,258명이었고, 75년 후인 CE 525년에는 2백만 명이 되었다. 스리랑카의 경우는 CE 450년에는 5만 명이던 스님이 CE 1850년에는 2,500명으로 줄었다가 CE 1901년에는 7,300명이 되었다. 1931년 일본에서는 재가신도 4천만 명에 스님은 58,400명이었다. 티베트에서는 남자들이 일정 기간 승려 생활을 거치게 되어 있어 남자 인구의 3분의 1이 스님이다.

스님들은 불교의 엘리트들이다. 단어의 의미로 보면, 오직 스님만이 진정한 불교도이다. 재가자의 삶은 더 높은 수준의 영적인 삶과 사실상 양립할 수 없다. 이것은 전 시대에 걸쳐 모든 불교도들의 공통된 신념이었다. 다만 시대에 따라 그것을 고수하는 엄격성의 차이가 있을 뿐이다.

히나야나Hīnayāna[소승불교][2]는 어떤 예외도 인정하려 하지 않았다. 《밀린다왕문경》[3]은 재가신도도 열반을 얻을 수 있다고 마지못해 인

---

2 수행을 통한 개인의 해탈을 강조하는 불교 부파. 붓다 입멸 후 약 100년 뒤부터 시작하여 수백 년간 지속된 교법이다. 이후 출가자 위주의 불교에 대항하여 재가 신도가 중심이 된 대승불교 운동이 일어났다. 그들은 스스로를 큰 수레라는 뜻의 대승大乘[마하야나Mahāyāna]으로 칭하고, 기성 불교를 작은 수레, 즉 소승으로 낮추어 불렀다. 스리랑카·미얀마·타이·라오스 등에 전해진 소승불교는 가치비판적인 의미에서 붙여진 이 호칭을 사용하지 않고 스스로를 테라바다Theravada, 즉 상좌부上座部 불교라 부른다.

3 Milinda Pañha. '밀린다왕의 물음'이란 뜻으로, 그리스왕 밀린다와 학승 나가세나

정하지만, 동시에 교단에 가입하거나 죽을 각오를 하지 않으면 안 된다고 첨언하고 있다. 어쨌든 재가신도가 열반을 얻으려면 전생에라도 승가 생활을 거쳐야만 한다는 것이다.

마하야나Mahāyāna[대승불교]는 여기에서 더 나아가 재가자도 최고의 불교도인 보살이 될 수 있다고 인정했다. 문헌에 드러난 유명한 예로는 비말라키르티Vimalakīrti[유마維摩][4]가 있다. 가정과 가족에게 물들지 않기 위해 보살은 감각적 즐거움에 대해 바르고 깨어있는 태도를 유지해야 한다. 보살은 세속 생활을 혐오하고 두려워해야 하는데, "강도들이 들끓는 황야 한가운데에서 벌벌 떨며 연명하는 사람이 이 공포의 땅을 언젠가는 벗어날 수 있다고 거듭 희망하듯이" 해야 한다.

승단 조직의 면면한 지속은 불교 역사에서 변함없는 유일한 요소이다. 승단의 수도 생활은 비나야Vinaya[계율]에 의거해 통제되었다. 이 용어는 '비-나야티vi-nayati', 곧 악으로부터 '구제하다', '절제하다'라는 뜻에서 유래했다. 스님들은 언제나 계율 준수에 놀라울 정도의 중요성을 부여했다. 승가의 규율은 프라티모크샤pratimokṣa[바라제목차波羅提木叉][5]로 성문화되어 있다. 부파에 따라 227개에서 253개 항목까지 개수에 차이가 있지만, 모든 전적에서 매우 유사한 것으로 보아

<hr />

　　사이에 오고간 대화를 엮은 불교 경전.
4　인도 비사리국의 큰 상인. 대승불교의 경전인 《유마경維摩經》의 주인공이다. 붓다의 재가 제자로서 출가하지 않고 세속에서 보살행을 닦았는데, 붓다의 출가 제자들도 유마거사에게 배움을 얻을 만큼 수행과 학덕이 높았다고 전해진다.
5　수행자가 지켜야 할 계율의 모든 조항을 모아 놓은 것.

계율은 아주 오래된 것이고, 부파불교 발생 이전부터 존재한 것으로 여겨진다. 프라티-모크샤prati-moksha는 '죄를 버리다'라는 뜻인데, '장비equipment', '기갑장비armour'라는 의미도 된다. 이 계율은 한 달에 두 번씩 포사다poṣadha[포살布薩][6]에서 낭송되었다.

---

6 출가자들은 매월 음력 15일과 29일(또는 30일)에 한데 모여 계율의 조목을 독송하면서 그동안 자신이 저지른 잘못을 참회했는데, 이를 포살이라고 한다.

2

청빈과 탁발 수행

청빈, 독신 생활, 불해不害[7]는 승가 생활의 세 가지 기본 덕목이다. 승려는 개인 재산을 거의 사유하지 못했다. 허락된 것은 옷, 바리때(발우), 바늘, 염주, 보름마다 승려의 머리털을 미는 면도칼, 식수 안의 작은 벌레들을 거르는 거름망 등이었다. 가사는 본래 마을사람들이 버린 쓰레기더미에서 가져온 누더기들을 누빈 후 샤프란 색으로 물들인 것이었는데, 나중에는 보통 신도들의 보시로 마련되었다.

원칙과 의도상 승려는 가정이나 영구 주거지 없이 살아야 한다. 승려의 삶은 집 없는 부랑 생활로 묘사되듯이, 승단에 들어가려면 굳건한 신심信心으로 출가해야만 한다. 승단은 스님들이 숲속의 열린 공

---

7   아힘사ahiṃsā. 남을 해치거나 괴롭히지 않는 마음. 자비로운 마음.

간에서 나무그루터기에 의지해 살아가도록 요구할 만큼 본래 규율이 엄격했던 것으로 보인다. 계율에 의거하면, 성소聖所, 피난처, 사원, 집 혹은 작은 동굴 등의 주거지는 사치스러운 것이지만 허용은 해준다. 그럼에도 불구하고 그 주거지들이 수도 생활에 위험 요소로 작용하는 것을 경고하고 있다. 음식은 탁발托鉢[8]로 구해야 한다.

사실 승려는 필요한 모든 것들을 탁발에 의존해야 했다. 특별히 엄격한 수도 생활을 원한 다수의 승려들이 이러한 계율에 합치되게 살았다. 반면에 아주 초기부터 신도들이 집으로 초대하는 데에 응한 사례가 있기는 하다. 승려가 금전을 소유하는 것은 꽤 오랫동안 금지되었다. 교단 설립 후 100년 정도 지나서 바이살리 지역의 일부 승려들이 이 계율을 깨려 한 적이 있는데, 이는 교단의 첫 번째 중대 위기였다. 바이살리에서 열린 제2차 결집에서 계율을 엄격하게 준수하는 쪽으로 타결되었지만, 나중에는 금전과 땅, 기타 재산의 소유에 대한 엄격성이 느슨해졌다.

발우는 세속에서 벗어난 붓다의 자주성이 드러나는 휘장이었다. 많은 불상에서 붓다가 발우를 들고 있는 모습을 볼 수 있는데, 이는 그가 세속의 왕좌를 거부한 대가로 얻은 것임을 보여준다. 조사祖師[9]

---

8 탁발이란 '바리때(발우)를 받쳐 들다'라는 뜻으로, 승려들이 공양과 보시로써 생활을 영위하는 것을 가리킨다. 이것은 단순한 구걸이 아니라 하나의 수행 방식이다. 탁발을 통해 아집我執과 아만我慢을 없애고, 무욕과 무소유를 실천하고자 하는 것이다. 또한 보시하는 사람의 공덕을 쌓게 해주는 역할도 한다.
9 하나의 종파를 세웠거나 후세 사람들의 귀의와 존경을 받을 만한 승려에게 붙이는 칭호.

들은 종종 법통法統을 전하는 상징으로 후계자에게 발우를 물려주었다. 물론 아시아 여러 나라에서는 탁발로 생계를 유지하는 방식이 항상 용인되어 왔음을 염두에 두어야 한다.

우리는 중세 유럽의 모든 수도원에서 구걸로 교단을 유지했다는 사실을 자칫 잊기 쉽다. 그리고 신흥 산업 경제 체제인 산업 혁명이 일어나면서 구걸과 산업 노동자의 필요성이 양립할 수 없다는 것을 발견하고는, 단지 경제 체제 유지를 위한 첫 조치로 '부랑자에 관한 법률'을 통과시켰다.[10] 역사적으로 살펴볼 때 우리는 사회 형태가 발전할수록 쓸 수 있는 잉여의 부가 많이 축적된 것을 알 수 있다. 이집트 사람들은 그 잉여의 부를 피라미드 건설에 사용했다. 현재는 전쟁, 여성의 허영심, 맥주, 담배, 영화, 소설 등의 중독제에 너무 많이 들어간다. 불교국가에서는 승가를 유지하고 탑과 불상 등 수많은 숭배 대상을 조성하는 데 쓰인다.

불교도들은 탁발 수행을 큰 공덕의 복밭으로 여겼다. 스님은 탁발 생활을 전혀 부끄럽게 생각하지 않았다. 그는 결코 게으르지 않고, 갈애를 잘 다스리고, 명상을 진전시키는 불굴의 엄격한 삶을 살고 있다고 오히려 자부심을 느꼈다. 보시가 불교도의 주요 덕목 중 하나이므로, 스님들은 탁발을 함으로써 재가자가 보시 공덕을 지을 기회를 제공한다고 여겼다. 요즘 사회는 탁발에 의존하며 명상하는 출가자를 기식자寄食者로 간주하는 경향이 있다. 불교도의 관점에서는 재가

---

10 산업에 필수적인 노동자를 확보하기 위해서는 부랑자들이 구걸로 생계를 유지할 수 없게 막아야 했다.

자의 영적 고양을 이끌고 복밭이 될 명상출가자가 인간사회에 반드시 필요한 존재이다.

스님들은 탁발 도중에 종종 굴욕적인 경험을 했는데, 까까중이라거나 그와 유사한 이름으로 놀림을 받았다. 이런 때 자만심을 다스리고 인욕할 수 있는 것도 탁발의 이점 중 하나이다. 게다가 갈애를 줄이고, 작은 것에 쉽게 만족하며, 분노와 실망을 자제하는 법을 배운다. 탁발의 결과물은 불확실하므로 생활필수품이 떨어져도 한동안 잘 살아가는 법을 익힌다. 탁발승의 세속적 이득에 대한 무관심, 고요하고 위엄 있는 행동은 비신도非信徒를 불교로 귀의시키고, 신도들의 믿음을 더욱 강화시켰다.

탁발 수행은 '자신의 육신을 잘 살피고', '감각을 제어하고', '생각을 가라앉히는' 충분한 기회를 제공한다. 스님은 탁발할 때 부자와 가난한 자를 가리지 않고 차별 없이 차례로 가가호호를 방문해야 했고, 시주물이 무엇인지에 대해 무관심해야 하고, 시주물에 따라 기뻐하거나 화내는 일이 없어야 한다. 여인이 음식을 보시할 때는 그녀에게 말을 걸거나 쳐다보지 말아야 하고, 예쁜지 미운지 살펴봐도 안 된다. 스님에게 주는 음식이 항상 충분하거나 맛있거나 건강에 좋은 것은 아니었다. 그래서 소화 장애는 승가 공동체의 공통된 질환이었다.

불교 승단의 경험은 얼마간 아씨시의 성 프란시스[11]와 유사하다.

---

11 Saint Francis of Assisi(1182~1226). 이탈리아의 기독교 종교가. 프란체스코회의 창시자. 아씨시에서 출생하여 '아씨시의 프란체스코'라고 부른다. 1210년 10명의 동지와 함께 암실을 만들고 청빈, 정결, 복종 등을 규칙으로 한 공동생활에 들어

성 프란시스도 한때 유복하게 '아버지의 집에서 곱게 자란' 사람이었다. 모든 재산을 포기하고 위대한 출가를 한 후 그는 밥그릇 하나를 들고 이집 저집 문전을 돌며 먹다 남은 음식 찌꺼기를 구걸했다.

전해 오는 이야기로는, '여러 종류의 고기들이 혼합된 잡탕 죽을 먹어야 했을 때, 처음에는 익숙하지 않아서 그 찌꺼기 죽을 먹는 것은 고사하고 보기조차 역겨워 움츠러들었으나 마침내는 스스로를 극복하고 먹기 시작했다. 그리고 그 어떤 꿀도 그렇게 달게 먹어본 적이 없는 것처럼 보였다.'

마지막으로, 매인 데 없이 자유로이 떠돌아다닐 수 있는 위대한 독립이 탁발의 큰 장점 중 하나이다. 떠돌이 유랑생활을 하는 승려에 비하면 가장의 가정생활은 갑갑하고 답답해 보인다. 그렇지만 승단의 비교적 안정된 생활 속에도 마음을 분산시키고 수행을 방해하는 많은 고통스런 일들과 집중을 흩트리는 일들이 있다. 승가의 규율에 복종해야 하고, 손님을 맞기 위해 명상을 중단해야 하고, 수행공동체의 잡무를 처리하는 것을 도와야 하며, 각자 맡은 바 책무를 다해야 한다.

소승은 탁발을 주로 자기수련의 방법으로 여겼다. 대승은 말로는 그것의 이타적인 면인 복밭을 강조했으나, 탁발 수행을 거의 포기하다시피 했다. 내가 생각하기에 대승의 사례는, 개인적인 이익을 감추

가 예수의 교훈을 실현하는 데 전력했다. 모든 생물을 형제라 부르고, 산천초목을 자매라고 부르면서 전도했다. 중세기의 어둡고 우울한 세계에 밝은 빛을 드리운 사람으로 알려져 있다.

는 수단으로 이타적 정신을 공언한 듯하다. 어떻든지 대승은 탁발 수행을 이웃들에 대한 자비수행의 기회로 삼아야 한다.

시간이 경과함에 따라, 특히 인도 밖에서 탁발 수행은 중단되었다. 아상가[무착無着][12]가 그의 『유가사지론瑜伽師地論』[13]에서 과거의 청빈을 폐기한 이유를 설명한 것을 보면 매우 고상하고 이타적인데, 이는 마치 요즈음 부유한 기독교도들 사이에서 자주 듣는 변명과 유사하다. 아상가에 따르면, 승려는 부와 재산은 물론 금은과 비단옷까지도 소유가 가능하다. 왜냐하면 승려는 부와 재산을 다른 이들을 돕는 데 유용하게 쓸 수 있기 때문이다.

현재는 탁발 풍습이 중국·한국·베트남에서 완전히 사라졌다. 중국 당나라 때 설립된 특별한 종파 율종律宗은 탁발 수행의 전통을 되살리고 엄격한 계율을 지키기를 널리 요구했다. 송나라 때에는 선승禪僧들이 탁발 수행을 했고, 이 수행법은 일본 선승 사이에도 전해져 지속되었다. 그렇지만 일본의 경우 탁발이 생계의 주요 원천이 아니고, 초심자를 위한 수행 실습 또는 특별한 행사 모금 방식으로 행해졌거나 자선 목적으로 활용되었다.

---

12 4~5세기 북인도 간다라국 출신의 승려. 바수반두Vasabandhu[세친世親]의 형. 설일체유부에 출가하여 핀돌라pindola[빈두로賓頭盧] 존자에게 소승의 공관空觀을 배우고, 인도 유식파의 개조開祖인 마이트레야maitreya[미륵彌勒]의 가르침을 받아 유식학에 정통했다. 『유가사지론瑜伽師地論』, 『대승아비달마집론大乘阿毘達磨集論』, 『섭대승론攝大乘論』, 『현양성교론顯揚聖敎論』 등을 지었다.
13 대승불교의 한 유파인 유가행파의 기본 논서.

3

승가의 독신주의

독신주의는 승가 공동체 생활의 또 다른 초석이었다. 탁발하러 가거나 비구니를 가르칠 때 만나는 여인에 대한 행동거지 등 수많은 세심한 계율이 승려의 행동을 에워싸고 있다.

음란한 행동은 승단에서 자동 축출되는 범계犯戒이다. 브라흐마챠리야[청정행淸淨行], 또는 '브라민[성자聖者]다운 위의威儀'라 부르는 순결은 수행승이 목숨을 걸고서라도 지켜야 하는 위대한 이상이었다. 정통적 견해는 성행위를 우둔하고 짐승 같은 버릇이라고 매도하고, 여성을 거들떠보지 않는 힘을 기르고자 했다. 물론 이런 무시는 방어기제로 쉽게 이해된다. 왜냐하면 여성은 모든 독신주의 금욕수행자들에게, 특히 무더운 기후에서 끊임없는 위험요소이기 때문이다.

승려들은 자신을 경계하라는 주의를 지속적으로 듣는데, 아래의 짧은 대화가 초기 불교도들의 태도를 훌륭하게 요약해준다.

아난다: 여인들에 대해 어떤 태도를 취해야 합니까?
세존: 그들을 보지 말라.
아난다: 부득이 봐야만 한다면 어떻게 합니까?
세존: 그들과 말을 섞지 말라.
아난다: 부득이 말을 해야 한다면 어떻게 합니까?
세존: 그렇다면 생각을 단단히 다잡도록 하라.

이렇게 성적 충동을 거부하는 이유는 간단하다. 감각적 쾌락을 좇는 탐욕을 모든 악의 근원으로 보는 철학은 그것에 탐닉할 기회가 늘어나는 상황을 원치 않기 때문이다.

여성에 대한 남성의 욕망이 완전히 사라지지 않고 조금이라도 남아 있는 한 그의 마음은 얽매어 있다. 마치 젖먹이 송아지가 어미 소에 매인 것처럼. — 담마파다Dhammapada[법구경法句經]

어떤 여성, 혹은 다른 여성을 '좋아하지 않고' 여성과 성적 관계를 갖기는 매우 어렵다. 그러한 애착은 남성의 자유에 치명적이다. 발전된 후기 탄트라 불교에서는 초보 가입자에게 이러한 위험에 노출되도록 명했다. 그리고 성에 몰입하되, 그것에 마음이 오염되지 않게 하라고 가르쳤다. 천년 이상 동안 그러한 대담성은 승려들에게 거의 불경스러울 정도로 무모해 보였을 것이다. 더구나 성적 관계로 자식을 낳게 될지도 모르는데, 근심걱정 없이 독자적으로 사회 밖에서 살고자 하는 사람들에게 자식은 혹독한 속박이 된다.

그러나 모든 시대의 성자들이 성적 충동을 특별한 의심의 눈초리로 본 데는 훨씬 더 깊은 이유가 있다. 성행위는 모종의 황홀한 평온과 이완을 가져다준다. 신경증이 있는 사람들은 정신적 갈등을 잠시 피하기 위해 성행위를 이용한다고 한다. 이런 점에서, 상대적으로 더 좋은 것은 가장 좋은 것의 적이 된다.[14] 선 수행에서 승려들은 내적 고요, 곧 삼매三昧[15]로 이끄는 훨씬 더 효과적인 방법을 갖고 있었다. 명상과 성행위는 목표가 같고, 목표에 도달하기 위해 사용하는 힘도 공통의 원천에서 나온다. 동일한 힘을 한 번에 양쪽 모두에 쓸 수 없다는 단순한 이유 때문에 성생활의 완벽한 억제는 명상의 성공에 필수불가결하다.

심리학자들은 신비적 경지(삼매)와 성적 경험 사이에 유사성이 있음을 발견해냈다. 몇몇 신비주의 작가들의 성적 묘사는 광범위하게 논의되어 왔다. 대체로 심리학자들은 영적인 것을 성적인 것에서 이끌어내는데, 명상을 '승화sublimated[16]되거나 희석된 성', '목표와 대상

---

14 성행위의 황홀한 이완으로 신경증이 일시적으로 멎을 수는 있으나, 그런 회피로 인해 궁극적인 해탈의 추구와 진정한 열반을 얻을 수 있는 길이 막힌다는 뜻이다.
15 사마디Samādhi의 음역. 마음을 한곳에 집중하여 산란하지 않은 상태. 마음이 들뜨거나 침울하지 않고 한결같이 평온한 상태. 이 경지에서 바른 지혜를 얻고 대상을 올바르게 파악하게 된다.
16 정신분석 용어. 자기 보존과 종족 보존의 본능은 에로스의 본능이며, 이것을 리비도라고 부르는데, 직접적인 형태로 나타내지 않고 사회가 인정하는 사회 문화

이 없는 성'으로 간주한다. 다시 말하면, '다른 것으로 대체된 축소판'으로 여긴다. 반면에 신비적 수행자(선 수행자)의 입장에서는, 성적 교섭보다 더하지는 않더라도 그에 버금갈 정도로 명상이 우리 자신의 본성에 충실한 행위라고 말하고 싶을 것이다. 그들은 깨달음과 성적 결합 사이의 상당한 유사성에 동의하지만, 그렇더라도 플로티노스[17]의 주장처럼 영적 활동이 우선이고, 성은 이차적이고 파생적인 도구로 여길 것이다. 이와 관련해서 플로티노스를 인용해본다.

> 무아경의 합일에는, 영혼과 지고至高의 존재 사이에 어떤 틈새도 없다. 더 이상 둘이 아니고, 양자는 하나가 되었다. 하나인 한 그들은 서로 분리될 수 없다. 세속에서 연인들이 한 몸이 되고자 하는 것은 이러한 합일을 본뜬 것이다.

이 논의에 따르면, 명상에 쓸 힘을 성적 활동으로 옮기는 것은 에너지를 무디게 하여 감소시키고 저하시키는 것이다. 성에 탐닉하는 것은 그 에너지를 어리석고 무가치하게 소비하는 일이다. 성은 깨달음과의 합일, 그리고 정서적 만족을 얻으려는 우둔하고 수포로 돌아갈 시도이다. 요컨대 절대적인 것과 재결합하려는 열망이 오용되어 무산되는 것이다.

적 형태로 바꾸어 드러내서 그 본능을 만족시키는 것을 가리킨다.

17 Plotinus(205~270). 그리스의 철학자, 신비사상가. 그 시대의 일원적·종교적 경향에 부응하여 영혼의 해탈을 목표로 하는 구원의 철학을 강조했다.

천년 넘게 교단에는 이러한 견해들이 지배적으로 남아 있었다. 그 후 다른 생각에 흔들린 교단의 한 종파에서, 성생활이 승려생활과 양립할 수 없는 것은 아니라고 믿게 되었다. CE 500년경 인도 카슈미르에 대처승이 있었다는 기록이 있다. 그리고 CE 800년경부터 탄트라 Tantra 불교[18]는 그 영향권 내에 있는 승려의 결혼을 허용했다. 좌도밀교左道密敎는, 앞으로 8장에서 다루겠지만, 성적 교섭이 전혀 부끄러운 것이 아니고 오히려 깨달음을 얻는 하나의 수단으로 여겼다.

제2의 붓다라고 불리는 파드마삼바바[19]는 770년경 티베트에 불교를 세웠는데, 티베트 왕이 다섯 왕비 가운데 한 명을 선물하자 이를 받아들였다. 파드마삼바바를 그린 많은 탱화에는 그의 두 부인인 만다라바와 예 세리알이 양 옆에 함께 있다. 번역가이자 가장 위대한 티베트 스승 가운데 하나인 마르파[20]는 42세에 결혼했으며, 그에게는 부인 외에 영적 동반자인 8명의 여제자들이 있었다.

일본의 정토진종淨土眞宗(약 1200년 설립)은 그 동기가 전혀 다르다. 정토진종의 교도들은 자신들이 비천하고 열등하기 때문에 붓다의 계율을 그대로 따르는 것은 불가능하다고 주장했다. 그래서 으레 해오던 대로 결혼생활을 하고 육식을 했다. 카와사키 겐료[川崎顯了] 스님

---

18 힌두교·불교·자이나교 등에서 행해지는 밀교 수행법.
19 Padma Sambhava. 8세기경 인도 밀교의 수행자. 인도의 탄트라 불교를 처음으로 티베트에 가져간 인물로서 라마교의 개조이다.
20 Marpa(1012~1109). 티베트 불교의 한 종파인 카규파의 시조. 가르침을 얻기 위해 인도에 가서 나로파Naropa의 제자가 되었다. 21년간 인도에서 수행하다가 티베트에 돌아와 카규파를 열었다. 히말라야의 요기로 잘 알려진 밀라레파 Milarespha가 그의 수제자이다.

은 이 종파의 동기를 간결하게 표현했다.

> 완전한 부처가 되려고 세상을 등질 필요도 없고, 특별히 금욕과 내핍 수
> 련을 할 필요도 없다. 우리의 종조인 신란쇼닌親鸞上人께서도 결혼하셨
> 고 세속생활을 하셨다. 주어진 환경, 가족, 직업, 그리고 국가에 걸맞는
> 도덕 규범에 따라 사는 것, 겉으로 드러내는 행동이나 표현으로 우리 자
> 신을 남들과 구분하려 하지 않는 것이 우리의 의무이다.

앞으로 이에 대해 다시 논의할 기회를 가지려고 한다. 여기서는 대
다수 승려들이 취하는 독신에 대한 태도를 설명하는 것으로 마치겠
다. 아울러 서구인들은 놀랍게 느끼겠지만, 불교는 몇몇 문제들에 대
해 일치된 목소리를 내지 않는다는 사실을 살펴보았다. 어떤 문제나
다른 중요한 쟁점에 직면했을 때 불교는 야누스의 머리처럼 서로 상
반된 두 방향을 착실히 탐색한다. 불교는 반대 견해를 오류라고 배제
하는 것이 아니라 동일한 진리의 또 다른 형태로 포함시켜 진리에 이
르려고 노력해왔다.

4

해치지 않음

BCE 500년경 인도에서 '해치지 않음'[불해不害]을 교리의 중심에 둔 두 개의 종교가 전면에 부상했다. 그중 하나가 자이나교이고, 다른 하나는 불교이다. 이렇게 모든 생명체에 대한 위해 금지를 특별히 강조한 것은, 아마도 청동과 철이 발명된 결과 인간관계에 폭력이 현저히 증가한 데 따른 반발이었을 것이다. 이것은 인도의 부족 간 전쟁에서 자행되는 대량 학살뿐 아니라 힌두교 베다의식의 제물로 바쳐지는 동물들의 대량 도살, 일부 농부들이 동물을 대하는 잔인한 태도에 대한 반발이기도 했다.

자이나교와 불교의 가르침은 다음 두 가지 원리에 바탕하고 있다.

첫 번째는 모든 생명체가 동류라는 믿음이다. 이는 윤회 환생의 교리에 의해 더욱 강화되었는데, 그에 따르면 동일한 생명체가 오늘은 인간이었다가 내일은 토끼였다가 그 후로는 또 나방이었다가 말이 될 수도 있다. 그러므로 동물을 학대하면 환생한 어머니나 친한 친구를 학대하는 것이 될 수도 있다.

두 번째는 《우다나》[21]에서 붓다가 설한 법문에 드러나 있다.

> 나는 세간의 모든 방면에 대해서 곰곰이 생각했다. 그런데 누구에게나 자기 자신보다 더 사랑스럽고 소중한 것은 없다는 것을 알았다. 모든 생명체들은 그와 같이 자기 자신을 가장 소중하게 여긴다. 따라서 누구라도 자신의 이익을 갈구하는 자는 남을 해쳐서는 안 된다.

요컨대 우리는 남들을 대할 때 마치 나인 것처럼 느끼도록 동체대비同體大悲의 정서를 함양해야 한다. 연민의 덕이 우리 안에 자라게 하면, 나를 해치지 않으려는 만큼 남을 해치려는 마음도 일어나지 않을 것이다. 이러한 방법으로 우리의 경계를 확장해감에 따라 자신만을 향한 애착과 사랑을 약화시킬 수 있다. 말하자면, 모든 사람들의 자아를 내 속에 품음으로써 남과 나를 갈라놓던 장벽을 허물어 버리는 것이다.

이런 태도를 통해 불교는 전체 아시아의 역사에 엄청난 휴머니즘적 영향을 끼쳤다고 할 수 있다. 미얀마와 같은 불교국가에서 이국인

---

21 udāna. 질문하는 사람 없이 붓다가 스스로 설한 법문을 모은 경전. 우다나udāna 는 '감흥하여 저절로 나오는 말'을 뜻하는데, 자설自說 또는 무문자설無問自說로 한역한다.

들이 놀라는 것은, 그 나라의 모든 사람들이 보여주는 한결같은 친절함이다. 수많은 전쟁의 대가로 제국을 얻은 고대 인도의 아소카 대왕은 살육을 참회하면서 불교에 귀의했고, 불교를 널리 전파하여 세계 종교로 만들었다. 『티베트 종교The Religion of Tibet』라는 찰스 벨 경[22]의 책은, 불교가 어떻게 티베트와 몽골의 거칠고 호전적인 민족들을 유연하게 만들었는지, 그리고 그들 본래의 잔인성을 어떻게 거의 지워버렸는지를 되풀이해서 보여준다.

이와 긴밀히 연관된 두 가지 문제, 곧 채식주의와 종교적 박해에 대한 불교의 태도를 고려해봐야 한다. 동물을 해치지 않고는 고기를 먹을 수 없으니 불교도들은 채식주의자일 수밖에 없다. 그러나 마을의 이집 저집을 차례로 돌며 탁발하는 승려라면, 게다가 마을에 채식주의자가 살지 않는다면 탁발승은 아주 곤란한 처지에 놓이게 된다. 음식에 집착하지 않아야 하므로 탁발승은 그의 발우에 주어진 어떤 음식이라도 먹어야 한다. 핀돌라[23] 존자는 그의 발우에 떨어진 나환자의 엄지손가락을 동요 없이 고요히 삼켜 후대의 존경을 받고 있다.

수행승들이 음식을 골라먹고 가리기 시작하면 수행 공동체는 바닥부터 약화될 것이다. 결국 타협점에 도달했는데, 자신들의 종교를 진지하게 받아들이는 불교도들은 현실의 수행생활에서 부득이한 경

---

22 Charles Bell(1870~1945). 부탄, 인도의 시킴, 티베트 주재 영국 행정관. 은퇴 후 저명한 티베트 역사 문화연구가로 활동했다.
23 핀돌라 바라드바자pindola-bharadvāja. 빈두로 파라타로 음역한다. 붓다의 16대 아라한 제자 중 한 명으로, 한국에서는 나반존자로 널리 알려져 있다.

우가 아니라면 육식을 피했다.

혹자는 불교도의 채식주의가 무익하다고 몰아붙인다. 채식주의가 아니라면 잡아먹힐 운명인 약간의 암탉과 암소들이 채식주의 덕분에 죽지 않고 살 수는 있겠지만, 그럼에도 불구하고 우리들이 살아 있는 한 정상적인 삶을 추구하는 과정에서 상당량의 생명 파괴는 피할 수 없기 때문이다. 그저 손을 씻는 것만으로도 스페인 전체 인구만큼의 많은 미생물들을 죽이게 된다. 그래서 우리는 남의 생명을 구하기 위해 우리가 죽느냐, 우리를 살리기 위해 남의 생명을 뺏느냐의 기로에 서게 된다. 생명을 빼앗는 것은 삶 자체와 불가분의 관계로 보인다. 불교도들은 언제나 이런 모순의 중대성을 충분히 자각했다. 예를 들어, 숲속을 거닐 때도 발밑을 조심해서 의도 없이 저지르게 될 살생을 최대한 줄이라고 충고한다.

또한 불교도들은 우리가 살아 있다는 자체만으로 얼마나 많은 재난을 수반하는지 깨닫는 것이 매우 유익한 일이라고 믿는다. 그리고 이러한 재난이 어디까지 미치는가를 깊이 생각해본다면, 다른 중생들에게 많은 고통을 가함으로써 우리의 고통스런 삶을 영속하는 이 상황에서 벗어나려는 노력이 더 활발해진다고 믿는다. 칼데론[24]이 "우리 모두는 태어났다는 자체가 가장 큰 죄"라고 한 적이 있는데, 이는 전형적으로 불교 사상을 표현하고 있다. 어떤 사람은 여기서 염세

---

24 페드로 칼데론 데 라 바르카Pedro Calderon de la Barca(1600~1681). 스페인의 극작가. 신학을 공부하다가 뜻을 바꾸어 희곡에 전념했고, 나중에 다시 신학을 공부하여 성직자가 되었다.

주의적인 면만 보는데, 그러나 이는 우리 본성의 보다 고귀한 면, 즉 비참한 우리 존재를 영속시키기 위해 쉴 새 없이 다른 생명을 짓밟는 사려 없는 행동을 개탄하는 의미가 담겨 있다.

불교에는 십자군이나 종교재판 같은 종교적 박해가 일어날 여지가 거의 없음은 두말할 나위도 없다. 만약 붓다가 모욕을 받아도 불교도는 모욕한 사람을 죽이거나 괴롭히지 않을 것이다.

> 붓다가 무시당한다고 분개할 일이 어디 있는가? 붓다는 모독을 당해도 화를 내는 법이 없다.

불교도들의 눈에는 '자비심의 탁월성'을 믿게 하려고 산 사람을 불태우는 일이 합당하게 보이지 않는다.[25] 물론 불교 저작에 독설이나 혹평이 전혀 없다고 주장한다면, 이는 지나친 과장일 것이다. 《반야경》이나 《법화경》 같은 가장 신성한 경전에서도, '이 경전을 업신여기는 사람들은 오랫동안 지옥고를 받을 것'이라는 다소 개탄스런 성향을 발견할 수 있다. 하지만 이 같은 교의상의 악의가 지나친 편협성으로 굳어지는 지경에까지 이르지는 않았다. 그것은 불교도들이 보통 개성과 기질의 차이를 인정하는 합리성에 강하게 물들어 있는 덕분이다.

다르마는 도그마(독단적인 신념)가 아니라 근본적으로 실천 방법이

---

25 중세 유럽의 마녀사냥은 사람에게 깃든 악마를 없애주려고 자비를 베푸는 것이라고 주장했다.

다. 만약 도그마가 종교의 핵심에 놓이게 되고, '어떤 진술이 참일 수도 거짓일 수도 있는데, 그중 참인 진술을 진실로 받아들이는 사람만 구원받게 된다'고 믿는다면, 자비심이라는 명목으로 다른 사람들의 영혼을 구제하고자 하지만 그들을 파괴하는 결과를 초래하기 쉽다.

불교도들에 의하면, 잘못이나 부적절함이 전혀 없는 절대 긍정의 서술은 불가능하지는 않지만 참으로 어렵다. 그 진술은 불완전한 말에 의존하여 만들어졌기 때문이다(255쪽 참조). 말로 하는 모든 진술은 기껏해야 절반의 진실밖에 지니지 못하며, 그 가치는 단지 사람들로 하여금 어떤 행동 방식을 택하도록 유도하는 것에 그친다.

"우리 아버지의 집에는 수많은 큰방들이 있다"는 성경 말씀처럼, 천국에 이르는 길은 하나만이 아닌 듯하다. 각자의 성향에 따라 사람들의 욕구는 서로 다르다. 어떤 사람에게 음식인 것이 다른 사람에게는 독이 될 수도 있다. 그래서 어떤 사람이 다른 이의 욕구를 아주 잘 안다는 것은 분별없는 추정에 가깝다. 이런 확신의 결과로, 불교 사상사는 영성에 이르는 방법에서 대담하고 거의 무한한, 순수하게 실용적이고 실증적인 실험을 펼쳐놓았다.

티베트에는 '모든 라마가 각자 자신의 종교를 갖고 있다'는 속담이 있다. 라마승만큼 많은 불교가 있다는 것이다. 이러한 무한정한 관용 때문에 불교가 쇠퇴했다고들 하지만, 사실 불교는 역사상 대다수의 다른 제도들보다 오래 지속되어 왔다. 어떠한 경우라도 정신을 희생하고 예배 형식만 존속시키면서 얻는 이득은 거의 없을 것이다.

이제 왕실의 후원이 불교 전파의 주요 원인 중 하나라는 점을 살

퍼보자. 왕권은 명백히 잔혹성과 폭력성을 바탕으로 유지되고, 게다가 통치자의 귀의가 완전하지 못할 때도 분명히 있었다. 그러므로 불교도인 통치자가 불교 전파를 위해 폭력을 사용하지 않았다고 말하는 것은 과장일 수 있다. 한편 승려는 황제나 왕과 가까워지면서 사회적·정치적 힘을 맛보게 되었고, 권력에 오염되어 타락할 가능성이 열렸다. 결국 문화용어가 전부 불교용어인 나라에서는 권력에 저항하는 민중이 자신들의 사회적 염원을 표현할 때 불교의 이념을 이용하게 된다. 마치 롤라즈[26]와 독일 농민들이 그들의 저항에 기독교 이념을 사용했듯이 말이다.

기독교에 대한 반감을 표현하려는 욕망으로 많은 저자들이 불교의 기록을 너무 하얗게 칠하는 경향이 있다. 때로는 불교도들이 기독교적으로 행동할 수 있다는 것을 받아들여야 한다. 예를 들면, CE 900년경 티베트에 불교 승려들을 박해한 랑 다르마라는 나쁜 왕이 있었는데, 한 승려가 그를 살해했다. 공식적인 티베트 역사서는 불교를 핍박하며 죄를 짓는 왕을 악업에서 벗어나게 하고자 연민심을 발휘해 살해했다며 그 승려를 높이 평가한다. 이후 세대는 그를 비난하기는커녕 성인의 반열에 올렸다.

거의 모든 유럽의 역사는 지난 300년 동안 티베트를 지배한 황모

---

26 Lollards. 영국의 종교개혁자 존 위클리프를 신봉하는 사람들을 가리키는 호칭. 위클리프의 가르침을 받은 전도자들의 설교는 1381년 영국 농민봉기의 원동력이 되었다.

파[겔룩파Gelugpal[27]를 칭찬하고 있다. 이 종파가 더 오래된 홍모파紅帽派[닝마파rNying-ma-pa][28]보다 우세한 것은 총카파[29]의 대학덕과 추종자들의 청정한 계율, 그리고 마술과 주술에서 비교적 벗어나 있기 때문이라고 여긴다. 이것은 어느 정도 사실이지만, 황모파 성공의 일정 부분은 몽골 군대의 지원 덕분이기도 하다. 몽골은 17세기 동안 자주 황모파의 라이벌인 홍모파의 사원을 파괴했고, 황모파의 수장인 달라이라마를 지속적으로 지원했다.

11세기 버마에서는 아누룻다왕이, 이웃 나라 타톤국이 소유한 불교 성전의 사본을 빼앗기 위해 전쟁을 일으켰다. 일본 같은 호전적인 국가에서 중세의 사원들은 끊이지 않는 혼란의 원천이었으며, 무장한 승려 대군들이 산사에서 몰려나와 교토를 침략하곤 했다. 중국의 의화단운동義和團運動[30]도 불교용어를 채택하여 폭력에 호소한 민중운동의 한 예이다. 민중의 불만과 불교신앙의 융합은 중국의 경우 오래전부터 나타나서 의화단의 전신인 백련교白蓮敎 등이 중국 역사에

---

27 842년 다르마 왕의 폐불정책 이후 70여 년에 걸친 암흑기를 지나 10세기 말에 이르러 티베트 불교가 재건되었다. 이때 동북 지방으로부터 계율을 전한 사람들이 율법을 지닌 자임을 나타내기 위해 황모를 착용했다. 그뒤 15세기에 총카파가 카담파를 개혁, 라사의 동남쪽에 있는 간덴사를 근거지로 겔룩파를 일으켰다. 계율 엄수를 주장하며 법회 때 황색 모자를 써서 황모파黃帽派라고 부른다.

28 11세기 인도에서 아티샤 존자가 티베트로 온 뒤 개혁 종파들이 생겨났는데, 이때 티베트 불교가 구파와 신파로 나뉘었다. 닝마파는 '오래된 이들'이라는 뜻을 지닌 구파이다. 경전 공부보다 요가 수련을 중시하며, 밀교 전통을 가장 잘 간직하고 있다. 붉은 가사와 모자를 사용하기 때문에 홍모파紅帽派라고 부른다.

29 Tsong kha pa(1357~1419). 황모파의 개조.

30 청나라 말기인 1900년 중국 화베이 일대에서 일어난 배외적排外的 농민투쟁.

강력한 영향을 끼쳐왔다.

버마에서는 영국이 주류 판매를 허가하고 권장하는 등 버마인들의 종교적 감정을 건드렸다. 영국인들은 또한 불교 사원의 위계 조직까지 뒤흔들어 교단의 규율을 파괴하려 했다. 그 결과 정치색을 띤 불교가 점점 널리 퍼져 나갔지만 그것을 제재할 수단이 없었다. 1930년에는 민중지도자 사야 산[31]이 성명을 발표했다.

콜리스[32]의 『버마 공판Trials in Burma』에 따르면, 내용은 다음과 같다.

> 세존의 거룩한 이름으로, 승단의 위대한 영광을 위해서, 나, 투파나카 갈론 왕은 우리를 노예로 만든 야만 이교도 영국인들에게 전쟁을 선포하노라.

이와 비슷한 예들은 얼마든지 있다. 대체로 불교도들은 그러한 사례들을 품위를 벗어난, 인간 본성에 내재하는 부정不淨의 발로라고 개탄한다.

인도에 에프탈[33]족이 쳐들어왔을 때 승려들은 저항하지 않았으며, 나중에 이슬람교도들이 사원을 약탈하고, 승려들을 살해하고, 도서

---

31 Saya San(1876~1931). 승려 출신의 의사로, 1930~1931년 영국령 버마에서 일어난 사야 산 운동의 지도자이다. 사야 산 운동은 미얀마에서 일어난 반정부 농민 운동이며, 동남아의 핵심적인 반식민·반영反英 운동이다.
32 Maurice Collis(1889~1973). 버마가 영국의 식민지였을 때 버마의 행정관을 지냈으며, 후에 동남아와 중국 등 여러 나라들의 역사를 다룬 책을 썼다.
33 5세기 중엽부터 약 1세기 동안 투르키스탄과 서북 인도에 세력을 떨친 페르시아계 유목 민족.

관을 태우고, 불상을 파괴했을 때도 저항하지 않았다. 이러한 불교 박해의 결과로 먼저 간다라에서 불교 교단이 소멸했고, 이후 북인도 전체에서 불교가 사라졌다. 그러나 반야부의 공관空觀이나 나가르주나의 중론中論에서 표명된 불교 교리의 정수는, 최고 수준의 힌두교 공식 교의인 베단타[34]라는 이름으로 오늘날까지 인도에 살아 있다.

---

34 Vedanta. 인도의 정통 육파철학六派哲學 가운데 하나. 바른 지식·직관·개인적 경험을 통해 진리를 깨닫고, 절대신 브라만Brahman을 인식하는 데 목표를 둔 철학파이다.

5

승단불교 사상의 주류

승단의 불교 사상, 곧 영성의 형이상학이 어떻게 발전해 가는지는
앞으로 4장에서 9장에 걸쳐 다룰 것이다. 우선 그 주요 계통을 도표로
정리했는데(128쪽 표2 참조), 여기서 약간의 해설을 덧붙여둔다.

불교는 크게 소승(장로불교)과 대승으로 구분된다. 소승은 우선 '옛
지혜학파Old Wisdom School'로 있다가 붓다 열반 후 약 200년이 경
과한 시점에 두 가지로 분리되었다. 하나는 동부 인도의 테라바다
Theravāda[상좌부上座部][35]인데, 스리랑카·미얀마·타이에서 지금도 압
도적으로 우세하다.

---

35 산스크리트어 스타비라바다Sthaviravāda. 붓다가 입멸한 후 100년경에 계율 문제
로 교단 내에 보수파와 진보파가 서로 대립하다가 마침내 분열되었는데, 보수파
를 상좌부라 하고 진보파를 대중부大衆部[마하상기카Mahāsamgika]라고 한다.

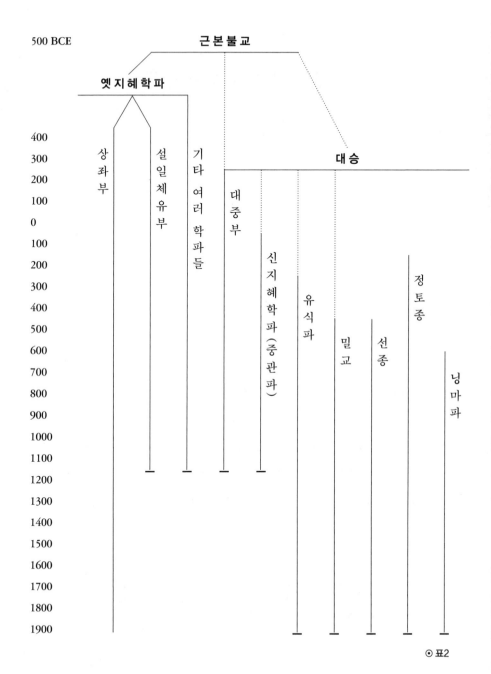

500 BCE 　근본불교

옛 지 혜 학 파

400
300　　　　　　　　　　　　　　　　　　대 승
200
100
0
100
200
300
400
500
600
700
800
900
1000
1100
1200
1300
1400
1500
1600
1700
1800
1900

상좌부　설일체유부　기타 여러 학파들　대중부　신지혜학파(중관파)　유식파　밀교　선종　정토종　닝마파

⊙ 표2

또 하나는 서부 인도의 사르바스티바다Sarvâstivāda[설일체유부說一切有部][36]로 1,500여 년간 마투라, 간다라, 카슈미르를 중심으로 번성했다. 그밖에 다른 학파들이 있었는데, 그들에 관한 기록은 거의 남아 있지 않다. 대중부大衆部[마하상기카Mahāsāmghika]는 BCE 250년경 이후에 마가다와 남인도의 아마르바티 주변에서 옛지혜학파에 반기를 든 사람들을 중심으로 새로운 일파로 조직되었지만, 불교가 인도에서 멸망할 때에 함께 소멸했다.

한편 보다 진보적으로 변형된 대중부의 사상은 곧 대승이라 불리는 새로운 경향으로 발전되었다. 이 대승도 약 400년 후에는 여러 분파로 분리되었다. 각 파들은 나름대로 해탈의 많은 방법들 중 하나씩을 특별히 강조했다.

CE 150년경에 나가르주나[용수龍樹]가 창설한 중관파中觀派[37][마디야미카madhyamika]는 공관空觀[38]을 통한 지혜를 닦음으로써 해탈하고자 했다. 중관파 사람들은 자신들의 교의를 '옛지혜학파'와 의도적으로 대비하면서 표현했기 때문에 우리는 이들을 '신지혜학파New Wisdom School'라고 부른다. 중관파와 밀접하게 관련된 또 다른 일파는, 붓다와 보살에 대한 믿음과 귀의에 바탕하고 있다. 그런데 중관파는 교리

---

36 붓다가 입멸하고 300년이 지난 초기에 상좌부에서 갈라져 나온 파.
37 중도를 지향하는 인도 대승불교의 중요한 학파.
38 삼관三觀의 하나. 삼관은 모든 현상을 있는 그대로 주시하는 세 가지 방법이다. 1) 공관空觀: 모든 현상에는 불변하는 실체가 없다고 주시한다. 2) 가관假觀: 모든 현상은 여러 인연의 일시적인 화합으로 존재한다고 주시한다. 3) 중관中觀: 공空이나 가假의 어느 한쪽에 치우치지 않는 진리를 주시한다. 공空과 가假는 둘이 아니라고 주시한다.

를 체계화할 때 초기 대승불교 사상의 흐름 중 일부 견해를 도외시했다. 대승은 나중에 그와 나란히 발전하던 힌두교로부터 그 도외시되었던 부분에 대해 많은 영향을 받는다.

삼키아학파와 요가학파 철학의 영향은 유식파[요가차라Yogâcāra][39]에서 나타난다. 유식파는 CE 400년경 아상가Asanga[무착無著]가 확립했고, 요가라는 내관적內觀的 명상을 통해 해탈하고자 했다.

끝으로 CE 500년경 이후에 발전된 힌두교 탄트라Tantra의 영향으로 불교에 주술적 수행 형태의 밀교密敎가 발전했다. 주술적 수행으로 완전한 깨달음을 성취할 수 있다고 가르치는 밀교는 네팔, 티베트, 중국, 일본, 자바, 수마트라 등에서 매우 성행했다. 인도 밖에서 대승은 토착적 요소들과 융합하여 몇몇 진정으로 새로운 학파를 탄생시켰다. 그들 중 주목할 만한 것은, 중국과 일본의 선종禪宗과 정토종淨土宗, 그리고 토착 샤머니즘적 요소를 많이 흡수한 티베트의 닝마파 등이다.

붓다 열반 뒤 약 1,500년이 지나자 불교 사상의 창조열은 멈추었다. 지난 1,000여 년간 중요한 새로운 학파가 탄생하지 않았고, 불교도들은 과거의 위대한 유산을 최선을 다해 보존해왔을 뿐이다. 붓다가 입멸하고 1,500년이 흐르는 동안 불교 교의의 연꽃이 완전히 활짝

---

39 대승불교를 창시한 3세기 나가르주나[용수]의 중관파와 함께 대승불교의 양대 축을 이룬다. 유식파의 개조이자 아상가[무착]의 스승인 마이트레야Maitreya[미륵]가 지은 『유가사지론瑜伽師地論』을 중심으로 요가 수행자들의 체험에 바탕하여 유식학唯識學을 정립했다. '유唯'는 '오직', '식識'은 '의식Consciousness' 또는 '마음Mind'을 뜻해 '유식'은 '오직 마음 뿐'으로 해석된다. 유가행파瑜伽行派라고도 한다.

피어났다고 볼 수도 있다. 어쩌면 더 이상 피지 않을지도 모른다. 그렇지만 현대 산업문명의 상황이 불교가 새롭게 깨어날 자극이 될 수도 있다. 현재 우리 문명이 자체의 폭력성 때문에 금방 멸망하지 않는 한 불교는 이 시대에 걸맞은 새로운 방도를 모색해야만 한다.

현대과학과 진보한 기술이 지배하는 세계에서는 기존의 다르마가 들리지 않는다. 교리를 설명할 때 현대에 잘 맞게 적용하는 것이 필요하고, 대전환이 일어나야 한다. 그 같은 변화가 시작되고 있다는 희미한 징조가 세계 도처에서 감지되고 있다. 그러나 아직은 불교 역사를 개관하는 이 자리에서 언급할 정도로 충분히 명백하지는 않다.[40]

---

40 이 책이 저술되던 1950년의 상황과 달리 지금은 다시 불교가 새 시대에 알맞은 양약良藥으로 활발히 깨어나는 중이다.

3장

대중불교

1

신도들의 위치

불교는 그 본질과 핵심에서 승가공동체의 금욕수행 운동이었고, 지금도 그러하다. 그렇지만 재가신도 역시 없어서는 안 되는 집단이다. 불교가 소수 종파에서 대규모 교단으로 성장함에 따라 재가 추종자들의 중요성은 더욱 증가했다. 불교 운동의 핵심 구성원이던 승려와 금욕수행자들은, 우리가 이미 살펴보았듯이 스스로 생계를 꾸리지 않았다. 그들을 위한 물질적 지원은 전적으로 재가신도들의 자발적 선의에 달려 있었다.

더군다나 붓다와 승려들은 처음부터 전 인류의 안녕에 책임을 느꼈다. 《자타카Jataka》[본생담本生譚]에는 석가모니의 전생인 수메다 Sumedha[선혜善慧]가 고통으로부터의 해방과 열반의 가능성을 어떻게 포기했는지를 보여주는 이야기가 있다. 연등불燃燈佛[디판카라

Dipankara[은 수메다가 있을 당시의 여래이다. 연등불이 람나 시[희락성 喜樂城]에 왔을 때 "수메다는 기꺼이 그의 몸을 진창에 던져 연등불이 건너가도록 다리 역할을 했다." 진창에 누워 연등불 여래의 위엄을 우러러보면서 그는 다음과 같이 결심했다.

> 진리에 대한 최고의 지혜[무상지혜無上智慧]를 얻어 인류를 그 진리의 배
> 에 태워 생사의 바다를 건너게 하리라. 그리고 이 일을 다 마치고 난 후
> 에야 나는 열반에 들리라. — 자타카Jātaka[본생담本生譚] I 10

다르마[진리]는 함께 나눠야 하는 것이었고, 불교는 언제나 전도 의욕이 강했다. 아소카 왕은 다르마를 통해 신민들이 행복해지도록 힘써 노력하고, 이웃 국가에 다르마를 전파하고자 전도승들을 파견한 황제의 좋은 본보기이다. 일부 지방에 자기중심적인 수도원 생활을 하는 곳도 있었으나, 보살 정신이 발달하면서 금방 바로잡혔다(5장 참조).

모든 종파의 불교도들이 아시아 전역에 진리를 전한 열망과 이를 가능하게 한 자질은 붓다의 10대 제자 중 한 사람인 부르나의 일화에서 잘 드러난다. 그는 슈로나파란타[1]라는 야만국에 전도하러 가기 위해 붓다에게 허락을 청했다. 붓다는 그를 만류했고, 다음의 대화가 펼쳐졌다.

---

1 현재의 봄베이 서북방 지역에 해당한다.

"슈로나파란타 사람들은 사납고 난폭하고 잔혹하다. 그들은 남들을 욕하고 매도하고 못살게 구는 천성을 타고났다. 만약 그들이 삿되고 거칠고 그릇된 말로 너를 욕하고 매도하고 못살게 굴면 어찌하겠느냐?"

"그렇다면 저는 슈로나파란타 사람들이 참으로 착하고 친절한 종족이라고 생각하겠습니다. 왜냐하면 그들은 주먹이나 돌로 저를 때리지 않기 때문입니다."

"그러나 그들이 만약 너를 주먹과 돌로 때린다면 어찌하겠느냐?"

"그렇다면 저는 그들이 참으로 착하고 친절한 종족이라고 생각하겠습니다. 왜냐하면 그들은 몽둥이나 무기로 저를 때리지 않기 때문입니다."

"그러나 만약 그들이 너를 몽둥이나 무기로 때린다면 어찌하겠느냐?"

"그렇다면 저는 그들이 참으로 착하고 친절한 종족이라고 생각하겠습니다. 왜냐하면 그들은 제 목숨을 빼앗지 않기 때문입니다."

"그러나 만약 그들이 네 목숨을 뺏는다면 어찌하겠느냐?"

"그렇다면 그때도 저는 그들이 참으로 착하고 친절한 종족이라고 생각하겠습니다. 왜냐하면 그들은 육신이라는 이 썩어질 몸으로부터 손쉽게 저를 해방시켜주기 때문입니다. 육신을 부끄러워하고 괴로워하고 혐오하는 승려들이 있다는 것을 저는 압니다. 그리고 무기나 독으로 자결하거나, 밧줄로 목을 매거나, 절벽에서 뛰어내려 스스로 목숨을 끊는 승려들이 있다는 것도 압니다."

"부르나여, 그대는 위대한 부드러움과 인내심을 가지고 있구나. 그대는 슈로나파란타에 머물러 살기에 충분하도다. 가거라. 가서 그대가 스스로 자유롭듯이 그들에게 자유로워지는 법을 가르치거라."

종종 소승이 대승보다 전도 열의가 적다고들 말하지만, 실제로는 그렇지 않다. 소승도 대승과 마찬가지로 스리랑카, 미얀마, 티베트, 중국, 자바, 그리고 수마트라 등으로 전파되었다. 그런데도 티베트나 중국에서 대승만이 살아남은 이유는 인도 이외의 민족들에게는 소승보다 대승이 더 잘 적용한 까닭이다.

일례로, 티베트의 왕은 750년경에 당시 카슈미르와 중앙아시아에서 번창하던 소승의 일파인 설일체유부를 티베트에 뿌리내리도록 적극적으로 받아들였다. 하지만 일반 대중은 주술이 포함된 종교를 원했고, 설일체유부는 그렇지 않기에 곧 사라지고 말았다. 이처럼 다양한 믿음의 색조를 지닌 불교도들은 모두 언제나 다르마의 훌륭한 가르침을 전할 준비가 되어 있었다.

동시에 현실 속에 다르마가 살아 있던 사회라면 어디에서나 불교 교리는 고상한 형이상학에 기꺼이 농부, 전사, 상인들이 즐겨 믿는 주술적이고 신화적인 신앙을 결합함으로써 그들 사이에 뿌리를 내렸다. 자비와 연민이라는 이상에 충실하기 위해 승려들은 그들을 신봉하는 신도들이 있어야 했고, 또 생존을 위해 재가신도나 지배층의 보시도 필요했다.

그렇다면 다음의 두 가지 물음을 짚어봐야 한다. 첫째, 승려들은 자신들을 믿고 따르는 사람들이나 왕실 후원자들을 위해 무엇을 해줄 수 있는가? 둘째, 재가신도들의 요구에 대한 배려는 불교 사상에 어떤 영향을 끼쳤는가?

2

불교와 세속의 권력

　국왕이나 황제의 지원이 없었다면, 아시아 전역으로 불교가 전파되는 대성공을 거두지는 못했을 것이다. 인도의 위대한 통치자 중 하나인 아소카 왕(BCE 274~236)은 가장 먼저 불교가 세계 종교가 되는데 기여했다. 그는 불교를 인도 전역에 속속들이 전파했을 뿐 아니라 인도 밖의 스리랑카, 카슈미르, 간다라는 물론 당시 그리스의 왕자들이던 시리아의 안티오코스 2세, 마케도니아의 프톨레미 필라델포스와 안티고노스 고나타스에게까지 전했다. 아소카 이후에도 불교는 북인도를 지배한 위대한 정복자 카니슈카 왕[2](재위 약 78~103), 하르샤

2　Kanishka. 인도 쿠샨 왕조의 제3대 왕. 2세기 중엽 서북 인도를 통일했으며 파미르 고원을 넘어 중국의 일부를 영유하여 결국 불교의 극동 전파를 도왔다.

바르다나[3](재위 약 606~647), 그리고 벵골을 지배한 팔라 왕조[4](750~1150 경)의 지원을 받았다. 인도 밖에서는, 중국의 황제들과 여황제들이 불교로 개종한 사례가 많았으며, 몽골의 칸[5]들과 일본의 뛰어난 정치가였던 쇼토쿠 태자[6] 등도 불교를 받아들였다. 인도의 변방에서도 여러 시대에 걸쳐 많은 불교 왕조가 출현했다.

위에 언급한 군주들 가운데 불교를 신봉한다는 이유로 다른 종교를 배척하는 경우는 거의 없었다. 팔라 왕조와 스리랑카, 미얀마의 지배자만 예외였다. 불교는 신도들에게 배타적 충성심을 요구하지 않았다.

쿠샨 왕조의 카드피세스 1세(재위 약 25~60)는 자신을 '진정한 다르마에 항상 능숙한 자'라고 불렀다. 그가 만든 화폐의 한 면에는 붓다의 좌상이, 다른 면에는 카피사[7] 시의 제우스가 새겨져 있다. 카니슈카 왕은 그의 화폐에 이란의 신들인 베레트라그나, 아르독초, 파르소 등과 힌두교의 시바 신, 그리고 붓다의 입상이나 연화대 위의 좌상을

---

3 Harshavardhana. 굽타 왕조가 쇠퇴한 후 서북 인도에 세워진 하르샤 왕조의 창시자. 불교를 깊이 믿었고, 당나라의 이름난 승려 현장이 인도에 왔을 때도 바로 그가 왕위에 있을 때였다.
4 Pala dynasty. 8세기 중엽에서 12세기 후반까지 북인도의 비하르 지방을 지배한 왕조.
5 Khan. 중세에 몽골, 터키, 타타르, 위구르에서 군주를 이르던 말.
6 성덕聖德 태자(574~622). 일본 최초의 절 법흥사에서 고구려 승려 혜자와 백제 승려 혜총에게 불교를 배웠다. 일본이 불교국가로 자리잡는 데 절대적인 공헌을 했으며, 법륭사法隆寺를 지었다
7 현 아프가니스탄 북동부 지역으로, 5세기경 고대 도시 카피시로 처음 사료에 기록되었으며, 카피사 왕국이 세워졌던 지역이다.

새기고 그리스 문자로 붓다를 지칭하는 Boddo 또는 Boudo를 써 넣었다.

굽타 왕조의 왕들은 비슈누 신앙과 불교 신앙을 둘 다 지지했다. 발라비[8]의 왕들(490년 이래)은 시바 신을 섬겼지만 불교를 보호했고, 하르샤바르다나는 불교 신앙을 태양 숭배와 융합했다. 이외에도 많은 예가 있지만 생략한다.

인도 지역 밖에서도 이와 유사한 일들이 많았다. 1250년경 위대한 칸 몽카[9]는 경교[10]와 불교, 도교 모두를 애호했다. 그가 프란체스코 수도회원인 루브루크의 윌리엄에게 말했듯이 "다양한 종교들을 한 손에 붙어 있는 손가락들처럼 여겼기" 때문이다. 비록 불교도들에게 "다른 종교들이 손가락들이라면 불교는 손바닥"이라고 말했지만 말이다. 쿠빌라이[11] 칸은 주로 불교 성향이었고, 경교도 인정했다.

지배자들은 통치가 목적이기 때문에, 불교 교리의 영성적 가치에 대한 확신이 불교를 보호하는 유일하거나 주된 동기는 아니었을 것이다. 그렇다면 출세간적이고 무정부적으로 보이는 불교 교리가 어떻게 백성들에 대한 통치권을 강화시켜 주었을까?

불교는 세속을 떠난 이들의 마음에 평화를 줄 뿐 아니라, 세상을 거머쥐고자 하는 자에게도 그것을 건네준다. 게다가 이 세계는 뿌리

---

8 마이트라카 왕국의 수도. 굽타 왕조 멸망 후 북인도는 굽타와 마우카리, 푸슈야브후티, 마이트라카 등 4개의 왕국으로 나뉘었다.

9 Mongka(재위 1251~1259). 칭기즈 칸의 손자이며, 몽골 제국 4대 황제.

10 당나라 태종 때 페르시아 인에 의해 중국에 전래된 기독교의 네스토리우스파.

11 Kublai(재위 1260~1294). 칭기즈 칸의 손자이며, 몽골 제국 5대 황제.

깊은 악이며 이 세상에서 진정한 행복을 얻기란 불가능하다는 믿음은 정부에 대한 비판을 억누르는 경향이 있다.

정부 관리의 억압은, 한편으로는 생사윤회하는 세속에 불가피하게 수반되는 일이며, 또 한편으로는 자신의 과거 죄업에 대한 업보이기도 한 것이다. 불교의 비폭력성을 강조하는 방식은 나라를 평화롭게 유지하면서 지배자의 위치를 더욱 안정되게 했다. 뿐만 아니라 사람들이 세속의 삶을 그리 중요하게 여기지 않는다면, 소유가 적다고 쾌활함이 저하되지도 않을 것이다.

그리고 통치자로서도 침울한 백성들보다는 쾌활한 사람들을 통치하기가 훨씬 좋다. 불교사회에서는 불교교리에 따라 소박한 삶을 영위하고, 버마 사람들이 그러하듯이 가난한 삶을 원할 것이다. 콜리스는 『버마의 공판』에서, 가난한 버마인을 경멸하는 영국인들에게 다음과 같이 적절한 평을 했다.

어떤 버마인은 여느 마을사람들처럼 자기 소유의 집과 농장, 아내와 많은 자식들, 말 한 필과 좋아하는 여배우, 와인 한 병과 시집 한 권, 거세한 경주용 송아지들, 그리고 조각 장식이 있는 티크 수레, 장기판, 주사위 한 세트만 있으면 더할 나위없는 행복의 절정에 있다고 믿는다. 그리고 '그의 현금 수입이 1년에 10파운드밖에 안되어 불쌍하다'고 여기는 영국인들의 시선은 아랑곳하지 않는다.

불교는 늘 개인이 수중에 물질적 부를 축적하는 것을 삼가게 했다.

오히려 물질적 부를 보시하거나 경건한 일에 쓰도록 권장해왔다. 실제로 버마와 티베트에서는 이런 일들이 수세기 동안 일어났다. 유럽 대중들 사이에 장려된 물질의 소유와 생활수준 향상에 대한 욕구는 모든 형태의 전제정치를 붕괴시켰을 뿐 아니라 안정되고 영구적인 정부의 권위를 허무는 결과를 만들어냈다. 이런 사실을 감안하면, 왜 불교가 아시아의 전통적인 전제 군주들에게 축복이었는지 이해할 수 있다.

신석기 시대 이래로 지배자는, 특히 여러 종족들로 구성된 광대한 제국을 다스리는 통치자는 어느 정도 신성시되어 왔다. 왕이 신적 존재라는 관념은 이집트, 중국, 일본에서 매우 익숙하다. 로마와 비잔티움에서도 이러한 관념이 일정 부분 역할을 했고, 아주 최근에서야 민주주의 이념으로 대체되었다. 그러나 히틀러를 받아들이는 수많은 독일인들을 보면, 또 소련에서 나오는 스탈린의 선동선전문을 보면, 아직도 신성화 관념이 놀랄 만큼 살아 있음을 알 수 있다.

인도에서는 아무리 영토가 작은 나라여도 백성들은 통상 왕을 신이라고 믿었다. 왕의 의지가 곧 신의 의지로 여겨진다면, 왕의 도덕적 권위는 엄청나게 증대될 것이다. 그래서 위대한 정복자들 사이에서 특히 불교가 지지를 받았다. 불교도들은 전륜성왕轉輪聖王[12]이라는 이론을 통해, 능동적으로 불교를 옹호하는 군주들의 명망을 한껏 끌어올렸다. 여러 경전들은 전륜성왕을 다소 이상화시켜 묘사하고 있

---

12 인도신화에서 정법正法으로 통치의 수레바퀴를 굴려 세계를 통일하고 지배하는 이상적 제왕.

다. 여기에서 『디비야아바다나Divyāvadāna』[13]에 서술된 한 구절을 소개한다.

> 그분은 군대의 최선봉에 선 승리자이시며, 정의 곧 다르마의 왕이시며, 칠보 즉 윤보[14]·상보象寶(코끼리)·마보馬寶(말)·여의주보如意珠寶(여의주)·여보女寶(왕비와 시녀)·장보將寶(장군)·주장신보主藏臣寶(대신)를 거느리신다. 100명의 아들들과 용감하고 아름다운 영웅들과 적군을 파괴할 군사들을 이끌 것이다. 그분은 바다까지 이르는 광대한 전 영토를 정복하여, 그곳의 모든 폭압과 고통의 근원을 제거할 것이다. 그분은 벌하지 않고, 칼 없이 다르마와 평화로 세계를 다스릴 것이다.

불교를 애호한 지배자들이 거의 이러한 이상적 이념으로 살았다는 것은 불교도들 사이에 전하는 허구적인 이야기이다. 나중에 대승불교가 공들여 새로운 신들의 사원을 만들었을 때 불교를 숭상한 왕들은 후광을 입었다. 10세기에 자바와 캄보디아, 그리고 스리랑카의 지배자들은 보살로 여겨졌다. 12세기 말엽 캄보디아에서 자야바르만 7세는 모친의 조각상을 반야바라밀, 즉 붓다의 어머니로 조성했다.

20세기에 태국의 왕은 여전히 '신성한 붓다Phra Phutticchao'이다.

---

13 '아소카의 전설' 등 38개의 이야기로 구성된 산스크리트어 불교 설화집. 대략 2세기경에 성립된 것으로, 깨달은 이나 탑, 불교의 신성한 장소에 공양을 올림으로써 큰 공덕을 받았다는 이야기가 주를 이룬다.
14 전륜성왕의 상징으로서 금, 은, 동, 철로 된 바퀴 모양의 표징.

1326년에 세워진 위구르 명문銘文에는 칭기즈 칸이 '일생보처一生補
處[15]의 보살'이라고 새겨져 있다. 몽골 전통에서 쿠빌라이 칸은 전륜
성왕이자 현인이고 성인(후툭투Hutuktu)[16]으로 추앙되었다. 여행자들
은 종종 몽골과 티베트의 통치자를 '살아 있는 붓다'[생불生佛, 활불活佛]
라고 부른다. 이것은 부적절한 명칭으로, 달라이 라마를 관세음보살
의 화신으로 여기거나 또는 우르가의 후툭투를 아미타불의 현현으로
여기는 의미와는 다르다.

   불교에서는 붓다와 보살이 세계 곳곳에 화신化身으로 나타난다고
보는데, 앞에서 언급한 위대한 사람들이 그러한 화신이라고 말한다.
여기에 함축된 정확한 의미가 무엇이든 간에, 그 암시가 지배자들의
명망에 큰 가치를 부여하는 것은 분명하다. 그런 관념은 신민들을 더
욱 유순하게 할 뿐만 아니라 승려들이 정부를 위한 영적 경찰관 역할
을 하게끔 유도한다. 인도 밖의 인도차이나, 자바, 티베트 등 불교의
영향을 받은 지역에서 이집트 같은 신정국가가 출현한 사실은 역사
상 기이한 일 가운데 하나이다.

   산업화 이전의 모든 사회에서는 나라의 번영과 안녕이 우주의 진
정한 지배자, 보이지 않는 천상의 신성한 힘과 조화를 이루는 데 달
려 있다고 믿었다. 고대 그리스의 장편 서사시 「오디세이」에서 오디

---

15 한 번의 생을 더 마치면 다음 생에는 부처의 자리를 보충한다는 뜻으로, 보살의
   최고 경지이다. 예를 들어 미륵보살은 지금 도솔천에서 수행 중인데, 그 생을 마
   치면 인간으로 태어나 성불하여 석가모니불의 자리를 보충한다고 전해진다.
16 계속 환생하는 몽골불교의 최고 라마.

세우스의 운명은 매순간 올림포스의 신들에 의해 결정되었다.

지배자는 불교 승려와 친밀해짐으로써 보이지 않는 신성의 힘들과 우호 관계를 지속하려고 했다. 그리고 그 신성의 힘들과 특별히 친밀하다고 자부하는 승려는 책임 있는 조언자로서 높은 직위[17]에 오르기도 했다. 예를 들면, 550년경 위수魏收[18]가 쓴 중국 불교 이야기에는 400년경에 살았던 카슈미르의 승려에 대해 이렇게 서술되어 있다.

> 그는 미래의 예언과 재난을 막는 주술에 능했다. 그리고 다른 나라의 운명을 상세히 점쳤는데, 많은 부분에서 사실로 증명되었다. 몽손蒙遜[19]은 자주 그(담무참曇無讖)에게 나랏일을 물었다.

지금까지 언급한 이유들로 지배자들은 불교뿐만 아니라 그들의 권위를 뒷받침해줄 어떤 종교라도 후원했다. 그렇지만 특히 불교를 선호한 두 가지 요인이 있다. 많은 경우 일본과 티베트처럼 그 나라에 들어온 종교는 다양했지만 고도한 문명의 이점을 함께 지닌 것은 불교뿐이었다. 예를 들면, 일본의 쇼토쿠(성덕聖德) 태자가 불교 신앙을 받아들이기로 결정했을 때 중국 문화의 전 체계가 바다 건너 전해졌다. 티베트인들은 불법佛法과 더불어 인도의 문법, 의학, 천문학과

---

17 왕사王師, 또는 국사國師를 말한다.
18 남북조 시대 북제의 관리이자 문인. 황제의 명에 따라 역사서 『위서魏書』 130권을 3년에 걸쳐 편찬했다.
19 중국 5호 16국 시대 북량의 제2대 왕(재위 401~433). 시호는 무선왕, 묘호는 태조이다. 인도에서 중국으로 건너온 승려 담무참을 추앙하며 국사를 이끌었다.

점성술 같은 세속의 학문들도 받아들였다.

또 하나, 불교에는 범세계적이고 국제적인 요소들이 있다. 그래서 불교는 광대한 영역을 통일하고자 하는 군주들에게 환영받을 만했다. 불교는 영적 진리가 어떤 특별한 지역이나 풍토, 인종이나 종족과 강한 유대 관계에 있다고 해석한 적이 한 번도 없거나 거의 없다. 이러한 불교에 비하면 힌두교는 종족적 금기들로 가득 차 있다. 불교에는 한 지역에서 타 지역으로 쉽게 옮겨갈 수 없는 것이란 절대 없다. 인도의 건조한 평원이든, 히말라야의 눈 덮인 산정이든, 자바의 열대 기후든, 따뜻한 일본이든, 외몽골의 황량한 추위든 어디든 잘 적응할 수 있다. 인도인, 몽골인, 그리고 중앙아시아의 눈이 푸른 북유럽인종들 모두 불교를 자신들의 필요에 맞게 조정했다. 비록 불교는 본질적으로 산업주의에 거부감을 보이지만, 지난 40여 년간 일본의 편치 않은 산업 환경 속에서도 잘 적응하며 헤쳐왔다.

유연하고 적응력이 뛰어난 불교 교리는, 광대한 제국을 다스려야 하는 지배자에게 충분히 가치가 있다. 왜냐하면 이질적인 민중들에게 공통된 신행을 공유하게 하고, 여러 지역의 승려들이 상호 교류를 이뤄나가면 제국을 통합하는 데 큰 도움이 되기 때문이다.

인도에서 인도 밖 다른 나라들로 불교가 전파되는 데에는 상인들과 교역인들이 두드러진 역할을 했다. 힌두교의 엄격한 카스트제도는 정통 힌두교가 인도 바깥으로 전파되지 못하게 했다. 특히 바다 항해는 힌두교도들의 눈살을 찌푸리게 했고, 항해자들은 해외에서 오염되었기 때문에 돌아오면 다시 정화되어야 한다고 여겼다. 결국 중세 인도에서 해외무역의 상당 부분은, 가는 곳마다 자신들의 종교를 전파한 불교도들이 맡게 되었다.

지금까지 불교가 세속의 권력에 기여한 바를 살펴보았다. 이제 불교가 대중과 재가신도들에게 무엇을 해주었는지 살펴볼 차례이다.

3

승단의 봉사

불교 초기 교단의 기록에 따르면, 붓다는 재가신도를 매우 현명하게 대했고, 그들의 요구와 정당한 불만을 들어줄 준비가 되어 있었다. 불교가 2,500년 이상 존속하는 동안 소수의 엘리트 승려들은 그들을 따르는 재가신도들이 고맙게 생각할 만한 무언가를 해야 했다. 내가 생각하기에 불교가 부응해야 할 재가신도의 요구는 세 가지, 즉 영성적인 것, 신화적인 것, 그리고 주술적인 것이다.

영성적인 것

평소에는 영성의 가치에 대해 아무 관심이 없는 사람들도 간간이 자신이 영위하고 있는 삶이 공허하다는 느낌에 괴로워한다. 현재의 상황이 그들의 참된 자아를 적절하게 표현하지 못하게 만들고, 이 세계에서 벗어나야만 진정한 삶을 살 수 있다고 느낀다. 승려들은 세상에 지친 사람들에게 인간의 기원과 운명에 관해, 세상에서의 그의 위치와 삶의 의미에 관해, 그리고 더 나은 삶을 얻을 수 있는 방법에 관해 조리 있게 이야기해 주었다. 이렇게 설한 교리는 재가자들이 지친 세상을 벗어날 수 있는 창이 되었다.

그리고 많은 승려들은 재가자들이 세상에서 벗어나기 위해 필요하다고 느끼는 온화함과 평정, 현실에 대한 집착에서 벗어나는 실례들을 그들의 삶을 통해 몸소 보여주었다. 승려들은 세속인들이 늘 걱정하는 것들을 대수롭지 않게 여기면서도 행복하게 살았다.

신화적인 것

우리는 1장(78쪽 참조)에서 왜 신화가 인간 영혼의 뿌리 깊은 욕구를 충족시켜 주는지를 살펴보았다. 보다시피 이 세계는 인간의 마음속에 있는 사랑과 믿음을 담기에는 너무 작다. 불교 이론에 따르면, 믿음은 불교로 향하는 첫걸음이다. 그리고 재가자의 믿음은 그들의 종교적 열망에서 거의 전부라고 해도 과언이 아니다. 여기서 믿음은 특정한 교의를 받아들인다는 의미가 아니다. 믿음의 본질은 도리어 이 세상으로부터 벗어나는 정도, 그리고 충분히 피안에 도달한 것은 아니지만 보이는 세계에서 안 보이는 세계로의 부분적인 전환에 있다. 그렇다면 불교 재가신도들의 믿음은 무엇으로 이뤄져 있을까?

재가신도들은 붓다, 붓다의 가르침(다르마), 승가 공동체를 존경했다. 그들은 이 세 가지 보물[삼보三寶]이 자신들에게 도움을 주고, 인간의 행복과 불행은 자기가 한 행동의 결과이며, 공덕을 쌓는 것이 무엇보다 중요하다고 믿었다. 사려 깊게도 인간의 소유욕을 공덕을 쌓아 복덕을 얻는 방향으로 유도한 것이다. 예를 들면, 복덕은 조건 없이 널리 베푸는 보시布施, 특히 승려나 성자들에게 보시하고, 청정하게 생활하고, 모욕을 당했을 때 인욕忍辱하고, 타인에게 자비慈悲를 베풂으로써 얻어진다.

서양인들은 불교에서 말하는 공덕의 의미를 파악하기가 쉽지 않아 보인다. 공덕의 이점은 미래의 삶을 더욱 행복하고 안락하게 한다. 더욱 중요한 점은, 훨씬 풍성한 영적 기회와 성취를 가져다준다는 데 있다. 내생에 좀 더 나은 세상에 태어난다는 것은 그 자체로 좋은 일일 뿐 아니라 깨달음을 얻기에 보다 좋은 조건을 얻는 수단으로 여겨지기도 한다. 예를 들면, 아주 사악한 사람이 물고기로 태어난다면, 물고기들은 불교를 전혀 알 수 없기에 깨달을 길이 없다.

재가신도의 입장에서 보면, 열반은 금생에서 목표로 삼기에는 너무 멀리 있다. 전생에 지은 행위[업장業障]의 무게가 너무 무거워 높이 올라갈 수가 없는 것이다. 독립된 개아個我가 있다고 믿는 사람―개아가 없다면 누가 가정을 지키겠는가?―은 열반을 얻을 수 없다. 그렇지만 불교에서는 개아에 대한 믿음이 있더라도 천상에 태어나는 것이 가능하다고 공공연히 가르친다. 천상에 태어날 수 있다는 희망에 고무되어 청정하고 헌신적인 생활을 한 불교 재가신도가 많았다는 기록들이 수세기에 걸쳐 전해온다.

믿음은 이 세상 너머의 것에 대한 열망이고, 그것은 숭배의 형태로 표현된다. 불교도들은 붓다가 이 땅에 출현했다는 눈에 보이는 흔적인 사리Śarīra와 족적足跡을 숭배하는 습속이 있다. 그들은 또한 전문 용어로 차이티야Caitya라고 알려진 것들을 숭배한다. 차이티야는 사당이나 성지 등을 의미하는 일반적 명칭이다. 차이티야는 아주 간접적일지라도 항상 붓다와 관련이 있다. 붓다의 유골, 즉 치아나 뼈들을 모아둔 곳일 수도 있고, 붓다가 입었던 가사(지금 핫다[20]에 보관되어 있다), 혹은 발우(지금 페샤와르[21]에 있다)를 보관한 곳일 수도 있다. 또 붓다의 법신法身(Dharma-body), 즉 여러 경전들을 모셔둔 곳도 있다. 몇 년 전에 아주 오래된 불교서적이 카슈미르의 길기트에서 발견되었는데, 그것은 돌더미로 쌓은 탑 속에 1,500년 동안 안장되어 있었다. 어떤 경우에는 그저 붓다가 살던 시기에 일어난 사건을 차이티야로 기념하는 곳도 있다. 예를 들면, 세계불교에서 가장 신성한 장소인 보드가야는 붓다가 앉아 깨달음을 얻은 보리수를 중심으로 형성되어 있다.

그러면 불교도들은 어떤 행동과 정신으로 이러한 신성한 대상을 숭배하는가? 예배를 올릴 때는 음식, 화환, 일산日傘(왕족의 상징), 때로는 돈을 공양물로 바친다. 그와 동시에 공경의 표시로 불상, 사찰, 탑

---

20 고대 간다라 미술의 중심지였던 아프가니스탄에서 가장 풍성한 불상 유물이 발견된 지역이다.
21 파키스탄 북서부에 있는 지역으로 많은 불교 유적들이 남아 있다.

등을 오른쪽에 두고 돈다. 불상은 중요한 명상의 대상이고, 공덕의 결실을 맺는 원천이다. 성상聖像을 조성하고 늘리는 일도 큰 공덕이 된다. 신앙심이 높던 시기에 조성된 불상에는 풍성한 자연의 힘이 부여되었다. 그리고 불상들을 경배하면 국가도 번영한다고 믿었다. 물론 불교도들은 불상 그 자체가 신이라고는 생각하지 않았다. 개신교 선교사들은 '종종 이교도들이 우상을 신으로 오해하고 있다'고 믿었지만, 불교도가 이러한 억측을 지지한다는 증거는 어디에서도 발견되지 않았다.

불상은 첫째, 신성한 힘의 매우 불완전한 상징이고, 그 신성한 힘을 명상하는 데에 부족한 의지처이다. 둘째, 주술적 힘을 지닌 대상이다.

불상은 불보살들의 영적인 힘을 마음에 불러일으키기 위한 것이지만, 물질로 조성된 불상 자체에 그러한 영적인 힘이 있다고 주장하지는 않는다. 불교도들은 붓다가 열반한 뒤 500년 동안은, 깨달은 붓다를 인간 형태로 표현하기를 꺼려했다. 엄밀히 말해서 붓다는 모든 인간적 성질을 초월했기 때문이다. 불교도들은 붓다 일생의 여러 장면들을 돌에 조각하거나, 보리수나 다르마의 상징인 수레바퀴[법륜法輪], 왕좌, 사리를 안장한 사리탑을 돌에 새김으로써 보는 사람이 붓다의 존재를 상기하면 족하다고 생각했다. 이렇게 500년 동안 이어진 관습을 바꾸어 인간 형태의 불상을 조각하고 그리게 된 동기를 우리는 아직 모른다.

불상은 영적인 힘을 상징하는 한편 주술적 힘이 샘솟는 곳으로 여겨지기도 한다. 불상에 내재된 주술적 힘은 신자들에게 기적으로 나타난다. 그 기적은 늘 차이티야, 탑, 불상들과 관련되어 일어난다. 소승불교에 따르면, 이러한 기적은 붓다나 사리가 만들어낸 것이 아니라 아라한이나 신중神衆의 가피加被,[22] 또는 귀의자의 견고한 믿음의 결과로 여겨진다. 이 같은 생각은《밀린다왕문경》에도 나타나 있다. 이와 달리 대승에서는, 붓다의 가피로 사리와 사리탑에서 초자연적 힘이 계속 작용하고 있다고 여긴다. 그러나 어떤 대상의 신성함도 결국은 그 대상을 향한 신봉자의 믿음과 경배에 의해 발생한다는 생각에는 소승과 대승 양쪽의 차이가 없다.

이 점을 잘 보여주는 유명한 이야기가 있다. 중국에 한 노파가 살았다. 그녀는 친구가 교역을 위해 인도로 여행을 떠난다는 말을 듣고, 돌아올 때 붓다의 치아사리를 가져다 달라고 부탁했다. 인도에 도착한 상인은 그 부탁을 까맣게 잊고 지내다가 고향에 거의 당도할 때쯤에서야 떠올렸다. 그는 길가에 개가 죽어 있는 것을 발견하고, 개의 이빨 한 개를 뽑아서 가지고 왔다. 노파를 만난 그는 그것을 건네주면서 인도에서 갖고 온 붓다의 치아사리라고 했다. 노파는 떨 듯이 기뻐하며 치아사리를 봉안할 사리함을 만들었다. 그리고 노파와 노파의 친구들은 사리함에 매일 경배를 드렸다. 얼마 후 치아는 방광放光을 하며 신비한 빛을 발산했다. 상인은 나중에 그 치아사리가 사실은 개 이빨이라고 실토했지만 그 뒤에도 광채는 멈추지 않았다. 노

---

22 부처나 보살이 자비심으로 중생들에게 힘을 주어 돕고 지켜주는 것을 뜻한다.

파의 신심과 경배가 그만큼 강력했기 때문이다.

불교도들은 붓다의 사리를 경배함으로써 붓다를 기쁘게 할 수 있다는 생각은 결코 한 적이 없다. 올림포스 산의 신들은 수많은 제물을 강요했고, 여호와는 늘 자기를 경배하라고 명했다. 그렇지만 붓다는 마치 꺼진 불이 어떤 연료도 요구하거나 원하지 않듯이, 경배 받기를 바라지 않았다. 경배의 목적은 경배자의 정신을 영적 진보에 도움되도록 고취하는 데 있다. 왜냐하면 "여기에서 믿음은 인간에게 최상의 종자이고, 재산이기 때문이다."

주술적인 것

이제 불교의 주술적 기능에 대해 몇 마디 언급해야겠다. 우리의 현재 시각으로 조상들의 관점에서 그들의 주술적 신념을 살핀다는 것은 쉬운 일이 아니다. 주술적 관념은 적어도 2만 년, 어쩌면 20만 년 동안 인간의 사고를 지배해왔다. 완전한 역사적 혁명[23]은 이러한 주술적 관념으로부터 독자들과 일부 역사가들까지도 분리시켰다. 도시화와 산업 및 의학 분야의 과학적 방법이 경이롭고 실용적인 성과를 거두면서 지식인들 사이에 주술에 대한 믿음이 사라졌다. 모든 면에서 과학은 주술보다 더 성공적인 성과를 내놓기에 우리 눈에 훨씬 타당해 보인다. 실제로 작물과 가축의 증산, 전쟁, 질병과의 싸움, 화

23　제1차 산업혁명이 일어나고 과학문명의 시대가 도래한 것을 의미한다.

학, 또 기상학 등 과학적으로 정확히 평가되는 부문이라면 어디에서
나 주술은 과학과 비교될 수 있으며, 성과 면에서 매우 불리하다.

　이 책의 독자들은 교육받은 대중들이므로, 1930년 버마 농민들의
노력에서 주술의 상징적 가치를 확실히 알 수 있을 것이다.

> 주문을 외면서 기관총을 향해 진격한 그 농민들은 부적을 손에 들고 정
> 규군 앞으로 돌격했다. 그들은 손가락으로 비행기를 가리키며 추락하
> 기를 기대했다. ─ 콜리스, 『버마의 공판』

　우리에게는 어떤 이가 환약을 복용하거나 윤활유를 바르거나 주
문을 외거나 몸에 글자 문신을 새겨서 총알에도 끄떡없다고 믿는 것
이 터무니없어 보인다. 주술에 대한 이러한 경멸은 과거를 역사적으
로 이해하는 데 심각한 장애가 된다. 어떤 종교가 살아남기 위해서
는, 또 세속에 계속 발붙이기 위해서는 평범한 사람들의 물질에 대한
집착을 어느 정도 만족시켜야 한다. 과거에는 주술이 어디에나 침투
해서 모든 것을 지배했다. 종교는 이러한 공동체의 일상생활 속을 파
고 들어가야 했다.

　현재와 마찬가지로 그 당시의 보통 사람들은 작물과 가축, 가족의
관혼상제 등 일상의 문제에 깊이 매몰되어 있었다. 그들은 견고한 믿
음과 청정한 삶에서 오는 마음의 평화, 속세의 집착을 떠나는 보답으
로 얻는 평온을 종교에서 어느 정도 기대했다. 하지만 이상하게도,
논리적 일관성 없이, 사람들은 세속을 떠남으로써 평온을 주는 종교

가 자신들의 세속 생활에 신비한 주술적 힘을 드리워주기를 기대했다. 그래서 그 주술이 세상의 물질을 안전하게 소유하도록 보장해주거나 최소한의 도움이 되기를 바랐다.

과거의 다른 모든 종교들처럼 불교 역시 주술의 힘을 통해 사람들을 보호하고자 했다. 작황이 좋은 것은 불교 승려가 행하는 의식에 달려 있다고 사람들은 믿었다. 만약 풍작을 기원하는 불교 의식을 생략하면 모종의 악한 힘이 작용해 농사를 망치며, 비옥한 토지와 마을의 안녕은 승려의 손에 달려 있다고 생각했다. 동시에 개인의 사적인 욕망을 등한시하지 않았다.

대승불교 국가에서는 보살이 신도들의 세속적 운명에도 관여한다고 믿었다. 보살들은 수재나 화재로부터 사람을 구해주거나, 선박과 가축을 보호하고, 자식을 점지해주기도 한다. 후기밀교 문헌에는 눈에 보이지 않는 힘에 기대어 욕망을 충족시키는 방법이 나와 있다. 인간이 바라는 모든 것, 즉 완전한 깨달음부터 말솜씨와 매력적인 여자를 얻는 방법까지 인간의 관심사를 두루 고려한다는 것은 불교가 모두를 아우르는 연민심을 가지고 있다는 증거이다.

중국과 일본 같은 나라에서는 불교가 장례와 관련된 모든 사항의 독점권을 획득함으로써 상당한 사회적 안정을 누렸다. 중국에서 불교 승려는 결혼 주례를 하지 않지만 죽음과 장례에서는 특권을 가졌다. 일본에서는 불교가 토속신앙인 신도神道의 주술체계, 그리고 조상숭배와 쉽게 융화되었다.

불교의 주술적인 면은 제8장에서 좀 더 다루기로 하고, 여기서는 역사적으로 불교 수행에서 행해진 주술의 중요성을 강조하는 것으로 충분하다.

주술에 대한 믿음의 타당성을 다루려면 너무 많은 지면이 필요하다. 독자들은 주술과 기적과 비술을 아주 오래된 미신쯤으로 여기지만, 다음의 사실을 유의할 필요가 있다. 좀 더 깨어있는 불교도들도 주술 수행에 참여하는데, 이를 시류에 편승했다거나, 믿지도 않는데 물질적인 필요 때문에 굴복했다고 추측해서는 안 된다.

독자가 개신교도라면, 가톨릭교회에서 부딪쳤던 어려움과 동일한 느낌을 여기서 받게 될 것이다. 가톨릭에서 초자연적인 비술, 주술, 그리고 기적에 대한 믿음은 가장 지성적인 계층부터 가장 교육 수준이 낮은 사람에 이르기까지 모두가 공유하고 있다.

불교에서는 중국 불교의 거장인 현장玄奘[24] 스님에게서도 그런 예를 발견할 수 있다. 그는 최상의 교육을 받고, 폭넓은 여행을 경험하고, 철학에도 조예가 깊었지만 그럼에도 불구하고 인도 여행에서 불가사의한 기적들과 끊임없이 마주했다.

역사적으로 보면, 초자연적인 힘을 보여주고 기적을 행하는 것이 개인이나 종족을 불교로 개종시키는 커다란 동인이 되었다. 불교도라면 아무리 세련된 지성을 갖추었다 해도 기적이 불가능하다고는 확신하지 않을 것이다. 불교도는 왜 영성이 물질세계에서 꼭 무력해

---

24 중국 당나라의 고승(602?~664). 인도로 떠나 나란다 사원에서 시라바드라[계현 戒賢]에게 불교를 공부했다. 이후 중국으로 돌아와 인도 여행기인 『대당서역기 大唐西域記』를 저술했고, 태종의 후원을 받아 74부 1,335권의 경전을 한역했다.

야 하는지 이해하지 못한다. 사실 그들은 기적에 대한 믿음이 영적 생활을 지속하는 데 필수불가결한 요소라고 생각하는 경향이 있다. 18세기 이후 유럽에서는 영성적 힘이 물질세계에 효과적으로 작용할 수 있다는 확신이 퇴조하고, 그 자리에 불변의 자연법칙(과학)이라는 믿음이 들어섰다. 그 결과 영적 경험은 현대사회에서 점점 더 설 자리를 잃었다.

그렇지만 영성과 주술을 동시에 포용하지 않고 성숙한 종교는 아직 없다. 만약 영성을 거부한다면, 종교는 단지 세계를 지배하는 무기로 변해 지배자의 마음을 선량하게 개조하거나 제어하는 것조차 불가능해진다. 독일의 나치즘과 근대 일본에서 그 예를 볼 수 있다. 그런데 종교가 만약 삶에서 주술적인 측면을 무시한다면, 이 세계의 '살아 있는 힘'(우주생명의 생명력)으로부터 스스로를 그만큼 단절시키는 결과가 되어 인간의 영적 측면마저 성숙할 수가 없다.

그러므로 인류가 가장 공통적으로 받아들여 고수해온 미신과 고결한 형이상학을 결합하는 것이 불교에 꼭 필요했다. 《반야경》 같은 고원高遠하고 초세간적인 경전조차도 이러한 통합의 흔적이 명백히 보인다. 반야부 경전의 주요 메시지는, 모든 사리사욕이 완전히 소멸되고, 주위에 보이는 모든 것이 하찮은 꿈의 거짓된 모습임을 깨닫는 공성空性[25]에 의해서만 지혜의 완성[반야바라밀]을 얻을 수 있다는 것이다. 그러나 이 극단적인 영적 가르침과 더불어 '반야바라밀'은 일종의

---

25 공空의 상태. 공은 독자적으로 존속하는 고유한 실체가 없으며, 고정된 경계나 틀이 없음을 의미한다.

주문이나 행운의 부적으로도 권장된다. 그리고 반야바라밀이 '바로 지금 여기의 삶'에 부여한, 손에 쥘 수 있고 눈에 보이는 이점이 자세히 명시되어 있다. 반야바라밀은 타인의 공격이나 질병, 횡사 등 모든 세속의 재난으로부터 신자들을 지켜준다. 신중神衆[26]은 불교신도를 보호하고, 악령이 해를 끼치지 못하게 막아준다.

> 어떤 이가 마음속에 이 반야바라밀[지혜의 완성]을 지니면, 전장에 나가도 거기에서 목숨을 잃지 않을 것이며, 칼과 몽둥이가 이 신자의 몸을 건드리지도 못할 것이다. – Aṣṭasāhasrikā[도행반야경道行般若經] III 54

이처럼 사욕을 부정하는 영적인 경향과 사리를 추구하는 주술의 결합은 아마도 불교 역사상 가장 두드러진 모순 가운데 하나일 것이다. 비논리적으로 보이겠지만, 불교라는 종교가 현실의 삶 속에서 이어져온 것은 대부분 이 둘의 조합 때문에 가능했다.

---

26 불교의 수호신과 호법신. 주로 인도의 토속신과 대승불교의 전개 과정에서 생겨난 신, 그리고 불교가 전파된 지역에서 흡수된 신들이다. 제석·범천·사천왕·금강역사·팔부중·칠성·산신 등이 있다.

4

승단과 재가신도의 상생

우리는 지금까지 승단이 재가신도들에게 베푼 것들을 영성적, 신화적, 주술적 측면에서 살펴보았다. 재가신도를 대하는 승려의 태도에 아소카 왕의 보호와 후원(BCE 250년경)이 어떤 영향을 미쳤는지 언급해야 대중불교에 관한 설명이 완결될 수 있다고 생각한다.

본래 승려들이 재가신도들에게 허용한 부분은 매우 제한되었던 것으로 보인다. 물론 영성의 문제에 대한 담론과 조언이 있었고, 신도들의 헌신하고자 하는 열망은 사원과 탑에 공양을 올리고 성지순례를 하면서 발산할 수 있었다. 그러나 재가신도가 참여할 수 있는 제의나 의식은 거의 없었다. 재가신도들은 붓다와 상수 제자들의 사리에서 주술적인 강력한 힘을 느끼고 그에 대한 경배 의식을 맡았다. 이는 승려들이 사리에 경배를 올리는 것은 시간과 노력의 낭비라고 여겼기 때문에 재가신도에게 차례가 돌아온 것이다.

그 외에도 불교신도들은 다른 사람들처럼 힌두교의 여러 신들을 경배하고, 바라는 바를 이루기 위해 힌두 경전의 주문을 외웠다. 대부분의 사람들은 신의 뜻을 실천하기보다 신을 경배하는 게 더 쉽다는 것을 알고 있다. 그래서 승려들은 재가신도들에게, 붓다를 기리는 방법은 경배가 아니라 주어진 의무를 수행하는 것이라고 지속적으로 일깨워주었다. 그 최소한의 의무는 전통적으로 삼보三寶에 대한 귀의[삼귀의三歸依]와 다섯 가지 계율[오계五戒]을 지키는 일이다. 2,500년 이상 독송되어 온 삼귀의는 다음과 같다.

거룩한 부처님께 귀의합니다.
거룩한 가르침에 귀의합니다.
거룩한 승가에 귀의합니다.

다시 거룩한 부처님께 귀의합니다.
다시 거룩한 가르침에 귀의합니다.
다시 거룩한 승가에 귀의합니다.

또 다시 거룩한 부처님께 귀의합니다.
또 다시 거룩한 가르침에 귀의합니다.
또 다시 거룩한 승가에 귀의합니다.

다섯 가지 계율이란 다음과 같다.

1) 생명을 죽이지 말 것[불살생不殺生]
2) 주지 않은 것을 취하지 말 것[불투도不偸盜]
3) 잘못된 감각적 쾌락을 탐하지 말 것[불사음不邪婬]
4) 거짓을 말하지 말 것[불망어不妄語]
5) 마음을 흐리게 만드는 음주를 하지 말 것[불음주不飮酒]

이들 계명은 여러 가지 해석이 가능하지만, 본질적 의미는 아주 분명하다.

아소카 왕의 지원은 재가신도에 대한 승려의 태도에 상당한 변화를 가져온 것으로 보인다. 아소카 이후에는 불교의 대중화를 위해 크게 노력한 종파들이 나타났는데, 특히 그중에 대중부大衆部[마하상기카 Mahasanghika]에 대해 언급해야겠다.

대중부는 엄격한 계율 때문에 많은 잠재적 신도들이 배제되었던 것을 염두에 두고 분파 초기부터 계율을 완화해서 승려교단이 대중들에게 더 편하게 이해되고 받아들여지도록 했다. 약 1세기 동안 완고하고 배타적인 다른 종파들과 싸워오면서 대중부는 아소카 이후에 재가신도들에게 참여할 여지를 많이 주려고 분투했다. 대중부 외의 여러 분파들이 이러한 새로운 접근법에 전적으로 협력했다. 그 결과 불교는 이전보다 훨씬 보편적인 종교가 되었고, 붓다는 신으로, 그것도 가장 높은 신으로 격상되었다.

아소카 왕 이후 1~2세기에 걸쳐 인간 형태의 불상이 조성되면서 붓다에 대한 경배는 더욱 굳건해졌다. 대중부는 열반, 다르마, 명상 등 재가신도들에게 인기가 없던 주제들 대신 평범한 사람들이 훨씬 친밀감을 가질 만한 업과 윤회 등의 교리를 강조했다. 그래서 재가신도를 교화하기 위한 많은 대중 문헌들이 출판되었다. 이들 문헌은 붓다의 전생 이야기들로 구성되었고, 《자타카》[본생담本生譚]나 《아바다나Avadanas》[비유경]의 형식으로 지금까지 우리들에게 전해지고 있다. 많은 사찰에서 이러한 이야기를 묘사한 조각들이 만들어졌다.

새로운 문헌에는 승려들이나 수도 생활 같은 내용은 없다. 불교의 근본 가르침도 없고, '뿌린 대로 거두리라' 등의 인과응보에 관한 이야기들이 실려 있다. 비록 그 응보가 현실로 드러나는 데에는 경우에 따라 여러 생生이 걸리기도 하지만 업보는 피할 수 없다는 일반적인 도덕규범과 관련된 이야기들이다. 여기에서 세속의 바쁜 재가자를 위한 새로운 복음, 재가자들의 상상과 헌신의 열망을 자극하고 종단에 충성하도록 묶을 수 있는 새로운 복음에 대해 살펴보겠다.

재가신도의 요구에 관심을 두는 이러한 경향은 시간이 흐름에 따라 탄력을 받으며 대승불교의 발전을 가져왔다(4장 참조). 여기서는 아소카 왕의 보호와 후원이 왜 승려교단에 위기를 가져왔는지 그 이유를 몇 가지 밝혀두기로 한다.

아소카 왕의 후원은 넘칠 정도로 풍부했으나 오래 지속되지는 못했다. 왕실의 재정 일부가 승단을 유지하는 데 사용되었는데, 출가하는 승려들은 늘어났지만 진정한 소명의식 없이 그저 쉬운 생계수단으로 선택하는 경우가 많았다. 원시불교에 있었던 소박한 수도 생활의 전통이 사라졌고, 승려들은 낡은 누더기를 입는 대신 새로운 가사를 보시 받는 데 의존했다. 많은 승려들이 탁발을 하지 않고, 수도원에서 조리된 규칙적인 식사를 즐기게 되었다.

경전들이 문자화됨에 따라 승려들은 학식을 장식으로 삼는 데 익숙해졌고, 그런 학식은 초기 도미니크[27] 수도원이나 프란체스코회[28]가 그런 것처럼 가난의 서약에는 해로운 것으로 판명되었다. 이러한 여러 이유들 때문에 승려들은 언제 후원이 끊길지 모르는 불확실한 운명의 인질이 되었고, 이전보다 훨씬 외부 지원에 의존하게 되었다.

동시에, 불교 수행을 하면 세속의 일에 점점 무관심해지는데, 이것이 불교라는 종교가 살아남는 데는 역으로 작용하기 쉽다는 점을 기억해야 한다. 예를 들면, 불교 역사의 초기 수십 년간 승려 공동체가 마가다의 여러 부족들의 삶과 얼마나 밀접하게 얽혀 있었는지를 보면 정말 놀라울 정도이다.

마을사람들과의 긴밀한 접촉은 왕의 재정 지원을 받아 승단을 유지하면서 상당수 해체되었다. 아소카의 지원이 끊기자 승단은 세상과의 결속을 강화하고 증진시켜야 할 필요성이 크게 대두되었다. 그렇게 해서 재가신도들의 호의를 얻고, 시주와 보시를 제공받아야 했

---

27 1215년 도미니크가 세운 탁발 수도회. 정통 신앙을 옹호하고, 신학의 학문적 중요성을 인식하였으며, 복음의 세계적인 전파를 위해 노력했다.
28 1209년 프란체스코가 세운 최초의 탁발 수도회. 청빈한 생활을 강조하며, 교육과 포교 등의 사업을 통하여 그리스도의 사랑을 전했다. 정식 이름은 '작은 형제의 수도회'인데 수사, 수녀, 평신도로 구성되어 있다.

다. 대승불교가 많은 중생을 제도하겠다며 재가신도들을 크게 배려한 근원에는 바로 이러한 역사적 배경이 있다. 그리고 그것은 위기를 극복하는 성공적인 방법이었다.

4장

옛지혜학파

1

교설의 구전과 종파

BCE 480년경 붓다가 열반했을 당시, 인도 북동부 지역에는 몇 개의 승가공동체가 존재했던 것으로 보인다. 붓다를 잃게 되자 지도자 없는 승가공동체는 심각한 충격을 느꼈다. 후계자는 지명되지 않았고, 경전에 의하면 오직 붓다의 가르침만이 승단을 이끌어갈 원리로 남겨졌다. 물론 문자화된 경전은 아니고 구전된 경전이었다. 4세기 동안 경전은 기록되지 않았고, 승려들의 기억에 의존해 존속되었다. 브라만교의 브라만들처럼 불교도들은 종교적 지식을 문자화하는 것을 아주 싫어했다. 우리는 고대 서양의 서쪽 끝에 위치한 골Gaul[1] 같

---

1   고대 로마인이 갈리아Gallia인으로 부르던 사람들이 BCE 6세기부터 살던 지역. 현재의 북이탈리아, 프랑스, 벨기에 일대를 말한다. 갈리아 전역을 평정하여 로마 영토로 만든 사람이 갈리아 전쟁을 수행한 율리우스 시저이다.

은 데서 그러한 태도를 발견할 수 있다. 율리우스 시저는 이렇게 기록했다.

> 드루이드Druid[2]들은 철학에 관한 발언을 문자화하는 것이 적절치 않다고 여겼다. 그들이 그러한 길을 채택한 데는 두 가지 이유가 있다고 생각한다. 우선 그들은 그 규율이 일반인 누구나 접할 수 있는 공공의 소유물이 되는 것을 원치 않았다. 그리고 그 규율을 배우는 사람들이 문자 기록에 의존함으로써 기억력 개발을 등한히 하는 것을 바라지 않았다. 실제로 문자 기록의 도움을 받게 되면, 배우는 이의 부지런함이 느슨해지고 기억력도 감퇴하기 마련이다. ―『갈리아 전기』

초기불교사에 대한 우리의 지식이 너무나 지리멸렬하고 단편적이고 불충분한 것은 문자 기록에 대한 강한 금기 때문이다.

그렇지만 공동으로 암송하고 독송함으로써 신성한 경전이 구전되어 살아남은 그 수세기 동안 서로 다른 많은 전승들이 각지에서 발전하기 마련이었고, 이는 불교가 널리 전파될수록 더욱 심화되어 갔다. 붓다가 입멸한 직후 아난다의 기억에 의존하여 암송暗誦한 것을 500명의 아라한들이 따라서 합송하며 붓다의 교설을 확정 지은 제1차 결집結集[3]이 있었다는 게 일반적인 믿음이다. 그러나 그때도 어떤 승

---

2 고대 갈리아 및 브리튼 제도의 선주민족인 켈트인이 믿었던 드루이드교의 사제 계급.
3 붓다의 입멸 후 제자들이 그의 가르침을 함께 외워 기억하는 형식으로 모아서 정

려는 자신이 기억하고 있는 붓다의 교설이 아난다의 암송 내용과는 아주 다르다고 이의를 제기했는데, 그런 이의 제기는 제재 받지 않고 허용되었다.

서로 다른 많은 전승들, 그에 대한 철학적 해석의 차이, 그리고 지역 관습의 차이로 발달한 여러 학파와 종파들 중에서 우선 '옛지혜학파'로 묶을 수 있는 유파에 대해 살펴보도록 하자.

리한 것. 제1차 결집은 붓다의 입멸 직후 왕사성 부근의 비파라굴Pippala-guhā[칠엽굴]에서 가섭이 선출한 500여 명의 비구들에 의해 이뤄졌는데, 교법에 대해서는 아난이, 계율에 대해서는 우바리가 소리 내어 외우면 비구들이 합송하는 형식으로 진행되었다.

2

사리푸트라

새로운 종교가 처음 만들어질 때 신앙과 교단 활동의 방침을 형성하는 이는 창시자가 아니라 제자들 가운데 하나라는 사실을 종종 보게 된다. 성 프란체스코 수도회의 독특한 교단 형태도 성 프란체스코 자신보다는 코르토나의 엘리아스[4]에 의해 만들어졌다. 예수회 교단의 확립에는 로욜라의 성 이그나티우스[5]보다 라이네스[6]의 기여가 더 컸다. 예수에 대한 성 바울, 모하메드에 대한 아부 베크, 플라톤에 대한 크세노크라테스, 레닌에 대한 스탈린처럼, 붓다에 대한 사리푸트

---

4 Elias of Cortona(1180~1253). 성 프란체스코의 제자 중 한 사람.
5 Saint Ignatius(1491~1556). 에스파냐의 수도사로 사비에르와 함께 가톨릭 수도회인 예수회를 창립했고, 1540년 예수회의 초대 총장에 선출되었다.
6 Laynez(1512~1565). 제2대 예수회 총장. 이그나티우스가 죽고 난 뒤 그 대를 이어 예수회 발전에 큰 공을 세웠다.

라[사리불][7]의 역할도 그러했다.

왜 비교적 종속적인 위치에 있는 추종자가 창시자보다 더 결정적 영향력을 행사하게 되는가를 이해하기는 어렵지 않다. 물론 창시자는 운동을 촉발하는 '영감을 주는 삶'의 살아 있는 원천일 수 있다. 그러나 그의 가르침과 통찰의 많은 부분은 평범한 사람이 접근할 수 있는 범위 너머에 있다. 스승보다 덜 천재적이면서 스승의 뒤를 잇는 계승자는, 평균적인 보통 사람들의 요구와 이해 능력에 더 부합하는 일종의 '휴대용 복음판'을 창출해낸다. 로뱅[8]이 플라톤의 후계자인 크세노크라테스에 대해 언급한 내용이 위의 예들을 잘 요약해주고 있다.

그는 플라톤의 생생한 사유를 교리서의 견고한 틀 속에 담아두고, 매일 가르치기에 적절하도록 기계화시켰다.

사리푸트라는 붓다보다 6개월 먼저 세상을 떠났기 때문에 붓다 입멸 후의 교단을 승계할 수 없었다. 그렇지만 생전에 붓다의 가르침을 체계화시켰는데, 이는 그 후 오랫동안 승려의 수련 방법 뿐 아니라 붓다 교설의 어느 측면이 강조되어야 하고 어느 측면이 뒤로 물려져

---

7 Śāriputra. 사리자舍利子. 붓다의 10대 제자 중 하나. 마가다국의 수도 왕사성 근처의 브라만 출신으로, 지혜가 뛰어나 '지혜제일'이라 일컬었다.
8 Robin(1866~1947). 프랑스의 철학자, 철학사가, 파리 대학 교수. 특히 플라톤 연구가로서 이름이 높다.

야 하는지를 결정했다. 사실 붓다의 교설에 대한 사리푸트라의 이해와 그 판본은 15~20세대[9]에 걸쳐 불교사회를 지배해왔다. 여기서 '지배해왔다'라는 말은, 그의 해석을 채택한 파도 있었지만 의식적이고 직접적으로 반대한 파도 있었다는 의미이다.

'사리Sari의 아들'(사리자舍利子)이란 의미를 지닌 사리푸트라는 마가다국의 브라만 계급 집안에서 태어났다. 철저한 회의론자인 산자야 밑에서 일찍부터 종교 수련을 받았던 그는 붓다의 교단에 들어가 2주 만에 '원만한 깨달음full enlightenment'[10]을 얻고, 입멸할 때까지 젊은 승려들을 이끌고 가르치는 데 일생을 바쳤다. 그의 가르침은 대개 분석적 지혜에 근거했고, 지식을 쉽게 배우고, 쉽게 기억하고, 쉽게 가르치도록 정리하기를 좋아했다. 그래서 그에게는 냉철함과 건조함이 느껴진다.

상좌부와 설일체유부에게 사리푸트라는 제2의 불교 창시자인 셈이다. 붓다가 다르마의 왕이라면, 사리불은 그들의 원수元帥이다. 그는 지혜와 배움에서 모든 다른 제자들을 능가하는 지혜제일智慧第一이었다.

> 구세주인 붓다를 제외하고, 사리푸트라 지혜의 16분의 1에도 미치는 사람이 아무도 없다. – 위숫디막가Visuddhimagga[청정도론清淨道論] VIII, p.234

---

9 약 450년~600년의 기간에 해당한다.
10 원각圓覺. 조금도 결함이 없는 부처의 깨달음을 일컫는 말이다.

우리는 여기서 말하는 '지혜'가 통상의 지혜와는 달리 아비달마 Abhidharma[11]의 규칙에 기반한 일종의 체계적 명상을 의미한다는 것을 유념해야 한다(201쪽 참조).

그렇지만 교단에는 다른 유파도 있었다. 아비달마를 매우 탐탁지 않게 여기는 승려들이 많이 있었던 듯하다. 그들의 기억에는 사리푸트라보다 더 중요한 제자들이 있었다. 예를 들면, 신통력이 뛰어난 목갈라나[12][목건련目犍連]나, 붓다를 20년 동안 가까이에서 모신 아난다를 훨씬 더 중요한 인물로 여겼다. 그러나 정통파 아비달마 논사들은 위대한 제자들 중 가장 애제자였던 이들 두 사람을 언제나 부정적인 논평의 표적으로 삼았다. 교단에서 생기는 모든 불행한 사태의 책임도 희생양 삼아 그 둘에게 덮어씌웠다.

사리푸트라 해석의 반대자들 가운데 가장 영향력이 큰 그룹이 사우트란티카Sautrāntika[경량부經量部][13]였다. 불멸 후 약 400년이 흐르고 대승불교(5장 참조)의 문헌들이 발달하기 시작했고, 그 속에서도 사리푸트라의 이름은 계속 등장한다. 《반야경》, 《법화경》, 《화엄경》[14] 등

---

11 아비abhi는 '~에 대하여', 다르마dharma는 '법'이라는 뜻으로, 이는 부처의 가르침에 대한 주석·연구·정리·요약을 통틀어 일컫는 말이다.

12 Moggallāna. 산스크리트어 Maudgalyāyana. 붓다의 10대 제자 중 하나. 원래 산자야의 수제자였으나 사리푸트라[사리불]와 함께 붓다의 제자가 되었다. 신통력이 뛰어나 신통제일神通第一이라 일컬어지며, 마하Maha[대大]를 붙여 마하목건련, 대목건련 등으로 부른다.

13 붓다가 입멸하고 400년이 지난 초기에 설일체유부에서 갈라져 나온 파. 설일체유부가 논서論書를 중심으로 자신들의 견해를 전개하는 반면 이 파는 경經을 인식의 근원으로 삼아서 경량부經量部라고 한다.

14 대방광불화엄경大方廣弗華嚴經의 약칭. 5세기 초 인도 출신의 학승 불타발타라

세대	년도	전개 과정			
1	520 BCE		붓다		
2	480	상좌부의 아비달마	사리푸트라 [舍利子]	설일체유부의 아비달마	경량부
4	400				
6	320				
8	240			카탸야니푸트라 [迦多衍尼子]	
10	160		《반야경》등		
12	80				
14	0			→	←
16	80 CE				
18	160			《비바샤》	
20	240				
22	320				
24	400	붓다고사 (최종 집대성)		바수반두[世親] (최종 집대성)	
26	480				

• 2개의 화살표는 대승과 경량부의 사상이 설일체유부의 아비달마에 대한 반발로
전개되었음을 나타낸다.

⊙ 표3

에 사리푸트라가 꾸준히 나오는데, 아직 배울 것이 많은 열등한 지혜의 대표자, 붓다의 실제 가르침을 전혀 이해 못하는 더디고 둔탁한 지적 능력을 가진 사람으로 묘사된다. 그래서 붓다가 그를 위해 '소승'이라 불리는 열등한 형태의 교리를 설할 수밖에 없는 것으로 묘사된다.

사리푸트라에서 유래된 학파의 주된 교리를 서술하기 전에, 이 책 전반에 걸쳐 언급할 '옛지혜학파Old Wisdom School'라는 용어를 간략히 설명하고자 한다. '지혜학파'라고 불린 것은, 사리푸트라 학파의 문헌에서 수행의 다섯 가지 주요 덕목[15]인 믿음, 노력, 마음챙김, 선정, 지혜 중에 지혜를 가장 높이 자리매김했기 때문이다. 지혜의 개발만이 궁극의 구원(해탈)을 보장한다는 것이다. 사리푸트라 학파를 '옛'지혜학파라고 부른 것은, BCE 100년 이후 사리푸트라 학파에 맞서 생긴 '신지혜학파'와 구별하기 위함이다(5장 참조).

가 한역한 대표적인 대승경전의 하나이다. 총 60권으로 구성된 이 경은 석가모니가 보리수 밑에서 세상의 이치를 깨닫고 부처가 된 후 깨달음의 내용을 그대로 표명한 경전이며, 비로자나불毘盧遮那佛을 교주로 한다. 보살들에게 부처가 되기 위한 보살도의 원리와 규범을 전면에 걸쳐 정립하여 설법하는 내용을 담았다. 실차난타가 번역한 80권본, 반야가 번역한 40권본도 있다.

15 오근五根. 깨달음에 이르게 하는 다섯 가지 뛰어난 능력. 1) 신근信根. 부처의 가르침을 **믿음**. 2) 정진근精進根. 힘써 수행함. **노력**. 3) 염근念根. 부처의 가르침을 명심하여 **마음챙김**. 4) 정근定根. 마음을 한곳에 모아 흐트러지지 않게 함. **선정**. 5) 혜근慧根. 부처의 가르침을 꿰뚫어 봄. **지혜**. 이 오근의 구체적인 활동, 또는 오근에 힘이 붙은 것을 오력五力이라고 한다.

3

아라한

'옛지혜학파'의 정신을 이해할 때 그 학파에서 목표로 삼았던 인간형과, 그 제자들이 흠모하도록 설정해둔 이상적인 완성상을 살펴보는 것보다 더 나은 방법은 없다. 그 이상적 인간형, 궁극의 수행 단계에 이른 성인 또는 현자를 아라한이라고 부른다. 불교도들은 '적'이라는 뜻의 '아리Ari'와 '죽인다'는 뜻의 '한han'을 합성하여 '적을 죽인 사람'[살적殺賊], 곧 아라한Arhat이라는 용어를 만들었다. 여기서 적은 인간의 열망, 정념, 번뇌를 가리킨다.

요즈음의 학자들은 아라한의 어원을 아르하티Arhati로 보기를 선호하는데, 이는 '숭배와 공양을 받을 만한 가치가 있는'이라는 뜻이 되어 '응공應供'이라 번역된다. 본래 불교의 발흥기에 아라한은 모든 수행자들을 일반적으로 지칭하는 말이었다. 그러나 나중에는 궁극적인 해탈을 성취한 성자에 국한하는 전문 용어로 정착되었다. 붓다도 통상 아라한으로 불린다.

아라한의 이상적 초상들이 불교예술을 통해 우리에게 많이 전해져왔다. 아라한상은 보통 위엄 있고, 꾸밈없이 간명하고, 엄격한 모습이다. 옛지혜학파의 경전에는 아라한을 정의하고 표현하는 전형적인 방식이 있는데, 이는 매우 자주 반복된다.

아라한은 '흘러 넘쳐 새어나오는 것[누漏],[16] 곧 사폭류四暴流[17]가 완전히 말라서 위대한 삶을 사는 사람, 해야 할 일을 마친 사람, 짐을 벗은 사람, 목표를 성취한 사람, 더 이상 윤회에 매이지 않은 사람, 바른 견해[정견正見]가 열려 자유로운 사람이다.

— 상윳따 니까야Samyutta Nikāya I 140, 디비야아바다나Divyāvadāna 37

그는 '나'와 '내 것'에 대한 집착을 모두 놓아버렸고, 은둔해 있으며, 열성적이고 성실하며, 내적인 자유를 얻었고, 완전히 제어되며, 스스로의 주인이고, 자기를 절제하고, 정념에 좌우되지 않으며, 검박하다.

---

16 마음에서 더러움이 새어 나온다는 뜻이며, 번뇌를 말한다.
17 폭류는 모든 선善을 떠내려 보낸다는 뜻으로 번뇌를 말한다. 1) 욕폭류欲暴流. 욕계에서 일으키는 탐내고, 성내고, 자만하고, 의심하는 등의 번뇌. 2) 유폭류有暴流. 색계·무색계에서 일으키는 탐내고, 자만하고, 의심하는 등의 번뇌. 3) 견폭류見暴流. 삼계에서 일으키는 나라는 생각, 영원하다거나 단멸한다는 치우친 생각, 연기를 부정하는 생각, 내 견해만 옳다는 고집, 바른 계율이 아닌 것을 바른 계율이라 여기는 등의 그릇된 견해. 4) 무명폭류無明暴流. 삼계에서 일으키는 어리석음[치癡]의 번뇌.

《아바다나 사타카》[18]는 아라한에 대해 좀 더 자세한 묘사를 하고
있다.

그는 분투하고 노력하고 투쟁했다. 그리하여 다섯 가지 무더기[오온五蘊]
의 굴레와 더불어 생사윤회의 고리가 끊임없이 영원히 흐르고 있음을
깨달았다. 그는 복합 조건(오온)에 의해 생기는 모든 존재 양태를 부정
한다. 왜냐하면 그것은 썩어 허물어지고 변화하고 파괴되기 때문이다.
그는 모든 염오染汚[19]를 버리고 아라한이 되었다. 아라한이 되면서 그는
삼계三界(곧 감각적 욕망의 세계인 욕계欲界, 정묘한 물질과 형상이 있는 세계인
색계色界, 형상과 물질이 없는 세계인 무색계無色界)에 대한 모든 집착을 놓아
버렸다. 그에게는 황금과 진흙이 다르지 않고, 그의 마음에는 넓은 하늘
과 좁은 그의 손바닥이 다르지 않았다. 백단향이 자신을 찍어내는 도끼
에 무심하듯이, 그는 위험에 처해서도 냉정함과 침착함을 유지했다. 신
비적 직관[영지靈智]에 의해 그는 무명無明의 껍질을 깼다. 그는 영지와
육신통六神通[20]과 '분석적 통찰력'을 얻었다. 그는 세속적 이익과 명예를

---

18 Avadana Sataka. 국왕, 부호, 바라문과 그의 자녀들, 상인과 하인, 도적, 새와 짐승
에 이르기까지 부처에게 귀의한 인연에 대한 이야기를 모은 경. 한역하여《백연
경百緣經》이라고 부른다.
19 번뇌에 물들어 마음이 더러워짐.
20 수행으로 갖추게 되는 여섯 가지 불가사의하고 자유자재한 능력. 1) 신족통神足
通. 마음대로 갈 수 있고 변할 수 있는 능력. 2) 천안통天眼通. 모든 것을 막힘없
이 꿰뚫어 환히 볼 수 있는 능력. 3) 천이통天耳通. 모든 소리를 마음대로 들을
수 있는 능력. 4) 타심통他心通. 남의 마음속을 아는 능력. 5) 숙명통宿命通. 나
와 남의 전생을 아는 능력. 6) 누진통漏盡通. 모든 번뇌를 소멸시켜 고통에서 완
전히 벗어나는 능력.

싫어하고 멀리했기에 인드라, 비슈누, 크리슈나를 비롯한 제신諸神들의 존경과 경의와 숭배를 받을 만한 성자가 되었다.

붓다를 제외하고는 아무도 아라한처럼 완벽할 수 없다. 붓다는 아라한에 비해 완벽한 부분을 몇 가지 더 지니고 있을 거라고 추정하는 일은 타당하다. 그러나 불교 초기에는 이 문제에 대해 거의 관심이 없었다. 실제적으로 그다지 중요하게 여기지 않았기 때문이다. 아라한과 붓다의 차이에 대한 불교 사상가의 호기심이 발동된 것은 3~4세기가 지나 불교 부파들 중에 아라한을 이상적 인간상으로 여기지 않는 한 부파(221쪽 참조)가 생겨나면서부터이다.

모든 시대의 신비주의자들은 언제나 영적 진보의 단계를 설정해놓으려 한다. 불교의 경우도 어떤 사람이 아라한이 되기 전에 거쳐야할 몇 가지 단계가 있다. 여기서 자세히 설명할 필요는 없겠으나, 영적 진화 경로의 전환점에 대해서는 그것을 따라가는 모든 이들이 이해할 필요가 있다.

사람들은 두 부류, 곧 평범한 사람과 성자 중의 하나에 속한다. 성자는 아리야Aryas라 칭하는데, 이는 산스크리트어로 '숭고한', '올바른', '선한'을 의미한다. 평범한 사람들은 전적으로 감각적 욕망의 세계에 살고, 그것을 초월한 영적 세계는 무관심의 대상이거나 모호하고 열망이 일지 않는 세계일 뿐이다. 불교에서는 감각을 초월한 변치 않는 실제로서의 세계를 궁극의 적정寂靜 상태인 '열반' 혹은 '도道'[21]

---

21 종교적으로 깊이 깨달은 이치. 또는 그런 경지.

라고 한다. 도는 열반과 같은 의미로서, 우리의 영적 진보의 특정한 단계에서 자명해진다고 여겨진다.

곧 언급하겠지만, 영적 수행의 결과 충분한 시간이 지나면서 우리는 범인凡人에서 성자로 변환하는 경험을 하게 된다. 불교 전문 용어로는 '예류預流'(흐름에 들어감)라고 하는데, 이 경험은 얼마간 기독교의 회심回心[22]과 들어맞는다. 그때에 세속을 초월한 길이 우리 안에서 피어난다. 그리고 붓다고사의 말처럼, 구름(감각적 집착)의 갈라진 틈새로 밝은 보름달을 보듯이 출세간도出世間道[23]의 시야가 열린다. 한 번 그 흐름을 얻었다 해도 향후 더 많은 노력이 필요하다. 우리의 감각 대상에 대한 집착과 자신에 대한 애착을 모두 소멸시키려면 종종 많은 생을 거치면서 수행해야 한다. 그러나 일단 방향은 제대로 잡힌 셈이다.

---

22 마음을 돌려 악한 것으로부터 떠남. 사악한 마음을 돌려 착하고 바른 길로 돌아간 마음.
23 열반에 이르기 위하여 속세와 번뇌를 버리는 깨달음의 길.

4

불만에서 평온에 이르는
수행의 길

불교에서 선정 수행은 우물과 같아서 불교 안에 살아 숨 쉬는 모든 것이 그 우물에서 샘솟는다. 불교의 역사적 발전이란 본질적으로 해탈에 이르는 새로운 방법들을 끊임없이 고심하며 창안해내는 과정이었다. 그렇지만 이러한 수행들을 말로, 생각으로 이해시키는 것은 결코 쉬운 일이 아니다. 왜냐하면 모든 수행은 세속을 포기하고 금욕하는 것을 목표로 하고, 오늘날 대다수의 사람들은 이러한 목표에 별로 흥미가 없기 때문이다.

이들 수행 방법들이 보통사람들의 지적 호기심을 끄는 지점은 두 가지, 곧 출발점과 도달점이다. 모든 불교도들의 노력의 출발점은 눈앞에 보이는 이 세상에 대한 불만이다. 비록 어떻게 해결해야 하는지는 모르지만 많은 사람들이 이러한 불만을 느끼고 있다. 만약 그 도달점에 이르는 법을 알기만 한다면, 불교 수행의 힘겨운 분투는 궁극적으로 평온한 마음이라는 결실을 가져온다. 모든 사람들은 이 결실을 간절히 원한다. 그러나 출발점과 도달점 사이, 곧 수행할 마음을 내서 마음의 평온을 얻기까지는 대부분의 사람들이 피하고 싶어 하는 수많은 고난이 놓여 있다.

당연한 이치겠지만, 길[도道]을 잘 알려면 그 길을 걸어보는 수밖에 없다.[24] 그럼에도 불구하고 우리는 이제 옛지혜학파에서 아라한이 되기 위해 실천한 수행 방법을 말로 설명하고자 노력할 것이다. 이 수행 방법들은 전통적으로 계율·선정·지혜의 삼학三學[25]으로 대분된다. 다행스럽게도 이들을 자세히 다룬 탁월한 논서가 남아 있는데, 붓다고사의 『청정도론淸淨道論』이 그것이다.

---

24 수행은 머리로, 이론으로, 말로 되는 것이 아니라 실천이 필요하다.
25 불도佛道를 수행하는 자가 반드시 닦아야 할 세 가지 근본 수행. 악을 저지르지 않고 선을 닦는 계율[계戒], 심신을 고요히 하고 정신통일을 하여 마음이 산란하지 않게 하는 선정[정定], 번뇌를 제거하고 진리를 증득하는 지혜[혜慧]를 말한다. 이 셋을 일컬어 계정혜 삼학이라고 한다.

5

계율

우리는 앞에서 승가공동체의 계율에 대해 살펴보았다(2장 참조). 불교도들은 지혜나 통찰이 말로 얻어지는 것이 아니라 내켜하지 않는 우리 몸에 깊이 새겨야만 증득證得할 수 있다고 확신한다.

감각적 쾌락은 하찮은 것이라고, 쾌락의 감각을 자극하는 것은 본래 역겹고 싫은 일이라고 말과 머리로, 관념으로만 믿는 것은 실제 근육이나 내분비선이나 피부의 욕망이 그 관념에 거역할 때 아무 소용이 없어진다. 몸의 이런 부분들은 욕망의 구현을 위해 거의 자동적으로 활동한다. 거리에서 마주치는 여인을 보고 침을 삼키거나, 추위와 배고픔과 불편함이 엄습할 때 비참해지는 것은 욕망에 의한 우리 몸의 강한 본능의 발로發露이다. 이러한 세속사에 대해 머리로만 하찮다고 여기는 극히 미약한 확신은 몸의 강한 본능을 이겨낼 수 없다.

이 사실은 힌두교의 이야기에 잘 드러나 있다.

스승이 제자에게 "네가 가장 소중하게 여기는 것은 무엇이냐?"라고 묻자, 제자는 배운 대로 충실하게 답했다. "브라마, 곧 최고의 영적 존재입니다." 그러자 스승은 제자를 연못으로 데려가서 2분 동안 그의 머리를 물속에 밀어 넣었다. 그러고 나서 "이 물속에서의 2분 동안 네가 가장 원했던 것이 무엇이더냐?"라고 다시 물었다. 제자는 "제가 가장 원했던 것은 숨 쉴 수 있는 공기였고, 그 순간에 기이하게도 최고의 영적 존재는 까맣게 잊었습니다."라고 답했다.

우리의 마음 구조도 그 제자와 같은데, 성전聖典이 우리에게 무슨 소용이 있겠는가. 몸에 대한 알아차림과 훈련된 태도는 불교 수행의 기반이다. 개아個我라는 환상에서 우리를 결정적으로 해방시키는 첫걸음은 무엇보다도 자기애와 몸에 대한 자아도취적 애착을 거부하는 것이다. 이런 이유 때문에 몸은 항상 마음챙김의 초점이 되어왔다.

> 언젠가는 반드시 죽게 될, 여섯 자에 불과한 몸, 이 몸이 바로 온 세계이고 온 세계의 원천이며, 세계를 멈추게 할, 세계를 멈추는 데 이르는 길 또한 이 몸에 있다.
>
> ― 상윳따 니까야Saṃyutta Nikāya I 62, 앙굿따라 니까야Aṅguttara Nikāya II 48

인간의 마음은 대조를 통해 작동하는 경향이 있다. 조각이나 그림 등의 불교예술 작품을 살펴보면, 아마라바티[26]나 아잔타[27]에서는 인

---

26 인도의 동남부 안드라프라데시주에 있는 불교 유적지.
27 인도 뭄바이 동북쪽에 있는 구릉지. 기원전부터 7세기경까지 이뤄진 불교 석굴

간의 모습을 아주 감각적으로 표현하고, 중국이나 티베트에서는 이상화하여 정제된 천상의 모습으로 표현하고 있다. 하지만 승려는 이와 정반대되는 모습을 수행으로 삼는다. 승려들은 이 물질적인 몸을 혐오스럽고 역겹고 불쾌한 것으로 보도록 반복적으로 훈도薰陶된다.

> 그리하여 제자들은 발바닥에서 머리끝까지 위로, 머리끝에서 발끝까지 아래로, 살가죽 주머니가 싸고 있는 온갖 오물 덩어리인 이 몸을 더 깊이 관조觀照한다. 이 몸에는 다음과 같은 것이 들어 있다. 머리털, 몸의 털, 손톱, 이빨, 살가죽, 근육, 근육과 뼈를 잇는 힘줄, 뼈, 골수, 신장, 심장, 간, 장막漿膜, 비장, 폐, 소장, 장간막腸間膜, 위, 대변, 뇌, 담즙, 소화액, 고름, 혈액, 기름, 지방, 눈물, 땀, 침, 콧물, 관절액, 소변.
> ─ 디가 니까야Dīgha Nikāya II 293

매력적인 여성의 모습도 이러한 32가지 신체 부분으로 이뤄졌다는 것을 떠올리면, 어떤 성적 욕망도 산산이 흩어지는 효과가 나타날 것이다. 게다가 불교도들은 자이나교도들과 마찬가지로 더럽고 역겨운 물질이 끊임없이 흘러나오는 아홉 개의 구멍, 곧 두 눈, 두 귀, 두 콧구멍, 입, 요도, 항문에 주의를 기울여 관조하도록 가르친다. 이 정도에서 그치지 않고 승려들은 묘지나 매장지를 찾아 시체가 썩어가는 과정을 보게 함으로써 자기 몸의 실상實相을 깨닫게 한다.

―――――

군으로 유명한 유적지이다.

이러한 부정관不淨觀[28]을 보면, 불교 수행은 문명사회의 삶에 대한 관점을 거스른다. 문명사회는 불교도들의 수행의 근간인 몸을 부정不淨하게 보는 견해를 금기시한다. 문명사회의 목표는 다르마와 정반대여서 속세의 평범한 구성원들은 언제 사라질지 모르는 불안정한 기쁨을 위태롭게 하는 어떠한 생각도 하기 싫어한다.

많은 기독교인들처럼 불교도들도 자기 몸에 긍지를 가지기 보다는 부끄러움과 혐오감을 느낀다. 그런데 우리가 잊지 말아야 할 것이 있다. 부끄럽고 혐오스러운 몸인데도 불구하고 의지적 행위를 통해 우리(정신)들을 몸에 의탁하는 것은, 그 몸이 기호와 욕망을 충족시킬 수 있는 놀랄 만한 도구이기 때문이다.

우리 몸이 얼마나 불안정한지, 온갖 위험과 노쇠함에 얼마나 노출되어 있는지, 그 필수적인 기능이 얼마나 혐오스러운지를 알게 되면, 우리는 '신성한 자아'가 육체에 깃들어 있는 상황, 현대의 전문 용어로 외배엽과 내배엽에서 발달한 두 피부 사이에 불안정하게 깃들어 있는 상황에 틀림없이 부끄러움과 공포를 느끼게 된다. 그런 상황에서는 확실히 우리의 진정한 자아가 최선의 상태이기 어렵다. 탐욕에 의해 빚어졌고, 더 큰 탐욕을 부르는 몸에 깃들어 있는 상황에서는 자유롭고 편안할 수 없다. 이런 관점에서 불교 전통은 앤드루 마블[29]의 다음과 같은 유명한 시구와 어울린다.

---

28 탐욕을 버리기 위해 육신의 더러움을 주시하는 수행법.
29 Andrew Marvell(1621~1678). 영국의 시인이자 정치가.

누가 이 지하 감옥에서 건져줄 것인가.

뼈의 접합에 의지해 족쇄 찬 두 발로 서 있으며

두 손은 수갑에 묶인

겹겹이 갇혀 있는 이 영혼을,

한 눈이 멀고

한 귀 먹어 응응거리는

이 영혼을!

모든 조건 지워진 존재는 공空하다는 것을 다른 사람들에게 확신시키는 것은 좋은 일이다. 그러나 자기 몸에 새기는 것이 더욱 중요하다. 감각기관에 특별한 주의를 기울여 엄격히 통제해야 한다. 전문용어로는 '인드리야-구티indriya-gutti'[30]이며, 이는 '감각기관을 보호한다(지킨다)'는 뜻이다. 승려는 걸을 때 언제나 시선을 똑바로 앞만 보며 걷고, 좌우를 두리번거리면 안 된다.

숲속의 원숭이처럼, 떨고 있는 사슴처럼, 겁에 질린 아이처럼 눈알을 굴리지 말라. 시선은 몇 걸음 앞을 내려다보고, 가만있지 못하고 어수선한 원숭이 같은 망상에 휘둘리지 말라.

－ 위숫디막가Visuddhimagga[31][청정도론淸淨道論] I. p. 39

---

30 감각기관의 절제를 통한 자기절제의 수행법. 이는 육근수호六根守護, 즉 눈·귀·코·혀·몸·뜻의 여섯 감각의 영역에서 탐진치를 소멸시켜가는 수행이다.

31 5세기경 인도의 학승 붓다고사가 스리랑카에 머물 때 집필한 상좌부 불교의 원칙에 관한 주요 문헌이다.

다음으로 '감각의 문을 보호한다'는 말이 있다. 감각적 경험에서 우리는 두 가지 요소를 구분해야 한다. 하나는 단순히 감각으로 자극을 파악하는 것[32]이고, 다른 하나는 자극에 대한 우리 의지의 반응[33]이다. 우리의 감각기관이 특정한 자극 대상과 접촉하는 것을 불교식으로 표현하면 이렇다.

> 감각기관을 보호(억제)하지 않고 멋대로 대상에 접촉하도록 내버려두는 것은, 탐욕스럽고 슬프고 사악하고 불건전한 상태가 우리에게 흘러넘치게 하는 기회를 감각기관에게 제공하는 것이 된다.
> ― 디가 니까야Dīgha-Nikāya I 79

그러므로 우리는 육진六塵[34](여섯 감각기관의 대상)에 대한 만족할 줄 모르는 끊임없는 욕망, 곧 진정한 자아로부터 멀어지게 하는 원인인 이 욕망을 살피고 제어하는 법을 배워야 한다. 우리의 감관이 마주치는 감각 대상에 넋을 잃고 도취되지 않도록 마음과 생각과 감정을 지켜야 한다. 우리는 자극이 마음의 성城 안으로 들어왔을 때 각 자극들

---

32 감각적 자극에 대해 고苦·락樂·불고불락不苦不樂의 느낌이 생기는 것을 말한다.
33 느낌에 대해 좋아하거나, 싫어하거나, 덤덤해 하는 것을 말한다.
34 육경六境과 같은 말. 육경의 '경境'은 대상을 뜻한다. 이것이 마음을 더럽히므로 육진六塵이라 한다. 1) 색경色境. 눈으로 볼 수 있는 대상인 모양이나 빛깔. 2) 성경聲境. 귀로 들을 수 있는 대상인 소리. 3) 향경香境. 코로 맡을 수 있는 대상인 향기. 4) 미경味境. 혀로 느낄 수 있는 대상인 맛. 5) 촉경觸境. 몸으로 느낄 수 있는 대상인 추위나 촉감 등. 6) 법경法境. 의식 내용. 관념.
이상의 여섯 가지를 보통 색色·성聲·향香·미味·촉觸·법法이라고 일컫는다.

을 면밀히 살피는 법을 배워야 한다. 그래서 불건전한 열정이 그 자극들[35]의 주위에 몰려들어 뭉치지 않도록 해야 하고, 그 자극이 열망의 새로운 중심으로 강화되지 않도록 자세히 살펴야 한다.

붓다의 가르침대로 자신의 감관을 보호하고 지키는 수행을 해본 사람은 누구나 불과 1~2분 동안 마음을 고요하게 지키는 일도 얼마나 힘들고 마음대로 안 되는지를 안다. 만약 끊임없이 계속해서 몰려드는 마음 밖의 외적인 자극으로부터 마음을 지켜내지 못한다면, 그래서 좋고 싫음에 물들지 않은 본래 타고난 대로의 순수한 참자아를 있는 그대로 볼 수 없다면, 대체 어떻게 우리 마음의 참본성을 찾을 수 있겠는가.

---

35 고苦·락樂·불고불락不苦不樂의 느낌들을 말한다.

6

선정

불교 수행법인 삼학三學의 두 번째는 정학定學으로서, 전통적으로 '정신 집중Concentration'으로 불린다. 산스크리트어로는 사마디Samadhi 라고 하며, 어원적으로는 그리스어 '신테시스synthesis'[36]라는 말에 부합한다. 정신 집중은 의지력으로 일정한 시간 동안 주의 대상의 영역을 좁히는 것이다. 그 결과로 바람 자는 곳에서 등불이 흔들리지 않듯이 마음이 안정된다. 정신 집중은 감정을 아주 고요한 상태로 만든다. 왜냐하면 소란을 야기하는 모든 것에서 잠시 물러나 있기 때문이다. 전통적으로 정신 집중에는 다음의 세 가지 수행이 있다.

---

36 종합, 통합, 합성을 뜻한다.

1) 여덟 가지 선정禪定

2) 네 가지 무량한 마음[사무량심四無量心]

3) 신통력

이들 세 항목을 씨앗으로 후기불교에서 많은 것이 파생되었다. 선정 수행은 유식학파의 체계에서 결정적으로 중요한 역할을 했고, 사무량심은 초기 대승불교를 발전시킨 씨앗들 중 하나였으며, 신통력은 밀교의 핵심이 될 운명이었다. 이 세 가지를 하나하나 설명해 나가겠다.

1) 여덟 가지 선정

팔리어로 자나Jhana인 선정은 감각적 자극의 영향과 그에 대한 우리의 일반적인 반응을 초월하기 위한 수행 방법이다. 선정 수행은 감각의 자극에 정신을 집중하는 수행부터 시작한다. 이를 위해 밝은 색의 붉은 모래나 푸른 꽃으로 만든 화환, 물이 담긴 그릇, 또는 불상 등을 대상으로 이용한다.

선정의 제1단계[초선정初禪定, 이생희락지離生喜樂地]는 감각적 욕망, 악의, 나태, 무감각, 흥분과 당혹감 등의 불건전한 성향을 잠시 억제할 수 있을 때 성취된다. 이때 수행자는 불건전한 성향에서 떠나 모든 생각을 특정한 대상에 집중할 수 있게 된다.

제2단계[제2선정, 정생희락지定生喜樂地]에서는 대상을 향하거나 대상의 주위를 맴도는 생각을 초월한다. 수행자는 산란함을 그치고 보다 통일되고 평화롭고 확고부동한 태도로 바뀐다. 경론에서는 이것을 믿음Faith[신信]이라고 불렀다. 마음이 산란할 때는 알지 못했던 것으로, 산란하던 때에 경험한 최고의 만족보다 더욱 만족스러운 어떤 것을 모색하고 그것을 향하여 뻗어나가는 이러한 태도는 큰 만족과 황홀한 기쁨을 가져온다. 그러나 어떤 의미에서 이 고양된 기쁨은 아직 오염되고 얼룩이 있는 것이므로 그 또한 극복되어야만 한다.

이 일은 다음 두 단계인 제3선정[이희묘락지離喜妙樂地]과 제4선정[사념청정지捨念淸淨地]에서 성취된다. 제4선정에서 수행자는 편안함과 불편함, 행복과 불행, 기쁨과 실의, 고취와 방해 등이 자신에게 있다는 의식이 사라진다. 이 단계에서는 개인적 선호에 대한 관심을 거의 감지할 수 없게 되어 모든 시비분별을 떠나 무심해진다. 남아 있는 것은 지극히 순수한 알아차림과 평온함 속의 맑고 투명하고 깨어있는 감수성이다.

이 네 가지 선정[사선정四禪定] 위에는 형상을 떠난 네 가지 선정[사무색정四無色定]이 있다. 이것은 흔적과 자취가 완전히 극복되어 사라진 자리이다. 아무리 정제되더라도 자신이 대상에 빨려드는 한 우리는 열반에 들 수가 없다. 제1무색정[공무변처정空無邊處定]에서는 모든 것을 '가없는 공간'으로 보고, 제2무색정[식무변처정識無邊處定]에서는 '가없는 의식意識'으로 보며, 제3무색정[무소유처정無所有處定]에서는 '비어 있음'(존재하는 것이 없음)으로 보고, 마지막으로 제4무색정[비상비비상처정非想非非想處定]에서는 비어 있음을 이해하려는 행위조차 놓아버림으로써 '생각이 있는 것도 아니고, 생각이 없는 것도 아닌 상태'에 도달하게 된다. 의식과 자아의식이 거의 사라지는 경계에 놓이게 되는 것이다.

여기서 한 단계 더 올라가면 멸수상정滅受想定으로, 지각과 느낌이 소멸하고 자신의 몸을 지닌 채 열반에 접하게 된다. 겉으로는 이 상태가 혼수상태처럼 보인다. 동작, 말, 생각[신구의身口意]도 없다. 오직 생명과 체온만이 남아 있다. 이른바 무의식적인 충동들도 잠들어 있다고 한다. 내적으로는 다른 신비주의 전통에서 '적나라한(있는 그대로 드러난) 명상'의 형언할 수 없는 알아차림에 해당하는데, 이 상태는 '실제를 향해 뻗어가는 순수한 의지', '무와 무, 또는 하나와 하나의 융합', '신성한 심연, 또는 삼위일체 하느님의 빈터에 머무름'이다.

불교 정통 교의에 따르면, 이러한 상태는 아무리 고귀하더라도 궁극의 해탈을 보장해주지는 않는다. 궁극의 해탈에 이르려면 개아의 완전한 소멸이 이뤄져야 하는데, 앞에 언급한 황홀한 체험은 일시적인 자아 소멸일 뿐이다. 마음이 점차 단순해지고 집착이 소멸해가고 더욱 고요해지겠지만, 자신을 잊는 것은 선정이 지속되는 동안뿐이다. 지혜만이 홀로 '위대한 비어 있음'에 들어갈 수 있다. 지향할 마음이 존재하는 한 그 마음에 강력하게 파고드는 감각적 자극의 충격이 있게 마련이다. 이 충격을 영원히 언제나 대체할 수 있는 것은 열반뿐이고, 지혜를 통해서만이 열반에 들어갈 수 있다.

2) 네 가지 무량한 마음

사무량심四無量心은 정서를 함양하는 방법이다. 이는 4단계로 진행되는데, 자애·연민·공감하는 기쁨·마음이 평온하고 집착이 없는 상태[자비희사慈悲喜捨] 등이다. 이 수행의 근본 목적은 친구든 덤덤한 관계든 적이든 관계없이 자신과 타인 사이의 경계선을 허무는 것이다. 수행자는 자신이든 친구든 이방인이든 적이든 간에 평등하게 느끼고자 한다.

자애[자慈]는 덕이다. 자애란 남이 잘되기 바라고, 그들의 행복을 증진시키기 원하며, 종종 불쾌하고 험악한 외형 뒤에 숨은 그들의 사랑스러운 본성을 발견하고자 노력하는 것이다. 자애명상의 전문적이고 상세한 부분은 여기서 다루지 않겠다. 자애의 마음은 《자애경 Metta Sutta》의 몇 구절을 보면 분명히 알 수 있다.

> 모든 생명이 행복하고 평안하기를! 기쁘고 안전하게 살기를! 모든 생명은 하나도 빼지 않고 그가 약하거나 강하거나, 높은 곳, 중간, 낮은 곳을 막론하고, 작거나 크거나, 보이거나 보이지 않거나, 가깝거나 멀거나, 태어났거나 태어날 것이거나 모두 행복하고 평안하기를! 다른 생명을 속이지 말고, 어떤 단계의 생명이라도 경멸하지 말며, 분노와 악의로 남을 해치지 말기를! 자신의 아이를, 외동아들을 살피고 지키는 어머니의 무량한 자비의 마음으로 모든 생명을 소중히 아끼고, 온 세계에 자애의 빛을 뿌릴지니, 위아래 할 것 없이 모든 곳에 한량없는 빛을 뿌려라! 그리하여 그로 하여금 악의와 적대에서 벗어나 온 세계를 향한 한량없는

다음 단계인 연민[비悲]은 함양하기가 훨씬 더 어렵다. 이는 다른 사람의 고통에 주의를 기울이고, 그 고통을 함께 나누고, 그 고통을 제거하고 싶어 하는 자세이다.

의도적으로 연민심을 불러일으키는 법을 배운 뒤에는 세 번째 단계인 공감하는 기쁨[희喜]을 함양해야 한다. 이 단계에서 수행자는 다른 사람들의 성공과 번영에 주의를 기울이고, 그것에 대해 기뻐하며, 그들의 행복에 공감하는 기쁨을 느껴야 한다.

마지막 단계는 마음이 평온하고 집착이 없는 상태[사捨]를 함양하는 것이다. 전통에 따르면, 제3선정에 반복적으로 여러 번 도달한 이후에야 '친소 없이 평등함'을 성공적으로 염원할 수 있다. 따라서 이것은 드물게 성취되지만, 여기에서 일단 언급해둔다.

수행자에게는 이러한 태도를 단순히 함양하는 데 만족하지 말고, 무량하게 확장시키라고 가르친다. 그렇게 함으로써 모든 사람들을 평등하게 대하고, 개인적인 편애와 반감을 꾸준히 소멸시키게 된다. 이 사무량심 수행을 위해 붓다고사가 만든 수행법을 실천하고자 노력해본 사람들은 누구나 정신이 산만한 보통 상태에서는 수행을 진전시키기 쉽지 않음을 알아챌 것이다. 따라서 사무량심 수행을 원만

---

37 불경 가운데 가장 먼저 이뤄진 대표적인 초기경전으로, 남방 상좌부 경장에 팔리어로 수록되어 있다. 이 경은 가지각색의 시와 이야기를 모은 시문집 형식이며, 팔리어 sutta는 경經, nipāta는 집성集成이라는 뜻이므로 '경집經集'이라 한역한다.

히 성취하려면 선행적으로 선정 수행을 통해 마음의 집착을 끊고 청
정해져야 한다.

3) 신통력

불교에는 매우 합리적인 요소가 정말 많아서 신통력의 중요성이
자주 과소평가되었는데, 특히 근대 유럽의 저술가들에게 그런 경향
이 다분했다. 그런 견해는 불교라는 종교가 발전해온 '역사적 상황'과
'영적 삶의 법칙'이라는 두 가지 결정적 요소를 무시하는 것이다. 그
것은 품격 높은 본래의 불교가 타락하여 퇴보한 것처럼 보이는 후기
불교 사상들을 무의미하게 만든다.

불교는 현대 도시인들이 과학을 믿듯이 진지하게 주술을 믿는 대
중들 속에서 생명력을 지녀왔다. 사람들은 붓다의 사리에 신비한 힘
이 있다고 믿으며 소중히 여겼다. 하늘과 강, 나무가 우거진 숲과 우
물 등 모든 자연 속에는 정령들이 깃들어 있다고 생각했다. 기적을
행하는 신통술은 인도인의 생활에서 흔한 일이며, 모든 종교 집단에
서 비신자들을 개종시키기 위해 통상적으로 사용했다. 불교 세계 전
역에서 기적의 표현들은 인기 있는 예술 주제였다. 비록 신통력에 관
한 내용이 신성한 교리의 일부를 형성하지는 않았다 해도 사회적 배
경에 힘입어 불교 교단에 강한 영향을 끼쳐왔다.

그러나 여기에 덧붙일 점은, 지구상의 모든 나라들마다 영적인 삶
을 개발하기 위해 심령의 힘을 불러오고, 심령적 감각을 예민하게 벼

리는 일을 동시에 병행해야 했다는 사실이다. 영적 수행이 무엇인지 잘 알려지지 않은 곳이라면 이런 사실이 놀라울 것이다. 선정 수행의 결과로 붓다와 그의 제자들은 릿디Riddhi 또는 잇디Iddhi라고 부르는, 기적과 신통을 일으키는 능력을 갖게 되었다. 그것들 중 몇몇은 요즈음 우리가 심령술이라고 부르는 것으로, 천안통天眼通, 천이통天耳通, 숙명통宿命通, 타심통他心通 등이 있다. 그 밖의 다른 능력들은 보다 육체적인 것들이다. 제자들은 "벽이나 울타리나 언덕을 마치 공기 속을 지나가듯이 마음대로 통과했으며, 단단한 땅 속을 마음대로 드나들기도 하고, 수면 위를 걷기도 하고, 하늘을 날기도 했다." 그들은 신통력으로 수명도 연장했다. 또 자신을 복제해 오래 지속시키기도 했고, 소년이나 뱀 등으로 변화시킬 수도 있었다.

기독교의 복음서들은 어느 정도 알렉산드리아와 지중해의 여러 지역에 알려진 불교 교리에서 영향을 받았다. 특히 불교의 신통력 같은 면이 초기 기독교도들에게 감명을 준 것으로 보인다. 물위를 걷는 성 베드로는 많은 불교 성자들을 본보기 삼았다. 불교도들이 가장 좋아하는 기적은 '쌍雙의 기적'[38]으로, 여래의 상체에서는 불길이 솟고, 하체에서는 물줄기가 뿜어져 나오는 것이다. 요한복음 7장 38절에서 우리는 흥미 있는 서술을 발견하게 된다. "나를 믿는 자는 성경이 이르는 대로 그의 배에서 생명수의 강이 흐르리라."

또 하나의 예는, 여래가 원하기만 하면, 예수가 "영원히 살 듯" 여

---

38 Twin Miracle. 붓다가 성도하고 7년 뒤에 고대 인도의 도시 사왓띠에서 행한 기적. 완전히 깨달은 붓다만이 행할 수 있으며, 붓다의 가장 큰 기적으로 여겨진다.

래도 영겁토록 이 세상에 남아 있을 수 있었다는 것이다.

비록 신통력이 영적 발전의 어떤 단계에서 생기는 것은 분명하지만, 그 능력을 발휘하는 사람들의 인격이나 영성에 언제나 유익하지만은 않았다. 신력을 발휘하는 데는 많은 위험이 있다. 자만심이 더 커질 가능성도 있고, 신력을 추구하다가 왕국과 영광을 잃을지도 모른다. 또한 도덕적으로 타락하게 만드는 세력과 접촉할 가능성도 있다. 대체로 불교교단이 생기고 처음 천년 동안의 태도는, 수행자가 너무 빠져들지만 않는다면, 대중의 이목을 끌기 위한 가벼운 정도의 신력은 보여줘도 괜찮다고 여겼다.

어느 날 붓다가 강둑에 앉아 있는 고행자와 마주쳤는데, 그는 25년간 고행을 해온 사람이었다. 붓다는 그에게 고행의 결과로 무엇을 얻었는지 물었다. 고행자는 "이제 드디어 강물 위를 걸어서 건널 수 있게 되었다"고 자랑스럽게 말했다. 그러자 붓다는 "동전 한 닢 내면 나룻배로 강을 건널 수 있으니 그 많은 노력의 대가로는 너무 보잘것없는 성과"라고 일깨워주었다.

7

지혜

지혜는 가장 높은 덕목이다. 산스크리트어 프라즈냐prajñā(팔리어 빤냐paññā)[39]를 대개 '지혜wisdom'라고 번역하는데, 이를 분명히 잘못된 번역이라고 할 수는 없다. 그러나 불교 전통을 다룰 때 우리는 '지혜'가 인류사상사에서 참으로 독자적이고 특별한 의미를 갖는다는 것을

---

39 팔리어 빤냐paññā를 음역하여 반야라고 한다. 반야는 분별하지 않고 대상을 있는 그대로 직관하고, 모든 현상을 있는 그대로 주시하는 마음 작용을 말한다. 또 깨달음을 얻기 위한 진실된 지혜, 또는 모든 사물을 파악하는 지혜를 뜻한다. 초기불교 및 그것을 계승한 상좌부 불교는 계정혜 3학을 세웠는데, 자신의 행동을 신중히 하고[계戒], 자기의 마음을 컨트롤하는 것[정定]으로서 올바른 지혜[혜慧]가 생겨 편안함[해탈, 열반]에 이른다고 주장했다. 또한 대승불교에서는 보살이 실천해야 할 수행 덕목으로서 육바라밀을 주장했는데, 그중 '반야바라밀', 즉 '진실한 지혜의 완성'은 다른 다섯 가지의 모든 근저를 이루는 것으로서 중시되었다. 반야바라밀을 강조하는 경전 중에 가장 보편적으로 유행한 것이 《반야심경》, 《금강반야경》이다.

유념해야 한다.

불교도에게 지혜는 다르마dharma[제법諸法][40]의 체계적인 관조觀照[41]이다. 이는 붓다고사의 공식적이고 학술적인 용어 정의에서 명확히 드러난다.

> 지혜는 제법을 있는 그대로 꿰뚫어보는 특성이 있다. 그것은 제법의 본성을 뒤덮은 무명無明[42]의 어두움을 부수는 기능이 있다. 지혜는 '내가 있다는 견해'[아견我見][43]를 벗어난 상태이다. '선정에 든 이는 그가 본 것의 실제 있는 그대로의 진실한 모습을 안다'고 경전에 쓰여 있다. 그러므로 선정은 지혜를 계발하는 가장 근본적인 원인이다.
>
> — 위숫디막가Visuddhimagga[청정도론淸淨道論] p. 438

지혜를 계발하는 방법들은 아비달마 논서에 잘 정리되어 있다. 이 논서들은 다른 경전들보다 명백히 후대의 것들이다. 경량부 등의 부파들은 아비달마 논서가 붓다의 정통 교설이 아니므로 배제해야 한

---

40 다르마는 대상의 있는 그대로의 참모습, 혹은 모든 가르침을 뜻한다. 또한 우주에 있는 유형·무형의 모든 사물과 인식된 모든 현상을 의미하기도 한다.

41 지혜로써 사물의 실상을 비추어 보는 것, 혹은 지혜로써 대상을 있는 그대로 응시하는 것을 말한다.

42 산스크리트어 avidyā, 팔리어 avijjā. 고집멸도의 네 가지 진리[사성제]에 대한 무지無知. 모든 괴로움을 일으키는 근본 번뇌, 모든 현상의 본성을 깨닫지 못하는 근본 번뇌, 본디 청정한 마음의 본성을 가리고 있는 원초적 번뇌, 있는 그대로의 평등한 참모습을 직관하지 못하고 차별을 일으키는 번뇌를 의미한다.

43 나(자아)라는 견해, 또는 나(자아)에게 변하지 않고 독자적으로 존속하는 고유한 실체가 있다고 집착하는 그릇된 견해를 말한다.

다고 주장했다. 아비달마Abhi-dharma의 뜻은 그다지 확실하지 않다. 아비달마는 '보다 더 나아간 다르마', 또는 '최상의 다르마'라는 뜻일 수도 있다. 아비달마 논서들이 언제 작성되었는지는 알기 어렵다. 그러나 대체로 불멸 후 첫 두 세기 동안에 만들어졌다고 하는 설이 크게 틀리지 않을 것이다.

아비달마 논서의 두 가지 본이 현재까지 전해지고 있다. 하나는 팔리어로 된 7종의 논論이고, 또 하나는 한문본인 7종의 논이다. 그러나 한문본은 팔리본이 아닌 산스크리트본을 번역한 것이다. 팔리본은 테라바다[상좌부] 전통을 대표하고, 산스크리크본은 사르바스티바다 [설일체유부]를 대표한다. 아비달마 논서가 처음 작성된 이후 약 7세기가 지나서 기원후 400~450년경에 아비달마 논서의 양쪽 전승이 성문화되었다. 테라바다 논서는 붓다고사에 의해 스리랑카에서 집대성되었고, 사르바스티바다 논서는 바수반두Vasabandhu[세친世親]가 북인도에서 집대성했다. 기원후 450년 이후에는 아비달마 교리의 발전이 거의 이뤄지지 않았다.

아비달마 논서의 문체는 지극히 건조하고 재미가 없다. 다양한 주제를 다루는 방식이 회계학 논문이나 공학기술 매뉴얼, 물리학 안내서에서 쓰는 방식과 유사하다. 다르마를 전파하고 비불교도의 개종을 목표로 하거나, 불교도의 정서를 고양시키기 위한 문헌에서는 상당히 매력적인 문체가 사용되기도 했다. 그러나 아비달마 논서는 불교의 핵심 엘리트들을 위한 것이어서, 그들에게는 정독을 통해 지혜를 획득할 수 있다는 것이 충분한 보상과 장려책이 되었다.

오온의 해체와 자아 소멸

불교의 주목적은 개아個我의 소멸이고, 이는 우리가 어떤 것과 자신을 동일시하기를 그치면 이룰 수 있다. 우리는 오랜 습관에 따라 자신의 경험을 '나'와 '내 것'이라는 용어로 자연스럽게 표현해왔다. 엄밀히 말해서 그 용어는 정당성을 갖기가 너무 모호하고, 부지불식간에 사용하는 그런 말들이 우리의 일상생활을 불행하게 만든다고 확신하면서도 우리는 여전히 계속 사용한다. 거기에는 많은 이유가 있다. 그중 하나는 '나'와 '내 것'이라는 표현을 사용하지 않고는 우리의 경험을 자신에게 설명할 다른 방법을 찾지 못하기 때문이다. 아비달마 논서는 '나'와 '내 것'이라는 말을 전혀 쓰지 않고, 비개아적인 다르마[제법諸法]들만 적용하여 우리의 경험을 표현하는 다른 방법을 구축하려고 시도한 것이 큰 장점이다. 아비달마는 가장 오래된 심리학 기록이고, 그것이 의도한 목적에 비추어 지금도 매우 유효하다고 생각한다.

제법의 체계를 적용하면 우리의 '개아individuality'는 어떻게 표현될까? 불교 전승에 따르면 개인이 '가질 수 있는 것'은 다섯 가지 무더기, 전문 용어로는 오온五蘊(five skandhas)으로 나눌 수 있다. 자신의 것으로 생각할 수 있는 모든 것, 자신이 기대고 있는 모든 것은 아래에 설명하는 오온 중의 어느 하나에 속한다.

1) 형체(우리의 몸과 소유물들)[색色]
2) 느낌[수受]

3) 지각[상想]

4) 의지[행行]

5) 의식[식識]

'개아個我'가 존재한다는 잘못된 믿음은 오온 위에 '나(자신)'라는 가
공체를 지어냄으로써 일어난다고 한다. 이것을 도표로 그리면 다음
과 같다.

실제 존재	가상假相
형체(물질) 느낌(즐거움, 불쾌함, 덤덤함) 지각(시각 등) 의지(탐욕, 증오, 믿음, 지혜 등) 의식	나(자신)

'이것은 나의 것'이라거나 '나는 이러한 것'이라거나 '이러한 것이
나 자신'이라고 여길 때마다 '허구의 자아'[가아假我][44]가 우리의 실제
경험에 끼어든다. 이 가르침을 좀 더 쉽게 이해하기 위해, 앞에서 예
로 든 치통의 경우로 돌아가보자(32쪽 참조). 사람들은 보통 "나에게
치통이 있다"고 말한다. 사리푸트라[사리불] 존자는 이것을 매우 비과

---

44 다섯 가지 무더기의 일시적인 화합이 만들어낸 무상한 자아.

학적인 표현으로 여겼을 것이다. 존재의 궁극적 요소들[제법諸法] 속에는 '나'도, '치통'도, '있다'도 들어 있지 않다. 아비달마에서는 '개아에 관련된' 표현들이 '개아에 관련되지 않은' 표현들로 대치된다. 치통이라는 경험은 궁극적 요소들이라는 비개아적 용어를 사용하여 다음과 같이 분석된다.

1) 여기에 물질로서 치아라는 '형상'이 있다.
2) 고통스러운 '느낌'이 있다.
3) 치아를 보고, 만지고, 괴롭다고 느끼는 '지각'이 있다.
4) '의지적 반응'의 형태로, 고통에 대한 '분함', 치통이 미래의 건강에 미칠 영향에 대한 '두려움', 신체적 건강에 대한 '바람' 등이 있다.
5) 이 모든 것을 알아채는 '의식'이 있다.

여기에서 '나'라는 상식적인 용어는 사라졌고, 이 분석에 '나'라는 말은 없다. 그것은 궁극적 실재가 아니다. 물론 혹자는 상상으로 만들어낸 '나'도 실제 경험의 일부라고 반박할 수 있다. 그런 경우 '나'를 아비달마적 표현으로 바꾸면, 주관으로서의 자아에 해당하는 '의식 무더기'[식온識蘊]라고 하거나, 54개 항목이 들어 있는 '의지 무더기'[행온行蘊] 중 '자아가 있다는 그릇된 믿음'[아견我見]에 등록될 수 있다.

이러한 분석은 아비달마 가르침의 한 예로 제시된 것이며, 이렇게 분석하면 치통이 눈에 띄게 감소한다고 주장하는 것은 물론 아니다.

하지만 이 분석은 우리의 모든 경험에도 적용할 수 있다. 아비달마 논서는 우리에게 궁극적 요소의 목록을 79개 내지 174개 제시했다. 상식적 세계의 사물들은 아비달마의 궁극적 요소들로 분석할 수 있는데, 이들은 상식적 세계의 '사물들'보다 더 실제적이다. 동시에 아비달마 논서들은 모든 궁극적 요소들 사이에 있을 수 있는 가능한 관계를 분류하고 결합하여 목록들을 작성하는 몇몇 규칙을 제시했다.[45] 오온은 그런 요소들 중 처음 다섯 가지에 불과하다.

이와 같은 분석적 방법을 효과적으로 행하기 위해서는 아비달마 논서들의 내용에 관해 많은 전문지식을 갖추고, 이를 위대한 정신 수련들, 그리고 완강하게 지속적으로 자신을 성찰할 수 있는 인내심[46]과 결합해야 한다. 그렇지 않으면 선정에 들 방편도, 선정에서 얻을 이익도 기대할 수 없다.

아비달마의 핵심 사상은 명백하다. 모든 경험들이 '비개아적 힘들의 상호작용'으로 분석되어야 한다는 것이다. 이른바 개아의 안팎에서 일어나는 모든 자료(현상과 사물)의 겉모습 뒤에 존재하는 궁극적 실재들을 드러내 보였을 때, 그것을 있는 그대로의 실제로 설명한 것이 된다. 이것이 아비달마의 사상과 방법에 따라 사물을 보는 법이다. 즉 '나'라는 가아假我를 세우는 상식이 아니라 지혜로써 '실제 있

---

45 예를 들어, 설일체유부는 궁극적 요소를 5위 75법으로 분류하여 5범주에 75가지로 정리했다.

46 연기법에 철저하여 무아임을 성찰하고, 상식적인 '아我'의 용어가 아닌 아비달마의 '궁극적 요소들'[제법諸法]로 구성된 비개아적 용어를 사용하는 등의 자기성찰을 의미한다.

는 그대로' 그것을 본 것이다.

그러나 서양식 사고에 젖은 사람들은 '다르마 이론'이 논의와 논쟁의 여지가 있는, 세계에 대한 형이상학적 설명으로 제시된 것이라고 생각하지 않게 주의해야 한다. 오히려 그것은 선정을 통해, 우리의 정신을 속박하는 상식적인 세계를 부수는 실천 방법으로 제시된 것이다. 그 방법이 지니는 가치는 이론이 아니라 치료에 있다. 적절하게 적용된다면 이 방법은 틀림없이 개아 중심의 불건전한 경험을 해체하는 엄청난 힘을 발휘하게 된다.

가상과 궁극적 실재

다르마에 대한 명상 자체만으로는 우리 마음속의 모든 악들을 뿌리 뽑을 수 없다. 그것은 모든 병을 고치는 만병통치약이 아니라 위대한 의사의 약 상자에 든 하나의 약에 불과하다. 그렇지만 충분히 자주 반복하면, 모든 사물들을 비개아적으로 보는 습관이 몸에 붙을 정도로 틀림없이 우리의 정신 건강을 강화시켜준다. 속세의 무거운 짐도 그만큼 줄어들 것이다. 스리 오로빈도[47]는 그의 저서 『요가의 기초Bases of Yoga』에서 다르마에 대한 명상이 우리의 관점에 미치는 영향을 잘 정리하고 있다.

47　Sri Aurobindo(1872~1950). 오로빈도 고시Aurobindo Ghosh의 존칭. 인도의 철학자, 시인, 독립운동가, 요가 지도자이다.

고요한 마음, 정신의 바탕까지 고요하다. 너무나 고요하여 아무것도 그 것을 휘젓지 못한다. 생각이나 움직임이 와도 그것은 일절 마음에서 일 어난 것이 아니라 마음 밖에서 온 것이고, 마치 새가 공중에 바람 없이 날 듯이 그 생각과 움직임은 아무것도 흔들지 않고, 흔적도 없이 지나갈 뿐이다. 수천의 망상이, 가장 격렬한 사건들이 마음을 스친다 해도, 마 음의 조화는 영원하고 부서지지 않는 평온의 본체인 듯이, 고요하고 편 안한 적정寂靜이 남아 있다. 이 정밀靜謐한 적정을 성취한 마음은 강력 하고 힘차게 활동을 시작한다. 그러나 활동 속의 고요[동중정動中靜], 곧 근본의 고요를 지켜 마음은, 마음에서 오지 않고 저 높은 곳에서 받은 그것에 마음 자신의 것을 아무것도 더 보태지 않은 채, 진리의 기쁨과 진리가 나를 통해 지나가는 힘과 빛의 행복함이야 어쩔 수 없겠지만, 고 요하고 냉정하게 정신의 형상을 부여한다.

우리 마음의 병은 내가 아닌 것을 나로 동일시하는 습관으로 회귀 하는 것임을 알았다. 우리의 개아는 우리가 보고 접촉할 수 있는 사 물들 속에서 우주의 모든 조각들(만물과 현상)을 자기 것인 양 도용하 려 한다. 이렇게 사물을 소유함으로써 우리의 진정한 자아는 점점 자 신으로부터 소외된다. 그리고 모든 소유물에 집착하는 동안 그에 상 응하는 두려움이라는 벌을 받게 된다. 우리는 그것을 거의 자각하고 있다. 붓다는 이처럼 모든 것을 쌓아 내 것으로 여기고 집착하는 집 적현상集積現象을 제거해야만 생사윤회의 고리에서 빠져나올 수 있 으며, 건전함을 회복할 수 있다고 가르쳤다.

건전한 계율을 실천하면 소유물이 우리에게 지운 짐의 무게가 어느 정도 약해진다. 불교도는 집과 가족을 포기하고, 부유보다는 청빈을 소중히 하며, 받기보다는 주기를 좋아하는 등 가능한 한 소유를 줄이라는 가르침을 받는다. 게다가 선정의 경험도 그런 방향으로 행해진다. 선정 상태 자체는 비교적 짧지만 그럼에도 불구하고 그 기억은 계속되어서 감각적 세계가 궁극적으로 실재한다는 믿음을 털어버리게 한다. 선정 수행을 쉬지 않고 지속하면 필연적인 결과로 상식 세계의 제법諸法이 망상이고, 거짓이고, 꿈같고, 동떨어진 것으로 보이게 된다. 그래서 확고하고 신뢰할 만하다고 여겼던 평소의 생각이 사라진다.

그러나 계율과 선정만으로는 개아에 대한 우리 믿음의 토대를 완전히 뿌리 뽑고 파괴하지 못한다. 옛지혜학파의 교의에 따르면, 개아가 있다는 망상은 오래된 습관으로 굳어져 있어서 지혜만이 우리의 생각에서 그런 망상을 몰아낼 수 있다. 다시 말해, 행동도 아니고 선정도 아닌 지혜로운 생각만이 사고思考 속에 고착된 망상을 제거할 수 있다.

만약 실제로는 우리 것이 아닌 거짓된 소유물과 우리 자신을 동일시하는 데서 모든 고통이 생긴다면, 그 소유물들을 없애버리는 편이 훨씬 좋을 것이다. 이 단순하고 명백한 추론을 좀 더 형이상학적으로 서술하면, '실제의 우리(참나)가 절대적 존재이다'라고 말할 수 있다. 우선 궁극적 실재가 있다고 가정하고, 그다음 우리 자신 속에 그 궁극적 실재와 만날 수 있는 접점이 있다고 가정한다. 불교도들은 궁극적 실재를 다르마[Dharma[법法]나 니르바나[Nirvana[열반涅槃]라고 부르는데, 그것은 완전히 탐욕과 갈망으로 불가분하게 얽힌 세계, 망상과 무명[무지]의 감각적 세계 밖에 있는 것으로 정의된다.

어떻든 궁극적 실재에 도달하는 것은 불교도의 삶에서 가장 가치 있는 목표이다. 궁극적 실재라는 불교의 관념은 '절대'라는 철학적 개념과 아주 흡사하다. 또한 디오니시우스 아레오파기타[48]나 에크하르트[49] 같은 좀 더 신비주의적인 신학자들이 사용하는 신의 개념과도 구분이 쉽지 않다. 어떤 상황에서도 열반과 다르마는 선하고 진실하다는 의미에서, 의심과 논쟁의 여지없이 열반은 절대 선이며 다르마는 절대 진실이라고 말한다.

이러한 신념은 수많은 불교 명상과 관조의 기반이 되고 있다. 인연과 생멸의 조건을 떠난[무위無爲][50] 세계는 인연과 생멸로 조건 지어진 [유위有爲][51] 세계와 구분된다. 우리가 고통을 겪는 것은 조건 지어진 사물들을 우리와 동일시하기 때문이며, 그 사물들에 일어난 일을 우리에게 일어난 일처럼 행동하기 때문이다.

우리는 지속적인 명상과 고행으로, 유일하게 지고의 가치를 지닌 무위를 제외한 모든 유위의 사물들을 거부하고 버려야 한다. 다시 말하면, 모든 유위를 나와 동일시하지 말라는 것이다. 만약 우리가 동

---

48 Dionysius Areopagita. 1세기경 그리스의 기독교 성인.
49 Johannes Eckhart(약 1260~1328). 중세 독일의 신비주의 사상가. 마이스터 에크하르트Meister Eckhart라는 존칭으로 널리 알려져 있다.
50 인연을 따라 이뤄진 것이 아니며, 생멸의 변화를 떠난 것을 말한다.
51 인연으로 일어나는 모든 현상을 이르는 말이다.

일시하지 않게 완벽한 습관을 들이면 우리의 개아는 소멸되고, 열반이 저절로 그 자리를 차지하게 될 것이다. 물론 이러한 접근법은 우리들 자신이 본래 매우 숭고하다고 여기는 견해를 지녀야 가능하다.

어떤 의미에서 우리는 우리의 현실적 존재가 무위에 이르지 못한 것을 부끄럽게 여겨야 한다. 또한 우리의 본래적 무위의 본성을 회복하는 데 방해가 되는 것들, 우리가 확신에 차서 가치를 두었던 모든 것들을 던져버리는 비상한 대담성이 필요하다. 붓다고사는 이렇게 말하고 있다.

> 승려는 그의 모든 유위의 경험을 아주 위험한 것으로 여겨야 한다. 그는 유위에 의해 (참나로부터) 쫓겨나고, 그것에 대해 안달했으며, 그 안에서 아무런 기쁨도 얻지 못한다. 마치 히말라야 스플렌디드 스푸르산 기슭의 맑은 호수에 살기를 좋아하는 황금백조가 천민촌 어귀에 있는 불결한 진흙 웅덩이를 싫어하듯이, 요가 수행자들은 복잡하게 얽힌 유위의 사물들을 좋아하지 않고, 오직 고요하고 평온한 도道만을 좋아할 뿐이다. ─ 위숫디막가Visuddhimagga[청정도론淸淨道論] XXI. p. 650

우리가 이 세상에 떨어지기 전에 갖추었던 신과 같은 위상을 회상回想하는 능력은 완전한 지혜의 길로 나아가는 첫 단계 중 하나이다.

절대적 존재는, 바로 그 정의대로, 어떤 것과도 관련 맺고 있지 않다.[52] 동시에 구원의 개념은 무위와 유위 사이에 모종의 접촉이나 융

---

52 만약 어떤 것과 관련을 맺는다면 상대적 존재가 된다.

합이 있다는 것을 암시한다. 이러한 개념은 논리적으로 맞지 않기에, 불교의 옛지혜학파는 구원의 개념을 다룰 때 수많은 역설과 모순적인 방법으로 표현했다. 만약 그러한 절대적 존재가 이 세상과 아무런 관련이 없다면, 그것이 초월적이라거나 내재적이라고 말하는 것은 옳지 않다.[53] 불교의 선종에서는 이 사실을 참선의 기초로 삼으며, 제자들에게 다음과 같은 질문에 답을 하도록 요구했다. "개에게도 불성 佛性이 있는가?"

물론 불성은 무위이고, 개는 평범한 유위의 사물을 가리키는 한 예에 불과하다. 이 질문에 대한 바른 답은 '네스Nyes'(No+Yes)이다. 즉 '있으면서 없다'이거나, '있지도 없지도 않다'이다.

절대적 존재 자체에 관한 한 그것에 대해 어떤 말도 할 수 없고, 그것에 대해 어떤 것도 할 수 없다. 무위를 표현하려는 어떤 노력도 헛수고일 뿐이다. 우리가 절대적 존재에 대해 형성한 어떤 관념도 앞에서 언급한 그 사실 때문에 이미 그르친 것이다. 그럼에도 불구하고 구원으로 가는 길의 많은 부분에서 절대적 존재의 개념을 이용하는 것은 우리 경험의 가치와 넓이를 헤아리는 틀 혹은 잣대로 매우 유용하다. 잠정적으로 이름붙인, 그러나 궁극적으로는 그릇된 사유의 대상인 이 '절대적 존재'는 불교 수행에 있어서 (언어로 표현된 순간) 유위의 세계와 나란히 동등한 차원으로 보이고, 유위의 세계 안 또는 바깥에 있는 것처럼 간주된다.

53　결국은 상대세계의 상대적 언어로 표현하는 것이기 때문이다.

옛지혜학파의 특징은 어디에서나 절대적 존재의 초월성을 강조하고, 우리가 내적으로 혹은 주위에서 경험하거나 경험할 수 있는 어떤 것과도 완전히 다르다고 강조한다. 나중에 대승불교도들은 무위의 내재성을 더 중요시함으로써 다소 일방적인 이런 주장을 바로잡았다. 옛지혜학파는 궁극적 실재에 부정적 방식[차전법遮詮法][54]으로 접근했는데, 이것은 일찍이 인도의 『우파니샤드』[55](약 BCE 600년)에서 위대한 야즈냐발키아[56]에 의해 설해졌고, 이를 나중에 디오니시우스 아레오파기타가 서양에 소개했다.

그렇지만 열반은 궁극적으로 생각 너머의 것이어서 생각으로 이해할 수 없다는 사실을 잊지 말아야 한다. 열반이라는 개념은 영성 계발의 어떤 단계에서 우리의 사유에 쓸모가 있고, 선정 수행에 입문하는 데 도움을 주지만 치료적 가치[57]가 있을 뿐 근본적으로는 맞지 않는 표현이다. 실제 수행에서 무위의 초월성에 대한 믿음은 우리가 아는 바 이 세계의 사물들을 전부 부정함으로써 접근할 수 있다는

---

54 대상의 본질을 부정적·역설적으로 표현하는 방법이다. 반대로 대상의 본질을 긍정적·직설적으로 표현하는 것은 표전表詮이다. 예를 들면, '마음도 아니고 부처도 아니다[비심비불非心非佛]'는 차전, '마음이 곧 부처이다[즉심시불卽心是佛]'는 표전이다.
55 Upanishad. 고대 인도의 철학 경전. 산스크리트어로 '(사제 간에) 가까이 앉음'이란 뜻으로, 문헌 대부분이 스승과 제자 사이의 철학적 토론으로 구성되어 있다.
56 Yajnavalkya. 우파니샤드에 나오는 힌두교 베다의 성자. 역사 문헌에 나오는 최초의 철학자로 여겨진다.
57 마치 환자에게 위약僞藥을 투여하여 심리적인 효과를 얻듯이, '열반'이 말로 표현될 수 있는 차원이 아니더라도 말로 표현함으로써 수행자에게 가시적인 목표가 되게 하고, 막연함에서 오는 수행자의 불안을 덜어준다.

뜻이다. 불교 선정의 상세한 부분을 알고 싶은 독자들은 불교 명상에 대한 전문교재를 읽기를 권한다. 그러나 이와 같은 접근의 일반적인 개요는 여기에서 언급해두려고 한다.

무상, 고, 무아

눈앞에 펼쳐진 세계가 불쾌하다면, 무엇이 우리를 불쾌하게 하는지 우리는 묻게 된다. 불교는 이 세상의 짜증나는 모든 특징들을 세 가지 표지[삼법인三法印]로 대분했다. 그것은 무상無常, 고苦, 무아無我이다.

먼저, 이 세상의 모든 것은 아무리 붙잡으려 애써도 무상하다. 항상 변하고, 파괴될 운명이고, 믿을 만하지 못하며, 허물어지기 마련이다. 고통에 대해서는 제1장 네 가지 성스러운 진리[사성제四聖諦] 중 첫 번째인 성스러운 고통의 진리[고성제苦聖諦]를 참조하기 바란다. 모든 것은 자신의 것이든 남의 것이든 직접 현재의 고통으로 경험하거나, 과거나 미래의 고통으로 간접 경험한다는 것이 불교의 근본 명제이다. 끝으로, 존재하는 모든 것은 무아無我이다. 우리는 존재를 결코 확실히 소유한 적도 없고, 존재를 완전히 주재主宰하지도 못하며, 그 소유자를 소유하지도 못하고, 그 주재자를 주재하지도 못한다.

세속적 경험에 대한 이러한 분석이 자명하다고 주장된 것은 아니다. 오히려 불교도들은 체계적인 선정 수행을 애써서 오래 지속한 후에라야 그런 분석이 납득된다고 반복해서 강조했다. 우리의 일반적인 성향은 사물의 상대적 영속성[58]에 머물러 있거나, 이 세계의 행복에 안주하거나, 그리고 아무리 경미하더라도 주변 환경이나 자신에게 행사할 수 있는 힘에 취하도록 우리를 유인한다.

고통과 괴로움에 극히 예민한 사람들만이, 앞에서 언급한 불교적 분석에 자연스럽게 동의할 수 있다. 그리고 그런 성향의 사람들만이 세속을 떠나 살 수 있다. 불교도가 지닌 관점의 정당성을 충분히 이해하고 그들처럼 세계를 바라보려면, 이 세계가 아주 완전히 무가치하다는 믿음을 키우고 강화시키는 유일한 길인 선정 수행 처방을 기꺼이 따라야 한다. 이러한 논증에서 우리는 선정 수행과 그 결과를 당연하게 받아들이게 된다.

이와 같이 한편으로는 궁극적 실재[진여문眞如門]가 있는데, 거기에 이르는 길의 어떤 단계에서는 그침 없고 흔들리지 않는 자제된 평화의 지복이 느껴진다. 반면에 다른 한편으로는 조건 지어진 유위의 사상事象[사건事件]이 있는데, 이들은 무상하고, 고통으로 속박되어 있으며, 무아이다. 이 두 가지를 반복해서 비교하다 보면, 우리는 삼법인의 특징을 지닌 세계의 사물들에 철저히 혐오감을 느끼게 된다.

이 세상의 그 무엇도 우리의 참자아가 추구하는 안전을 보장하지 못하며, 우리의 불안을 떨쳐주지 못한다. 유위의 사물들에서 멀어질

---

58 우리는 항상하지 않은 것을 항상하다고 착각하고 있다. 예로 우리는 '꽃이 피어 있다'라는 표현을 아무렇지 않게 사용하지만 이는 항상하다는 영속성을 전제한 표현이다. 엄밀하게 말하면, 꽃은 피는 중이거나 지는 중이므로 '피어 있다'는 표현은 있는 그대로의 진실이 아니다. 따라서 진실한 영속성이 아니라 우리의 착각에 의한 상대적 영속성이 되는 것이다.

수록 무위의 본성에 더욱 눈뜨게 되어 자아는 소멸되고 절대적 존재만 남는다. 선정의 바탕을 이루었던 절대적 존재에 대한 모든 관념들은 일단 집이 완성되면 버려지는 임시 가설물임이 드러난다.

8

불법의 성쇠

이 세계 모든 사물들의 덧없음[무상無常]을 항상 곱씹고 있던 불교도들이 자신들의 제도만은 일반 법칙에서 예외가 될 거라고 기대하지는 않았을 것이다. 불법佛法이 적어도 이 세계의 불안정한 발판에 발을 디디고 있는 한에서는, 다른 모든 것들과 마찬가지로 반드시 쇠퇴하기 마련이다. 활기차고 번성하는 시기는 아주 짧을 것이고, 오랫동안 쇠퇴기를 거치다가 새로운 계시가 일어날 때까지[59] 결국에는 완전히 사라지고 말 것이다.

불법의 정확한 지속 기간에 대해서는 설명이 다양하다. 처음에는 500년쯤이라고 말하다가, 나중에는 1,000년, 1,500년, 또는 2,500년으

---

59 불교에서는 석가모니의 불교 시대가 지나가면 미륵불의 시대가 온다고 말한다.

로 늘어났다. BCE 200년경에서 CE 400년 사이에 작성된 경전에는 정법正法의 쇠퇴 단계를 예언의 형식으로 묘사해놓은 것들이 많다. 팔리어로 된 한 경전의 설명에 의하면, 승려들이 득도得道하여 아라한이 될 수 있는 것은 오직 첫 번째 단계의 기간 동안만이다. 그 후로는 성스러운 삶의 완전한 결실을 얻기가 불가능하다. 청정행淸淨行은 두 번째 단계의 기간까지 존속되고, 경전에 대한 지식은 세 번째 단계까지 존속된다. 그러나 네 번째 단계에는 승복 같은 외형적인 상징만 남는다. 다섯 번째 단계에는 사리만 남고, 이 세상에서 불법은 사라진다고 했다.

다른 경전의 예언에 따르면, 불멸 후 첫 500년 동안에는 승려들과 신도들이 열렬히 불법과 합치되려고 노력한다. 그 후 두 번째 500년 동안에는 열심히 선정 수행을 하고, 세 번째 500년 동안에는 열심히 학문을 추구하고, 네 번째 500년 동안에는 불탑과 사찰을 조성하는 불사佛事에 열중한다. 마지막 다섯 번째 500년 동안에는 서로 간에 다투고 비난하는 데 열중하고, 그러면 청정한 불법은 어디에서도 볼 수 없게 된다.

중국에서는 보통 세 가지 시대로 구분한다. 첫 500년 동안은 불법을 바르게 수행해서 그 결실인 깨달음을 얻게 된다. 그 후 1,000년 동안은 정법과 비슷한 모조의 법 시대이고,[60] 마지막 1,000년 또는 3,000년 동안은 말법末法의 시대이다.[61]

---

60 수행자는 있으나 깨달음이 없는 시기.
61 불법이 쇠퇴하고 세상이 어지러워지며, 수행도 하지 않고 깨달음도 없는 시기.

이와 같은 모든 다양한 설명을 통해 우리는 불멸 후 500년이 지나면 모종의 위기가 다가오고, 나쁜 방향으로 결정적 변화가 생긴다는 강한 믿음을 알아챌 수 있다.

후기불교의 전 과정은 이렇게 쇠퇴 의식의 그늘 아래 전개되었다. 이것은 문헌 도처에서 목격된다. 기원 후 약 400년경 인도에서, 외형적으로는 여전히 불교가 매우 활력이 있을 때, 바수반두[세친世親]는 그의 유명한 『아비달마구사론毘達磨俱舍論』에서 다음과 같은 우울한 관찰로 결론을 맺고 있다.

세존의 불교는 이제 그 마지막 숨을 쉬고 있다. 지금은 악이 세력을 떨치는 시대이다. 해탈을 원하는 이들은 부지런히 정진하라.

그 후 몇 세기가 지나 기원 후 1200년경에 일본의 호넨[62] 선사는 이전의 불교 수행법들을 폐기하면서 다음과 같은 말로 정당화시켰다.

지금 우리 시대는 붓다의 시대와 멀리 떨어져 있고 너무나 타락했기 때문에 아무도 불교의 심오한 지혜를 잘 이해할 수 없다. 그래서 붓다에 대한 단순한 신봉 행위인 염불만이 사람들이 할 수 있는 유일한 전부이다.

---

62 법연法然(1133~1212). 일본 불교 정토종의 개조.

19세기 스리랑카의 스리 웰리가마[63]는 에드윈 아놀드[64] 경에게 "사람들은 옛 지혜로부터 멀어졌으며, 오늘날에는 아무도 과거의 현자들처럼 탁월한 사람이 없다"고 말했다.

서력기원이 시작될 무렵 불교 교단에 낙담의 분위기가 감돌게 된 데에는 역사적으로 불리한 조건[65]도 영향을 끼쳤으나, 이는 그 원인의 일부분에 지나지 않는다. 난국은 깊어만 갔다. 옛지혜학파가 주장했던 바로 그 수행법들은 불멸 후 약 300년이 지나자 효력이 상당 부분 상실되었다.

교단 성립 초기에는 아라한이 많이 배출되었고, 그들 중 일부는 놀랄 만한 평온을 얻었다고 한다. 후대로 내려올수록 그런 기록은 점점 줄어든다. 결국 위에 언급된 예언처럼 아라한의 시대는 끝났다는 확신이 널리 퍼져나갔다. 속 빈 강정이 된 셈이다. 학자들이 성자들을 몰아냈고, 학식이 깨달음을 대체했다. 사르바스티바다[설일체유부]의 한 경전은 어느 학자에게 살해된 마지막 아라한의 무섭고 슬픈 이야

---

63 Sri Weligama(1825~1905). 다수의 저작이 있는 뛰어난 학승. 산스크리트어 책과 문법서들을 많이 번역하고 편집하여 산스크리트학을 대중화시켰다.

64 Edwin Arnold(1832~1904). 영국의 시인, 학자. 공들여 다듬은 언어로 붓다의 삶과 가르침을 그린 서사시 「동방의 빛The Light of Asia」(1879)으로 잘 알려져 있다. 그는 기존에 내려오던 붓다의 전기를 자기 안에 녹여 영시로 재창조하여 인간 고타마 싯다르타를 정신적 영웅으로 그려 소개했는데, 후에 수많은 서양 사람들이 이 책을 통해 불교를 처음 접하게 되었다.

65 아소카 왕 등 불교를 옹호하던 마우리아 왕조가 멸망하고, BCE 185년경 바라문교를 숭상하고 불교를 홀대한 숭가 왕조가 들어섰다. 그리고 BCE 75년경 역시 바라문교를 숭상하는 칸바 왕조가 들어섰다가 BCE 30년경 망했으며, 이후 CE 105년 굽타 왕조가 들어설 때까지 여러 소국들이 각축을 벌이는 불안한 시대가 이어졌다.

기를 전하고 있다. 그 이야기는 당시의 분위기를 잘 보여준다.

불교사회는 이러한 쇠락에 두 가지로 대응했다. 한 파는 근본교의에 대한 사리불의 해석에서 벗어나 새로운 경론(5~9장 참조)을 구축했다. 다른 한 파는 여전히 옛 견해에 충실하면서 한두 가지 작은 수정을 가했다. 활력의 쇠퇴를 그들은 신앙의 쇠퇴로 해석했고, 이러한 쇠퇴로 인해 보수파 구성원들은 구전되어 오던 경전들을 문자화하기 시작했다. 스리랑카에서는 BCE 1세기에 팔리 경전을 문자화했다.

또 다른 변화는 목표를 하향 조정하는 것이었다. 처음 몇 세기 동안은 많은 승려들이 직접 열반을 성취하기를 열망했고, 재가신자들과 열반에 대한 열망이 덜한 일부 승려들만이 내생에 보다 나은 곳에 태어나고 싶은 희망으로 만족했다. 그러나 BCE 약 200년부터 거의 모두가 금생은 깨달음을 얻기에는 너무나 불리한 조건임을 느끼게 되었다. 이때부터는 미래의 붓다인 미륵[마이트레야Maitreya]이 주목을 받기 시작했다.

마이트리maitri에서 유래한 미륵은 자비를 인격화한 것이다. 미륵의 전설은 얼마간 페르시아의 종말론에서 자극을 받았다. 그러나 이는 새로운 시대 상황에 부응하는 것이기도 했다. 사실 테라바다[상좌뷔는 그 사상을 탐탁지 않게 여겨서 미륵이 중요하게 자리잡지 못했다. 그러나 설일체유부와 대승의 추종자들은 미륵사상을 점점 더 중요시했다.

불교우주론에 따르면, 지구는 주기적인 순환을 되풀이한다. 순환의 어떤 지점에서 발전을 하면, 다른 지점에서는 쇠퇴한다. 인간의 평균 연령은 그가 사는 시대의 질을 나타내는 지수이다. 평균 수명은 10세에서 수십만 년까지 다양하다.

석가모니[샤캬무니Shakyamuni]의 시대에는 평균 수명이 100세였고, 그 이후에는 점차 타락해서 수명이 짧아진다. 죄와 불행이 극에 달하면 평균 수명이 10세까지 떨어진다. 그러면 석가모니의 불법은 완전히 잊혀진다. 그러나 그 후에 다시 평균 수명이 증가하여 89,000세에 이르면, 현재 도솔천[66]에 있는 미륵이 지구로 내려온다고 한다. 이때는 매우 유익하고 활기찬 상태가 될 것이다. 이 세상은 지금보다 더 커지면서 비옥한 황금모래가 그 표면을 덮을 것이다. 도처에 나무숲과 꽃들이 가득하고, 맑은 호수들과 보석더미들이 넘칠 것이다. 모든 사람들은 도덕적이고 예의 바르고 번성하고 기뻐할 것이다. 인구밀도는 매우 높아지고, 농지는 비옥하여 7모작도 가능할 것이다.

현재의 사람들이 복업을 짓고 불상과 불탑을 조성하고 보시를 하면, 미륵이 내려온 시대에 태어날 것이다. 그리고 석가의 가르침과 동일한 미륵의 가르침을 받아 열반을 얻게 될 것이다. 이런 식으로 해서 구원은 재가신도뿐 아니라 승려들에게도 먼 미래의 희망이 되어버렸다.

불법이 쇠퇴해가는 초기에도 옛지혜학파는 활발하게 지적 생활을 했다는 증거가 있다. BCE 100년~CE 400년 사이에 승려들은 교리를 성문화했고, 아비달마에 대한 많은 주석서와 논서를 저술했다. 그 이

---

66 산스크리트어 투시타Tuṣita의 음역. 지족천知足天, 즉 만족스러운 하늘이라는 뜻이며, 미륵보살이 머무는 천상의 정토이다.

후에는 과거의 유산을 지키는 데 만족했다. 마지막 1,500년 동안 옛 지혜학파는 마치 가지 하나하나가 순차적으로 떨어져 나가 본줄기만 남게 되는 장대한 고목처럼 서서히 시들어갔다. 1000~1200년 사이에 스스로의 쇠약함과 힌두교의 부활, 이슬람교의 박해로 불교는 인도에서 사라졌다.

설일체유부는 중앙아시아와 수마트라에 전초 기지를 마련했으나 약 800년경에 수마트라에서 금강승 밀교가 소승불교를 대체했을 때, 그리고 약 900년경에 이슬람이 중앙아시아를 정복했을 때 그마저도 사라져버렸다.

반면에 테라바다(상좌부)는 스리랑카, 미얀마, 태국에서 계속 존재해왔다. 스리랑카의 불교는 아소카에 의해 BCE 약 250년에 전파되었고, 중세에는 그곳에도 대승불교 지지자들이 많았지만 테라바다가 다른 모든 종파를 몰아내어 현재는 테라바다만 존재한다. 미얀마에는 5세기에 대승불교가 전파되었으나 1050년부터 지금까지 테라바다가 그 나라의 지적·사회적 생활을 지배하고 있다. 그와 유사하게 태국에서도 처음에는 소승과 대승이 공존했으나, 1150년 이후에는 테라바다가 점점 더 압도하면서 팔리어가 신성한 언어로서 자리잡게 되었다.

5장

대승불교와 신지혜학파

1

대중부

교단의 초기 역사에서는 주로 지리적 원인으로 분열이 일어났다. 불교는 마가다국에서 시작되어 서부 지역과 남부 지역으로 전파되어 갔다. 불멸 후 약 100~200년경 동부와 서부 사이에 분열과 대립이 생겼고, 대략 아소카 왕 시대에 이르러 교단의 내부 불화로 종파의 분립이 일어난 것으로 보인다.

상좌부가 대중부에서 분리 독립했고, 반대로 대중부가 상좌부에서 분리 독립했다고 할 수도 있다. 상좌부는 장로들의 교의를 따르는 보수파로서 배타적이고 귀족적인 아라한들의 집단이었다. 반면에 보다 더 민주적인 대중부(산스크리트어 Maha-sanghika는 대집회자大集會者라는 뜻으로 대중부로 번역한다)는 비교적 수행 성과가 낮은 일반 승려들과 재가자들을 포함한 집단이었다.

이 분열의 실상을 밝히기는 쉽지 않다. 분열에 관련된 대중부의 저술들은 거의 모두 소실되었고, 현재 남은 자료들은 모두 종파적 자만심과 악의에 찬 것들뿐이다. 확실하다고 여겨지는 것은 이러한 종파 분열이 대략 아소카 시대에 일어났으며, '마하데바'라고 불리는 비구가 지적한 오사五事[1]와 연관이 있다는 것뿐이다. 이러한 마하데바의 행동에 반대자들은 분노했다. 그들은 마하데바를 어머니와 근친상간을 저지르고, 아버지를 독살하고, 어머니와 몇 명의 아라한들을 죽인 장사꾼의 아들놈이라고 욕을 했다. 이런 죄들을 전부 저지른 뒤 양심의 가책을 느껴 가정을 버리고 변칙적으로 승려가 되고는, 자신이 주장한 다섯 가지를 교단에 정착시키고자 했다는 것이다.

5사 중 두 가지는 아라한에 대한 것으로, 아라한에게도 도덕적·지적 결함이 있다고 했다. 그중 하나는 아라한이라도 밤에 몽정을 할 수 있다는 주장이다. 아라한들도 마라Mara[2]에게 유혹되거나 방해받을 여지가 있기 때문에 아라한 역시 욕망이 완전히 소멸하지는 않았음을 말하고 싶었던 듯하다. 욕망의 잔재와 더불어 또 하나는 아라한

---

1 붓다 입멸 후 백여 년경에 학승 마하데바가 전통 보수주의 불교에 반대하며 내세운 다섯 가지 새로운 주장. 1) 아라한도 천마에 유혹되면 몽정할 수 있다. 2) 아라한은 번뇌와 무명을 끊어버리는 일에 대해 모르는 바가 없지만 이전에 가보지 않은 장소나 처음 만나는 사람과 같이 세속적인 일에 대해서는 모르는 바가 있을 수 있다. 3) 아라한은 번뇌와 깨달음에 대한 의혹이 없지만, 세속의 일에 대한 의혹이 있을 수 있다. 4) 아라한과를 얻었지만 스스로 알지 못하고 타인이 알려주어서 자각하는 경우가 있다. 5) '아, 괴롭구나' 하는 소리를 밖으로 내어 무상, 고, 무아 등을 통절히 느끼고 깨달음에 이르는 일이 있다.
2 사람의 목숨을 빼앗고 수행을 방해하는 귀신. 수행을 방해하고 중생을 괴롭히는 온갖 번뇌.

에게도 약간의 무지無知가 남아 있다는 것이다. 그들은 완전히 전지全知[3]하지 않았고, 사고가 트이지 않은 부분이 아직 남아 있다. 이 두 번째 지점은 대승불교에서 일체지一切智[4]의 개념을 발전시키는 데 중요한 역할을 했다(38쪽 참조).

마하데바의 5사는 대중부가 분리하여 출현하는 하나의 계기에 불과했다. 대중부의 반대자들이 그들에 대해 왈가왈부함에도 불구하고, 우리에게는 대중부의 교리가 4장에 기술한 옛지혜학파의 교리만큼 오래된 것이 아니라고 믿을 근거가 없다. 지금 여기서 더 상세하게 말할 수 없는 것은 그들에 관해 판단할 만한 자료가 거의 없기 때문이다.

대중부는 좀 더 진보적인 태도와 독특한 이론으로 대승불교 발전의 시작점이 되었다. 모든 면에서 대중부는 상좌부보다 훨씬 진보적이었다. 계율의 해석에 덜 엄격했고, 재가신도들에게도 덜 배타적이었으며, 여성과 능력이 부족한 승려들의 영적 가능성도 존중했고, 나중에 저술되어 추가된 경전들도 정통성을 인정했다. 대승 보살 사상의 눈에 띄는 특징들 가운데 몇 가지는 대중부에서 처음 형성된 것들이다. 또한 그들의 몇몇 교리는 불교 전통을 역사적 붓다로부터 해방시켜 붓다의 직설直說만을 고수하려는 집착에서 벗어나게 하는 데 중요한 영향을 끼쳤다.

"붓다는 하나의 소리로 그의 모든 가르침을 설한다." "그는 한순간

---

3   모든 일을 다 아는 지혜.
4   안팎의 모든 것을 환하게 아는 부처의 지혜.

에 모든 것[일체법]을 안다." "여래의 '육신으로 나타난 몸'[색신色身]은 무한하다. 그의 힘과 수명도 무한하다." "붓다는 중생을 깨닫게 하고, 그들에게 청정한 믿음을 일깨우는 일에 싫증 내지 않는다." "붓다는 잠도 없고 꿈도 없다." "붓다는 항상 삼매에 잠겨 있다."[5]

이러한 말들은 오래전 마가다국에 살았던 인간 고타마에게는 전혀 어울리지 않는다. 다른 모든 평범한 사람들과는 다른, 붓다의 초자연적이고 출세간적인 성격을 강조함으로써 붓다가 우연히 출현했던 역사적 환경으로부터 불교 신자들을 멀리 떼어놓았다. 심지어 대중부의 어떤 이들은, 석가모니가 출세간적인 붓다를 대신해서 설법하는 화신化身에 지나지 않는다고까지 주장했다. 만약 붓다가 대략 BCE 500년경에만 존재했다면, 그는 당대에만 가르침을 폈을 것이고, 그의 가르침은 입멸과 더불어 종결되었을 것이다. 그렇지만 만약 참붓다가 시공을 초월하여 존재한다면, 그는 시대를 뛰어넘어 언제라도 가르침을 전할 수단을 갖게 된다.

이와 같이 시대에 매임 없이 자유롭고 걸림 없는 교리의 발전과 혁신이 보장되었으니, 기존의 경전들에 없는 내용이더라도 불성의 진정한 원리를 밝히는 것으로 정당화될 수 있었다.

---

5 Vasumitra, Treatise on the origin and doctrines of early Indian Buddhist schools, trsl. J. Masuda, 1925, p. 19
이 책은 1~2세기경 인도의 논사 바수미트라Vasumitra(바수말다·벌소밀달라)[세우世友]가 지은 『이부종륜론異部宗輪論』[Samayabhedoparacanacakra]을 7세기 중국의 학승 현장스님이 한역한 것을 1925년 일본인 Masuda Jiryo[增田慈良]가 영어로 번역한 것이다. 이 논은 소승불교의 20개 부파들이 생긴 시기와 그 근본주장에 대해 간단히 소개하고 있다.

2

소승과 대승

새로운 가르침은 대중부에서 발전했다. 지지자들은 처음에 그것을 보살의 수레(보살승菩薩乘)라고 불렀으나, 나중에는 대승大乘(큰 수레)이라고 불렀다. 그에 반해 옛지혜학파의 추종자들을 때로 소승小乘이라고 불렀다. 소승은 작고 열등하고 수준이 낮은 수레를 뜻한다. 대승은 여러 이유로 위대해 보였는데, 모든 중생을 품는 자비와 공空(비어 있음)의 가르침, 그리고 성불을 궁극의 목표로 삼았기 때문이다.

소승의 본래 의미는 모욕적이어서 대승불교도들도 거의 사용하지 않았다. 그들은 통상 반대파들을 성문聲聞,[6] 연각緣覺[7]으로 불렀다.

---

6 불법을 듣고 스스로의 해탈을 위하여 출가한 수행자. 원래의 의미는 석가모니 당시의 제자들을 말했다. 그러나 대승불교가 일어나고 중생 제도를 근본으로 삼는 보살이라는 이상적인 인간상이 부각됨에 따라, 성문은 소승에 속하게 되었다.
7 붓다의 가르침에 의지하지 않고 스승도 없이 스스로 연기의 이치를 통해 깨달음

오늘날 소승이라는 용어는 본래의 함의가 희미해지고, 한 부파의 단순한 지칭어로 사용된다. 마치 예술사에서 바로크나 로코코가 본래는 문제의 예술을 탐탁찮게 생각하여 경멸조로 붙인 이름이지만,[8] 지금은 일정한 예술적 특성을 지칭하는 말로 사용되는 예와 같다.

우리는 인도의 각 시대에서 소승불교도와 대승불교도가 점한 비율을 명확히 알지 못한다. 인도에서 불교가 확실히 쇠퇴한 CE 약 800년 이후부터 대승불교도들이 소승불교도들보다 더 많아진 것으로 보인다. 불교 신앙이 중국, 일본, 티베트 등으로 전파된 때에는 대승이 소승을 몰아내 거의 완전히 소멸시켰고, 현재 소승은 스리랑카, 미얀마, 캄보디아, 태국 등에만 남아 있다.

대승불교도들과 소승불교도들은 같은 사원에서 함께 살았으며, 아주 오랫동안 동일한 계율을 지키며 살았다. 의정義淨[9](약 700년경)은 이런 기록을 남겼다.

대승과 소승의 지지자들은 동일한 계율을 지키고, 5계五戒[10]를 함께 인

을 얻은 사람. 독각獨覺이라고도 한다.

8 원래 바로크는 밸런스가 결여된 동적인 예술 표현, 로코코는 좌우균정左右均整을 깨뜨린 장식 모티브의 배치를 가리키는 용어였다.

9 중국 당나라의 학승으로 25년 동안 인도 등지를 여행한 후 400부의 산스크리트 불전을 가지고 돌아와 경전 번역에 매진했다. 그가 저술한 인도여행기 『남해기귀내법전南海寄歸內法傳』, 『대당서역구법고승전大唐西域求法高僧傳』 등은 당시 사회를 기록한 자료로서 그 의미가 크다.

10 재가신도가 지켜야 할 다섯 가지 계율. 1) 불살생계不殺生戒. 살아 있는 것을 죽이지 말라. 2) 불투도계不偸盜戒. 훔치지 말라. 3) 불사음계不邪婬戒. 음란한 짓을 하지 말라. 4) 불망어계不妄語戒. 거짓말을 하지 말라. 5) 불음주계不飮酒戒.

정하며, 사제법四諦法을 수행한다. 보살을 숭배하고 대승경전을 읽는 이
들은 대승불교도라 부르고, 그렇지 않은 이들은 소승불교도라고 부른
다.[11]

대승불교도들과 소승불교도들은 서로간의 관계를 어떻게 정의했
을까? 소승 문헌은 대승의 혁신자들을 간단히 무시했다. 대승의 논사
들이나 교리들이 논쟁거리로 거론되는 일은 거의 없었다. 그럼에도
불구하고 대승의 가르침을 어느 정도 암묵적으로 받아들였다.

대승의 경우에는 소승과의 관계에 관해 분명한 결론에 도달하지
못한 듯하다. CE 400년까지의 초기 시대에는 성문과 연각에 관한 내
용이 많았다. 그 후 대승의 교리와 용어와 신화들이 점점 더 독자적
으로 구축됨에 따라 성문과 연각들은 차츰 자취를 감추었다. 소승과
대승의 상대적 가치에 대한 견해에서 대승불교도들은 두 가지 모순
된 감정을 지녔다. 하나는 자신의 종파를 정당화시키면서 다른 종파
들보다 우위를 점하고자 하는 종파적 편견이고, 다른 하나는 그에 대

술을 마시지 말라.

11 I-Tsing, A record of the Buddhist religion, trsl. J. Takakusu. 1896. pp. 14~15
    당나라의 승려 의정義淨이 지은 『남해기귀내법전南海寄歸內法傳』(4권)을 일본
    인 Takakusu Junjiro[高楠順次郎]가 영역한 책이다. 『남해기귀내법전』은 의정이
    25년 동안 인도와 동남아시아 등 여러 지역을 순례하면서 직접 보고 들은 그 지
    역의 불교 교단, 계율, 승려의 생활, 의식, 예법 등을 상세히 기록한 저작이다.
    위에 인용된 원문은 다음과 같다.
    : 즉율검불수則律撿不殊 제제오편통수사제齊制五篇通修四諦 약례보살독대승경
    若禮菩薩讀大乘經 명지위대名之爲大 불행사사호지위소不行斯事號之爲小
    — 『남해기귀내법전南海寄歸內法傳』권제1

항하는 관용, 자비, 겸손이었다. 이러한 갈등으로 인해 실제적 해결을 보지 못한 채 온갖 모순된 서술들이 난무했다.

어떤 때는 불승佛乘(붓다의 수레)이 성문승聲聞乘(성문의 수레)을 배제한다고 했고, 또 어떤 때는 그 둘이 같다고 했다. 간혹 소승불교도들은 극단적인 모욕을 받았고, 지옥불에 떨어질 것이라는 위협도 받았으며, '허울뿐'이라거나 그 이상의 악담도 들었다. 어떤 때는 좀 더 관대한 태도를 취하기도 했다.

> 만약 어떤 이가 성문이나 연각의 길을 가는 이들을 향해 "우리는 그들보다 우월하다"며 경멸한다면, "여래에 대한 믿음을 깬 사람"이 될 것이다.
> — Śikṣā Samuccaya[대승집보살학론大乘集菩薩學論],[12] 98

설일체유부는 서로 다른 세 가지 부류[종성種姓],[13] 또는 구원에 이르는 길을 인정했다.

먼저 성문승종성聲聞乘種姓은 아라한과로 열반을 얻은 이다. 연각승종성緣覺乘種姓은 스스로 깨달은 이, 즉 스스로 완전히 깨달았으나 그 깨달

---

12 인도의 샨티데바Śāntideva[적천寂天]가 지은 전 25권의 불교서적이다. 송나라의 법호法護·일칭日稱 등이 11세기 중엽에 번역했다. 육바라밀六波羅蜜을 중심으로 보살이 성취해야 할 가르침을 해설한 저술로서, 인용한 102종의 경전 가운데 현존하지 않는 것이 많아 귀중한 자료를 제공하고 있다. 《신수대장경》에는 다르마키르티Dharmakīrti[법칭法稱]가 지은 것으로 되어 있으나 인도와 티베트 전통에서는 샨티데바가 지었다고 전한다.
13 깨달음의 바탕이 되는 소질, 혹은 깨달을 수 있는 잠재력을 뜻한다.

은 진리를 세상에 펴지 않고 죽는 이다. 여래승종성如來乘種姓은 완전한
깨달음을 얻고 다른 사람들에게 진리를 펴는 이다.

— Har Dayal, The Bodhisattva doctrine,[14] 1932, p. 3

각 개인은 그의 과거와 성격과 기질에 따라 이러한 삼종성三種姓
가운데 하나에 속하며, 자신의 기질에 맞는 방법을 택해야 한다. 어
떤 대승불교도들은 그 정도로 족하다고 생각했다. 하지만 또 다른 대
승불교도들은 궁극의 구원에 이르는 길은 오직 불승佛乘, 또는 대승
大乘에 있으며, 다른 수레들(성문승이나 연각승)은 그리 멀리까지는 도
달하지 못한다고 했다. 예를 들어《법화경》은 다음과 같이 말한다.

성문들은 그들이 열반을 얻었다고 믿는다. 그러나 붓다는 그들을 일깨
우기 위해 "이것은 일시적인 휴식일 뿐 궁극의 휴식처가 아니다"라고 말
씀하셨다. 붓다가 성문승을 짐짓 세우신 것은 방편일 뿐이다. 일체지一
切智가 없으면 참열반이 아니다. 성문승에 만족하지 말고 불승에 도달
할 때까지 부지런히 정진하라![15]

---

14 인도의 민족주의 혁명가 하르 다얄이 주요 산스크리트어 불교 문헌에 설해진 보
   살 교리를 다룬 책이다. 보살승과 소승의 차이, 보살승의 흥기, 보살의 중생 제
   도, 37조도품(수행법), 10바라밀, 해탈에 이르는 위차, 붓다의 전생담 등이 담겨
   있다. 에드워드 콘즈는 하르 다얄과 교류했고, 그에게 많은 영향을 받았다.
15 구마라집이 번역한《묘법연화경妙法蓮華經》의 원문은 다음과 같다.
   : 고이방편력고以方便力 위식설열반爲息說涅槃 언여등고멸言汝等苦滅 소작개
   이판所作皆已辦 기지도열반旣知到涅槃 개득아라한皆得阿羅漢 이내집대중爾乃
   集大衆 위설진실법爲說眞實法 제불방편력諸佛方便力 분별설삼승分別說三乘 유

아라한들은 그들의 믿음과 달리 대승으로부터 "아직 과제를 완수하지 못했으며" "아직 해야 할 일이 남아 있다"는 폄하를 받았다. 그들은 붓다의 지혜를 얻을 때까지 부지런히 더 정진해야만 한다는 것이다.

대승불교도들이 소승과 대승의 상대적 가치를 비교하면서 이처럼 모순적인 태도로 주저하는 것은 아직 종파적 우월감이 체계적으로 불교 교리 속에 파고들지 못했음을 보여준다.

유일불승唯有一佛乘 식처고설이息處故說二 금위여설실今爲汝說實 여소득비멸汝所得非滅 위불일체지爲佛一切智 당발대정진當發大精進
: 큰 방편력으로 휴식을 위한 열반을 설했더니, 고를 멸한 너희들은 일 다했다 하는구나. 이미 열반에 이르러 아라한과 얻음을 알고, 대중들을 크게 모아 진실법을 설하노라. 부처님이 방편으로 삼승법을 분별해 말하지만, 오직 일불승만 있을 뿐 성문 연각은 휴식처에 불과하다. 너희들이 얻은 바는 참열반이 아니니라. 부처님의 온갖 지혜 얻으려면 게으른 마음 내지 말고 부지런히 정진하라.
— 《묘법연화경》, T0262_.09.0027a26-b04

3

문헌의 발전

　　BCE 100년~CE 200년 사이에 대승은 많은 경전들을 폭발적으로 쏟아냈다. 만약 대승의 정신을 알고 싶다면 《법화경》과 《유마경》에 잘 드러나 있으니 참조하면 되는데, 둘 다 영어 번역서가 있어서 접근하기 쉽다. 이 새로운 교리의 핵심은 반야바라밀(지혜의 완성)을 다룬 방대한 경전들에 제시되어 있다. 반야바라밀은 산스크리트어 pra-jñā-pāram-itā의 음역인데, 문자 그대로 번역하면 '저 언덕에 가 닿은 지혜', 또는 '초월적 지혜'라고 할 수 있다.

　　불교도들은 언제나 고통스러운 이 세상, 생사윤회의 이 세상을 홍수 진 강물에 비유하고 있다. 차안此岸(이 언덕)에서는 죄를 짓고, 온갖 불안과 곤경으로 괴로워한다. 저 너머의 극락과 열반, 즉 피안彼岸(저 언덕)에서는 분리된 개아와 더불어 온갖 악들이 소멸한다. 반야바라밀에 대한 이러한 저술들은 난해하여 쉽게 이해되지 않는다. 원시불교는 네팔과 갠지스 강 사이의 북인도에서 발생한 반면에 반야바라밀 사상은 인도 남동부, 즉 아마라바티와 나가르주나콘다 근처의 고다바리 강과 키스트나 강 사이의 데칸 지방에서 일어났다.

대승경전의 교리, 그중에 특히 반야바라밀의 교리는 마디야미카 Madhyamika[중관학파中觀學派]에 의해 체계적이고 철학적인 형태로 발전했다. 마디야마Madhyama는 '가운데'라는 뜻이어서 마디야미카는 긍정과 부정 사이의 중도中道를 택하는 사람들을 의미한다.

이 학파는 CE 150년경에 나가르주나[용수]와 아리야데바[성천][16]가 설립했다. 나가르주나는 역사를 통틀어 가장 미묘한 변증론자 중의 하나이다. 그는 남인도 비하르 지방의 브라만 계급 출신으로 아마라바티 인근의 나가르주나콘다와 북인도에서 활약했다. 전설에 따르면, 그는 아르주나 나무 아래에서 태어났고, 바다 밑 용궁에서 용(나가Naga)들이 비밀리에 구전되는 성전을 그에게 가르쳤다고 하여, 나가Naga와 아르주나Arjuna를 합성한 나가르주나Nagarjuna로 이름 지었다고 한다.

그의 이론은 공론空論(비어 있음의 이론)으로 불리는데, 해저 용궁에서 구했다고 전해지는 반야 경전의 견해들을 논리적 체계를 세워 보완했다. 설화에 따르면, 붓다가 인간에게는 성문의 교리를 가르치고 천상에서는 더 심오한 공의 교리를 가르쳤는데, 용궁에 보관하던 천상의

---

16 2~3세기 남인도 바라문 출신의 승려로 용수龍樹의 제자이다.

가르침을 나중에 나가르주나가 지상으로 가지고 나왔다고 한다.

인도에서 무려 800년이 훨씬 넘는 세월 동안 번창하던 중관학파는 CE 450년경에 두 부류로 갈라졌다. 하나는 귀류논증파歸謬論證派[프라상기카Prasangika][17]로, 용수의 교리를 보편적 회의론으로 해석하여 다른 사람들의 견해를 논박하는 데 주된 목적을 두었다. 다른 하나는 자립논증파自立論證派[스바탄트리카Svatantrika][18]로, 논의를 통해 어떤 긍정적 진리를 확립할 수 있다고 주장했다. 중관학파는 CE 1000년 이후 인도에서 불교와 함께 사라지지만, 주요 사상은 힌두교 베단타[19]의 설립자 가우다파다[20]와 샹카라[21]에 의해 베단타의 체계 안에 통합되어 현재까지 살아남았다.

---

17 공의 인식 방법에서 불호佛護(Buddhapalita, 약 470~540)의 해석을 추종하는 파. 귀류논증파에서는 월칭月稱(Candrakīrti, 약 600~650)이 나와 중론의 주석서 《Prasannapadā》와 《중관에의 입문》을 저술했으며, 그의 사상은 티베트에 널리 유포되었다. 그 후로 적천寂天(Śāntideva, 약 650~760)에 의해 계승되었다.

18 청변清辯(Bhāvaviveka, 490~570)에 의해 창시된 중관파의 한 분파. 정언적 논증(svatantra-anumāna)을 사용하는 학파인데, 이 명칭은 스스로 부여한 것이 아니라, 후세에 티베트인들이 인도불교의 여러 학파를 정리하여 이해하고자 할 때 부여된 것으로 보인다. 관서觀誓(Avalokitavrata)와 적호寂護(Śāntarakṣita), 연화계蓮華戒(Kamalaśīla)에 의해 계승되었다.

19 Vedanta. 산스크리트어로 '지식veda의 끝', 또는 '결론anta'이라는 뜻이며, '베다의 정수精髓'라고 번역하기도 한다. 바른 지식·직관·개인적 경험을 통해 진리를 깨닫고, 절대신 브라만을 인식하는 것을 목표로 한다. 브라만교의 전통 부흥을 주장하여 일어난 육파철학 가운데 가장 큰 세력을 형성했으며, 특히 샹카라(700?~750?) 이후 다른 학파나 불교 사상을 섭렵하여 인도 철학의 패권을 장악했다.

20 Gaudapada. 베단타 철학 중 가장 영향력 있는 학파인 아드바이타 베단타[불이일원론不二一元論] 학파의 창시자. 불이일원론이란, 만유의 근저에는 유일한 절대자인 브라만이 있으며, 브라만은 본질적으로 아트만Atman[我]과 동일하다는 범아일여梵我一如 이론이다.

21 Sankara. 8세기 인도의 철학자로 불이일원론을 체계화하여 발전시켰다.

CE 180년 이래 지금까지 반야바라밀다경의 번역본들은 중국에 심대한 영향을 끼쳐왔다. 중관학파는 CE 400년(또는 600년)부터 900년까지 몇 세기 동안 중국에서 삼론종三論宗[22]이라는 독립된 종파로 존재했다. 삼론종은 CE 625년 일본에 전해졌지만 소멸된 지 오래이다. 그 교리는 중국인과 일본인의 인생관에 수용되어 선禪으로 살아 있다.

---

[22] 용수의 중론과 십이문론十二門論, 제바提婆의 백론百論에 의거하여 성립된 학파. 구마라집 문하의 승조僧肇·승도僧導 등이 삼론에 정통했고, 이 학파의 계통은 승랑僧朗―승전僧詮―법랑法朗―길장吉藏으로 계승되었다.

4

대승의 이상적 인간상, 보살

대승불교의 문헌에서 거의 모든 페이지에 등장하는 두 개의 핵심어는 보살과 공空이다. 그러면 우선 보살이란 무엇인가? 붓다는 '깨달은 사람'이고, 보살 역시 문자 뜻으로는 '깨달은 인간'이다. 보살은 '장차 붓다가 될 존재', 곧 붓다가 되기를 원하는 사람이다. 문자의 의미로는 그렇다.

보살의 개념이 대승에서 처음 쓰였다고 추측하는 것은 오산이다. 모든 불교도들은 각각의 붓다가 깨달음을 얻기 전 오랜 기간 동안 보살이었다고 생각한다. 설일체유부는 특히 보살로서의 생애를 중요시했다. 『아비달마구사론阿毘達磨俱舍論』에는 보살 정신에 관한 상세한 묘사가 있다.

왜 보살이 한번 무상정등정각無上正等正覺[23]을 이루기를 서원하면, 그것을 이루는 데 그렇게 오랜 시간이 걸리는가? 무상정등정각은 얻기가 매우 어렵기 때문이다. 보살은 3아승기겁[24] 동안 널리 지혜와 공덕을 쌓고 무량한 선업善業[25]을 지어야 한다.

깨달음만이 해탈에 이르는 유일한 수단이라면, 보살이 이렇게 얻기 어려운 깨달음을 애써 구하는 것을 이해할 수 있다. 그러나 보살들은 실제로 자신들의 해탈을 위해 그렇게 한 것은 아니다. 그렇다면 왜 그들은 그렇게 무량한 노고를 떠안는 것일까?

왜냐하면 보살은 중생의 이익을 위해 중생을 고해苦海에서 건져내기를 원하기 때문이다. 타인을 이롭게 함으로써 보살이 얻는 이득은 무엇인가? 타인의 이익이 바로 그들 자신의 이익이 된다. 왜냐하면 보살이 원한 바 중생을 다 건지겠다는 서원을 이루는 것이기 때문이다.

누가 그것을 믿을 수 있단 말인가? 동정심이 없고 자기 생각만 하는 사람들은 보살의 이타심을 믿지 못한다. 그러나 연민심이 있는 사람들은 쉽게 믿는다. 연민심이 확실히 결여된 사람들은 자신에게 도움이 되지 않는데도 타인의 고통에서 희열을 느끼는 것을 우리는 목격하지 않는가? 마찬가지로 연민심을 확고하게 가진 보살들은 아무런 이기적 집착 없이

---

23 아뇩다라삼먁삼보리anuttarā-samyak-saṃbodhi. 위없는 바르고 원만한 깨달음이라는 뜻으로, 붓다의 깨달음의 경지를 나타내는 말이다.
24 아승기는 산스크리트어 asaṃkhya의 음역으로, 헤아릴 수 없이 많은 수를 뜻한다. 겁劫은 산스크리트어 kalpa의 음역으로, 지극히 긴 시간을 뜻한다. 3아승기겁은 보살이 수행하여 성불하기까지 걸리는 매우 긴 기간이다.
25 자신과 남에게 이익이 되고, 좋은 과보를 받을 청정한 행위와 말과 생각을 말한다.

타인에게 선행을 베푸는 데서 기쁨을 찾는다는 것을 인정해야 한다.

이른바 '자아'를 구성하는 유위법(조건 지어진 것들)의 진정한 본성을 알지 못하는 어떤 이들이, '나(자아)나 내 것'이 전혀 아닌데도 습관의 힘[업력業力]에 끌려 이 유위법에 집착하며, 이 집착으로 인해 수많은 고통을 받는 것을 우리는 보지 않는가? 그와 마찬가지로 보살은 '닦은 수행의 힘'에 의해 이른바 '나'라는 것을 구축하는 유위법에 대한 집착이 떨어져 더 이상 '나' 또는 '내 것'이라고 동일시하지 않고, 타인에 대한 연민심이 증장되며, 이러한 마음으로 수많은 고통을 감당할 준비가 되어 있다는 것을 수긍해야 한다.

— Abhidharmakosa[아비달마구사론阿毘達磨俱舍論] III 94; II 191~192

이것은 대승의 사상이지만 소승불교 안에서 충분히 형성되었다. 대승에서 획기적인 것은 이 사상을 모든 사람들에게 타당한 이상으로 정교하게 만든 데 있다.

대승은 아라한을 보살과 비교하며 부정적으로 보았고, 모든 사람은 아라한이 아니라 보살을 본보기로 삼아야 한다고 생각했다. 대승불교도들은 아라한이 '나'와 '내 것'에 대한 집착을 완전히 털어내지 못했다고 주장한다. 아라한은 자신을 위해 열반을 얻기로 하고 그것을 획득하지만, 타인들에 대해서는 모르쇠로 일관한다는 것이다. 이렇게 아라한은 자신과 타인을 구분 짓는다고 할 수 있고, 그렇게 함으로써 암묵적으로 타인과 구별되는 자신이라는 개념이 남아 있다고 본다. 따라서 무아의 진리를 완전히 깨닫지 못했음을 보여준다고 주장했다.

《반야경》의 다음 두 구절은 이를 더욱 강력히 비판한다. 첫 번째 인용문은 보살의 생애를, '아라한이 목표인 성문'과 '완전한 깨달음을 얻지만 무소처럼 외로운 연각'의 타인에게 교리를 전하지 않는 소승적 생애와 비교하고 있다.

> 성문승과 연각승에 속한 사람들은 어떻게 수행하는가? 그들은 '우리는 자신 하나만을 길들이고, 자신 하나만을 평화롭게 하며, 자신 하나만을 열반으로 이끈다'고 생각한다. 그리고 자신만을 길들이고, 평화롭게 하고, 열반에 들게 하는 선근을 가져오는 수행을 한다. 확실히 보살은 그러한 수행을 하지 말아야 한다. '나는 나 자신을 진여眞如[26](=열반)에 들게 할 것이다. 그리고 온 세계를 구하기 위해 모든 중생을 진여에 들게 할 것이고, 무량 중생을 열반으로 이끌 것이다'라는 생각으로 선근善根을 쌓는 수행을 해야만 한다.
>
> ― Aṣṭasāhasrikā-prajñāpāramitā-sūtra[팔천송반야八千頌般若] xi 234~235

티베트에서는 보살을 '영웅적 존재'로 번역한다. 기독교도들도 '영웅적으로' 덕을 드러낸 성자들만 성인의 반열에 올린다. 보살의 영웅적 특질은《반야경》의 또 다른 곳에서 우화의 형식으로 서술되어 있다. 요약하자면 다음과 같다.

---

26 산스크리트어 타타타tathatā. 모든 현상의 있는 그대로의 참모습을 말한다.

홀륭한 업적을 가진 한 영웅이 가족들을 데리고 길을 떠났다고 가정해보자. 어떤 상황 때문에 그들은 거대한 야생의 숲으로 들어가게 되었다. 그들 가운데 어리석은 자는 크게 겁먹을 것이다. 그렇지만 영웅은 두려워하지 않고 그들에게 말한다. "두려워하지 말라! 내가 속히 너희들을 이 거대하고 무서운 정글에서 벗어나게 하고 안전하게 해줄 것이다." 그는 두려움 없고 활기차며, 매우 온순하면서 연민심이 있고, 용감하고 지략이 있으므로 가족들을 두고 혼자 정글에서 빠져나가겠다는 생각을 하지 않는다.

보살은 아라한과 달리 "우리는 모든 중생들이 우리와 함께 깨달음을 얻도록 해야 한다. 중생들은 우리 가족처럼 가까운 사람들이기에 우리는 그들을 운명에 내던져둘 수는 없다"고 주장한다.

사람이 해야 할 일은, 자신과 남을 차별하지 않고 자신이 열반에 완전히 들기 전에 중생 모두를 열반에 들게 돕는 것이다. 이런 점에서 대승불교도들은 아라한이 지향하는 목표가 충분히 높지 않다고 주장한다. 그들에 따르면, 불교도들이 바라는 이상적 인간상은 '자기중심적이고 냉정하며 속 좁은' 아라한이 아니라 세속을 버렸지만 세속의 중생은 버리지 않은 연민 가득한 보살이다.

지혜가 최고이고 연민은 부차적인 덕이라고 가르쳐왔지만, 지금은 연민이 지혜와 대등한 위치를 차지한다. 아라한의 지혜는 자신의 해탈에 유익하지만, 보통 사람들의 해탈을 돕는 방법이나 수단으로는 무익하다. 보살은 스스로 해탈할 뿐 아니라 타인들의 잠재적 깨달음의 씨앗[불성佛性]을 드러내고 성숙시키는 수단을 마련하는 데 능숙한 사람이다. 《반야경》은 그에 관해 이렇게 서술하고 있다.

> 보살은 어려운 일을 하는 사람들, 무상정등정각을 성취하고자 마음먹은 위대한 존재들이다. 그들은 자기 개인의 열반을 원하지 않는다. 도리어 그들은 고통 가득한 중생의 세계를 살피고, 무상정등정각을 얻기 바라지만 생사도 두려워하지 않는다. 세상에 대한 연민으로 그들은 세상의 이익과 평온을 위해 나선다. 그들은 이렇게 결심했다. '우리는 세상의 대피처, 세상의 피난처, 세상의 휴식처, 세상의 궁극적 구원, 세상의 섬, 세상의 빛, 세상의 안내자, 세상 구원의 방편[수단]이 되리라.'

보살이라는 이상형이 등장한 것은, 부분적으로는 교단에 대한 사회의 압력(161쪽 참조) 때문이기도 하지만, 승려들로 하여금 자신과 타인을 차별하지 않고 평등하게 대하도록 훈련시킨 사무량심四無量心 수행이 더 큰 이유이다.

우리가 살펴본 바와 같이 불교는 두 가지 방법을 동원하여 개인들 간의 분리감分離感을 감소시켰다. 하나는, 자비 곧 '사랑과 연민'이라는 사회적 감정이나 정서를 함양시키는 것이다. 다른 하나는, 사람이 생각하고 느끼고 행동하는 모든 것은 '제법諸法'이라고 불리는 비개아적非個我的 힘들의 상호작용으로 여기는 습관을 들여서 '나'와 '내 것'이라는 관념을 서서히 지워나가는 것이다.

개아는 전혀 보지 않고 제법만 보는 지혜의 방법과, 개아로서의 사람들과 맺는 관계성을 함양시키는 사무량심의 방법 사이에는 분명히

논리적 모순이 있다.[27]

제법에 대한 명상은 자신뿐 아니라 타인들도 비개아적이고 순간적인 제법의 복합체로 여기게 함으로써 개아를 용해시킨다. 그 명상은 인간 존재를 '다섯 가지 무더기[오온五蘊]에 이름표 하나를 붙인 것' 정도로 오온의 구성 요소로 환원시켜 이해한다. 만약 이 세상에 원자들처럼 차갑고 비개아적인 제법의 묶음들만 존재하다가 순간적으로 소멸해버리는 것 말고 아무것도 없다면 자비를 행할 나도, 자비가 적용될 대상인 타인도 없을 것이다. 제법이 잘되기를 바라는 순간 그 제법은 소멸해버리니, 사라져버린 대상의 제법이 잘되기를 바라는 것은 불가능할 것이다. 또한 연민할 수도 없으니, 소위 마음의 대상[심소心所]이나 시각 기관[안근眼根], 소리의 인식[이식耳識] 같은 제법을 연민할 수는 없을 것이다.

제법에 대해 명상하는 지혜의 방법을 선호한 불교 사회는, 사무량심을 선호하는 불교 사회보다 사람들의 마음이 메마르고 냉담하여 인간적인 온기가 결여되었다.

불교도의 참된 사명은 이 두 가지 모순되는 방법을 동시에 수행하는 것이다. 지혜의 방법은 자아의 모든 것을 비워내므로 자아의 무한 축소로 이끌고, 사무량심의 방법은 수행자가 점점 더 많은 중생들을

---

27 '지혜의 방법'은 개아를 부정하는 무아의 입장, 곧 개아를 무한소로 축소해가는 방법이고, '사무량심의 방법'은 개아를 긍정하고 중생을 다 품음으로써 개아를 무한대로 확대해가는 방법이다. 축소와 확대는 서로 모순된다. 그러나 무한소도 개아가 사라져 없어지는 무아를 지향하고, 무한대도 개아가 한없이 커져 타인과의 경계가 없어지는 무아를 지향하므로 서로 같다고 할 수 있다.

자신과 동일시하므로 자아의 무한 확장으로 이끈다. 지혜의 방법은 이 세상에 '개아'라는 것이 존재한다는 생각을 날려버리지만, 사무량심의 방법은 점점 더 많은 개아(중생)들의 문제에 대한 알아차림을 증가시킨다.

대승에서는 이러한 모순을 어떻게 해결했는가? 대승의 철학자들은 모순에 놀라지 않고 오히려 그것을 기쁘게 받아들였다는 점에서 아리스토텔레스적 전통에서 자란 철학자들과 달랐다. 그들은 다른 모순을 다룰 때처럼 이 모순을 다만 타협할 수 없는 형태로 서술해 놓고는 그 상태로 두었다. 《금강경》에 이런 점을 잘 설명해주는 유명한 구절이 있다.

> 수보리여! 보살은 마땅히 이렇게 생각해야 한다. "중생계에 있는 모든 중생들, 알에서 태어난 것이든, 태에서 태어난 것이든, 습기에서 생긴 것이든, 변화하여 생긴 것이든, 형상이 있는 것이든, 형상이 없는 것이든, 생각이 있는 것이든, 생각 없는 것이든, 생각이 있지도 없지도 않는 것이든, 상상할 수 있는 모든 중생들을 나는 열반으로 이끌어야 한다. 번뇌와 괴로움이 남김없이 소멸된 열반에 이르게 해야 한다. 그러나 비록 수많은 중생들을 열반으로 이끌었다 해도, 아무도 열반으로 인도된 바가 없다. 왜 그러한가? 만약 보살이 '중생'이라는 개념을 일으켰다면, 그를 '깨달은 존재'(보살)라고 할 수 없기 때문이다.[28]

---

28 《금강경》〈제3 대승정종분大乘正宗分〉에 나오는 구절로, 원문은 다음과 같다.
: 불고수보리佛告須菩提 제보살마하살諸菩薩摩訶薩 응여시항복기심應如是降伏

보살은 지혜와 자비의 두 가지 모순된 힘을 복합적으로 갖춘 존재이다. 지혜의 측면에서는 개아를 보지 않는데, 자비의 측면에서는 개아인 내가 개아인 타인들을 구원하려고 결심한다. 이 모순된 태도를 결합하는 능력이 바로 그의 위대함의 원천이며, 그 자신과 타인을 구원하는 능력의 원천이다.

其心 소유일체중생지류所有一切衆生之類 약란생若卵生 약태생若胎生 약습생若濕生 약화생若化生 약유색若有色 약무색若無色 약유상若有想 약무상若無想 약비유상비무상若非有想非無想 아개영입무여열반我皆令入無餘涅槃 이멸도지而滅度之 여시멸도무량무수무변중생如是滅度無量無數無邊衆生 실무중생득멸도자實無衆生得滅度者 하이고何以故 수보리須菩提 약보살若菩薩 유아상인상중생상수자상有我相人相衆生相壽者相 즉비보살卽非菩薩
: 붓다께서 수보리에게 말씀하셨다. "모든 보살마하살은 반드시 이와 같이 그 마음을 항복 받을지니라. 보살은 온갖 중생들의 종류인 알에서 태어난 것, 태에서 태어난 것, 습기에서 생긴 것, 변화하여 생긴 것, 형상 있는 것, 형상 없는 것, 생각 있는 것, 생각 없는 것, 생각이 있지도 않고 생각이 없지도 않은 것들을 모두 무여열반無餘涅槃에 들게 하여 제도하느니라. 이와 같이 한량없고 헤아릴 수 없고 가없는 중생들을 제도하지만 실은 제도 받은 중생은 없느니라. 왜냐하면 수보리여, 만약 보살이 '나'라는 상相, '남'이라는 상, '중생'이라는 상, '수명'이라는 상이 있으면 곧 보살이 아니기 때문이니라."

5

비어 있음의 진리

경전에 의하면, 보살의 지혜 수행에 가장 필요한 것은 다음 두 가지이다. "결코 중생들을 버리지 말 것, 그리고 모든 것은 비어 있다[제법공諸法空]는 진리를 꿰뚫어 볼 것." 이제 우리는 공이라는 매우 중요한 개념을 이해하도록 노력해야 한다.

여기서 또 다시 산스크리트 어원이 도움이 된다. 그 어원은 공空[비어 있음empty]이 얼마나 쉽게 무아無我[자아 없음Not-Self]의 동의어가 될 수 있는지 보여준다. 우리가 공空이라고 부르는 것은 산스크리트어 수냐타śūnyatā이다. 수냐śūnya는 '부풀다'는 뜻의 어근 스비svi에서 유래된 것이고, 문자 그대로의 의미는 '부풀려진 것에 관한'이다.

아주 먼 과거에 우리 조상들은 실제(reality)의 변증적 성질에 대한 뛰어난 직감으로, 한 가지 상황의 두 가지 반대 측면을 표현하기 위해 동일한 동사의 어근을 자주 사용했다. 그들은 대립을 자각하는 만큼 그 대립의 통일성 또한 분명히 자각했다.

이와 같이 그리스어 ky에 해당하는 산스크리트어 어원 svi는, 겉으로는 '팽창'으로 보이는 것이 속에서 보면 '공동空洞'(비어 있음)이라는 개념을 표현한 듯하다. 이러한 것은 비교언어학적 사실로도 쉽게 알 수 있다. 라틴어 큐물루스cumulus(무더기, 더미)와 카울리스caulis(줄기) 같은 단어에는 '팽창된'이라는 의미가 들어 있다. 그와 어원이 동일한 그리스어 코일로스koilos와 라틴어 카부스cavus는 공동(비어 있음)의 뜻이 있다.

이처럼 우리의 개아가 다섯 가지 무더기[오온五蘊]로 구성되었다는 측면에서 보면 '팽창된' 것으로 보이지만, 중심 되는 자아가 결여되었다는 의미에서 보면 안으로는 비어 있는 것이라고 할 수 있다. 게다가 '팽창된' 것은 '이질적인 것으로 가득참'을 의미한다. 임신한 여인의 복부가 팽창된 경우에 그리스어는 동일 어근 kyo를 사용하는데, 그 임산부는 자신의 것이 아닌 이물체를 품고 있는 셈이 된다. 이와 비슷한 견해로, 개아는 진실로 그 자신이라 할 만한 것을 아무것도 갖고 있지 못하다. 개아는 이물질로 팽창된 것이다. 아이를 낳아 배 밖으로 내보내듯 이물체는 밖으로 내보내야만 한다.

우리가 공空이라고 말할 때 수냐타śūnyatā라는 말의 함의가 상실되는 것은 대단히 안타까운 일이다. 그 때문에 수많은 오해의 여지가 생긴다. 특히 불교를 만난 적이 없는 사람은 열반이나 공空이라는 말

이 단순히 아무것도 없음을 뜻하는 것으로 여길 수도 있다.[29] (저자 주)

불교예술에서 공은 보통 빈 원으로 상징되지만, 불교의 공을 단순히 무無나 공백으로 여겨서는 안 된다. 공은 '자아의 결여', 또는 '자아의 소멸'을 뜻하는 용어이다. 불교 사상에서는 서양의 우리가 보통 연관 짓지 않는 몇 개의 개념을 함께 모아놓았다. 그 개념들을 여기에 도표로 정리해본다.

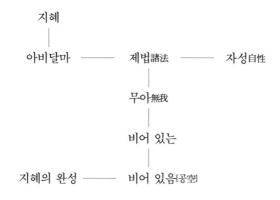

29 가장 비상업적이고 심지어 반상업적 체계인 불교가 근대 상업주의 발달에 필수 불가결한 도구를 만든 원인이 되었다는 사실은 역사의 역설 중 하나일 것이다. 0을 발명하지 못했더라면, 오늘날의 가게 주인, 은행가, 통계학자들은 어설픈 주판을 안고 어쩔 줄 몰라 하고 있을 게 틀림없다. 우리가 제로라고 부르는 조그만 동그라미는 CE 950년경 아랍에서 사용한 '비어 있음의 부호'로 전해진다. 약 1150년경 0이 유럽에 와서 라틴어의 숫자가 되었다. 영어에는 일찍이 제로에 해당하는 이름으로 '사이퍼cypher'가 있었는데, 사이퍼는 산스크리트어 '수냐śūnya'에 지나지 않는다.

인도인 또는 페르시아인이라고 알려진 보디 다르마[30]는 CE 500년
경 중국에 건너가 공의 의미를 다음과 같이 간명하게 표현했다.

> 모든 사물들은 비어 있다. 그러니 바람직한 것도 없고, 추구해야 할 것
> 도 없다.[31]

불교 전문 용어로서 '비어 있는empty'이나 '비어 있음emptiness'은 불
교 전통에서 지혜의 수행을 통해 이 세계를 완전히 부정하는 것을 의
미한다. 그 중심 사상은 우리를 둘러싼 이 세상을 모든 면에서 전폭
적으로 완전히 부정하고 거부하며, 이 세상에서 완전히 물러나 완벽
한 자유를 획득하자는 것이다.

아비달마 논사들은 '공空'이라는 용어를 알고 있었지만 사용하는
것을 매우 삼갔다. 팔리 경전에도 그 용어는 몇 가지 경우에만 사용
되었다. 신지혜학파는 그 용어를 '열려라 참깨'처럼 모든 문을 여는
주문으로 다루었고, 나가르주나는 그것의 인식론적 함의를 잘 드러
내었다. 여기서 공은 긍정과 부정의 일치를 의미한다. 이 사상 체계
에서는 한 손으로 실행한 일을 다른 손으로는 원상태로 되돌리는 조

---

30 Bodhidharma. 인도 불교의 제28대 조사이자 중국 선종의 제1대 조사이며, 보통
　달마라고 줄여 부른다.
31 『벽암록』 제1칙에 나오는 구절이다. 원문은 다음과 같다.
　: 양무제梁武帝 문달마대사問達磨大師 여하시성제제일의如何是聖諦第一義 마
　운磨云 확연무성廓然無聖
　: 양무제가 달마스님에게 물었다. "무엇이 (불교의) 근본이 되는 가장 성스러운
　진리입니까?" 달마스님이 대답했다. "텅 비어 성스럽다 할 것이 없습니다."

심스러운 기술이 유익한 삶의 진수로 간주된다.

불교의 현자는 깨달음이라는 오디세우스가 돌아오기를 끝내 참고 기다리는 충실하고 정숙한 아내 페넬로페[32]처럼 묘사된다. 그는 진실로 어떤 일에 대해서도 결코 긍정이나 부정의 확답을 하지 않는다. 하지만 만약 그가 한번 '그렇다'고 말하면, 또한 반드시 '그렇지 않다'고 말해야 한다. 그리고 그가 '그렇지 않다'고 말했으면, 동시에 '그렇다'고도 말해야 한다.

공은 긍정과 부정, 존재와 비존재, 불멸과 절멸 사이의 한가운데에 서는 것이다. 이 개념의 기원은 초기의 모든 부파 경전에 전해오는 다음과 같은 교설에서 발견된다. 붓다가 카트야야나[가전연][33]에게 말씀하셨다. 세상은 보통 존재(있다)와 비존재(없다)라는 두 가지 견해에 근거한다. '그것이 있다'가 한쪽 극단이고, '그것이 없다'는 다른 쪽 극단이다. 세상은 이 양 극단 사이에 갇혀 있다. 성자는 이 극단을 초월한다. 여래는 양 극단을 벗어나 중도中道[34]에서 법을 설하신다. 진리는 중도에서만 찾을 수 있다. 이 중도의 법을 이제는 공空이라고 부른다. 절대 존재는 공이고, 제법諸法(모든 것들) 또한 공이다. 그러한 공

---

32 그리스 신화에 나오는 영웅 오디세우스의 아내. 페넬로페는 남편 오디세우스가 트로이 전쟁에 나가 돌아오지 않는 동안 수많은 구혼자들에게 결혼을 요구받으며 시달렸지만 끝까지 지조를 버리지 않고 남편을 기다렸다. 마침내 돌아온 오디세우스는 구혼자들을 모두 죽이고 페넬로페를 구해주었다.

33 Katyayana. 석가모니의 십대 제자 중 한 사람. 논의를 펴는 데 일가견이 있어 논의제일이라 불린다.

34 쾌락과 고행의 두 극단을 떠난 바른 수행, 곧 팔정도八正道를 말한다. 또한 12연기를 바르게 주시하는 수행을 이른다.

[비어 있음] 안에서는 열반과 생사가 동시에 일어난다. 이 둘은 더 이상 다르지 않고 동일하다.

무아의 교리는 솔직히 상식에 어긋난다. 옛지혜학파의 논사들은 두 가지 진리를 구분함으로써 더 이상 좁힐 수 없는 갈등을 받아들였다. 두 가지란, 다르마에 관한 궁극적 진리와 사람과 사물들에 관한 관습적 진리이다. 이 학파에서 말하는 궁극적 사상事象[35][요소]들은, '일상생활에서는 대체로 무시되지만 현대과학의 명제들이 적절히 다루고 있는 원자, 세포 혹은 그 유사한 독립체들'과 동일한 기능을 갖고 있다.

신지혜학파는 궁극적 진리의 개념을 한걸음 더 진전시켰다. 이제 궁극적 진리는 '절대 공성空性(공한 성질)인 궁극적 실재'와 관련해서만 찾을 수 있다. 궁극적 진리는 더 이상 과학적 진리가 아니라 신비적 진리가 되었다.[36] 이런 의미에서 우리가 말할 수 있는 모든 것은 궁극적 진실이 아닌 것이 분명하다. 공은 말로 규정할 수 있는 대상이 아니다. 우리는 그것에 도달할 수 없고, 혹 도달할 수 있다 해도 그것을 인식하지는 못한다. 왜냐하면 그것은 식별될 수 있는 표지가 없기 때문이다. 모든 교리, 심지어 '네 가지 성스러운 진리'[사성제]조차도 궁

---

35 어떤 사건이나 사실의 현상.
36 옛지혜학파에서 궁극적 진리는 제법諸法의 분석 과정을 거쳐 도달한다는 점에서 '과학적'이다. 신지혜학파에서 궁극적 진리는 '절대 공성인 궁극적 실재'와 관련된다는 점에서 '신비적'이다.

극적으로 그른 것이며,[37] 무명無明[무지無知]의 증거이다.[38] (언어에 바탕한) 이론은 유일자唯一者[39]의 '형언할 수 없는 광명'을 덮어서 가린다. 이론은 (진리 자체가 아니라) '영적 경험을 이해하는 사람들의 다양한 능력'에 따라 맞추는 관습적인 진리일 뿐이다. 중생들의 성향과 재능에 따라서 그 가르침은 이렇게 저렇게 다양해질 수 있고, 또 그래야만 한다.

공의 교리는 자주 비유법으로 표현되었다. 옛지혜학파는 이미 우리를 둘러싼 이 세상을 거품덩어리, 거품방울, 신기루, 환술幻術 등으로 비유했다. 이 비유의 목적은 이 세상이 비교적 중요하지 않으며, 무가치하고, 기만적이고, 실체가 없다는 통찰력을 회복시키는 데 있다. 서양의 시인들도 종종 유사한 의도를 가지고 동일한 비유를 들었다.

숭고한 찬탄을 받으려는 자 누구인가.
시간의 급류 위에 떠도는 물거품일 뿐인데
부침浮沈하고 부풀었다 이내 사라지는 물거품
한 시간에 만 번도 넘는 생멸生滅이여.

---

37 공성空性의 자취 없는 진리를 말이라는 표지를 사용하여 표현했기 때문에 그른 것이다.

38 언어가 미치지 못하는 진리를 언어로 표현하는 어리석음을 의미한다.

39 모든 외적 사물이나 관념을 제약 없이 받아들여 소비하는 소유인, 또는 자유인. 독일의 철학자 막스 슈티르너의 중심된 철학개념이다.

또는 더 유명한 시구도 있다.

세상은 순간순간 사라지는 쇼
인간의 환상이 만든
기쁨의 미소, 비통한 눈물,
거짓 빛남, 거짓의 흐름
하늘 외에는 참된 것이 없다.

궁극적으로 신지혜학파는 모든 사물과 현상을 꿈, 메아리, 거울 속 영상, 신기루, 또는 환술로 비유했다. 엄밀한 의미에서 그렇다. 절대 존재만이 다른 어떤 것에도 의존하지 않는 궁극적 실재이다. 어떤 상대적인 것도 기능적으로 다른 것에 의존해서만 존재할 수 있다. 그리고 다른 것들과의 관계를 통해서만 파악될 수 있다. 상대적인 것은 그 자체만으로는 아무것도 아니고, 독립된 내적 실재[자성自性][40]가 없다. 찬드라키르티[월칭月稱][41]가 말한 바와 같이, "빌린 것은 자기 자본이 아니다."[42] 그러나 모든 사물에 자성이 없고, 마치 '아이 못 낳는 처녀의

---

40 사물 그 자체의 변하지 않는 본성이나 실체. 혹은 어떤 현상의 고유한 성질.
41 Chandrakirti. 7세기경 인도의 사상가. 모든 논리를 초월하여 어떤 입장도 주장하지 않는 중관파 귀류논증법歸謬論證法의 시조이다.
42 Prasannapadā(정명구론淨明句論), p. 263.
　　이 책은 나가르주나[용수龍樹]의 『중론中論』(Mūlamadhyamakakārikā)에 대한 찬드라키르티[월칭月稱]의 주석서이다. 본래의 제목은 『중론 정명구론』이며, 산스크리트어 사본이 존재한다.

딸'(석녀아石女兒)[43]처럼 실제로 존재하지 않는 것이라면, 대체 우리는 어떻게 다만 공인 우리 주위의 사물들을 보고 듣고 느낄 수 있을까?

꿈 등의 비유는 바로 이러한 물음에 답하기 위한 것이다. 어떤 이는 환술이나 신기루를 보고, 어떤 이는 메아리를 듣고, 어떤 이는 꿈을 꾼다. 그렇지만 우리는 모두 환술이 단순히 눈속임이고(338쪽 참조), 신기루에는 물이 없으며, 또 메아리는 사람 자체의 소리가 아니고 누가 말하는 것이 아니며, 그리고 꿈속에서 사랑하고 미워하고 두려워하는 대상이 실제로는 존재하지 않는다는 것을 잘 알고 있다.

중관학파의 공 개념에 대한 많은 오해는, 그와 동의어로 쓰이는 용어들에 충분히 주의를 기울인다면 피할 수 있었을 것이다. 가장 자주 쓰이는 동의어 가운데 하나는 '불이不二'(둘이 아님)이다. 완전한 영지靈智 속에서는 모든 이원성이 사라진다. 객관은 주관과 다르지 않고, 열반은 세속과 다르지 않고, 존재[유有]는 더 이상 비존재[무無]와 분리되지 않는다. 차별과 다양성은 무지無智와 무명無明의 특징이다. 다른 관점에서 공은 진여眞如[44]이다. 실제에 어떠한 개념도 덧씌우지 않고, 실제를 있는 그대로 받아들이기 때문이다.

대승의 철학자들이 진정한 앎에 대해 서술한 것은, 완전한 무아(자아 소멸)의 차원 또는 절대 존재의 관점에서 있는 그대로의 우주를 묘사하려는 시도였음을 깨닫는 순간, 그 서술들이 더 이상 자기 모순적이거나 터무니없어 보이지 않는다. 이 세상을 신이 보는 대로 묘사하

---

43 《능가경楞伽經》(Laṅkâvatāra-sūtra) 105, 188, 266.
44 모든 현상의 있는 그대로의 참모습. 변하지 않는 궁극의 진리.

는 것이 의미 있고 합리적이라면, 대승경전들은 의미와 합리성으로 충만해 있다. 마이스터 에크하르트와 헤겔도 이와 유사한 시도를 했다. 그들의 저술 역시 신의 뜻이 항상 쉽게 이해되는 것은 아니라는 점을 시사하고 있다.

6

해탈의 네 가지 속성

신지혜학파에 의하면, 해탈은 세 가지 부정적 속성과 한 가지 긍정
적 속성을 지닌다. 세 가지 부정적 속성은 '얻을 수 없음'[불가득不可得],
'말로 설명할 수 없음'[불가설不可說], '의존할 데 없음'[불가의不可依]이다.
한 가지 긍정적 속성은 '모든 것을 다 앎'[일체지一切智]이다.

열반은 얻을 수 없는 것이며, 해탈은 실제로 일어나지 않고,[45] 보살
의 길고 고된 분투는 정말 어떤 곳으로도 인도하지 않는다는 것,[46] 즉

---

45 해탈은 '모든 번뇌의 속박에서 벗어난 자유자재한 경지'인데, '번뇌의 속박에서
벗어난다'는 것은 '번뇌의 속박'이 전제될 때 가능한 일이다. 그러나 '번뇌의 속박'
이 꿈속의 일이니 벗어날 속박이 실재하지 않고, 따라서 '번뇌의 속박에서 벗어
남'도 실재가 아니다.

46 반야지혜로 꿰뚫어 보면 제법무아諸法無我이고 공이니, 중생을 제도濟度(해탈
로 인도)할 보살도, 제도될 중생도, 제도도 없다.

"공에는 얻음도 얻지 못함도 없다"는 것을 보여주기 위한 풍부한 논증이 이뤄졌다. 무위無爲(인연과 생멸의 조건에서 벗어남)는 정의상 그 자체가 아닌 다른 어떤 것과도 관련 맺지 않는 것이다. 또는 경전에 나와 있듯이 절대적으로 고립되어 있고 홀로인 것이다. 그러므로 사람은 무위와 어떤 관련도 맺을 수 없다. 더군다나 소유하거나 획득할 수는 없다. 더 나아가 자신이 이미 열반을 얻었다는 것도 결코 알 수 없다. 공은 아무런 속성과 표지도 없으며, 인식 가능한 그 무엇도 갖고 있지 않다. 그래서 우리는 공을 얻었는지 얻지 못했는지 절대로 알 수 없다.

'얻을 수 없는 것'이란 진정한 자아의 소멸, 또는 완전한 망아에서 자신을 잊는 것이다. 어떤 이가 덕을 지녔으되 스스로 덕이 있다는 생각이 없어졌을 때 그것은 최상의 덕에 이른 징표이다. 천진함이나 겸손함도 스스로 천진하다거나 겸손하다는 생각이 없어졌을 때 가장 천진하고 겸손한 것이다. 사람이 의도적으로 천진하려고 생각하면 자연스러운 천진함을 얻을 수 없으며, 스스로를 겸손하다고 여기면 오히려 자만심과 영합한 것이 된다.

열반을 얻었다는 말은 자신과 열반을 구분하는 것이고, 자신의 과거 상태와 현재 상태를 구분하는 것이고, 열반과 그 반대 상태를 구분하는 것이 된다. 이들 모든 구분이야말로 스스로를 피안彼岸으로부터 배제하는 무지無知의 징후이다.

우리가 무언가를 주장하기 위해 말로 어떤 서술을 한다는 것 자체가 참으로 위험한 일이다. '말로 설명할 수 없는 것'이 해탈의 표지 중 하나인 차원에서는 해탈이 긍정적 이론이나 형이상학적인 체계로 제안될 수 없음을 우리는 항상 기억해야 한다. "이러한 숭고한 가르침은 논리학자들을 위한 자리(차원)가 아니다."[47]

공의 교리는 다른 이론들과 대항해 특정한 이론을 지지한다는 차원이 아니라 모든 이론을 함께 버리도록 가르친다. 그러므로 만약 어떤 이가 공을 유위(조건 지어진 것)의 세계 배후에 있는 일종의 절대 존재라거나, 이 세계의 바탕이라거나, 우리를 위한 일종의 정신적 지주로 여긴다면, 이는 신지혜학파의 의도와는 전혀 맞지 않는 것이다. 공은 결단코 그런 것이 아니다.

"열반과 생사는 조금도 다르지 않다."[48] 열반은 독립된 실재가 전혀 아니다.[49] 열반을 설일체유부의 다원론과 대조되는 형이상학적 일원론으로 묘사하는 것 또한 잘못이다. 중관학파의 교리는 종종 철학 교재들에 형이상학적 일원론으로 등장하기도 한다. 그렇지만 그것은 '다多'에 대비해 '일—'을 세우는 이원론에 빠지는 것을 피하려는 교리의 정신에 배치된다.

---

47 Mahāyāna-sūtrâlaṃkāra(대승장엄경론大乘莊嚴經論) I 7
    인도의 논사 아상가Asaṅga[무착]가 지었고, 7세기 초 당나라에서 활동한 인도 출신의 학승 프라바카라미트라Prabhakaramitra[바라바밀다라波羅頗蜜多羅]가 한역했다. 총 13권 24품으로 구성된 이 논은 대승불교에 대한 여러 가지 문제들에 대해 운문으로 쓴 미륵보살의 시를 아상가가 해설하는 형식이다.
48 Prasannapadā(명구론明句論) p. 535
    이 책은 중관파 귀류논증법歸謬論證法의 시조인 인도의 승려 찬드라키르티 Candrakīrti[월칭月稱]가 쓴 중론의 주석서이다.
49 열반이라는 것은 생사를 전제로 생사를 벗어나는 것이므로 '생사 없는 독립적인 열반'이 될 수 없다.

나가르주나의 정신은 일원론이나 이원론 등의 철학적 논리보다 더 미묘하다. 공은 '예'와 '아니오' 사이의 '차이 없음'이다. 그리고 '그렇다'거나 '그렇지 않다'고 말하는 것은 진리에서 벗어난다. 진리는 양 편의 사이 어딘가에 놓여 있다. 공에 머문 사람은 어떤 것에 긍정적 태도나 부정적 태도를 갖지 않는다. 나가르주나의 교리는 전혀 형이상학적이지 않고, '주장하지 않음non-assertion'의 실천적 태도를 묘사하고 있는데, '주장하지 않음'만이 항구적 화평을 보장한다. 어떤 것을 위하여, 또는 반대하여 논쟁하고 다투는 것은 현자의 정신에 가장 맞지 않다. 진정한 현자의 이러한 평온함이 중관파 변증법의 기원이다.

이 평온함은 나가르주나보다 훨씬 오래 전의 경전에 이미 명확히 표현되어 있다. 예로, 아주 오래된 경전인 《숫타니파타》(796~803번째 게송)에 그것이 분명하고 명백하게 발견되고, 《상윳따 니까야》에도 보인다. 붓다는 다음과 같이 말씀하셨다.

> 나는 세상과 다투지 않는다. 세상이 나와 다툴 뿐이다. 왜냐하면 다르마를 아는 사람은 결코 세상과 다투지 않기 때문이다. 그리고 세상의 학자들이 '존재하지 않는다'고 여기는 것을 나 또한 '존재하지 않는다'고 가르친다. 그리고 세상의 학자들이 '존재한다'고 여기는 것을 나 또한 '존재한다'고 가르친다. — 상윳따 니까야Samyutta Nikāya III 138

나가르주나 변증법의 목적은 절대 어떤 명확한 결론에 도달하는 데 있지 않고, 모든 견해를 타파하고, 모든 긍정적 믿음을 불합리한 모순으로 몰아넣는다. 신약성서는 짧은 한 문장으로 간략히 이렇게 말했다. "사람의 아들이 그의 머리를 둘 곳은 아무데도 없다."

신지혜학파도 '의존할 데 없음'이라는 복음을 거의 무한에 가까운 다양한 표현으로 전하고 있다. 그 가르침의 단서는 우리 인생에 스며들어 짓누르는 불안에 있다(39쪽 참조). 이 불안은 '우리와 다른 어떤 것'에 끊임없이 집착하게 강요한다. 우리는 이 사람에게, 또 저 사람에게 집착한다. 그리고 어디론가 달아날 곳조차 생각할 수 없는 '완전히 나 혼자뿐인 고독'보다 더 두려운 것은 없다.

우리는 해탈을 얻기 위해 이 모든 의지처를 하나하나 거부해가야 한다. 그리고 적나라한 우리 정신(영혼)의 '비어 있음'과 두려움 없이 직면하는 법을 배워야 한다. 이처럼 차분히 안정적으로 기댈 곳도 없고, 기댈 곳이 생길 희망도 없을 때 우리는 오직 반야바라밀[완전한 지혜]에만 의지하게 된다. 혹은 반야바라밀과 동일한 '비어 있음'에만 의지하게 된다고 할 수 있다.

긍정적 관점에서 보자면, 해탈은 '모든 것을 아는 지혜'[일체지一切智]로 묘사된다. '모든 것을 아는 지혜'를 얻으려는 열망이 우리에게는 도리어 생경하게 여겨지므로, 약간의 설명이 필요하다. 이것은 두 가지 사상적 발전의 결과이다. 한쪽은 붓다의 궁극적 열반을 모든 신도들이 추구할 목표로 삼은 결과이고, 다른 한쪽은 붓다의 본질적 속성으로 일체지를 강조한 결과이다. 이미 살펴보았듯이 전자는 보살의 이상 속에 함축되어 있다.

그렇다면 붓다는 어떤 의미에서 일체지라고 여겨졌을까? 대승불교도들은, 엄밀한 의미에서 붓다가 일체지를 갖추었다고 주장한다. 걸림 없는 인식으로 붓다는 존재의 모든 측면을 철저하게 세밀히 정확하게 알고 있다. 물론 유한한 정신으로 무한한 지력 작용[일체지一切智]을 이해하기를 바랄 수는 없다. 붓다의 사유는 우리의 사유와 정말 질적으로 상당히 다를 것이다. 붓다의 사유는 '절대적' 사유, 즉 절대자에 의한 절대자의 사유일 것이다.

그러나 엄정히 말하면, 붓다의 사유는 실제로 전혀 사유가 아닐 것이다. 왜냐하면 '조건을 떠난' 무위의 사유는 다섯 가지 무더기 중 의식에 포함되지 않고, 그 대상과 분리되지 않고 일치하기 때문이다. 여하튼 붓다가 인간인 한, 또는 '빛나는 몸'[장엄신莊嚴身]인 한 일체지는 붓다의 속성이 아니다. 하지만 일체지는 본질적으로 순수 정신 원리로서의 붓다, 곧 붓다의 법신法身과 긴밀하여 뗄 수 없는 관계이다. 모든 불교도들이 그들의 종교에 권위를 부여하기 위해 붓다에게 엄밀한 의미의 일체지가 필요하다고 믿은 것은 아닌 듯하다. 만약 해탈에 필요한 모든 것을 붓다가 안다면, 그것만으로 신뢰할 수 있는 안내자가 되기에 충분하다고 할 것이다.

사실 팔리 경전의 몇몇 구절에서 붓다는 해탈에 필수적인 것들 외에 다른 어떤 일체지도 부정하고 있다. 반면에 대승은 다음과 같이 설명한다. 일차적으로 붓다의 일체지는 천상과 해탈에 이르는 방법을 잘 아는 것이지만, 또한 세상의 벌레 수와 같은 필수적이지 않은 정보 등을 포함하여 모든 것을 예외 없이 다 안다는 것이다. 만약 붓다가 이러한 세속사를 아는 데에 결함이 있다면, 그는 그가 모르는 것들에 의해 장애를 받는 것이므로 절대 존재가 되기에 부족할 것이다.

이 문제에 함축된 철학적 의미는 차치하고 실천의 관점에서 볼 때, 일체지의 추구는 자아 소멸을 추구하는 것과 같다. 그러므로 일체지를 영적인 삶의 목표로 삼는 것이 유익하다. 우리의 타고난 조건을 보면, 우리에게는 완전한 일체지를 얻으려는 특별한 욕구가 없다는 데 동의할 것이다. 진리를 추구하는 보통 사람들에게 일체지는 확실히 그들이 정말 바라는 성과가 아니다. 그들이 일반적으로 기대하는 경지에는 세 가지 주요한 특성이 있다.

1) 육체적 고통으로부터 자신을 보호하고 2) 자아에 대한 집착과 그 결과인 죽음 등을 제거함으로써 공포와 불안과 걱정에서 해방되고 3) 세속을 극복하고 벗어나 고요하고 청정한 힘의 중심이 되고, 그곳에 머물고자 희망하는 것 등이다.

역사 문헌에 의하면, 고대 인도의 불교 교단에서 이 세 가지는 승단의 상당히 많은 종파에게 수행을 고무하는 동기가 되었다고 한다. 대승 이전에는 무심無心[50]이라는 이상적인 경지가 있었는데, 이는 스토아학파의 아파테이아apatheia[51]와 거의 같다. 대승은 이러한 무심에 맞서기 위해 일체지를 강조했다. 만약 당신이 항상 세속의 악에서 벗어나려는 욕구에 지배된다면, 자아 소멸이라는 당신의 관념은 영원히 계속되는 '꿈 없는 잠'과 비슷할 것이다. 그렇지만 붓다는 항상 깨어 있는 존재이다. 산스크리트어 Buddha의 어근 BUDH는 '깨어 있

---

50 모든 번뇌와 망상이 소멸된 상태.
51 정념情念이나 외부의 자극에 흔들리지 않는 초연한 마음의 경지.

음'과 '앎'의 두 가지 뜻을 동시에 나타낸다. 대승이 일체지를 모두의 목표로 강조한 이유 중 하나이다.

게다가 일체지의 덕은 그것에 대한 '나'의 욕망이 조금도 없다는 데 있다. 우리가 본능적으로 일체지를 추구하는 것은 아니고, 그런 목표는 우리 본성의 입장에서 보면 매우 낯선 것이다. 우리는 분명히 모순에 직면해 있다. 붓다의 가르침을 따르는 사람으로서 나의 목표는 나를 이끌 수 있는 매력이 있어야 한다. 왜냐하면, 만약 그렇지 않으면 '나'는 거기에 도달하려고 노력하지 않을 것이기 때문이다. 하지만 또한 그것은 내 마음을 끌면 안 된다. 왜냐하면, 내 마음을 끈다면 거기에 도달하려고 노력할 것이기 때문이다. 그러나 그 목표는 지금의 나와 내가 가치를 두고 있고 이해하고 있는 것이 모두 소멸한 곳, 다시 말해 현재의 내가 전혀 다다를 수 없는 곳이다.

나뿐 아니라 다른 어느 누구도 전 우주의 모든 상세한 부분까지 진심으로 알고 싶은 척하는 것은 분명히 우스꽝스러운 일이다. 광대한 우주를 대서양에 비한다면, 인류 전체는 대서양에 있는 조약돌의 작은 이끼 한 점에도 미치지 못한다. '그 이끼 속의' 나는 얼마나 더 미미한가. 일체지와 나는 결코 하나로 합쳐질 수 없다. 그러나 내가 더 이상 내가 아닐 때, 무슨 일이 일어날지도 모른다.

이러한 모순을 받아들이고 만족하기는 쉽지 않으며, 우리 본성에 배치된다. 사람의 속성은 우리의 목표를, 거미줄에 걸린 나비 혹은 이자가 붙은 은행 예금처럼, '무언가 손에 잡히는' 어떤 것으로 상상하려는 경향이 있다. 에크하르트의 말에 따르면, 우리는 '담요에 싸서 의자 밑에 놓을 수 있는' 구원을 좋아한다.

'밖에 있는 대상'으로서의 목표에 접근하려는 잘못을 바로 잡으려면, 목표는 전혀 아무것도 아니라고, 즉 공이라고, 긍정(그렇다)과 부정(아니다)이 둘이 아닌 공空이라고 말해야 할 것이다. 그렇지 않으면, 그것은 '모든 사물'이라고, 모든 것의 집적으로서가 아니라 낱낱의 개별 사물을 '포함하면서 동시에 배제하는' 제법諸法이라고 말해야 할 것이다.

생각 이전의 자리인 일체지 속에서는 객체와 주체가 둘이 아니다. 모든 일을 하되 '어떤 일을 한다는 의식'이 없고, 모든 일을 생각하되 '모든 생각이라는 의식'이 없다. 모든 것을 얻고자 노력하지만, 결코 얻지 못해도 만족스럽다. 그것이 바로 우리가 자아를 소멸하기 위해 수행해야 할 기적이다. "수행하되 일체지를 얻기 위해서가 아닌 사람, 그만이 일체지 속에서 수행하고 일체지 속으로 들어갈 것이다."[52]

---

52 Aṣṭasāhasrikā-prajñāpāramitā-sūtra(팔천송반야八千頌般若) II 43

7

유사한 서양사상

반야바라밀다와 중관파의 사상은 완전히 서양 철학 전통의 흐름 밖에 있기 때문에 유럽인들에게 낯설게 느껴지기 쉽다. 그러므로 우리가 여기서 다룬 사상이 특별히 인도만의 현상이 아니라 지중해 세계에도 이와 유사한 많은 사상이 발달했음을 독자들에게 상기시키는 것이 유익할 수 있다.

예를 들면, 중관학의 비논리적 태도는 이른바 그리스 회의론자들과 매우 유사하다. 회의학파의 설립자는 엘리스의 피론[53](BCE 약 330년)이다. 일체지에 대한 강조가 없다는 것 외에 그의 인생관은 중관학파와 상세한 면까지 근접하게 일치한다. 피론은 확실한 이론을 갖

---

[53] Pyrrhon. 그리스 엘리스 출신의 철학자.

고 있지 않았다. 그의 제자가 된다는 것은 피론과 유사한 삶을 영위한다는 것을 의미했다.

> 그는 사람들에게, 구원이란 무심한 생각의 평화 속에서만, 감각이 소멸된 평화 속에서만, 그리고 의지를 복종시킨 평화 속에서만 발견될 수 있다는 것을 보여줌으로써 행복의 비밀을 제시하고자 했다. 더 나아가 이 탐색은 개인이 완전히 자기를 버리려는 노력을 요구한다.
> — 로뱅, 『피론과 그리스 회의주의』, 1944

　열정에서 벗어나는 것은 삶의 위대한 목표이며, 평온함은 힘써 개발해야 할 태도이다. 모든 외부의 사물들은 모두 동일하고 그들 사이에는 아무런 차별이 없다. 그리고 현자는 외부 사물들 사이에 분별을 두지 않는다. 이런 무심의 경지를 얻으려면 애착하고 분별하는 자연적 본능을 희생해야 한다. 모든 이론적 견해들은 다 같이 근거가 없으므로 명제를 만들거나 판단 내리는 것을 철저히 삼가야 한다. 피론의 철학에서는 한편의 관습적 진리, 곧 현상(phainomena)과 다른 한편의 궁극적 진리(adela) 사이를 구분한다. 궁극적 진리는 완전히 감춰져 있다. "나는 꿀이 달다는 것을 모른다. 그러나 내게는 달게 느껴진다는 것에 동의한다."[54]

54　꿀이 궁극적으로 단 것인지는 알 수 없지만, 현상적으로 내 혀는 달게 느낀다는 뜻이다.

피론이 모든 이론적 판단을 금지한 것을 전문 용어로 에포케[55]라고 한다. 에포케의 의미는 메세네의 아리스토클레스[56]가 세 가지 표제로 아주 분명하게 설명했다.

1) 무엇이 사물들의 내적 본질(자성自性, 산스크리트어 svabhava)인가? 그것은 부정적 표현[차전법遮詮法]으로만 표현될 수 있다. 왜냐하면 모든 사물은 다 똑같이 뚜렷한 차별이 없고, 헤아릴 수 없으며, 결정적이지 못하고 모호하기 때문이다. 그들은 모두가 동등하므로 다른 것에 비해 더 중요한 것은 없다. 따라서 우리는 어떤 것에 대해 '이것이다'라고 말하는 편보다 '이것이 아니다'라고 말하는 편이 더 적절하다. 우리는 당연히 '~이다'와 '~가 아니다'를 똑같이 긍정하거나 똑같이 부정하는 것도 가능하다.

2) 사물들을 대할 때 우리가 지닐 태도는 무엇인가? 우리는 어느 하나를 다른 것보다 더 신뢰해서는 안 된다. 그것들 쪽으로 기울어서도 안 되고, 그것들로 인해 동요해서도 안 된다.

3) 우리는 그것들에 대해 어떻게 행동해야 할까? 가장 현명한 태도

---

55 에포케epokhe는 멈추다, 혹은 보류하다는 뜻이다. 피론은 어떤 주장에 대해 그 반대가 성립될 수 있기 때문에 확실한 판단은 불가능하고, 따라서 판단을 보류해야 한다고 주장했다.

56 Aristocles of Messene. 시실리 메시나 출신이며, CE 1세기경의 소요학파 철학자로서 아프로디시아스의 알렉산더의 스승으로 알려져 있다. 저서로 『호메로스와 플라톤 중 누가 더 가치가 있을까』, 『수사修辭의 기술』, 『세라피스 신』, 철학사를 다룬 『철학』(10권 본) 등이 있다. 저서의 내용은 부분적으로만 전해오며, 불교의 삼법인에 대한 기술이 아직 남아 있다.

는 무언의 침묵, 동요하지 않는 고요와 무심이다. 무위無爲만이 유일하게 가능한 행위이다.

서양과의 이러한 유사성에서 부수적으로 우리는 중관론적 견해가 인도에서 출현한 연대에 관해 결론을 도출할 수 있다. 이 결론은 과장된 것처럼 보이지만, 여기에서 언급할 정도로 충분히 타당하다고 생각한다.

피론이 회의학파를 설립한 것은 아시아에서 돌아온 직후였다. 피론은 그의 스승 아낙사르코스Anaxarchos와 함께 알렉산더 대왕의 원정군을 따라 아시아를 방문했다. 로뱅이나 다른 권위 있는 학자들의 주장에 의하면, 회의학파 철학은 그리스에서는 전혀 새로운 것이었다. 그 이전의 그리스 고유의 철학 발달사에서 회의학파로 부를 만한 씨앗은 전혀 없었다. 따라서 우리는 피론이 그의 사상을 인도나 이란에서 얻었을 가능성을 추론할 수 있다. 만약 이란에서 얻은 것이 아니라면, 중관학파의 교리가 BCE 약 350년경에 이미 인도에 존재했다는 얘기가 된다. 물론 꼭 불교 승려에 의해 피론에게 전해진 것이 아닐 수도 있다. 아마도 자이나교 공의파空衣派[57]와 만났을 가능성이 더 크다.

그리스인들은 그들을 '나체주의 고행자들'이라고 불렀다. 자이나

---

[57] 산스크리트어 디감바라Digambara. 인도 자이나교의 양대 종파 중 하나. 비폭력 원칙 속에 옷을 입지 않고 포기의 삶을 살아간다. Digambara는 '하늘을 입은 사람들'이라는 뜻이다.

교도와 불교도는 서로 긴밀히 교류하며 살았고, 교리적으로도 서로 영향을 끼쳤다. 예를 들면, 자이나교에는 24대로 이어진 티르탕카라 Tirthankara(구원자)들이 있고, 초기 소승불교에서도 석가모니 이전의 과거불 24인을 열거한다는 것은 특이한 일이다. 대승불교의 일체지 교리 역시 자이나교 사상의 영향을 심대하게 받았다고 나는 믿고 있다. 실제로 자이나교의 전형적인 교리가 피론의 어록에 기록되어 있는데, 그는 "어느 누구의 마음도 억압하지 않도록 결심했기" 때문에 저술하지 않는다고 밝혔다.

피론에 앞서 자이나교도들은 '해치지 않음'[불해不害]의 계율로부터 누구나 자기 견해를 남에게 강요하는 폭력을 가해서는 안 된다는 논리적 결론을 이끌어내었다. 어떻든 피론의 근본 사상이 인도인들에게 영향 받은 것이라고 인정한다면, 또 그의 철학이 중관학파와 매우 유사하다면, BCE 100년경 이후의 저술로 알려져 있는 중관학파 교리의 핵심 내용은 BCE 350년경, 즉 불멸 후 150년 이전 무렵까지 거슬러 올라가야 한다.

이 논쟁의 가치가 무엇이든 간에, 비슷한 시대에 다음과 같은 놀라운 사실이 간직되어 있음을 알 수 있다. 즉 BCE 200년경부터 지금까지 지중해와 인도에서 서로 다른 두 개의 문명이 그들의 전래문화로부터 매우 유사해 보이는 지혜의 개념들을 각각 독자적으로 만들어 냈다는 것이다.

동부 지중해에서 만들어진 구약성서라는 지혜서는 초기 반야부 경전과 거의 동시대의 것이다. 나중에 알렉산드리아의 영향 하에 그

노시스교도[58]와 신플라톤주의자들은 지혜에 초점을 둔 문헌을 발전시켜왔다. 특히 필론[59]에서 프로클루스[60]까지는 반야부 경전과 언어적 일치까지 보이는 것이 다량 있다.

이 전통은 기독교도들 가운데 오리게네스[61]와 디오니시우스 아레오파기타에 의해 지속되었다. 특히 동방정교회[62]의 '하기아 소피아'(성스러운 지혜) 대성당[63]은 지혜의 중요성을 웅변적으로 입증하고 있다. 한편으로는 코크마[64](히브리어로 '지혜')와 소피아(그리스어로 '지혜')를 다루는 구약성서, 다른 한편으로는 반야바라밀[완전한 지혜]을 다루는 불교 문헌, 이 양자 사이에 많은 유사점과 공통점이 발견된다. 이러한 공통점을 '차용'으로 설명하는 것은 전혀 도움이 안 된다. 우리는 로이드 조지[65]의 사회입법을 설명할 때 그가 그것을 독일에서 '차용

---

58 CE 1~2세기에 기독교에서 발전된 신비주의적 이단 기독교.

59 Philon(BCE 15?~CE45?). 헬레니즘 시대를 대표하는 유대 철학자이며, 최초의 신학자이다. 그리스 철학과 유일신 신앙의 융합을 꾀했다.

60 Proclus(412~485). 그리스 철학자. 신플라톤주의의 마지막 대표자로 그리스 사상을 옹호했다.

61 Origenes(185?~254?). 알렉산드리아 학파의 대표 신학자. 성서, 체계적 신학, 그리스도의 변증적 저술 등을 다룬 저서를 많이 남겼다.

62 그리스 정교회. 동로마 제국의 국교로서 콘스탄티노플을 중심으로 발전한 기독교의 한 교파. 로마 가톨릭, 프로테스탄트(개혁교회)와 함께 기독교의 3대 분파 중 하나이다.

63 터키 이스탄불에 있는 성당. 325년에 콘스탄티누스 대제가 '하기아 소피아'(성스러운 지혜)에 바친 성당으로 건립했다.

64 히브리어 성서에 나오는 단어로서 '지혜'를 뜻하는데, 그리스어 구약성경에는 'sophia'로 번역되고, 영어성경에는 'wisdom'으로 번역된다.

65 Lloyd George(1863~1945). 영국의 자유당 출신 총리로 제1차 세계대전 중 전시내각을 이끌었고 베르사유조약을 성사시켰다.

했다'고는 말하지 않는다. 실제적인 설명을 하려면, 차용자의 동기를 살펴야만 한다.

단순히 '차용했다'고만 하는 것은, 불교와 유대교의 지혜 개념이 BCE 200년 이후 각각 나름의 선행하는 전통에서 자연스럽게 진화해 오는 동안 전통적 기본 개념과 아무 갈등을 겪지 않았다는 사실을 설명할 수 없다. 단 한 가지 차이를 지적하자면, 소피아는 세계 창조에 결정적인 역할을 하는 반면 반야바라밀은 우주창조의 기능이 없어서 천지창조의 부담을 전혀 지고 있지 않다. 소피아와 반야바라밀을 표현한 도상圖像도 각각 독립적으로 발전해나간 듯하다.

그렇지만 나는 알렉산드리아 양식으로 거슬러 올라간다는 10세기의 비잔틴 세밀화를 우연히 발견하고 흥미로웠다. 거기에서 소피아(지혜의 성녀)의 오른손은 설교하는 동작이고, 왼팔에는 책을 끼고 있었는데, 이 형태는 인도에 있는 반야바라밀보살의 몇몇 조각상들과 꽤 비슷하다. 이 모든 것들은 보편적으로 널리 퍼진 공통의 선행적 문화양태로부터 발전해왔고, 지역적 환경의 영향이 가미되며 서로 유사한 형태로 전개되어 왔다고 할 수도 있겠다. 혹은, 역사에는 어떤 숨은 리듬이 있어서 융[66]이 말한 특정한 원형이 서로 멀리 떨어진 장소들에서 어떤 시점에 동시적으로 활성화되는 것인지도 모른다.

---

[66] Carl Gustav Jung(1875~1961). 스위스의 정신과 의사. 정신분석의 유효성을 인식하고 연상실험을 창시하여, 프로이트가 말한 억압된 것을 입증하고 '콤플렉스'라고 이름 붙였다.

6장

신앙과 귀의불교

1

박티의 수용

　신지혜학파는 동체대비同體大悲[1]의 마음으로 중생의 이익을 자신의 이익으로 여기는 엘리트들의 운동이었다. 그러므로 그들은 앞장에서 서술한 것과 같은 고도로 추상적인 형이상학의 체계를 세우는 것만으로는 만족할 수가 없었다. 불교 전도傳道를 실현하기 위해서는 형이상학적 교리에 신화적 체계를 더해야 했다.

　보살은 방편方便[2]에 전념했다. 다른 사람들을 제도하기 위한 보살의 활동이 공관空觀[3]을 권하는 것에 국한될 수는 없었다. 만일 공관의

1　중생과 자신이 본질적으로 동일체라고 관찰하여 대자비심을 일으키는 불보살의 마음.
2　다양한 중생을 구제하기 위하여 쓰는 묘한 수단과 방법.
3　모든 현상에는 불변하는 실체가 없음을 주시하는 것.

권유에 그친다면, 형이상학적 성향이 결여되고 생계에 쫓기고 재산과 가족과 가정에 깊이 집착하는 중생들은 소외되고 만다. 재가신도들은 분명히 고통 속에 있지만, 본래는 신성한 존재로서 영적인 갈망과 잠재력을 갖추었기 때문에 붓다는 그들에게도 법을 설했다.

재가신도에게는 자력自力[4]의 지혜 수행이 어려운 일이기 때문에 타력의 신앙 방법을 택해야 한다. 초월적 지혜의 방법에 믿음 또는 박티Bhakti[귀의歸依][5]를 보충해주어야 한다. 나가르주나는 지혜의 어려운 방법과 신앙의 쉬운 방법을 구별했다. 마치 같은 마을을 물길이나 육로로 갈 수 있는 것처럼 이 두 가지는 모두 동일한 목표로 인도한다. 어떤 사람들은 열성적이고 활기찬 고행과 명상 방법을 선호한다. 또 다른 사람들은 신앙이라는 쉬운 방편으로, 단지 붓다의 명호를 부르면서 붓다를 생각하는 염불念佛 수행을 통해서 신속하게 불퇴전위不退轉位[6]에 이를 수 있다. 불퇴전위란 완전한 깨달음에 이를 것이라는 확신 속에서 완전한 깨달음을 향해 나아가는 지위이다.

소승에서는 신앙이 부차적인 덕목이었지만, 지금 대승에서는 지혜와 동등한 위치가 되었다. 신앙을 통한 구제의 힘은 옛 학파들이 추정한 것보다 훨씬 필요해졌으니, 인류가 점점 더 타락하여 지혜 수행을 통한 해탈이 어려워지는 것을 고려해야만 했다. 자력적인 활력

---

4 부처나 보살에 의지하지 않고, 자신의 힘으로 깨달음에 이르려고 하는 것.
5 박티Bhakti는 본래 힌두교에서 최고의 존재에 대한 헌신을 가리키는 말이다. 불교에서는 귀의, 곧 부처와 부처의 가르침과 승가로 돌아가 믿고 의지하여 따른다는 의미로 쓰인다.
6 불퇴전은 한 번 도달한 수행의 경지에서 물러서지 않음을 말한다.

이 필요한 어려운 '지혜 수행법'은, 승려들 대다수는 아니더라도 일부 승려를 포함해서 많은 사람들에게 더 이상 적합하지 않았다. 이러한 여건에서 '신앙'이라는 쉬운 방법은 사람들이 택할 수 있는 유일한 길이었다.

BCE 400년경 이후 인도에서 탄력을 받은 박티 운동은 서력기원 초기에 막강한 세력을 얻었다. 박티는 전적으로 인간의 형태로 숭앙되는 신에 대한 개인적 사랑과 헌신을 의미한다. 불교에 오랫동안 영향을 끼쳐온 인도 민중들의 박티적 경향은 서력기원 즈음 불교에 대거 침투했다. 신지혜학파의 형이상학은 박티 쪽으로 기우는 추세를 충분히 흡수할 만큼 융통성이 있어서 박티에 철학적 근거를 제공할 수 있었다. '신지혜의 불교'와 박티 운동 간에 일어난 유기적 융합의 결과를 우리는 '귀의의 불교'라고 부른다.

소승불교는 엘리트에게만 주의를 기울였고, 평범한 이들을 해탈로 인도하는 효과적인 방법은 거의 갖고 있지 않아서 불완전해 보였다. 이에 반발하여 대승불교는 해탈의 보편성을 주장했다. 대승불교도들은 아직 성숙하지 못한 많은 평범한 중생을 구제하는 일을 가장 중요한 사명으로 여겼다. 그들은 중생들에게 다르마를 이해시키지는 못해도 최소한 접하게는 만들려고 했다. 반야바라밀[완전한 지혜]에 내재된 논리는 실로 반야바라밀을 부정하기에 이른다. 만약 열반과 세속이 둘이 아니고, 어떤 것이든 그 외의 다른 모든 것들과 차별이 없다면, 실제로 깨달은 자와 깨닫지 못한 자도 다르지 않고, 현명한 사람과 어리석은 사람도 다르지 않고, 청정함과 청정하지 않음도 다르지 않으며, 모든 이들이 똑같이 구원의 기회를 갖게 된다는 말이기 때문이다. 붓다의 연민심이 무량하다면, 그는 어리석은 이도 구원해야만 한다. 모든 중생에게 불성佛性[7]이 동등하게 있다면, 모든 중생은 동등하게 성불成佛할 수 있는 것이다. 대승의 '신앙 불교'는 실용적인 결론을 이끌어낸다. 그 결론은 가난한 이와 부유한 이, 무지한 이와 지식인, 죄인과 성인, 계율을 잘 지키는 사람과 못 지키는 사람 사이의 차별을 제거하는 방법을 발전시켰다. 모든 중생이 동등하게 해탈할 수 있다고 표방하기 때문에 구원은 모든 중생에게 똑같이 열려 있다.

---

7   모든 중생이 본디 가지고 있는, 부처가 될 수 있는 성질. 혹은 부처를 이룰 근본 성품.

2

신앙의 대상들

박티불교 학파의 전적典籍은 신지혜학파의 용어와 문장과 개념들을 인격적 구원자에 대한 헌신과 융합시켰다. 서력기원 초에 인도에서 시작된 이 학파는 400~500년 후에는 더욱더 밀교 사상에 젖어들면서 주문에 사로잡히게 되었다. 사람들은 점점 더 주문을 통해 신들에게 근접할 수 있고, 주문을 통해 원하는 바를 이룰 수 있다고 생각하게 되었다(359쪽 참조).

박티의 대상이 된 첫 번째 붓다 중 하나는 아축불[부동불不動佛][8]로서,

---

8 Akṣobhya Buddha. 아축阿閦은 산스크리트어 akṣobhya의 음역이다. 먼 옛날 한 비구가 동쪽으로 1천 불국토를 지나 있는 아비라티abhirati[묘희세계妙喜世界]의 대일여래에게 부동不動과 무진에無瞋恚를 발원하고 수행하여 성불했고, 아축불이 되어 그곳에서 설법하고 있다고 전해진다.

동방의 불국토佛國土[9]인 아비라티[묘희세계妙喜世界]를 다스린다. 아축불은 초기 대승경전에 꽤 많이 언급되고 있다. 그에 대한 숭배는 매우 널리 퍼져 있었던 게 분명하지만, 전설은 단편적으로만 남아 있다.

아축불 신앙과 거의 동시에 시작된 아미타불 신앙은 이란의 영향을 강하게 받은 듯하다. 아미타불[10]은 한량없는 빛[무량광無量光]을 뜻하며, 서방정토를 다스린다. 아미타바는 아미타유스Amitayus로도 알려져 있는데, 이는 한량없는 수명[무량수無量壽]을 의미한다. 아미타불에 관한 경전은 많이 있다. 그중 가장 유명한 것이 《아미타경》[11]으로 극락세계와 그것의 기원, 구조에 대해 묘사하고 있다. 또한 치유하는 붓다인 약사여래[12]도 무척 인기가 많았다.

중국과 일본에서는 아미타불이 다른 어떤 붓다보다도 훨씬 많은 인기를 누려왔다. 비록 702~719년 사이에 인도를 방문한 중국인 순례자 혜일慧日[13]의 기록에는, 인도에서 만난 모든 사람이 그에게 아미타불과 극락에 관해 이야기했다고 쓰여 있지만, 인도에서는 그런 높은 인기를 누리지 못한 듯하다.

---

9 부처님이 계시는 국토, 또는 부처님이 교화하는 국토.
10 Amitābha. amita는 무량無量, abha는 광光을 뜻한다.
11 Amitābha-sūtra. 아미타불의 공덕과 극락정토의 정경에 대해 설하고, 극락에 태어나는 길은 아미타불을 염불하는 데 있다고 설하는 경전.
12 Bhaishajyaguru. 동쪽으로 무수한 불국토를 지나 있는 정유리세계淨琉璃世界에서 중생의 질병을 치료하고 있다고 전해진다.
13 중국 당나라의 승려. 의정義淨의 영향으로 인도 불교 유적을 참배하기로 마음먹고 수마트라와 스리랑카를 거쳐 인도로 들어간 뒤 18년 만에 돌아왔다. 인도에서 터득한 정토교를 열심히 포교하여 정토교 자민류慈愍流의 개조가 되었다.

다른 전적들은 보살들에 대해 다루고 있다. 보살들도 붓다처럼 매우 많지만, 여기서는 몇몇 보살만 다루도록 하겠다. 귀의(신앙)불교의 신화적 상상력이 창조해낸 가장 돋보이는 보살은 관세음보살[14]이다. 신통력과 무한한 자비와 방편을 통해 그는 불안해하는 사람들을 구제해준다. 관세음보살은 산스크리트어 아발로키타avalokita(세상에서 고통 받는 중생을 자비로 내려다보는 이)와 이스바라ishvara(통치자)의 합성어로, 세상의 소리를 자비로 관찰하는 보살을 의미한다. 관세음보살은 자비를 인격화한 것이다.

여러 전적들과 관음상들을 볼 때 인도에서 관음 사상의 발전은 세 단계로 구분할 수 있다.

첫 번째 단계는, 무량수불·관세음보살·대세지보살[15](큰 힘을 지닌 이) 등 삼존三尊[16]에서 무량수불을 왼쪽에서 보좌하는 보살이었다. 삼존은 이란의 미트라Mitra[17] 신앙이나, 무량한 시간(Zervan Akarana=Amita-

---

14 Avalokitêśvara-bodhisattva. 아미타불의 왼편에서 교화를 돕는 보살. 중생이 괴로울 때 그 이름을 외면 곧 구제해준다고 전한다. 자비로 중생의 괴로움을 구제하고 왕생의 길로 인도하는 불교의 보살이다. 광세음光世音·관세음觀世音·관자재觀自在 등으로 한역하고, 줄여서 관음觀音이라고 한다. 관세음은 구역이고 관자재는 신역인데, 산스크리트어 '아발로키테슈바라Avalokitêśvara'가 '자재롭게 보는 이'를 의미하므로 '관자재'가 그 뜻에 가깝다고 할 수 있다.

15 Mahāsthāmaprāpta-bodhisattva. 아미타불을 오른쪽에서 보좌하는 보살. 지혜의 광명으로 중생을 구제한다고 여겨진다. 세지보살勢至菩薩이라고도 한다.

16 본존불本尊佛과 그 좌우에서 보좌하는 두 보살 혹은 두 부처로 구성된다.

17 고대 아리아인(인도·이란인)의 남신으로 빛, 진실, 맹약을 지배한다. 고대 인도의 종교 경전인 『리그베다』에서는 태양신이라고 하며, 이란인의 성전 『아베스타』에서는 미트라Mithra라고 불렀다. 『미트라 찬가』에는, 죽음으로부터의 구세주, 축복을 주는 자, 승리자, 전사, 목장의 주 등으로 나온다. 아미타Amita와 어원

ayus)을 기본 원리로 하는 페르시아의 주르바니즘Zurvanism[18] 등과 많은 대응 관계를 갖고 있다. 불교에 동화된 아발로키테스바라(관세음보살)는 위대한 보살이 되었고, 매우 위대해서 거의 붓다처럼 완벽에 가깝다. 그는 갖가지 위험과 난관에 처한 중생들을 도와줄 수 있는 위대한 신통력을 갖고 있다.

두 번째 단계에서 관세음보살은 수많은 우주적인 기능과 특징을 갖게 된다. 그는 '세계를 손 안에 들고 있으며', 몸집이 80억 마일에 이를 만큼 거대하다. 그리고 "그의 각 모공마다 한 세계 체계(소우주)를 갖추고 있다." 그는 세계의 왕이며 통치자이다. 눈에서는 태양과 달이 나오고, 입에서는 바람이 나오고, 발에서는 지구가 나온다. 이 모든 점에서 관세음보살은 힌두교의 신 브라흐마를 닮았다.

마지막 세 번째 단계는, 불교의 주술적 요소들이 전면에 부상한다. 관세음보살은 만트라(주문)에서 힘을 얻는 위대한 주술사가 되고, 시바신의 특징을 많이 수용한다. 이것이 밀교적 관세음보살이다.

몇 가지 면에서, 문수보살文殊菩薩[19]도 관세음보살과 동등한 정도의 인기를 누렸다. 그는 지혜를 인격화한 것이다. 많은 경전이 그를 빛내기 위해 지어졌는데, 그중에는 CE 250년 이전의 것도 있다. 지장

이 동일하다.

18 조로아스터교의 한 분파. 기원전 5세기 후반 파르티아인Parthian들 사이에 출현했다. 주르바니즘에서 주르반Zurvan(Zervan)은 아후라 마즈다(선신善神)와 앙그라 마이누(악신惡神)라는 쌍둥이 아들을 자기 안에 가지고 있어서 선과 악의 원리가 대칭을 이루며, 이란을 지배하던 사산조의 국교가 되었다.

19 Manjusri bodhisattva. 석가모니불을 왼쪽에서 보좌하는 보살로, 최고의 지혜를 상징한다.

보살地藏菩薩[20]과 보현보살普賢菩薩[21] 등 많은 보살들을 열거할 수 있지만, 상세한 내용을 원하는 독자는 엘리어트[22]의 『일본 불교Japanese Buddhism』를 참조하기 바란다.

20 Ksitigarbha bodhisattva. 석가모니 입멸 후 천상에서 지옥에 이르기까지 모든 중생을 지옥의 고통에서 구제하여 극락으로 인도하는 보살이다.
21 Samantabhadra bodhisattva. 석가모니불을 오른쪽에서 보좌하는 보살로, 진리와 수행의 덕을 맡고 있다.
22 Charles Eliot(1862~1931). 영국의 외교관. 1919년부터 7년간 주일 영국 대사로 재직하던 중 불교 수행을 연구하여 1935년 『일본 불교Japanese Buddhism』를 출판했다. 연체동물학자이자 해양생물학자이기도 하다.

3

구원의 중개자

옛지혜학파의 경전에 의거해 판단하자면, 그들 학파의 두드러진 특성 가운데 하나는 자기 의존[자력]이었던 것 같다. 자기의 노력으로만 스스로를 구원할 수 있으며, 당연히 '아무도 남에게 구원될 수 없다'고 여겼다.

신앙 불교는 이 같은 배타적 자기 의존의 태도를 세 가지 새로운 사상으로 약화시켰다. 그 세 가지는 공덕의 회향廻向[23]에 대한 교리, 우리 모두에게 불성이 있다는 개념, 수많은 구원자들의 등장 등이다.

먼저, 누군가의 공덕이 다른 사람에게 전해질 수 있다는 믿음은 옛 교단들의 사상에 의하면 업[카르마karma]의 법칙에 어긋나는 것이다.

---

23 자신이 쌓은 공덕을 다른 이에게 돌려 이익을 주려 하거나 깨달음으로 향하게 하는 것.

우리들 각자는 저마다 업의 흐름이 있어서 잘못된 행동에 대한 벌은 자신이 받고, 선행에 대한 보상도 자신만이 누릴 수 있다는 것이 본래의 믿음이었다. 이러한 극단적인 자업자득의 개인주의는 업의 교리에서 핵심적인 것은 아니었다. 역사적으로 집단의 책임이 개인의 책임에 선행하는 것처럼 베다에서는 가족이나 씨족 구성원들이 하나의 공통된 업[공업共業]을 함께 나눠 짊어진다고 여긴다. 업의 법칙에 대한 개인주의적 해석은 각 개인이 마음대로 행동하게 방임하는 것이고, 공덕이나 과실 같은 보다 본질적인 삶의 문제에서 타인과의 연대를 부정하는 것이다.

불교 수행이 수행자 자신에게만 공덕을 가져온다고 생각하여 붓다의 가르침에 반대한 어느 브라만교도의 이야기가 있다. 이에 대해 붓다는, 성자의 행위는 보통 그의 모범적 행동에 감동하는 많은 사람들에게 영향을 미친다고 대답했다. 그러나 BCE 200년 이전의 어떤 경전에도 공덕이 한 사람에게서 다른 사람으로 전달될 수 있다고 명확하게 밝힌 것은 없다.

물질적인 것이든 정신적인 것이든 공덕은 우리에게 미래의 이익을 확실히 보장하는 특성이 있다. 공덕을 원하고, 공덕을 쌓아 축적하는 것이 아무리 가치 있다 해도 이는 상당히 이기적이고 자기 본위라는 것을 쉽게 알 수 있다. 불교 공동체의 구성원 중 영적으로 미숙한 사람들의 소유 본능을 약화시키기 위해 늘 사용되어온 전략은, 그들이 부나 가족 등을 멀리하고 그 대신에 공덕의 획득이라는 목표로 향하게 하는 것이다. 그러나 물론 이러한 전략은 영적 수준이 아주 낮은 이들에게 적용하기에 적당하다. 영적 수준의 단계가 높은 이들은 공덕의 획득이라는 소유욕에서도 벗어나야 한다. 그러려면 자신이 쌓은 공덕도 중생의 행복을 위해 기꺼이 베풀 수 있어야 한다. 대승은 이렇게 결론을 내리고, 대승불교도들이 자신의 공덕을 다른 중생을 위해 회향하기를 기대했다. 경전들에 서술된 것처럼 '공덕을 중생의 깨달음을 위해 회향하는 것이다.'

> 나의 선행으로 얻은 공덕을 통해 모든 중생의 고통을 달래게 하소서. 그리고 병자가 있는 한 그들의 약이 되고, 의사가 되게 하고, 그들을 간호하게 하소서. 음식의 비가 내려 그들의 목마름과 배고픔을 달래게 하소서. 저로 하여금 가난한 이에게는 샘솟는 보물이게 하시고, 그들의 결핍을 채워주는 하인이게 하소서! 금생에 내가 얻고, 내생에 내가 얻을 모든 재물과 공덕을 아무 바라는 바 없이 모든 중생의 구원이 이뤄지는 데 기꺼이 바치겠나이다!
>
> – Śāntideva,[24] Bodhicaryāvatāra[입보리행론入菩提行論][25] III 6-10

이상은 위대한 보살들이 영적 진화의 마지막 단계에서 완수하는

---

24 샨티데바[적천寂天](685~763). 남인도 사우라스뜨라Saurastra의 왕자로 태어나 왕위 계승 전날밤 꿈에 문수보살을 친견하고 출가했다. 저서로는 『대승집보살학론大乘集菩薩學論』과 『경집』, 『입보리행론』 등 3부작이 유명하다. 특히 『입보리행론』은 아름다운 시로 되어 있어, 샨티데바는 중관학파 최고의 시인으로 꼽힌다.
25 깨달음을 얻고 중생을 구제하기 위해 보살들이 닦는 여러 가지 불도, 즉 6바라밀에 대해 설법하고 있다. 후기 대승불교 문학의 걸작으로 꼽힌다.

것으로, 그들의 서원이 구현되는 것이다. 신도들이 믿음을 지니고 간절히 원하면, 보살들은 자신의 무량한 공덕 가운데 일부를 신도들에게 회향했다.

둘째로, 붓다와 이 세상이 한 몸임을 강조함으로써 대승불교도들로 하여금 불성이 우주 곳곳에 스며 있으며, 따라서 우리 마음에 스며 있다는 사상에 익숙해지게 했다. "사자좌獅子座²⁶에 앉은 세존은 모래 한 알과 돌멩이 하나에도 깃들어 계신다."

자신의 노력으로 스스로를 구원하고자 애써야 한다면, 우리 자신의 어느 부분이 열반을 구하고 있는 것일까? 열반을 추구하는 주체는 개아일까, 우리의 고양된 자아일까, 아니면 불성佛性일까? 대승은 우리 안에 본래 갖추어진 진정한 붓다, 곧 성불로 향하는 불성이라고 결론지었다.

셋째로, 붓다는 구원자가 아니고 스승이었다. 신앙불교에서 대보살들은 신도들의 구원자로 발전한다. 보살이 완전한 지혜[반야바라밀]로 충만하여, 모든 것이 공하다는 이치를 깨달아 자아 소멸을 이루면, 그 자신이 완전히 변환된다. 그렇게 되면 모든 이기심과 집착이 사라진다. 보살은 원칙적으로 이 단계에서 스스로 소멸될 것이나, 자비심으로 인해 완전히 소멸되는 것을 억제한다. 곧 중생 제도의 원력으로 이 세상에 남는다. 그는 계속해서 활발히 행동하지만, 그의 활발한 행동은 완전한 청정행이다. 진정한 왕으로서 그는 세속에 남아

---

26 부처가 앉는 자리. 부처는 인간 세계에서 존귀한 자리에 있으므로 모든 짐승의 왕인 사자에 비유했다.

중생을 돌본다. 이 단계의 보살은 비세속적이고 초자연적인 자질들을 갖춘다. 그는 신통력으로 어디든 어떤 모습으로든 '원하는 대로 태어남'[원생願生]이 가능하다. 그는 수많은 화신化身[27]으로 나타날 수 있다. 신지혜학파는 그러한 초자연적 존재들의 가능성을 상상했다. 신앙불교는 그 존재들을 실체적 개인으로 생각했고, 그들에게 이름과 전설과 구체적인 인격을 부여했다.

아축과 아미타, 관음과 문수 등 이 학파에서 말하는 모든 거룩한 붓다와 보살들은 명백히 마음에서 지어낸 것이고, 역사적이거나 사실적 근거는 없다. 대승불교도들이 이렇게 마음에서 지어낸 점을 인정하면서도, 이러한 새로운 구원자들이 다만 상상의 존재들, 곧 꾸며낸 허구이며, 현실 세계에 존재하는 것이 아니라 임의적으로 지어낸 마음속의 존재라는 것을 부정하는 사실을 우리가 이해하기는 쉽지 않다. 그들의 태도를 힌두교도들 사이에서 일반적으로 발견되는 '역사 감각의 결여'로 설명할 수는 없다. 왜냐하면 인도의 소승불교도들도 '대승불교의 신성한 붓다나 보살들의 실제 존재를 증명할 수 없기 때문에 그것들을 믿을 수 없다'고 논쟁하곤 했기 때문이다.

여기에는 유명론唯名論[28]과 실재론實在論[29] 사이의 해묵은 논쟁에 해

---

27 부처나 보살이 중생을 교화하기 위하여 여러 모습으로 세상에 나타나는 것을 이른다.
28 Nominalism. 보편자(완전하고 영원한 참된 실재)는 단지 이름에 불과하며, 진실로 실재하는 것은 보편자를 구성하는 각각의 개체들뿐이라는 학설. 명목론名目論이라고도 한다.
29 Realism. 보편자가 각각의 개체에 선행하여 절대적으로 존재한다는 이론.

당하는 철학적 차이가 있는 것 같다. 유명론자에게는 개인만이 실제 존재이며, 실재론자에게는 보편만이 실제 존재이다. 마찬가지로 종교에서는, 믿음의 근거가 되는 실제 역사적 사실을 요구하는 정신의 유형과, 창조적이고 신화적인 상상력의 산물이 인간 역사의 산물보다 결코 뒤떨어지지 않는다고 생각하는 유형이 있다. 많은 기독교도들은 예수가 역사적 인물이라는 주장을 중요시한다. 반면에 신비주의학파에게는 역사적 존재 여부가 전혀 상관없어 보인다. 그런 사고방식의 사람들은 그리스도[30]만이 종교적·영적으로 의미 있다고 생각하며, 인간 예수는 중요하게 여기지 않는다. 초기 기독교 역사에서 일부 그노시스파는 대승불교도들과 같은 태도를 보였다. 그들은 예수가 세례를 받을 때 그리스도가 그에게 강림했으며, 십자가에 못 박혀 "주여, 주여, 왜 저를 버리시나이까?"라고 말할 때 그를 다시 떠났다고 주장한다.

철학자들은 '사람이란 무엇인가'(본질)와 '사람이 존재한다는 사실'(실존)을 구별한다. 전통적 개념에서 그리스도라는 말에는 기독교 이전에 존재하던 다른 종교 체계와 상이한 새로운 요소들은 하나도 없다. 예를 들면, 메시아[31]와 오시리스,[32] 헤라클레스와 그 밖의 많은 인

---

30 Christ. 히브리어 '메시아'의 그리스어 번역으로, '머리에 성유聖油 부음을 받은 자', 곧 왕이나 구세주라는 뜻이다. 이는 하느님의 아들이며 세상의 왕인 나사렛 예수에 대한 칭호이다.

31 Messiah. 구약성경에서 초인간적 예지를 가지고 이스라엘을 통치하는 왕. 신약성경에서는 예수 그리스도를 이른다.

32 Osiris. 이집트신화에서 사자死者의 신으로 숭배된 남신. 죽은 자들의 지배자일 뿐 아니라 식물의 발아에서 나일 강의 범람에 이르기까지 모든 것들에 생명을 부

물들에 관한 전설에서 반복되지 않은 새로운 것은 하나도 없다. 신비 학파는 신화적 개념을 본질로 생각한다. 그것이 역사 인물로 구체화되느냐 아니냐는 아주 우연적이고 사소한 세부사항에 지나지 않는다. 아미타불 같은 이름은 새로 지어진 것이지만 그 이름 뒤에 있는 실재, 즉 절대적 존재는 항상 거기에 시공을 초월하여 존재한다는 것이다.

이러한 대승의 태도는 중국의 문헌적 전통이 지닌 예리하고 정확한 역사 감각과는 대립되었다. 중국에서는 신성한 보살의 역사적 근거를 찾는 경향이 발견된다. 예를 들면, 어떤 사람은 '문수보살은 원래 중국의 왕자로서 1세기경 후한 명제(28~75년)시대에 오대산五臺山에 살았다'고 했다. 문수보살의 시대와 장소를 명시해서 구체성을 충족시키는 설명을 한 것이다. 마찬가지로 관세음보살도 중국의 공주였다고 기원을 밝혀놓았다. 티베트의 왕 송첸감포[33]는 두 명의 왕비를 맞이했는데, 한 사람은 중국인, 한 사람은 네팔인이었다. 이 왕비들은 각각 신성한 보살인 '하얀 타라White Tara', '푸른 타라Green Tara'와 동일시되었다.[34]

인도인들의 생각에 이것은 기존의 영성적 힘이 현현한 것이었고,

여하는 힘이 있다고 전해진다.

33 Srong-btsan sgam-po. 티베트 초대 국왕(재위 608~649). 두터운 불교 신앙심을 바탕으로 티베트 최초의 통일국가를 건설했다.

34 관세음보살의 눈물에서 연꽃이 피어났는데, 그 안에서 하얀 타라와 푸른 타라가 나왔다고 한다. 티베트 등 밀교권의 사람들에게 대중적으로 모셔지는 타라 여신은 손바닥과 발바닥, 이마에 눈이 있어서 중생들의 모든 고통을 볼 수 있고, 관세음보살의 지지를 받으며 이 땅의 중생들을 구제한다고 여겨진다.

보통 있는 일이었다. 일부 중국인들은 그 과정을 역전시켰다.[35] 중국인들의 본능적인 유헤메리즘Euhemerism(신화 사실설)[36]으로 보면, 두 왕비는 두 분의 타라로 신격화되었다. 타라 여신은 역사적 인물의 신격화로서, 사상의 인격화가 아니라 실존 인물이 그 진정한 출발점이라는 것이다. 초기 대승의 광대한 우주관에서 보면, 인간 역사의 보잘 것 없는 사실史實에 관한 이런 고집이 전혀 이해하기 어려울 것이다.

---

35 영성적 힘이 구체적 보살로 화현한 것이 아니라, 실체적 사람이 보살이 되었다고 생각한다.
36 로마 시대의 학자 유헤메로스의 신화 기원설. 신화 속의 신들은 고대에 실제로 존재했던 유명한 인물들이 세월이 지나면서 신격화된 것이라는 주장이다.

4

신자들의 목표

신자들은 불보살들에게 무엇을 기대했을까? 신앙불교에서 구원자들의 기능은 주로 네 가지이다.

1) 신자들의 덕을 증진시키고, 탐욕과 성냄과 어리석음[탐진치貪瞋癡]의 제거를 돕고, 영적 수행을 방해하는 악귀나 사람으로부터 보호한다.

2) 게다가 물질적 이익을 준다. 불보살은 자비심이 충만하므로 신자들의 소망에 관심을 갖고, 신자들의 세속적인 재산을 보호하고 재난을 막아준다는 추측은 자연스럽고 합리적이다.

예를 들어, 관세음보살은 대상隊商들을 강도로부터 보호하고, 선원들을 난파로부터 보호하고, 범죄자들을 처형으로부터 보호한다. 여인들은 불보살의 도움을 받아 원하는 자손을 얻는다. 만약 어떤 이가 관세음보살만을 생각하고 있으면, 타는 불도 꺼지고, 칼날도 조각나서 부러지며, 적들은 온화해지고, 결박이 느슨해지고, 저주는 왔던 곳으로 되돌아가며, 맹수들은 달아나고, 독사는 맹독을 잃는다.

신앙불교의 이런 면은 불교 교리에 배어 있는 금욕의 필요성에 대한 강조와 논리적으로 모순된다. 불교는 교리의 주술적 측면에서는 물리적인 악을 제거해 주겠다고 약속하고, 영성적 측면에서는 잘못된 태도를 마음에서 몰아내는 것을 목표로 한다. 우리는 이미 앞에서, 생각으로는 모순된 것들이 삶의 현장에서는 잘 공존하는 예를 살펴보았다(157쪽 참조).

3) 불보살들은 신자들이 사랑하고 싶은 대상이 되었다. 사랑이라는 말은 지극히 모호하고, 매우 다양한 의미를 내포하고 있다. 여기에서 박티(헌신)가 의미하는 사랑은 사람을 소중히 여기고 숭배할 뿐아니라, 보고 싶고 함께 있고 싶고 헤어지기 싫고 언제나 지속되기를 바라는 사람과의 인간적인 관계를 말한다.

소위 현자들이 만든 전통적인 붓다는 그런 사랑의 대상이 되기에 적합하지 못했다. 그들은 붓다가 열반 후에 전혀 아무데도 간 곳 없이 완전히 사라져 버렸다고 말했다. 붓다는 실제로 세상을 떠났으며, 세상으로부터 완전히 유리되었다. 다만 비인격적인 실체인 그의 다르마(가르침)만이 남아 있다.

종교는 사랑을 의미한다고 보는 사람들에게 이러한 이론은 처음부터 정서적으로 매우 불만스러운 것이었다. 붓다의 직제자들 가운데 박티불교를 대표하는 아난다는 인간 붓다를 사랑했고, 붓다의 소멸을 인정할 수 없었다. 그래서 그는 마치 붓다가 탄생할 때 도솔천에서 내려왔듯이 열반에 들 때 범천梵天[37]으로 올라갔다는 매우 이단적인 견해를 취했다.

시간이 흐를수록 인도에서는 박티적 경향이 늘어났다. 불교도 예외는 아니었다. 신자들은 점점 더 "붓다의 품안에서 살고" 싶어 했으며, "여래를 직접 보고" 싶어 했다. 그들은 세존이 실제로는 소멸되지 않았으며, 현재 어딘가에 존재한다고 믿었는데, 불교에서는 공식적으로 부정된 견해이다.

지혜와 헌신은 표면적으로 분명히 모순 대립하는 견해이다. 지혜는 모든 지지 기반을 다 해체하는 것이라면, 헌신은 그 지지 기반으로 '구원 불멸의 인격화된 붓다'가 꼭 필요하다. 대중부는, 완전히 소멸하지 않고 열반 후에도 어떤 형태로든 영속되는 초세속적 존재(230쪽 참조)인 붓다에 대한 신앙을 뒷받침함으로써, 신자들의 요구를 충족시켰다. 대승은 이 사상을 더욱 발전시켰고, 사랑 받고 소중한 살아 있는 불보살들이 무한한 우주에 가득하다고 했다.

4) 마지막으로, 불보살들은 다음 생에 깨달음을 얻기 좋은 환경을 제공한다. 이런 면에서 대승도 앞선 이들의 뜻을 그대로 잇고 있다. 대다수 신자들은 분명히 금생에 열반이라는 최고의 목표에 이르리라고 기대하지 않았다. 대신에 그들은 깨달음을 얻는 데 인간 세상보다

---

37 네 가지 선정을 닦는 사람이 태어나는 색계色界(욕계와 무색계의 중간)의 네 하늘 중 첫째 하늘.

장애가 덜한 곳에 가서 태어나기를 원했다. 그들은 청정한 생활과 삼보에 귀의한 과보로 천상에 태어나기를 바랐다. 천인들 중에 덕 있는 천인들은 '완전한 열반'에 들어 다시는 '이 세상으로 돌아오지 않는다.' 모든 대승불교는 기존의 힌두교 신들의 천국을 불보살의 나라로 대체했고, 극락의 수를 많이 늘림으로써 보통 사람들이 그곳에 태어날 기회를 증가시켰다.

소승불교에서도 미륵불의 정토가 미래에 태어날 장소로 점점 더 많은 인기를 얻어갔다. 미래불인 미륵은 현재 '스스로 만족하는 천인'[지족천인知足天人]들이 사는 도솔천을 다스리며 설법하고 있다. 도솔천은 다음 생에 부처가 될 미래의 붓다가 머무는 곳이다. 신앙심이 깊은 사람들은 사후에 미륵불의 세계로 가기를 바라며, 미륵불이 이 세상에 내려올 때까지 그곳에 머물기를 열망한다.

별이 총총한 광대한 하늘을 바라보면서 대승은 그러한 천국이 어디에나 있다고 느꼈다. 석가모니불이 이 세계 체계(사바세계) 속에 출현한 것처럼 다른 세계 체계에도 역시 그들의 붓다가 있다. 다른 세계 체계의 다른 붓다들을 상정한 것이 대승이 처음은 아니다. 대중부와 경량부도 이미 그렇게 생각했다. 대승의 독창성은 불계佛界[38] 또는 불국토佛國土의 개념을 발전시킨 데 있다. 그리고 불국토를 청정한 것과 청정치 못한 것으로 구분했다는 것이다.[39]

각각의 붓다는 그 영향력을 미치는 일정 영역, 곧 불국토를 가지고

---

38 여러 부처가 사는 세계.
39 사바세계 같은 청정하지 못한 국토와 서방정토 같은 청정한 국토가 있다.

있다. 그 안의 모든 중생들을 위해 그는 깊고 그윽하고 미묘한 음성으로 설법하여 깨달음을 얻도록 돕는다. 불국토는 일종의 신의 왕국이며, 붓다와 그의 감화로 성숙하는 중생들이 머무는 신비스러운 세계이다. 붓다고사에 따르면, 붓다는 불국토와 이중으로 연관되어 있다.

1) 붓다는 전지全知로 '지혜의 영역'인 온 우주를 알고 있다.
2) 붓다는 그의 통치력으로 세계 체계(불국토)의 일정 범위에 영향을 미치고 권한을 행사한다.

1)은 분명히 초기 소승 문헌에서 발전했다. 2)는 붓다의 신통력이 공간적으로 일정 범위에만 영향을 미치는 것인데, 그곳에서 그가 가장 지고至高의 존재라는 것과 별개로 특정 지역을 통치한다는 개념은 초기 소승 문헌에서는 거의 없고, 붓다고사가 대승에서 채택한 것이다.

불국토에 관한 이야기는 이것이 전부가 아니다. 육도六道 윤회(96쪽 참조)의 자연적인 예토穢土[40] 이대로가 바로 불국토이다. 그 외에 아미타불의 극락정토와 같은 다른 불국토도 있다. 몇몇 붓다들은 자연적이 아니라 이상적이며 초월적인 국토를 건설했다. 즉 중생이 왕래하는 욕계欲界 · 색계色界 · 무색계無色界의 삼계三界를 벗어난 국토이다. 여기에는 여인, 축생, 아귀, 지옥중생들이 없고, 위대한 영적 완성

---

40 더러운 땅, 곧 이승을 뜻한다. 중생들이 사는 세계를 의미하며, 번뇌와 망상으로 더럽혀져 있는 의식 세계를 뜻하기도 한다. 정토淨土의 반대말이다.

을 이룬 보살들만 살고 있다. 그리고 몸과 말과 생각으로 짓는 행위가 청정한 사람과 천인들만이 화생化生한다. 거기에서 사람들은 빛나는 불신佛身을 보고, 그의 설법을 들으며, 모두가 성불에 이를 때까지 더욱더 정화된다.

이러한 극락세계는 종종 매우 감각적인 이미지로 묘사된다. 극락은 돌, 자갈, 굴, 낭떠러지, 시궁창과 하수도가 없이 청색 유리로 빛나고 있다. 극락은 보기에 아름답고, 고요하고, 매력적이며, 금실로 줄을 표시한 바둑판 모양 안에 보배나무들이 장식되어 있으며, 꽃들로 뒤덮여 있다.

극락에 화생한 이들은 때 이른 죽음을 맞지 않으며, 풍요롭고 선하고 진실되고 진지하며, 부드러운 말을 한다. 그들의 가족들과 친척들은 절대 흩어지지 않는다. 그들은 갈등 조정에 능하고, 늘 다른 사람을 이롭게 하는 말을 하고, 시기와 성냄이 없으며, 항상 올바른 원칙을 지킨다.

— Vimalakīrti-Nirdeśa-Sūtra[유마경],[41] The Eastern Buddhist[42] VI 394

---

41 유마힐소설경維摩詰所說經. 유마거사를 주인공으로 한 대승불교 경전의 하나. 약칭하여 유마경으로 부른다. 세존이 십대제자와 보살들에게 유마거사의 병문안을 가도록 권하나 이들은 지난날 유마에게 훈계 받은 경험을 말하면서 문병을 사양하는데, 문수보살이 세존의 청을 받들어 병문안을 가서 유마의 설법을 듣는 형식으로 전개된다. 중생을 위한 방편, 집착 없고 걸림 없는 보살의 중생 제도, 보살이 중생을 관찰하는 법, 진정한 불도佛道와 그것을 성취하는 방법 등에 대해 설하고 있다.

42 1921년 스즈키 다이세쓰가 세운 'The Eastern Buddhist Society'가 세계에 불교 정신을 알리기 위해 출판한 책과 저널.

이 모든 것은 솔직히 대중적인 종교이다. 그렇지만 이러한 개념과 신지혜학파의 기본 사상을 통합하기 위해 많은 노력을 기울이는 것이 불교의 특징이다. 만약 그러한 극락이 우주공간 어딘가에 실재한다고 생각한다면, 그것은 보편적인 공의 도리에 어긋난다. 사실 그것들은 실제로 보살의 마음이 만들어낸 것이다.

《화엄경》에는 이런 구절이 있다.

> 자비로운 보살의 마음에 품은 한 생각이 티끌처럼 많은 수의 무수한 불국토들을 만들어낸다. 무수한 겁 동안 공덕행을 쌓은 보살은 모든 중생을 진리로 이끈다. 모든 불국토는 중생들의 마음에서 나오는데, 무한한 모습들로 나타난다. 때로는 정토로, 때로는 예토로, 그 국토들은 다양한 고통과 즐거움의 윤회를 거듭한다.

— Avataṃsaka-sūtra[화엄경], The Eastern Buddhist I 153

불국토는 보살의 이타주의의 결과이다. 이타주의는 악인들을 멀리하는 것이 아니라 그들을 전향시키는 데 목표를 둔다. 《보운경寶雲經》[43]에는 이 점에 대한 교훈적인 내용이 있다.

> 보살이 사람들의 탐심과 폭력성을 본다면, '이처럼 탐심 많고 폭력적인 사람들을 외면하자'라고 말해서는 안 된다. 그리고 그런 이유로 우울해

---

43 보살의 수양과 복덕에 관하여 설법한 경전.

하고 등을 돌려서도 안 된다. 보살은 악한이라는 말조차 들리지 않는 정토를 만들겠다고 서원했다. 그런데 그런 보살이 모든 중생의 행복을 외면한다면, 그의 국토는 청정하지 못하고, 그의 사명을 완수할 수 없을 것이다.

오늘날에는 단지 바라는 것만으로 하나의 세계를 창조할 수 있다고 믿는 사람은 거의 없을 것이다. 윤리적으로 적절한 행위들에 창조적인 힘이 있다는 것은 불교도들에게는 자명한 사실이지만, 우리에게는 낯선 일이다. 중생들이 살아야 하는 환경, 특히 고통과 즐거움의 환경은 그들의 행위(업)에 따라 결정된다. 예를 들어, 태어나는 중생들의 지은 업에 따라 다양한 지옥들이 생겨난다. 우리의 공덕이 적기 때문에 우리가 사는 세계에 물 없는 사막들이 있다. 기세계器世界[44]는 그곳에 사는 중생들의 업의 반영일 뿐이다. 환경은 그것을 감지하는 업을 가진 사람들이 있어야만 존재할 수 있다. 이와 동일한 맥락에서 "보살의 공덕은 그 자신뿐 아니라 그가 공덕을 회향한 다른 중생들을 위한 정토를 창조하기에 충분할 만큼 위대하다"고 주장할 수 있다.

신앙불교는 대중불교의 입장에서 무수한 불국토들을 설한다. 지혜불교의 분파로서 신앙불교는 이 무수한 불국토들이 다만 일시적인 진리라는 것도 안다. 궁극적으로 모든 세계는 하나의 세계이며, 하나

---

[44] 우리가 의지하여 살고 있는 산하대지 등의 세계.

의 세계는 모든 세계이다. 근본적으로 자연 세계와 이상적 불국토는 하나이며 동일하다. 만약 어떤 이가 그렇게 여긴다면 붓다는 두루 존재하며, 이 세계 그대로가 본질적으로 이상 세계이다.

유마거사는 "바로 이 방안에 모든 장엄한 하늘의 궁전과 모든 붓다의 모든 정토가 나타난다"고 했다. 우리가 사는 이 세계는 아주 부정不淨하고, 온갖 종류의 고민과 슬픔으로 가득차고, 비참과 공포로 가득한 듯이 보인다. 그렇지만 참된 신앙을 가진 이들에게는 이 세계가 "청색 유리[청금석]로 가득하고, 금실로 줄을 표시한 바둑판 모양의 8등분된 평평한 땅에 보배나무로 꾸며진" 정토의 모든 특징을 갖춘 것처럼 보인다. 이 가르침의 역설적 특징은 유마거사의 언급에서 다시금 드러난다.

중생들은 그들의 죄 때문에 우리가 사는 불국토의 청정함을 볼 수 없다. 진실로 우리가 사는 이 세계는 언제나 청정하다. 부정한 것은 우리들 마음속에 있다. 사리불 존자여, 나 그대에게 말하노니, 굳건한 마음을 지닌 청정한 보살은 붓다의 지혜를 갖추고 모든 것을 평등하게 보기 때문에 그에게 이 불국토는 티 없이 청정하다. 우리의 이 세계도 마찬가지로 늘 청정하다. 그럼에도 불구하고 능력의 수준이 낮은 중생들을 구원하는 방편으로 짐짓 이 세상을 사악하고 부정하다고 하는 것이다.

— Vimalakirti-Nirdesa-Sutra [유마경], The Eastern Buddhist VII 145

5

극락에 가는 방법

목표는 앞에서 살펴보았으니, 극락정토에 태어날 수 있는 수행 방법 다섯 가지를 열거해보자.

1) 청정한 생활을 하면서 붓다처럼 되려는 바람을 키워야 한다.

2) 대승이 발전함에 따라 공덕을 쌓는 방법으로 붓다에 대한 예경이 점점 더 강조되었다. 예경이란 붓다의 공덕을 찬탄하고, 붓다의 아름다움에 경의를 표하고, 붓다를 생각하며 기뻐하고, 완전한 붓다로 다시 태어나기를 서원하고, 붓다에게 공양을 올리는 행위 등이다. 이들 중 마지막은 특히 공덕의 원천이다. 공양을 올림으로써 얻는 공덕이 크면 클수록 공양을 받는 이는 더욱 고귀해진다. 몇몇 개인들과 집단들, 특히 성자들과 승단은 일찍이 이 세상을 '비할 데 없는 복전

福田'[45]으로 여겼다. 대승에서는 붓다가 점점 더 최상의 복전이 되어 갔다.

3) 붓다의 명호를 반복하여 부르면서 붓다를 생각한다. 즉 염불念佛을 한다. 그 명호에는 불보살의 힘이 담겨 있기 때문에 염불은 최고의 공덕을 쌓는 행위이다. 수많은 염불 방법이 정교하게 만들어졌다. 이중 가장 유명한 방법은 "나무아미타불(아미타불에게 귀의합니다)"이다. 산스크리트어로는 '옴 아미타바야 붓다야'이다. 중국어로는 '옴 오미토포'이다. 일본어로는 '나모아미다부츠'이다. 승려들은 일반 신도들보다 붓다의 성스러운 명호를 훨씬 많이 부르는 한편 재가신자에게는 '단 한 번의 귀의', '단 한 번의 염불', '단 한 순간'으로도 구원받을 수 있다고 했다.

4) 신자는 자신이 선택한 불보살이 모든 중생을 구원하기로 서원을 세웠고, 그래서 그 신자를 기꺼이 구원할 수 있으며, 불보살이 세운 정토로 인도할 수 있다는 것을 확고히 믿어야 한다. 확고한 믿음은 다음 세 가지 특징으로 알 수 있다. 진심 어린 것이어야 한다. 자신의 비참한 처지와 붓다의 서원력을 깊이 확신해야 한다. 자신의 공덕을 정토로 회향하여 정토에 태어나기를 서원해야 한다. 이렇게 붓다의 자비와 신자의 믿음이 서로 상응하면 원하는 정토에 다시 태어나게 된다.

5) 명상(선정 삼매)을 통해 원만한 불국토에 집중해야 한다. 그래서

---

45 '복을 거두는 밭'이라는 뜻. 불교에서는 불법승佛法僧 삼보를 공양하고, 부모의 은혜에 보답하며, 가난한 사람에게 베풀면 복이 생긴다고 가르친다.

불보살을 시각적으로 떠올려 이미지화하는 견불삼매見佛三昧[46] 수행을 하고, 불국토의 아름다운 소리, 냄새, 경관을 감지하는 수행을 해야 한다.

이상이 정토에 이르는 다섯 가지 수행법이다. 이 방면에 권위 있는 전문가들 가운데 어떤 이는 믿음이, 다른 이는 염불을 반복하는 것이 구원을 가져온다고 생각한다. 위의 다섯 가지 중에서 첫 번째와 다섯 번째에 대해서는 많은 논란이 있었다. 왜냐하면 이 방법들은 자기 의존적 경향이 너무 많다고 여겼기 때문이다.

일반적으로 인도의 신앙불교는 예경자의 도덕적 가치를 중시했다. 오역죄五逆罪[47]를 범한 자와 '불법佛法을 비방한 자'는 신앙만으로는 구원받을 수 없다. 붓다의 도덕적 가르침을 위반하고, 붓다의 뜻을 거부한 사람들이 어떻게 진심을 다해 붓다를 사랑한다고 주장할 수 있겠는가? 그런데 일본의 후기 정토교는 오로지 믿음만이 전능하며, 도덕적 규범들에 상관없이 일종의 신앙 전체주의의 입장을 취했다(9장 참조).

---

46 항상 도량이나 불상의 주위를 돌며 오로지 아미타불을 생각하거나 부름으로써 여러 부처가 수행자의 눈앞에 서 있는 모습을 보는 삼매를 말한다.
47 다섯 가지 지극히 무거운 죄. 아버지를 죽이고, 어머니를 죽이고, 아라한을 죽이고, 승가의 화합을 깨뜨리고, 부처의 몸에 피를 나게 하는 죄 등이다.

6

자아 소멸과 믿음

불멸 후 첫 500년이 지나서 발달한 불교학파들은 한편으로는 사회적 압력 때문에, 또 한편으로는 자아 소멸 문제에 잠재된 영향 때문에 독특한 특징을 보여준다.

앞에서 살펴보았듯이(241쪽 참조) 대승은 보살이라는 이상적 개념을 채택함으로써 자아 추구의 마지막 잔여물을 몰아내려고 시도했다. 그런데 박티적 경향은 신앙에 의존할 뿐 자력에 의존하는 것을 완전히 배제한다. 자신의 삶과 구원에 대해 스스로 계획하고 조절하는 능력에 의지하는 것을 전적으로 제거한다.

자아 소멸이라는 기준으로 보면, 신앙불교는 불교의 정통성을 직접 계승하고 있다. 왜냐하면 신앙에 대한 헌신이야말로 고도의 개아 소멸을 수반하는데, 이는 한편으로는 스스로의 힘에 의존하지 않고,

또 한편으로는 모든 의식적이고 개인적인 노력들의 무용성을 알기에 자신의 구원이 '이뤄지게' 타력을 허용하기 때문이다. 그리고 뛰어난 공덕이나 지혜에 따른 어떤 특별한 특권도 주장하지 않는다. 기본적인 겸손만 갖추면, 우리가 내세우는 공덕이 붓다와 보살의 공덕과 조력에 비해 아무것도 아님을 알기 때문이다. 좀 더 높은 경지에 이른 불교도들이 특히 자만심에 빠지기 쉽다.

이제 불교도들은 다른 사람에게 무언가를 받을 때 오직 믿음 속에서 그를 통찰하면서 겸손하게 받으라는 가르침을 배운다. 우리의 이성에 대한 자만심, 마음의 청정성에 대한 자만심은 타인들과 상대되는 자아를 세우는 것이다. 만약 지성이 헛된 것으로, 마음이 불순한 것으로 보이면 자아라는 거품은 빠진다. 절대 존재의 자비만이 우리를 피안彼岸에 건네줄 수 있으니, 우리 자신의 개인적인 계획과 노력은 아주 하찮은 것이다. 그래서 비교적 무지한 이들에게는 '인격적인 구원자'와 '정토'의 형태로 표현한 것을 비교적 박식한 이들에게는 '절대 존재 자체'로 가르쳤다는 것을 결코 잊지 않아야 한다.

불교변증법 논리에 따라, 불교도의 완성은 단지 그 완성의 소멸을 통해서만 드러나고, '내가 깨달았다'는 생각조차 전혀 없을 때 분명히 나타난다. 독특한 불교적 삶이란 붓다의 가르침을 완성할 때까지 그렇게 끊임없이 정진하는 것이다. 진심 어린 믿음에 따른 공덕을 전혀 염두에 두지 않는 진실된 마음만이 필요한 전부이다. 해탈에 이르기 위해서는 특별히 아무것도 하지 않는 법을 배워야 한다는 붓다의 요구는 이렇게 하여 완전히 실체적으로 성취된다.

7장

유식파

1

지혜와 선정

서력기원 시작 후 몇 세기 동안 유식파唯識派[요가차라Yogâcāra, 유가행파瑜伽行派]로 알려진 새로운 학파가 성장해왔고, CE 500년경 이후에는 점차 대승 사상을 지배하기에 이르렀다. 이 학파의 이론은 매우 복잡해서 대중들에게 설명하기가 간단치 않았다. 유식 사상을 이해하려면, 선정禪定[사마디Samādhi]의 방법과 효과에 대해 오늘날 우리들 대다수가 알고 있는 것보다 훨씬 친숙해야 한다.

불교 수행 체계에는 나중에 전개될 사상 체계를 모두 내포한 초기 추동력推動力이 있었다(193쪽 참조). 다양한 수행들은 계율·선정·지혜의 삼학三學으로 나뉘었다(185~217쪽 참조). 4장까지 6장까지 다룬 불교의 이론적 발전은 '지혜'에 정통한 학자들에 의해 이뤄졌고, 그 이론화 작업의 배경이 된 실제적 추진력은 아비달마의 방법이었다.

그렇다면 계율과 선정에 관해서는 어떠한가? 꽤 늦은 시기에 좌도밀교左道密敎[1]가 계율을 부정하기 전까지는 계율 논쟁이 별로 일어나지 않았다(381쪽 참조). 그리고 선정 수행에 몰두한 이들은 그들의 특별한 접근 방법과 체험을 이론적 교리 체계로 충분히 설명하지 않았다.

유식파의 역할과 목표는 선정 삼매에 들 때 펼쳐지는 '자신이 본디부터 지닌 천연 그대로의 심성心性[2]을 적절히 강조하는 것이었다. 어떤 승려들에게는 선정이 더 적합하고, 어떤 승려들에게는 지혜가 더 적합할 것이다. 《상윳따 니까야Saṁyutta Nikāya》의 〈코삼비경Kosambi sutta〉에는 선정과 지혜의 차이가 무실라와 나라다[3]라는 두 인물을 통해 예시되고 있다. 『바가바드 기타Bhagavad Gita』에서는 상키야Sāṃkhya와 요가Yoga라는 이름으로 선정과 지혜를 대조하는 데 많은 부분을 할애한다.

'지혜의 사람들'은 주로 이지적이며, '선정의 사람들'은 주로 명상적

---

1 힌두교의 탄트리즘을 수용하여 타락적 신비주의와 결합한 후기 밀교. 지혜를 여성에 비유하고, 방편을 남성에 비유했다. 그리고 지혜와 방편의 합일에 의해 체득되는 궁극의 경지가 열반으로 표현되며, 이 열반의 희열은 남녀 교합의 기쁨에 비유되었다.

2 본지풍광本地風光. 태어나면서부터 지니고 있는 부처의 성품. 어떠한 미혹도 번뇌도 없는 부처의 경지. 본래면목本來面目·본분사本分事와 같은 의미이다.

3 사윗타 존자가 무실라 존자에게 12연기의 깨달음에 대해 묻는다. 사윗타 존자는 무실라 존자의 답을 듣고 그가 아라한과를 얻었다는 결론에 이른다. 사윗타 존자는 나라다 존자에게도 동일한 질문을 하고, 같은 답을 듣는다. 그러나 나라다 존자는 아라한과를 얻지 못했고, 궁극적 체득이 아니라 진리를 보는 정도임을 알았다. 예를 들면, 마치 무실라 존자가 깊은 우물물을 두레박으로 퍼서 마시고 갈증을 면한 반면, 나라다 존자는 우물물이 있음은 알지만 두레박이 없어 갈증을 면할 수 없음과 같다.

이고 금욕적이다. 전자는 '다르마에 전념'하며, 후자는 '오직 명상'한다. 지혜는 통찰[관觀]로 이어지며, 선정은 고요[지止]로 이어진다. 지혜가 신통에 별로 관심이 없는 반면에 선정은 신통에 크게 주목한다. 정통 교리에 따르면, 지혜와 선정의 양 날개를 갖추어야만 깨달음에 이를 수 있다.

설일체유부는 다르마에 대한 관조觀照를 통해 얻어진 지혜가 으뜸이라고 항상 강조했다. 그들 중 일부, 예를 들어 하리바르만[4] 같은 경우에는 선정 삼매 수행을 아주 약화시켰다. 중관파에서도 모든 관심이 지혜로 쏠렸는데, 여기서의 지혜는 모든 분별적 사고를 타파하는 정교한 변증법적 방법으로 획득한 지혜를 의미했다. 이렇게 사유 과정을 지나치게 강조한 결과 선정 수행을 게을리하게 되자 그에 대한 반작용으로 유식파가 나타났다.

그러면 유식파의 독특한 가르침은 무엇인가? 그들은 절대적인 것은 바로 식識[5]이라고 가르쳤다. 이 이론 자체는 별로 새로울 것이 없다. 이 이론은 모든 학파의 경전들에서 분명히 서술되고 있는데, 왜 그렇게 오랫동안 무시되어 왔으며, 무슨 이유로 유식파가 이제야 발전시켰는지를 살펴봐야만 한다.

팔리 경전에서 붓다는 "바르게 향도嚮導된 마음은 표면에 더러운 거품이 없는 맑은 연못의 투명한 물과 같다"고 분명히 설하고 있다.

---

4 Harivarman. 3~4세기 중인도 바라문 출신으로 인도철학에 정통하고, 설일체유부에 출가하여 구마라타에게 배웠다. 하리발마라고도 한다.
5 사물을 인식하거나 이해하는 마음의 작용.

"마음은 본래 자성청정自性淸淨[6]한 것이지만, 밖에서 오는 티끌[객진客塵][7]에 의해 오염되어 있다."[8] 달리 말하면, 마음이 진리와 마주할 때 마음의 자성청정한 광채가 우리들의, 그리고 유추해보면 모든 실재實在들의 가장 내밀한 핵심에서 드러난다.

옛지혜학파의 스승들은 이런 주장을 명확히 부정하지는 않았지만, 가벼이 여겼다. 아비달마는 그것들의 이론화를 전적으로 도맡았다. 아비달마는 실재를 '제법의 연속', 곧 '순간적 사건들의 연속'이라고 생각했다. 붓다고사의 짧은 경구를 인용하자면, "제법만이 존재한다(dhamma-matta)"는 것을 알 때 우리는 세계를 진실로 있는 그대로 보게 된다[여실지견如實智見]. 유식파의 요지인 '오직 식識뿐(citta-mātra)[9]'은 전통적인 아비달마 교설과의 대조를 통해 그 안에 내포된 많은 의미를 끌어낼 수 있다.

또한 반야바라밀다에서는 '비어 있음'[공空]이 삶의 궁극적 사실이다. 유식파가 '모든 것이 마음뿐'이라고 했듯이, '비어 있음이 곧 마음이다'라고 하는 것은 중관파에게 아무 소용이 없어 보였다. 모든 것들의 중심에 자성청정한 마음[자성청정심自性淸淨心]이 있다는 전통적인 생각을 반야 경전들이 무시했다는 것이 아니라, '오직 마음뿐'이라

---

6 중생이 본래 갖추고 있는 청정한 부처의 성품.
7 본래부터 마음에 있는 것이 아니라 외부에서 들어와 청정한 마음을 더럽히는 번뇌. 티끌처럼 미세하고 수가 많으며, 나그네처럼 한곳에만 머무르지 않는다는 의미이다.
8 《앙굿따라 니까야Aṅguttara Nikāya》1권 제5장 〈바르게 놓이지 않음〉 품.
9 유식唯識. 모든 차별 현상은 인식하는 마음 작용에 지나지 않으며, 일체는 오직 마음 작용의 이미지에 불과하다는 뜻이다.

는 사실이 중관파에게는 전혀 흥미를 끌지 못했다는 뜻이다.

그들의 모든 관심은 절대적 마음(213쪽 참조), 또는 절대자의 마음의 변증법적 성품을 찾는 데 있었다. 이 성품은 자기모순적이어서 절대의 긍정은 곧 절대의 부정否定과 동일체가 된다. 물론 탐욕과 성냄과 미망에서 완전히 자유로울 때 '본질적 본성으로서의 마음은 투명하고 청정한 상태'이고, 그 단계에서 마음은 '모든 것의 본성'이 된다. 그러나 경전은 계속해서 "마음은 실제로는 마음이 아니며, 그것은 존재하는 것도 아니고, 존재하지 않는 것도 아니다"라고 설한다. 지혜란 모든 것의 변증법적 해소(곧 정正과 반反을 초월한 합성)이고, 문제의 접근 방식은 이런 지혜를 통해 명쾌하게 결정되었다.

절대적인 '자성청정심 사상'은 여기에서 끝나지 않았다. 수동적이고 무위無爲[10]를 강조하는 중국 불교도들은 반야바라밀다의 가르침을 배우면서, 해탈은 무심無心[11]의 상태를 획득하는 것이라고 주장했다. 그들은 모든 마음의 활동을 쉬도록 했으며, 어리석은 자만이 덕을 닦고 명상 수행을 한다고 여겼다. '모든 생각을 쉬어야 한다'는 논지는 그들의 형제 교우인 인도 중관파에게 호감을 얻지 못했다.

유식파는 자성청정심이라는 오래된 용어에 상당히 다른 의미를 부여했다. 그들이 중요하게 여긴 것은 '절대자는 식識'이라는 서술이었다. 이 서술은, 절대자는 결코 어떤 객관 대상에서 찾아지는 것이

---

10 아무 일도 하지 않음. 또는 자연 그대로 두어 인위를 가하지 않음.
11 모든 마음 작용이 소멸되고, 모든 분별이 끊어져 집착하지 않는 마음 상태. 곧 모든 번뇌와 망상이 소멸된 상태이다.

아니라 모든 객관 대상에서 벗어난 순수 주관 속에서 발견된다는 의미이다. 이처럼 조금 아리송한 유식파의 교리를 설명하기 전에 우선 이 학파의 개략적인 역사를 살펴보도록 하자.

2
유식파의 문헌들

유식파로 발전해가는 경향은 CE 150년쯤 《해심밀경海深密經》[12]과 더불어 시작되었다. 그밖에 150~400년 사이에 유식을 다룬 몇몇 문헌들이 있다. 《능가경楞伽經》,[13] 《화엄경華嚴經》,[14] 『현관장엄론現觀莊嚴論』[15] 등은 중관파와 유식파의 중간에 해당한다.

---

12 Saṃdhinirmocana-sūtra. 불교 유가학파의 근본 경전. 산스크리트어 본은 없고, 티베트역과 한역이 현존한다.

13 Laṅkâvatāra-sūtra. 스리랑카의 능가산에서 붓다가 대혜보살을 위해 설한 가르침을 모은 후기 대승경전. 여래장 사상 형성에 중요한 위치를 차지하고 있다. 중생 속에 감춰져 있는 여래가 될 수 있는 씨앗, 즉 여래장과 아라야식 사상을 결합시켜 만든 『대승기신론大乘起信論』의 선구적 경전으로서 의미가 크다.

14 Avataṃsaka-sūtra. 《대방광불화엄경大方廣佛華嚴經》의 약칭. 크고 방정方正하고 넓은 이치를 깨달은 부처님의 꽃같이 장엄한 경이라는 뜻이다. 초기 대승불교의 가장 중요한 경전 중 하나이다.

15 Abhisamayalankara. 4세기 인도의 불교학자 마이트레야[미륵彌勒]가 지은 불교서

『현관장엄론』은 영향력 있는 주석서이다. 이는 CE 350년경 이후 지금까지 반야바라밀다에 관한 주석서들의 지침이 되고 있고, 지금 도 몽골과 티베트의 사원에서 반야바라밀다 해설의 기본으로 사용되고 있다.

《화엄경》은 '모든 것은 평등 무차별하다'[16](258쪽 참조)는 가르침을 채택하여, 다양한 현상과 존재들이 서로 장애되는 바 없이 완벽히 상호 관계를 맺는다고 설명하고 있다. 우주의 영원한 원리인 '마음의 고요'[17]가 우주 속에 반사되어 모든 존재에게 영적 의미를 가득 채워준다. 그 신비함은 어디에서나 볼 수 있고, 어떤 대상에 의해서도 일체의 공덕을 쌓을 수 있고, 한 티끌 안에서도 전 우주의 비밀을 엿볼 수 있다. 《화엄경》은 중국과 일본에서 강성한 종파인 화엄종[18]의 근본 경전이다.

화엄종의 가장 위대한 이론가는 법장法藏[19]이다. 이들은 극동아시아인의 자연을 대하는 태도를 연마시키는 데 크게 기여했으며, 중국과 일본의 많은 예술가들에게 영감을 불어넣었다. 인도에서는 이 종파가 유식파와 밀교 사이를 연결하는 중요한 역할을 했다.

유식파는 CE 400년경 서북 인도 태생의 두 형제 아상가[무착無着]와

적으로 《대품반야경大品般若經》을 해설한 문헌이다.

16 만법일여萬法一如. 모든 현상에는 불변하는 실체가 없기 때문에 평등하다는 뜻.

17 열반적정涅槃寂靜. 탐욕과 노여움과 어리석음이 소멸된 안온한 마음 상태. 모든 번뇌의 불꽃이 꺼진 평온한 마음 상태.

18 당나라 때 중국 불교의 전성기를 맞아 삼론종·천태종·율종·정토종 등 여러 종파와 대립하여 통합적인 불교로서 성립되었다.

19 중국 당나라 때의 승려. 화엄종을 대성시킨 인물로, 법호는 현수賢首이다.

바수반두[세친世親]가 설립했다. 어떤 학자들은 아상가를 CE 320년경의 인물로 추정한다. 아상가와 바수반두는 유식론을 체계화하고, 또한 아뢰야식[장식藏識], 세 가지 자성[삼성三性], 붓다의 세 가지 몸[삼신불三身佛] 등의 교리를 정교하게 다듬었다. 유식파는 극히 복잡한 스콜라적 체계를 발전시켜 무성한 사변의 늪에서 온전히 자유로울 수 없었다.

불교논리학을 발전시킨 사람들도 유식파 계열에서 나왔다. 불교논리학은 약 440년경 디그나가[진나陳那][20]가 확립했으며, 인도에서는 약 1100년경까지 많은 저술들이 저작되었다. 논리학에 대한 관심이 고조된 것은 포교에서 큰 효과를 발휘했기 때문이다. 중세 인도에서는 통치자들이 여러 다른 종파의 수행자들을 많은 군중들 앞에 세워 서로 논쟁을 벌이게 하는 관습이 있었다. 논쟁의 승자는 신망이 높아지고 더 많은 후원을 받았다. 논리적인 훈련 덕분에 불교도들은 경쟁자들을 능가했고, 힌두교도들은 곧 자신들의 논리 체계를 정교화할 수밖에 없었다.

디그나가의 논리학은 간접적으로 중요한 결과를 가져왔다. 유식파가 다다른 곳은 어디에서나 사람들의 관심이 아비달마에서 새로운 논리학으로 바뀌었고, 아비달마를 명백히 거부한 것은 아니지만 점차로 관심에서 멀어지게 되었다. 티베트에는 아직 유식파의 전통이 활발하게 살아 있다. 인도의 논리학 저술들에 관한 문헌들이 중국에

---

20 남인도 안달라국 출신의 승려. 바수반두[세친]의 제자로, 인명학因明學이라는 새로운 불교논리학을 확립한 불교 사상가이자 유식학파의 대가이다.

서도 상당히 광범위하게 만들어졌으며, 일본에서도 15세기까지는 어마어마한 문헌들이 나왔다.

1100년경 인도에서는 불교와 함께 유식파가 사라졌다. 유식파는 몇몇 논사들에 의해 중국으로 전파되었다. 그들 중에 최고의 학자 두 사람이 있었는데, 546년 동인도 우자인에서 온 파라마르타[21](500~569)와 위대한 순례자 현장玄奘[22](602?~664)이다. 현장은 중국에 유식종唯識宗을 세웠다.

현장은 그의 가르침을 『성유식론成唯識論』에 요약하여 저술했다. 이것은 지금도 동아시아 유식종의 고전적 교재로 사용되고 있으며, '모든 것은 오직 마음뿐'[만법유식萬法唯識]이라는 통찰에 관한 논문이다. 이 책은 바수반두[세친]가 지은 『유식삼십론송唯識三十論頌』[23]에 대한 인도 10대 논사[24]의 주석서 10종을 요약한 것이다. 현장은 주로 날란다 사원의 주지인 호법Dharmapāla의 주석에 의지했고, 나머지 아홉 논사의 주석은 무시했다.

---

21 Paramārtha. 중국으로 건너가 경전의 한역에 힘을 기울인 인도의 승려.『섭대승론攝大乘論』,『금광명경金光明經』 등 많은 역본이 현존한다. 중국 이름은 진제眞諦이다.

22 중국 당나라의 고승. 인도로 떠나 날란다 사원에 들어가 시라바드라 밑에서 불교 연구에 힘썼다. 이후 중국으로 돌아와 인도 여행기인 『대당서역기大唐西域記』를 저술했다.

23 30수의 계송으로 유식의 이치를 정리한 논서.

24 바수반두의 『유식삼십론송』에 대한 주석서를 저술한 10인의 논사, 즉 호법 Dharmapāla, 덕혜Guṇamati, 안혜Sthiramati, 친승Bandhuśrī, 난타Nanda, 정월 śuddhacandra, 화변citradhāna, 승우viśeṣamitra, 최승자Jinaputra, 지월Jñānacandra 등을 말한다.

유식종의 위대하고 영향력이 큰 대표 주창자는 현장의 제자인 규기窺基[25](632~685)였다. 그는 수많은 주석서와 대승의 교리에 대한 백과사전인 『대승법원의림장大乘法苑義林章』을 저술했다.

유식종은 곧 남과 북으로 분파되었다. 파라마르타(진제)의 학파와 유식종 외에도 유식 전통의 몇몇 분파가 중국에서 번성했는데, 유식 교리의 복잡성에 대해 학자들 간에 오랜 논쟁이 펼쳐진 역사가 있다. 653년, 그리고 712년에 유식파가 다시 일본으로 건너갔고, 법상종法相宗(법의 모습)이란 이름으로 전해졌다. 덴표天平[26]시대에 승정僧正 기엔[27]의 노력으로 크게 번창했으며, 지금도 일본의 한 작은 종파로 남아 44개의 사찰과 700여 명의 승려가 소속되어 있다.

---

25 당나라의 승려로서 유식종의 창시자 가운데 한 사람이다. 17세 때 출가하여 현장의 제자가 되었고, 유가유식종瑜伽唯識宗을 전수받은 뒤 다시 인명학因明學을 익혔다.

26 일본 나라 시대의 왕 쇼무가 사용한 연호로, 729~749년까지이다.

27 의연義淵(643~728). 일본 나라 시대의 법상종 승려.

3

오직 마음뿐

불교철학에서 마음[심心], 생각[의意], 의식[식識]은 서로 바꾸어 쓸 수 있는 용어이다. 유식파가 열반을 가리켜서 오직 마음[유심唯心], 오직 생각[유의唯意], 오직 의식[유식唯識] 등 긍정적 언어로 표현하는 것은, 절대자를 부정적 언어로 표현하기를 선호하던 불교 전통에서 벗어난 듯하다. 열반의 산스크리트어 니르바나Nirvana의 문자적 뜻은 '불어서 꺼졌다'이다. 다른 종교들에서는 전통적으로 '영원한 삶'에 대해 말하는데, 불교는 '죽음 없는 삶'[불사不死]을 말한다.

불교는 절대자의 초월성을 애써 지키고 싶어 한다. 그리고 이 세상의 어떤 존재에 붙인 이름을 이 세상에서 완전히 초월한 어떤 존재에 붙일 때 일어나는 오해의 위험성을 피하고 싶어 한다. 기독교에서 절대적 유일신을 어떤 인격체로 부르기를 피하는 것과 같다. 그렇다면 왜 유식파는 세상의 모든 구성 요소들 중에서 하필 '의식'을 택하여 그것으로 절대자를 표현했을까?

유식파는 이 세상의 한 점, 곧 자각의 차원을, 절대적 존재를 찾을 가능성이 가장 큰 곳으로 지목했다. 우리의 모든 경험에서 객관은 주관의 대상이 된다. 아비달마에서 주관은 '의식의 무더기'[식온識蘊]와 동일하며, 그 본질적 특징은 '알아차림'이다. 칼날이 칼 자체를 벨 수 없듯이 우리는 의식을 우리 앞에 있는 대상으로 직접 경험할 수 없다. 우리가 주관으로 눈을 돌리는 순간 그것은 더 이상 주관이 아니고 객관이 되어버린다. 이와 같이 내면을 봄으로써 주관을 직면한다는 것은 불가능하다. "의식이 '의식하는 주관'을 대면하기 위한" 무한 퇴행無限退行의 끝에 있을지도 모르는 '궁극적 주관'은 우리의 경험 바깥에 있다. 그것은 진실로 이 세상에 속하지 않고 초월적이다. 거기에 도달하고자 하는 것은 불가능한 시도일 수도 있으나, 이것이 바로 유식파가 밝히고자 정한 것이다.

선정의 내성內省 속에서 모든 각각의 대상으로부터 가차 없이 물러나야만 궁극적 주관에 도달하는 결과를 기대할 수 있다. 나의 개아가 정상적으로 자신을 발견하는 상황 하에서 주관은 항상 객관(대상으로서의 나)과 연관되어 있다. 반면에, 주관에 대립하는 모든 객관 대상이 없다면, 객관과 주관이 관련된 어떤 혼합체가 없다면, 나의 내면 가장 깊숙한 곳의 순수한 자신을 깨달았다고 할 수 있다. 해탈이란 내면 깊숙한 나 자신이 모든 객관적이고 외적인 부착물에서 벗어나 객관 또는 객관이라는 생각도 없이 홀로인 때에만 얻어지는 것이다. "붙잡을 대상이 없는 곳에 붙잡음(붙잡는 행위)도 없다."

우리는 이제 끝없이 대상에서 물러나 순수주관의 핵에 도달하는 이 추론 과정과 선정 삼매 체험 사이의 연관성을 좀 더 분명히 알 수 있게 되었다. 지혜학파는 우리 주변의 객관 대상들을 가차 없이 분석하고 분해하여 소멸시켰다. 이를 통해서 헤아릴 수 없는 순간적 '만물과 현상들'[제법諸法]이 개아가 아니고 덧없는 것이어서 집착할 만한 것이 없음을 보여주고, "나는 이것이 아니고, 이것은 내 것이 아니고, 이것은 나 자신이 아니다"라는 철저한 해체로 결국 자아와 대상의 어떤 동일시도 끊어버렸다. 선정의 끈질긴 내성內省 또한 객관을 제거한다. 그러나 그것은 대상으로부터 물러남을 통해서 제거된다. 그 경험이 유식파의 이론에 독특한 색조를 띠게 했다.

우리는 앞에서 "모든 외적 자극이나 대상으로부터 지속적으로 물러남으로써 선정의 각 단계가 진전되고, 차차 마음에 대한 침해가 줄어들어 눈·귀·코·혀·몸·뜻의 여섯 감각 기관[육근六根]이 평온해진다. 그리고 고도의 선정 삼매 속에서는 외적 대상이 전혀 남아 있지 않다"라고 한 것을 기억한다(193~195쪽 참조).

요가 수행자들은 행복과 성취를 바깥의 사물이 아니라 자기 마음 내면의 청정한 고요 속에서 구한다. 지혜학파는 항상 우리가 경험적 자아로서 얻은 것과 우리의 진정한 자아[참나]를 동일시하는 잘못으로 고통 받는다고 주장해왔다. 유식파는 이제 참나를 궁극적 주체로 여긴다.

그러면 당연히 이러한 결론에 이른다. 모든 고통의 근본은 어떤 것을 마음 깊은 곳의 자기 내면과 분리되거나 외부에 있는 대상으로 파악하려는 우리의 성향 때문이다. 진실로 모든 사물과 생각들은 오직 마음일 뿐이다. 모든 망상의 바탕은, 우리의 마음이 객관화된 것을 마음과 독립적인 다른 세계로 여기는 데 있다. 객관화된 마음은, 그것의 실제 원천이며 본질인 마음과 다른 것이 아니다.

철학적인 교리로서, 이것은 버클리Berkeley의 관념론과 매우 유사하다. 그는 이렇게 말했다.

어떤 진리는 마음에 너무 가깝고 명백해서 사람이 진리를 알고자 하면 단지 눈을 뜨기만 하면 된다. 이 중요한 진리를 나는 이렇게 생각한다. 즉 하늘의 모든 합창단과 땅의 모든 사물들, 한마디로 말해 이 세상의 거대한 틀을 형성하는 구조물들은 마음 없이는 존속할 수 없다.

외적인 세계는 실제로 마음 자체이다. 다양한 외적 대상들은 단지 표상表象이고 관념에 불과하다. 마치 신기루에 물이 없는데 실제로 있다고 생각하듯이, 대상이 없는데 대상이 있다는 생각이 일어난다. 모든 것이 순전히 환상으로 보일 때 고도의 통찰력에 도달한 것이다. 유식파는 외적 대상들이 존재할 수 없다고 증명하는 수많은 논리적 논증뿐 아니라 선정의 생생한 체험을 통해 이러한 확신을 갖게 된다.

높은 단계의 선정에서 요가 수행자는 그에 상응하는 외적 자극 없이도 선명한 시각 이미지를 보는 일에 익숙해진다. 수행 과정 중에 그는 푸른 원이나 해골 같은 대상을 직접 눈앞에서 본다. 그러나 이는 환영이거나, 아상가[무착]가 말했듯이 '단지 생각'에 불과하다. 세계는 꿈과 같다. 꿈은 그에 상응한 실제 대상이 있는 것이 아니라 단지 '관념의 자각'일 뿐이다. 마치 사람이 잠에서 깬 후에 '꿈속의 풍경들이 헛것'임을 알게 되듯이 진정한 실제를 깨달은 사람은 '깨어 있을 때 지각된 대상'도 헛것임을 안다.

4

아뢰야식

유식파의 '장식藏識'[아뢰야식]²⁸이라는 개념은 실제 그 개념의 가치보다 배경이 되는 동기가 더 흥미롭다. 아상가[무착]는 모든 사고 행위의 바탕을 초개인적인 의식으로 가정했다. 과거의 전체 경험, 곧 모든 행위와 그 결과에 대한 인상들이 장식에 저장된다. 그것은 정신과 육체의 유기체에 묶여 있는 '개인의 영혼'이 아니라 우리의 무지와 자기애 속에서 '개인의 영혼' 또는 '자아'라고 잘못 이해된 객관적 사실이다. 유식파가 장식²⁹이라는 개념을 만들어내자 그 난해함 때문에

---

28 모든 법의 종자를 갈무리하며, 만법 연기의 근본이 되는 의식. 산스크리트어 알라야 비즈냐나ālaya vijñāna를 현장玄奘이 아뢰야식이라 음역하고, 장식藏識(Store-consciousness)으로 의역했다.

29 오늘날 컴퓨터를 사용할 때 나의 하드디스크나 USB 저장장치(개인의 영혼에 해당)가 아니라 클라우드(아뢰야식에 해당)에 저장하는 것에 비유하면 쉽게 이해

열렬한 논쟁이 촉발되었다.

장식의 개념이 만족할 만한 것은 아니지만 그런 개념이 만들어졌다는 것은, 불교의 사상 체계 안에 중요한 난제가 있음을 의미한다. 앞에서 언급한 무아론無我論은 실로 '자신을 포함한 통합체(self-contained unity)'로서의 개인을 뜻하는 '개아個我'나 '영원한 자아'라는 것이 존재하지 않는다고 주장한다. 하나의 개인으로 보이는 것은 사실 잇달아 나타나는 순간적 현상들의 연속일 뿐이다. 그러나 각 연속들의 상대적 통합체가 남아 있어서 다른 연속과는 구별된다.

'나는 나의 내적 경험들을 다른 이들의 경험들보다 훨씬 더 잘 기억한다. 아니 실은 타인의 경험은 거의 기억하지 못한다.' 이것은 상식 차원에서 관찰이 가능하다.

업보業報[30]의 가르침에 따르면, 나는 나 자신이 지은 업(행위)의 과보를 받는 것이지 타인의 업으로 인한 벌이나 과보를 받지 않는다. 이를테면, 나 자신의 과거 경험의 일부는 일종의 무의식 상태로 얼마간 저장되었다가 나중에 내 행동에 영향을 미친다는 사실을 우리는 쉽게 관찰할 수 있다. 개인이 존재한다는 환상은 실로 갈망에서 기인하지만, 그 환상은 일상적 관찰에 의해 점점 더 강력하게 강화되고 있다. 물론 혹자는 이 모든 것을 무시할 수도 있고, 전혀 '다른 시각에서 이 모든 것을 바라보는 열반의 상태'로 탐구자들의 주의를 돌릴 수도 있다.

할 수 있다.

30 선악의 행위에 따라 받는 괴로움과 즐거움의 과보.

그러나 그렇게까지 멀리 생각이 미치지 못한 사람들에게는, 개별성에 대한 믿음이 너무나 그럴 듯하게 보여서 모종의 객관적 근거가 어디엔가 있을 거라고 기대하게 된다. 여기에 불교의 약점이 있고, 이 문제가 불교 역사 내내 불교 이론가들을 반복적으로 괴롭혀 왔다. 자아의 존재를 믿는 이단적인 사고가 교단 내부 사람들에게도 침투해 들어왔다.

18부파[31] 중 하나인 정량부正量部(Sammitiya)는 보특가라론자[32](개아론자)로 알려져 있다. 그들은 철저하지는 않지만 자아나 영혼에 대한 어떤 형태의 믿음을 유지하려고 했다. 그들은 보특가라, 곧 개아라고 부르는 명확하게 정의하기 힘든 원리에 대해 말하고 있고, 이 보특가라는 다섯 가지 무더기[오온五蘊]와 다른 것도 아니고, 다르지 않은 것도 아니다.

보특가라는 중생이 열반에 도달하기 전까지는 몇 생이 걸리든 없어지지 않고 계속된다. 그것은 우리의 참자아와 경험적 자아의 중간쯤에 있다. 한편으로는 '경험적 자아'로서 우리가 느끼는 '개체 정체성'에 대한 설명이 가능하게 하고, 다른 한편으로는 '참자아'로서 열

---

31 불멸 후 백년이 지난 무렵 교단 내에서 계율이나 교리의 해석에 대립이 생겨 마침내 교단은 보수적 입장의 상좌부와 진보적 입장의 대중부로 분열되었다. 그 후 불교가 점차 인도의 각 지방으로 전파됨에 따라 교단 상호간의 연락이 끊어져 세부까지 의견 차이가 생기게 되었다. 양대 부파는 각자 분파 활동을 시작하여 2~3백년 후에는 18부 또는 20부 등으로 분리되었다. 부파불교는 대승불교가 일어나기 전까지 약 2~3백년간 지속되었다.
32 보특가라는 푸드갈라pudgala의 음역이다. 실체로서의 나, 또는 사람을 말하며, 중생, 자아, 영혼을 뜻하기도 한다.

반에 이를 때까지 '자기 동일성'이 지속된다.

불교의 모든 논쟁거리들 중에 이 문제가 가장 첨예하게 다뤄졌다. 수세기 동안 불교 정통학파들은 보특가라론자의 자아 인정을 타파하기 위해 지치지 않고 논쟁을 거듭했다. 그러나 사람의 마음이나 사상 체계에서 끊임없이 완강하게 무언가를 배제하려고 노력하면 할수록 그 무언가는 점점 더 확실히 마음속에 자리잡게 된다.

결국 정통학파도 영속적 자아의 개념을 인정할 수밖에 없었다. 물론 그것은 공개적이지 않게, 아주 난해하고 애매한 개념 속에 감추어서 여러 가지 위장된 형태로 인정되었다. 예를 들어, 상좌부의 '잠재의식적 생명 연속'[바왕가bhavanga],[33] 경량부의 '매우 미묘한 의식의 연속 존재',[34] 대중부의 '근본식根本識'[35] 등이 그것이다. 유식파의 아뢰야식도 그와 동일한 정신에서 나온 것으로 여겨진다. 개아를 무시하라는 조언이 '자아는 없다'라는 명제로 굳어지자마자 이러한 상식(연속 존재의 인정)에 대한 양보가 불가피해졌다.

일단 유식파가 자아가 존재한다는 우리들의 환상의 기원을 탐구하는 쪽으로 바뀐 순간, 그들은 자신들이 무한한 사색의 바다에 빠져

---

33 존재지속식. 한 개체가 삶의 과정에서 생명이 끝날 때까지 그 연속성을 유지시켜주는 요인이 되는 의식이다. 유분식有分識이라고도 하는데, 유有는 미혹한 존재, 분分은 원인을 뜻한다. 즉, 끝없이 되풀이하는 미혹한 생존의 원인이 되는 미세한 의식이다.

34 아주 먼 과거부터 끊어지지 않고 한결같이 중생에게 전해져온 느낌, 지각, 의지, 의식 등의 화합으로 된 미세한 의식이다. 일미온一味蘊, 세의식細意識이라고도 한다.

35 아뢰야식의 다른 이름으로, 현상 세계의 근본이 되는 의식이다.

들었다는 것을 알았다. 아뢰야식으로 시작한 유식파는 '아뢰야식으로부터 어떻게 이 세계가 생기는가'를 추론하고, '궁극적 주체가 어떻게 그 자신으로부터 멀어져서 객관적 세계 속에 펼쳐지게 되었는가' 하는 정확한 진화 과정을 추적하기 시작했다. 그렇게 함으로써 그들은 해탈 수행과 직접 연관이 없는 사색적 형이상학의 극히 복잡한 체계를 구축해놓았다. 과거에는 환상을 설명하기보다는 환상을 없애는 데 더 관심을 기울였던 그들이었는데, 이제는 환상을 없애는 과거의 이론적 단순성에서 벗어나 환상의 복잡한 체계를 구축하기 시작한 것이다.

유식 철학의 대부분은 무아론에 내재된 난점을 극복하는 것이지만, 거기에는 사실 불교에 침투한 힌두철학의 상키아 체계의 영향이 드러나 있다. 아상가의 시대쯤에 요가 수행법을 이론적으로 설명하려고 파탄잘리[36](CE 450년경)가 상키아 체계를 이용했고, 지금도 이 요가 수행법이 행해지고 있다.

아비달마 시대에서 유식파의 성장기까지 인도의 정신적 풍조에 완전한 변화가 일어났다. 과거의 승려들은 일반적으로 우주에 대해 거의 관심이 없었다. 사람이 자신을 알고 싶어 하는 경우에는 정신의 상태와 심리적인 방법이 가장 중요했다. 그러나 이제 개인의 해탈이 아니고 우주적 해탈, 곧 우주 생명의 해탈을 구하는 시기가 도래했다. 그렇게 점점 더 사람들의 관심이 우주로 쏠리면서 정신의 상태를

---

36 Patanjali. 인도의 힌두교 사상가. 요가학파의 경전인 『요가수트라』를 저술했다.

우주의 진화 과정과 연계시켜 생각하게 되었다. 이러한 강조점의 변화는 유식파에서 시작되었고, 우리가 곧 다루게 될 탄트라[밀교] 불교가 발전하면서 더욱 뚜렷해졌다.

5

세 가지 자성과
세 가지 몸

열반과 마음을 동일시하고 아뢰야식에 대해 사색한 것 외에 유식파는 예로부터 내려오는 두 가지 관념에 궁극적으로 체계적인 형태를 부여했다. 하나는 '존재론'이고, 다른 하나는 '불타론佛陀論'이다.

존재론에 있어서 그들은 세 가지의 자성[삼성三性]으로 구별했다. 간단히 언급해보면, 이 이론은 어떤 사물이든 세 가지 각도에서 바라볼 수 있음을 의미한다.

첫째, 우리가 상식적으로 보는 그대로의 대상으로 우리 마음에 표상된 모습이다[변계소집성遍計所執性]. 여기서의 사물은 다른 것과 구별되는 단순한 개체성이다.

둘째, 사물이 다른 것에 의존하는 측면이다[의타기성依他起性]. 사건이란 (고정불변의 실체가 아니라) 좀 더 과학적으로 보면, 사물들이 상호간에 조건 지어져 있음을 뜻한다.

셋째, 모든 사물에는 충분히 완전하게 실제인 측면이 있다[원성실성圓成實性]. 여기서의 사물은 더 이상 객체로서 존재하는 게 아니라 요가 수행으로 직관할 수 있다. 그런 때에 모든 사물의 본성은 차별 없이 평등하며[일여一如], 오직 마음이고[유식唯識], 주관과 객관이 나뉘기 전이며, 초월적이고 편재적遍在的이다.

붓다의 세 가지 몸[삼신三身]에 관한 이론도 꼭 집고 넘어가야 한다. 왜냐하면 우리가 이미 앞에서(66~73쪽 참조) 묘사했듯이, 붓다의 세 가지 측면에 관한 사상이 수세기 동안 발전되어 오다가 유식파가 최종 결론을 내렸기 때문이다. 세 가지 몸은, 진리의 몸[법신法身], 누리는 몸[보신報身, 수용신受用身], 나투는 몸[화신化身, 응신應身] 등이다.

법신은 절대 존재로서의 붓다이다. 법신만이 붓다의 참된 자신이다. 법신은 유일하다. 보신과 화신은 법신에서 나오고 법신에 의해 지탱된다.

붓다의 보신은 여러 청정한 불국토에서 보살들에게 나타난 붓다이다. 여러 다른 보살의 무리에게 여러 다른 보신이 보이고 들린다고 한다. 이 보신은 32가지 붓다의 특징을 지녔으며, 이 몸에서 많은 기적이 일어난다. 그것은 마음이 만들어낸 것으로, 일반적인 생식生殖과 출산 과정 없이 이 세상에 출현한다.

화신은 신통력을 써서 일시적으로 만들어낸 사람의 모습을 한 붓다이다. 화신은 덜 깨인 중생들을 돕고 성숙시키기 위해 하늘에서 내려와 짐짓 출가하고 수행하여 정각正覺을 얻고, 제자들을 모아 가르치다가 지상에서 죽음을 맞는다. 언제나 다소 덜 중요하게 생각되어 온 붓다의 인간적인 성격은 이제 단지 화신이라는 허구와 환상이 되었다. 이미 소승에서도 붓다는 자신의 모습을 신통력으로 나타나게 하는 '화불化佛'[37]의 불가사의한 힘을 가지고 있어서 그가 탁발을 하는 동안에도 다른 곳에서 설법을 하고 있다고 믿었다. 힌두교의 신 역시 그러한 신통력이 있었다. 《디가 니까야Dīgha Nikāya》에는 다음과 같은 내용이 있다.

> 브라흐마[범천梵天] 사함파티는 '33천'[38]의 집회에 물질적인 신체로 나타났다. 왜냐하면 그의 원래 몸은 다른 신들에게는 보이지 않기 때문이다.

이 개념은 대승에서 '역사적 붓다'와 '하나이며 영원한 붓다'[구원불久遠佛][39]의 관계를 정의할 때 사용되었다. 하나인 붓다, 곧 법신불은 언제나 항구히 존재한다. 그러나 기회가 될 때마다 구원불의 일을 하기 위해 이 세상에 화신으로 나툰다.

이러한 개념에 함축된 도술道術의 의미는 역사적으로 대단히 중요한 의의를 지니고 있다. 붓다의 형상이 나타나는 이 세상 자체가 도술적 환영幻影(마야maya)에 지나지 않는 것이다. 불교도들이 세상을

---

37 변화한 부처, 곧 변화불(nimitta-buddha)이다. 중생의 근기와 소질에 따라 갖가지 형상으로 변하여 나타나는 붓다를 뜻한다.
38 수미산 정상의 도리천에 있는 33신. 중앙에 왕인 제석이 있고, 사방의 봉우리에 각각 여덟 신이 있어 33신이다. 33신들이 사는 도리천을 말하기도 한다.
39 Eternal Buddha. 아득하게 오랜 옛날부터 완전한 깨달음을 성취한 부처.

환영이라고 가르칠 때, 그것은 세상이 존재하지 않는다는 뜻이 아니다. 세상은 만질 수 있고, 볼 수 있는 실제이다. 그러나 그것은 사람을 현혹하기 쉽다. 왜냐하면 사람들이 환영을 환영이 아닌 것으로 착각하기 때문이다. 우리가 보고 만지는 세상은 진짜가 아니고 환술의 속임수여서 너무 진지하게 다뤄서는 안 된다. 이렇게 실천적인 뜻에서 불교사 초기부터 이 세상의 사물들을 마야(환영)라고 불렀던 것이다. 이제는 그 용어의 적용 범위가 확장되었다.

붓다는 《보적경寶積經》[40]에서 요술사 바드라에게 이렇게 말했다.

중생들이 누리는 모든 즐거움과 그들의 소유물은 자신들의 행위[업業]라는 마야에 의해 환술로 만들어진[화현化現] 것이다. 승단은 다르마라는 마야에 의해, 나 자신은 지혜라는 마야에 의해, 그리고 일반 중생들은 복잡한 인연이라는 마야에 의해 만들어진 것이다.

달리 표현하면, 세상은 환술로 창조된 중생들이, 환술로 창조된 고통으로부터, 환술로 창조된 구원자에게 구원받는, 주마등처럼 스쳐지나가는 장면과 같다. 환술로 창조된 구원자는 사람들에게 이 세상에 존재하는 모든 것은 실재하는 것이 아님을 보여준다. 이 세상을 효과적으로 다룰 수 있는 것은 환술적인 방법뿐이라는 확신이 전파

---

40 불교의 여러 경들을 모아 편집한 경전. 원제는 '법보法寶의 누적'이라는 뜻에서 연유한 《대보적경大寶積經》이다. 보살의 실천 덕목, 보리심의 함양 등이 대부분의 주제이다.

되기 시작한 것은 놀랄 일이 아니다. 이러한 확신은 우리가 이제부터 살펴볼 탄트라 불교에서 구체적으로 나타났다.

8장

탄트라 혹은 주술불교

1

밀교의 문제점

현대 유럽인들과 달리 아시아인들은 마술이나 주술을 일상생활의 한 부분으로 여길 만큼 아주 친숙하게 접해왔다. 여기서 힌두, 아랍 또는 중국인들이 마술과 주술에 대해 어떻게 생각했는지 구체적인 예를 들어보면 도움이 될 것이다.

14세기 아랍인 여행가 이븐 바투타[1]가 중국 항주부杭州府의 태수를 방문했을 때 일이다.

1　Ibn Batuta(1304~1368). 역사상 가장 위대한 여행가 가운데 한 사람. 모로코 출신 으로 아프리카, 아라비아, 인도를 거쳐 중국 원나라까지 25년 동안 약 12만km를 여행했다. 여행기『도시의 진기함과 여행의 경이로움을 생각하는 자를 위한 선 물』을 남겼다.

한 마술사가 몇 개의 구멍이 뚫린 나무 공을 가지고 있었고, 그 구멍에 긴 밧줄을 꿰어 한쪽 끝을 잡고 공을 하늘로 던졌다. 공은 아주 높이 올라가더니 시야에서 사라졌다. 밧줄의 다른 쪽 끝을 잡고 있던 마술사는 그를 도와주는 소년들 중 한 명에게 밧줄을 타고 올라가라고 했다. 소년이 밧줄을 타고 올라가더니 그 역시 시야에서 사라졌다. 마술사는 공중을 향해 세 번이나 소년을 불러도 대답이 없자 크게 노한 양 칼을 움켜잡고 밧줄을 타고 올라갔고, 그 역시 시야에서 사라졌다. 얼마 후 소년의 팔 하나가 떨어지고, 그 다음에는 다리, 다음에는 다른 팔, 다른 다리, 몸통, 맨 나중에는 머리통이 떨어졌다. 이윽고 마술사가 옷이 피투성이가 된 채 숨을 헐떡이며 내려와서 태수 앞에 엎드려 땅에 입을 맞춘 뒤 중국어로 무언가를 말했다. 태수가 무슨 명령을 내리자 마술사는 소년의 수족을 모아 제자리에 놓고 발로 차면서 "얍!" 하고 기합을 넣었다. 그러자 소년이 일어나 우리 눈앞에 섰다. 이때의 놀라움은 상상할 수 없이 컸다. 그때 카지 아프카루딘이 내 옆에 있었는데, 이렇게 말하는 것이었다. "관리님! 내 생각에는 올라간 적도 없고, 내려온 적도 없고, 훼손한 적도 없고, 다시 이어붙인 적도 없어요. 이건 모두 속임수예요."

반야바라밀다에 의하면, 해탈의 전 과정은 이 마술사의 트릭과 본질이 동일하다. 붓다와 수보리[수부티]² 사이에 오간 대화를 보라.

---

2 Subhūti. 붓다의 10대 제자 중 한 명. 사위국의 바라문 출신으로, 공空의 이치에 밝아 해공제일解空第一이라 일컫는다. 그래서 공空을 설하는 경전에 자주 등장하여 설법한다.

"수보리여! 영리한 마술사, 또는 그 제자가 번잡한 네거리에서 주문을 외워 마법으로 수많은 군중을 만들어내는 것과 같다. 그리고 다시 마법으로 주문을 외워 그들을 사라지게 한다. 수보리여, 어찌 생각하느냐? 누군가에 의해 죽거나, 살해되거나, 파괴되거나, 사라진 자가 있다고 생각하느냐?"

"아닙니다. 세존이시여!"

"그와 마찬가지로 위대한 존재인 보살이 무량한 중생을 열반으로 인도하지만, 열반으로 인도된 사람도 없고, 열반으로 인도하는 사람도 없다.[3] 만약 보살이 이 말을 듣고도 전율하지 않고, 놀라지 않고, 두려워하지도 않는다면, 그는 '단단한 갑옷으로 무장하고 있다'고 할 것이다."

– Aṣṭasāhasrikā-prajñāpāramitā-sūtra[팔천송반야八千頌般若]

탄트라 불교[밀교密敎]는 실제적인 결과를 이끌어냈다. 밀교는 그 이전에 펼쳐진 사상들의 논리적 귀결로 나타났으니, 밀교가 많은 학자들에게 안긴 어려움은 그들 자신의 손으로 만들어낸 셈이다. 물론 '원래의 불교'가 '윤리적 교화 정신에 따른 완전히 합리적인 종교'여서 초자연적이거나 신비한 요소는 전혀 없다고 확신하는 사람의 눈에는 밀교가 '본래의 합리적인 불교'로는 이해할 수 없을 만큼 타락한 것으

---

3 "(보살이) 이와 같이 한량없는 중생을 열반에 들게 했으나 실제로는 한 중생도 열반에 든 이가 없느니라. 수보리여, 왜냐하면 보살이 '(중생을 열반에 들게 한) 내가 있다'는 생각이 남아 있다면(무아에 통달하지 못했다면) 이는 보살이라 할 수 없기 때문이니라." —《금강경》〈제3 대승정종분〉중에서

로 보일 수 있다.

사실상 불교는 '합리주의자들의 눈에 미신으로 보이는 것'과 언제나 긴밀하게 연관되어 왔다(155~160쪽 참조). 비범한 초능력, 아니 그보다 기적을 행하는 능력들이 실재한다는 사실에 그 누구도 의문을 제기하지 않았다(198~200쪽 참조). 체질에 맞지 않는 여타 사람들에게는 미심쩍은 축복이었지만, 체질에 맞는 사람들에게 그런 능력의 개발은 해탈에 이르는 한 방편이었다. 사람들은 육신을 떠난 여러 종류의 영혼들이 존재하고, 주술적인 힘이 실재한다는 것을 당연하게 받아들였으며, 이러한 믿음이 현재의 불교 우주관의 요소가 되었다.

밀교에 대해 기술하는 유럽인들은 종종 감정적으로 흥분해서 어쩔 줄 모른다. 그들의 반감에는 일부 지적인 측면도 있다. 왜냐하면 선조들이 빠져 있던 주술적 신앙에서 자신들은 벗어났다고 믿기 때문이다. 게다가 성적 상징물을 숭배하는 밀교는 유럽인들의 도덕적 분노를 자극하기 쉬웠다.

그들에게는 불교 역사에서 가장 숭고한 추상적 형이상학이 인격신들과 마법과 미신적 숭배물에 대한 집착에 서서히 굽히고 들어간 것처럼 보였다. 과거의 숭고한 금욕생활이 성적 교섭을 통한 합일을 수행으로 삼는 의도적인 부도덕에 자리를 내주고 말았다.

과거의 금욕생활은 세속에 대한 욕망과 집착을 떠나고자 했는데, 이제는 세상을 가장 비천한 욕망으로 몰아넣으려 하고 있다. 그리고 예전에는 환경에 복종했는데, 지금은 그 환경들을 지배하는 힘을 얻으려고 한다. 청빈이 영적 성장의 으뜸 조건이던 곳에서 사람들은 이제 부귀의 신 쿠베라[4]와 잠발라를 달랠 생각을 하고 있다.

이렇게 반감을 품은 태도로는 밀교를 정당하게 평가할 수 없다. 밀교는 두 가지 목표를 가지고 있다. 하나는 금생에 올바른 깨달음을 얻는 것[즉신성불卽身成佛],[5] 또 하나는 건강과 부와 권력을 얻는 것이다. 그러나 세속적인 것과 비세속적인 것의 이러한 비논리적 결합은 불교 역사 내내 이어온 것이며, 불교의 힘을 유지하는 주요한 기둥 가운데 하나였다.

앞으로 살펴보겠지만, 밀교의 부도덕은 세속인들의 부도덕이 아니라 성자들의 부도덕이었다. 또 부적들이나 주술적 제의가 완전한 깨달음을 얻는 가장 확실한 방법이라는 주장은 정말 새로운 것으로 강조되지만, 그러나 오래 전부터 꾸준히 그런 쪽으로 역사가 전개되어 왔다. 밀교는 존경하기가 미심쩍은, 약간의 망상적 왜곡이 빚어낸 악몽이 아니라, 필연적으로 일어날 수밖에 없었고, 현재도 필연적일 수밖에 없는 불교사의 한 국면임을 알아야 한다.

---

4   Kubera. 인도 신화에 나오는 북방의 수호신이자 재물과 보배의 신. 바이슈라바나, 잠발라, 판치카라고 부르기도 한다. 불교에 도입되어 비사문천이라 음역하며, 다문천이라고 한역된다. 사천왕, 십이천의 하나로서 불법을 수호하는 선신이다.
5   일반적으로 보살이 성불하려면 3아승기겁(무량한 세월)을 닦아야 한다는 데 반해, 밀교에서는 현재 이 몸 이대로 붓다의 행동과 말과 뜻을 갖추어 성불할 수 있다고 한다.

2

밀교의 역사

밀교 수행이 처음으로 출현한 정확한 시기를 명시하기가 현재로
서는 불가능하다. 밀교는 전통적으로 비밀주의적 경향이 있다. 비술
적이고 비밀리에 전해 내려오는 사상은 그들이 세상에 드러나기 전
에도 오랫동안 전수자들의 작은 모임 속에서 유포되었음이 분명하
다. 밀교는 CE 500~600년 무렵부터 다소 공개적인 사상체계로 전환
되는 탄력을 얻는다. 그러나 그 시작은 인류 역사의 동이 틀 무렵으
로 거슬러 올라간다. 농경사회에 마법이나 마술, 인신 공양과 모신
숭배, 풍요제, 땅 속에 사는 신들에 대한 숭배가 만연하던 시대이다.
문헌사에 의하면, 밀교는 새로이 창조된 것이 아니라 원시신앙이 불
교 철학에 흡수되어 혼합한 결과 형성된 것이다.

밀교 문헌은 매우 방대하지만 대부분 아직 탐구의 손길을 기다리

고 있다. 번역된 것도 거의 없고, 텍스트는 어렵고 모호한데, 다분히 의도적으로 그렇게 한 경우가 많다.

힌두교처럼 불교도들도 밀교를 우도友道와 좌도左道로 구분했다. 힌두교에서 우도는 우주의 남성 원리를 중요시한 데 반해 좌도는 우주의 여성 원리를 더 중요시한다. 불교에서는 이 둘의 차이가 주로 성性에 대한 태도로 나타난다(380쪽 참조).

좌도에는 샥티즘Shaktism이라는 이름을 붙여주는 것이 편리하다. 힌두교의 샥티즘은 시바교와 관련 있다. 이 시바교의 교리가 불교 샥티즘에 지대한 영향을 끼쳤다. 샥티는 신의 창조적 에너지 혹은 '능력'이며, 신의 아내로 인격화된다. 시바교에서 샥티 숭배는 시바의 아내 파르바티Parvati 혹은 우마Uma를 향해 있고, 그녀는 위대한 여신 또는 위대한 어머니로 알려져 있다.

샥티즘의 많은 신들은 유순한 형상이나 무서운 형상을 하고 있는 것이 특징이다. 파르바티의 무서운 형상은 두르가[6](근접할 수 없는 여신), 또는 칼리[7](검은 여신)이다. 무서운 형상은 죽음과 파괴, 신내림, 짐승과 인신 공양 등과 관련이 있다. 동시에 시바교에는 많은 여신들과 여자 마법사들, 마녀들, 식인 여귀신들이 있는데, 그중 많은 수가 불교 샥티즘에 흡수되었다. 아주 극단적인 시바교 수행 추종자들은

---

6 Durga. 힌두교 신화에서 강력한 여전사로 숭배되는 여신. '천하무적'이라는 의미를 지녔으며, 악마를 물리치는 역할을 한다.

7 Kali. 힌두교 신화에 등장하는 죽음과 파괴의 여신. 산스크리트어로 '검은 여자'라는 뜻이다.

언제나 동시대인들의 존경을 받지 못했다. 시바교의 마술사인 바이라바난다Bhairavananda는 CE 900년경의 인도희곡에서 다음과 같이 노래했다.

혹서黑書와 주문呪文, 모두 지옥에나 가라!
나의 스승은 내게 선정 수행을 집어치우라 하네.
술과 여자만 있으면 되지
해탈에 이르는 흥겨운 춤!
불타오르는 젊은 여인을 제단에 올리고
좋은 고기 씹으며, 독주를 들이키리.
내 침대의 털가죽과 함께, 모두가 내게 주어진 보시물인 것을.
이보다 더 좋은 종교 있을까보냐?
비슈누 신, 브라마 신, 그리고 아무개 신들 떠들기를,
'선정, 제식, 베다로 해탈하라.'
우마의 사랑하는 남편(시바)만이
해탈에 덤으로 술과 여자를 얻어줄 수 있네.
— 찰스 록웰 랜먼[8]

밀교 문헌에 대한 학문적 탐구는 아직 시작에 불과하다. 그렇지만 아주 많은 밀교 분파 가운데 두 개의 거대 분파가 역사적으로 가장

---

8   C. R. Lanman(1850~1941). 하버드 대학교 산스크리트어 교수.

중요하다는 것은 현재의 수준에서도 단정할 수 있다. 두 거대 종파는
좌도인 금강승金剛乘[9]과 우도인 밀종密宗(비밀승祕密乘)이다.

　금강승은 견고하고 예리하고 밝은 금강의 수레이다. 금강[바즈라
Vajra]은 문자 뜻으로 보면, 제우스나 토르[10]에 비견되는 인드라[11]가 강
력한 무기로 사용하는 벼락(천둥번개)이다. 그것은 스스로는 부서지
지 않으며, 모든 다른 것을 부술 수 있다. 후기 불교철학에서 바즈라
는 다이아몬드처럼 단단하고, 허공처럼 투명하고, 벼락처럼 저항할
수 없는 초자연적 물질을 나타내는 데 사용되었다. 금강은 이제 궁극
의 실재, 다르마, 정각正覺의 뜻으로 사용된다. 금강승은 공空의 교리
를 신화적으로 해석했다. 그리고 종교적 의식들의 결합을 통해 진실
한 금강의 성품을 회복하여 금강의 몸을 얻고, 금강의 생명체[금강살
타金剛薩埵][12]로 새롭게 태어난다고 가르친다.

　금강승의 시초는 CE 300년 무렵으로 거슬러 올라갈 수 있지만, 우
리에게는 금강승의 체계가 CE 600년 무렵부터 발전하여 오늘날까지

9　Vajrayāna. 밀교에서 대일여래의 가르침은 금강과 같이 견고하다고 하여 이와 같
　이 말한다. Vajra(금강金剛)란 제석천이 지닌 무기로 최고最高·최승最勝의 뜻을
　갖는다. 공성空性과 오지五智를 얻게 하는 최고의 가르침, 곧 밀교가 중관과 유
　식사상의 영향을 받은 사상임을 알게 해주는 명칭이다.

10　Thor. 북유럽 신화에 나오는 천둥의 신.

11　Indra. 인도의 베다 신화에 나오는 비와 천둥의 신. 하늘의 제왕으로 몸은 모두 갈
　색이고, 팔은 네 개이며, 두 개의 창을 들고 코끼리를 타고 다닌다. 불교에서는
　제석천 또는 십이천의 하나로 동방의 수호신이다.

12　바즈라사트바Vajrasattva. 보리심菩提心, 또는 여래의 지혜를 상징하는 보살로서
　손에 금강저金剛杵를 지니고 있다.

이어져온 것으로 알려져 있다. 《비밀집회祕密集會 탄트라》[13]는 가장 이른 시기의 경전들 가운데 하나이다.

금강승은 일련의 논사들이 기초를 세웠는데, 그중 '제2의 나가르주나(약 600~650년경)'라고 불리는 사람[14]이 초기의 스승 중 하나이다. 그들의 이름은 CE 1100년경까지 기록에 나타난다. 금강승의 발생지는 확실히 인도의 최북단인데, 동쪽으로는 벵골과 아삼 고원에서, 서쪽으로는 페샤와르 근처로 생각되는 우디야나라는 지방에 걸쳐 있다.

밀교 사상의 형성에는 비인도적非印度的 영향도 있었다. 성애적 신비주의와 여성 원리를 강조하는 것은 인도 문화의 드라비다 계층에서 많은 영향을 받았다. 드라비다족은 베다 종교보다 훨씬 더 마을의 여신들을 숭배했고, 모신母神에 관한 모계 중심의 전통을 잘 지켜왔다.

벵골에서는 팔라 왕조(750~1150)의 후원을 받아 밀교 교리가 잘 발전하고 조직화되었다. 그 당시 공식적인 불교는 반야바라밀다와 밀교의 혼합물이었다. 날란다에 살던 승려들, 그리고 팔라 왕조의 왕들이 설립한 사원인 오단타푸리, 비크라마실라, 작가달라, 소마루파 등에 살던 승려들은 형이상학과 주술을 결합시켰다. 마치 랭스의 제르

---

13 Guhyasamaja-tantra. 밀교의 가장 중요한 경론 중 하나로, 밀집금강密集金剛이라 고도 한다.

14 다르마굽타Dharmagupta(미상~619)를 말한다. 달마급다達摩笈多로 음역하고, 법밀法密·법장法藏이라 번역한다. 남인도의 크샤트리야 출신으로, 23세에 출가 하여 경론을 배우고, 서역의 여러 지역을 거쳐 590년에 중국 장안長安에 도착했 다. 칙명으로 대흥선사大興善寺에 머물면서 사나굴다(523~600)와 함께 경전을 번역했다.

베르[15]나 중세 민간전승의 위대한 알베르트[16]가 신비주의를 결합시킨 것처럼. 이들 승려의 관심 범위는 CE 1000년경 바기스바라키르티 Vagisvarakirti가 전형적으로 보여주고 있다. 타라나타[17]는 그에 관해 이렇게 말했다.

성스러운 타라[18]의 얼굴을 끊임없이 우러러보면서 그(바기스바라키르티)는 모든 의심을 해결했다. 그는 반야바라밀다에 관한 8개의 종파를 세우고, 비밀집회를 해설하고자 4개의 학파를 세웠으며, 다른 3종의 밀교를 위해 각 1개씩의 학파를 세웠다. 또한 중관학파의 논리학을 감안하여 많은 종파를 세웠다. 그리고 불로장생약을 만들어 사람들에게 나누어 주어, 150살도 넘은 노인들을 다시 젊어지게 했다.

반야바라밀다와 밀교의 조합은 놀랄 만한 활력을 불어넣었다. 벵골에서는 마호메트교도에 의해 소멸되었지만, 자바와 네팔로 전파되

---

15 Gerbert d'Aurillac(약 940~1003). 프랑스의 성직자, 교육자. 프랑스 최초로 교황의 자리에 올라 제139대 교황 실베스테르 2세가 되었다. 일찍이 아라비아의 학문과 숫자를 접하고 연구했으나, 당시에는 이슬람에 심취하고 악마와 결탁했다는 소문에 휩싸였다.

16 Albertus Magnus(약 1200~1280). 독일의 스콜라 철학자, 자연학자, 도미니크회 수사. 자연학적 인식에서 수학이나 영혼의 인식을 거쳐 신의 명상으로 승화하는 것이 영혼의 발전이라는 신비주의적 명상을 강조했다.

17 Taranatha(1575~1634). 티베트의 조낭파 승려, 각낭사覺囊寺의 제28대 주지. 저명한 불교학자, 역사학자로서 외몽골에 선교했다.

18 Tara. 다라多羅로 음역하여 다라불모多羅佛母라고도 한다. 관음의 광명에서 출현했다고 하며, 중생을 피안으로 인도하는 보살로 생각된다. 특히 인도, 티베트, 중국에서는 후기 밀교에서 관음과 어깨를 나란히 하며 신앙의 대상이 되었다.

었고, 티베트에서는 지금도 살아 있는 전통으로 지속되고 있다.

우도 밀교는 주로 중국에 남아 있는데, 아모가바즈라(705~774)[19]의 체계를 통해서 알려졌다. 이 교리 또한 나가르주나로부터 전해 내려온 것이라고 한다. 중국의 밀종密宗은 만다라(주술적 원형 도상)에 구현된 두 가지의 밀교 체계, 즉 태장계胎藏界 만다라(자궁을 나타내는 원 도상)와 금강계金剛界 만다라(천둥번개를 나타내는 원 도상)를 결합한 것이다. 이 둘은 고차원에서 보면 동일한 초월적인 실재인데, 이理적인 면을 태장계라 하고 지智적인 면을 금강계라 한다. 여기서 붓다 마하바이로차나[대일여래大日如來]는 우주 자체를 나타낸다. 그의 몸은 상호 보완적인 두 구성 요소로 나뉜다. 하나는 수동적이고 정신적인 태장계이고, 다른 하나는 능동적이고 물질적인 금강계이다. 온 세상은 붓다가 스스로를 드러낸 것으로서 두 개의 만다라로 표현된다.

이 교리는 CE 800년경 코보대사[20]가 일본에 들여왔는데, 1931년에는 8백만의 신도와 만천 명의 승려를 거느린 일본 최대 종파 가운데 하나인 진언종眞言宗으로 건재하게 되었다. 덴교대사[21]가 설립한 천

---

19 Amoghavajra. 인도 출신의 승려. 한자명은 불공금강不空金剛, 줄여서 불공이라고 부른다. 720년에 스승 바즈라보디[금강지金剛智]를 따라 바닷길로 당나라에 가서 스승의 번역 작업을 도왔다. 스승의 입적 후 유지를 받아 남인도에 가서 밀교 계통의 경전을 수집하여 746년에 장안으로 돌아왔다. 현종, 숙종, 대종의 신임을 받으며 많은 경전을 번역하고, 중국 밀교의 전파에 힘썼다.

20 홍법대사弘法大師(774~835). 시호는 홍법, 법명은 구카이空海이다. 일본 헤이안 시대의 승려로, 804년에 사신단을 따라 당나라에 유학하여 밀교의 교리를 배웠고, 귀국하여 왕의 후원으로 진언종을 열었다.

21 전교대사傳敎大師(767~822). 시호는 전교, 법명은 사이초最澄이다. 일본 헤이안 시대의 승려로, 홍법대사 등과 함께 당나라에 들어가 불교의 천태교학을 공부한

태종天台宗 밀교, 곧 태밀台密 교리는 덴교대사가 밀교 교리에 《법화경》을 바탕에 둔 현교 교리를 더한 것이다. 샥티즘은 중국과 일본에서 널리 전파된 적이 없다. 11세기에 진언종의 다치카와파[22]에 의해 성애적 성향이 발전하였지만, 곧 압박을 받았다. 1132년에는 개혁된 진언종인 신의파新義派가 설립되었다.

밀교 문헌은 논문과 주문, 찬가, 그리고 신화적 존재들에 대한 서술로 구성되어 있다. 밀교의 신들은 종종 귀의(박티)불교의 신들과 동일한 이름을 갖고 있다. 이름들은 같지만 신들의 역할은 심대한 차이가 있다. 귀의불교의 신들은 신화적 상상의 창조물로서 중생들이 구원받기 위해 사랑하고 탄원하는 대상이다. 밀교의 신들은 영적·주술적 힘을 인격화한 것이며, 구원에 이르는 도정의 단계로 이용되었다.

뒤 일본에 돌아와 천태종을 열었다.

22 입천파立川派. 일본 진언 밀교에서 파생된 종파. 강력한 주술력을 갖추고 파격적인 수행 방편을 통해 빠른 속도로 퍼져나갔지만, 어둠의 밀교라 불리며 사교로 취급 받아 결국 해체되었다.

3

밀교 수행법

불교의 다른 모든 종파들처럼 밀교도 독특한 수행법을 많이 개발했다. 본질적으로 밀교는 비법을 사적으로 전수 받은 자(관정灌頂[23]을 받은 자)와 그렇지 않은 자를 구분하고, 그것에 상응하는 비밀스런 가르침[밀교密敎]과 공개적인 가르침[현교顯敎]을 명확히 구분한다.

팔리 경전들에 묘사된 것과 같이 붓다는 해탈로 이끄는 지식에 관한 한 "손 안에 감춘 것이 아무것도 없다"는 사실에 자부심을 가졌다. 그와 반대로 밀교는 이제 해탈에 이르는 효과적인 방법과 적절한 실천을 책에서는 배울 수 없으며, 구루Guru라고 부르는 영적인 스승과 개인적으로 접촉해야만 배울 수 있다고 주장한다. 붓다의 자리를 대

---

23 '물을 정수리에 붓는다'는 뜻으로, 법을 전해 받거나 수계를 받는 사람의 정수리에 물이나 향수를 뿌리는 의식을 말한다.

신하는 구루만이 교리의 진실한 비밀과 신비를 전해줄 수 있으니, 구루에게 완전히 복종해야 한다는 것이다.

구루를 둘러싸고 소수의 전수자들이 모이고, 오의奧義(깊은 뜻)를 전수 받은 소수 집단 이외의 사람들이 배운 것은 진리와는 거리가 아주 멀다. 관정을 받지 않은 자들은 영적 훈련을 시작조차 못한다. 이 불교체계에서 관정은 그리스와 로마의 신비의식에서와 같이 매우 중요하게 여겨진다. 아울러 관정(오의의 전수)은 원시사회에서 언제나 중요시되었고, 밀교는 원시적 사유와 행동으로 되돌아가는 것이다.

관정은 산스크리트어로 아비세카Abhisheka인데, 이는 '(물을) 흩뿌리다'라는 뜻이다. 관정을 받는 자에게는 성수聖水가 흩뿌려지고, 이런 점에서 기독교 세례 의식과 유사한 면이 있다. 이 의식은 고대 인도의 왕세자 대관식에서 유래되었다. 이론적으로 왕세자는 관정 의식을 통해 세계의 통치자가 된다. 그와 유사하게 지혜의 물이 귀의자를 영적 세계의 지배자, 곧 붓다가 되게 한다. 관정 받은 자가 실천하는 다양한 의식과 예배를 여기서 자세히 묘사하는 것은 적절치 않다. 그렇지만 다음의 세 가지 수행 방법은 우리가 좀 더 자세히 다뤄야 한다.

1) 주문의 독송
2) 의식儀式을 위한 동작과 춤의 수행
3) 특별한 명상을 통한 신들과의 합일

1) 주문의 독송

주문의 사용에 대해서는 세 가지 시기로 구분해서 살펴봐야 한다. 처음에 불교도들은 당시 인도의 여느 주민들처럼 주술적 의식이 그들을 위험으로부터 지켜주고, 세속의 이익을 증진시켜주기를 기대했다. 그러한 목적으로 주문을 사용하는 것은 인류사에서 산업사회 이전 시기의 모든 나라들에 널리 퍼져 있었다.

주문의 사용에는 최소한 두 가지 가정이 전제되어 있다. 하나는 질병과 여타 불행은 어떤 악마적인 힘의 영향 때문이라는 것, 다른 하나는 주문이 악마를 몰아내거나 대항하는 어떤 위대한 자비의 주술력을 발동시켜서 악마를 효과적으로 퇴치하는 힘을 갖고 있다는 것이다. 주문의 효력에 대한 믿음은, 주문에 대해 일종의 기득권을 가진 사제들과 의사들에 의해 크게 고무되었다. 물론 언제나 그것을 회의적으로 보는 회의론자들이 있었다. 유명한 불교 논사인 바수반두[세친世親]는 다음과 같이 지적했다.

> 약초나 약물은 치료의 효능이 매우 크다. 그러나 의사들의 도움 없이 환자들이 병에서 나으면 돈을 벌지 못할까봐 두려운 의사들은 이렇게 주장한다. "약이 효험을 보려면 반드시 의사들의 전문적 비밀인 주문(만트라mantra)을 거쳐야 한다."

만트라는 소리 내어 외우면 놀라운 효과를 발휘하는 주문을 말한다. 불교도들은 가피加被[24]를 받기 위해 브라만교의 전통 만트라(주문) 뿐 아니라 짧은 불경도 외웠다. 중국인 순례자 현장 법사는 그의 전기 작가 혜립慧立에게 자신이 고비사막을 건널 때 관음보살의 도움을 받고자 반야심경을 외웠다고 말한 적이 있다.

> 온갖 종류의 악마 형상들과 이상한 마귀들이 현장을 앞뒤로 둘러쌌다. 그는 관음보살의 명호名號(이름)를 불렀으나 그들을 물리칠 수가 없었다. 그런데 반야심경을 외우자 그 소리를 듣고 악귀들이 모두 곧바로 사라졌다. 현장이 위험에 빠질 때마다 자신을 안전하게 구원해주리라 믿은 것은 오직 반야심경뿐이었다.

두 번째 시기는 3세기 이후로, 불교도들은 악신들의 방해로부터 자신들의 영적인 삶을 지키고자 만트라를 점점 많이 사용하게 되었다.《법화경》과《능가경》등 몇몇 유명한 경전에는 주문에 관한 특별한 장이 첨가되어 있다.

세 번째 시기는 7세기 이후로, 만트라가 밀교의 한 종파에서 구원의 주요한 수단이 된 시기이다. 용인되기는 했지만 보조적인 것에 불과했던 주문의 염송念誦이 이제 만트라승(만트라의 수레)[진언승眞言乘]에서는 존재의 속박에서 해탈로 이끄는 열쇠가 되었다. 규칙대로만 행하면 만트라로 성취하지 못할 것이 전혀 없다. "만트라의 힘으로

---

24 부처나 보살이 자비심으로 중생들을 돕고 지켜주며 힘을 주는 것.

성불成佛도 가능하다. 더 이상 무엇을 원할 것인가!"

BCE 200년경 나가세나[25]는 《밀린다왕문경》에서 "주문은 악업에 의해 방해받지 않을 때에만 보호 효과가 있다"고 설하고, 마우드갈라야나[목건련]의 예를 증거로 들었다. 붓다의 제자인 목건련은 신통력이 가장 뛰어났지만 먼 과거 전생에 지은 잘못된 행동에 대한 벌로 강도들에게 맞아죽었다는 것이다.

반면에 밀교에서는 의식 규범으로 제시된 많고 상세한 규칙만 잘 지키면 만트라나 다라니[26]는 틀림없이 효과를 발휘한다고 말한다. 밀교에는 수많은 만트라가 있는데, 그 전체 주제는 수많은 규칙들을 지닌 정교한 체계로 다뤄졌다. 예를 들면, 남신男神을 부르는 만트라는 훔hum이나 파트phat로 끝나며, 여신女神을 부르는 만트라는 스바하svaha로 끝난다. 그리고 중성의 경우에는 나마namah로 끝나야 한다는 것 등이다.

이러한 상세한 면은 미뤄두고, 보통은 별 의미가 없는 음절들을 외움으로써 이 세상에 그처럼 대단한 효과를 가져 올 수 있다고 밀교가

---

25 Nāgasena. BCE 2세기경 인도의 승려. 나선那先으로 음역한다. 아프가니스탄과 인도 북부를 지배하던 인도-그리스 왕국의 왕 메난드로스Menandros(밀린다 Milinda) 1세와 불교 경론에 관해 문답을 나누었다고 전해진다. 이를 계기로 메난드로스가 불교에 귀의했고, 그 문답의 내용을 담은 경전이 《밀린다왕문경》이다.
26 부처나 보살의 서원과 덕, 또는 가르침이나 지혜를 나타내는 신비로운 주문. 이 주문에는 불가사의한 힘이 있어서 이를 외우면 한량없는 가르침을 들어도 잊지 않고 모든 장애를 벗어나는 공덕을 얻는다고 여겨진다. 산스크리트어를 번역하지 않고 음을 그대로 읽는데, 비교적 긴 주문을 다라니, 짧은 주문을 진언眞言이라 하지만 엄밀하게 구별하지는 않는다.

믿게 된 이유에 관해 몇 마디 언급해야겠다. 물론 주문이 효과를 발휘하게 하는 것은 마음의 힘이다. 주문은 우리 주변의 보이지 않는 힘들을 인격화시킨 것에 말을 걸어 교섭하는 수단이다. 자비롭고 위대한 존재들이 우리에게 그 만트라들을 주었다. 예를 들어, 유명한 '옴 마니 파드메 훔Om Mani Padme Hum'은 티베트의 바위들, 집들, 마니차摩尼車,[27] 사람들의 입술 등 어디에나 있는데, 이는 관세음보살이 고통스러운 세상에 내려준 가장 귀중한 선물 가운데 하나이다.《대일경大日經》[28] 제4장에서는 만트라의 힘을 다음과 같이 설명하고 있다.

불보살들이 세운 근본 서원으로 인하여 만트라 속에 불가사의한 힘이 깃들어 있다. 그래서 만트라를 소리 내어 외우면 무량한 공덕을 얻는다.

《대일경》에는 또 이런 대목도 있다.

만트라를 통해 우리의 소원이 성취되는 것은, 만트라에 깊고 헤아릴 수 없는 영향을 공여하는 붓다가 그것을 축성祝聖했기 때문이다.

---

27 불교 경전을 넣은 경통. 마니차가 돌아가면 경전의 불력이 세상에 퍼진다고 믿는다. 손에 쥘 수 있는 개인용부터 사원이나 마을 등에 두는 큰 규모의 경통까지 형태가 다양하다. 티베트 사람들은 손에 작은 마니차를 항상 들고 다니는데, 한 번 돌릴 때마다 경전을 한 번 읽는 것과 같다고 여긴다.

28 Maha-Vairocana-Sutra.《대비로자나성불신변가지경大毘盧遮那成佛神變加持經》의 별칭. 7세기 중엽에 성립된 것으로 추정되며, 밀교 사상의 이론적 원리를 밝힌 밀교의 근본 경전이다.

만트라를 소리 내어 외우는 것은 신에게 가피를 호소하는 한 방법이다. 어원상으로 만트라mantra는 열렬한 욕망, 갈망, 강한 목적 등을 표현하는 그리스어 메이마오meimao, 그리고 고대 고지高地 독일어[29]에서 '성관계를 갖다'라는 의미인 민니아minn-ia와 연관되어 있다.

밀교 의식에서 만트라가 차지하는 위치를 알아보기 위해,《대일경》이 만트라를 염송하는 과정에서 구분하고 있는 네 가지 염송의 관법觀法[30]을 결론삼아 간략하게 서술해보자.

첫 번째는 명상적 염송인데, 여기에는 네 가지 측면이 있다. 1) '보리심菩提心'[31]이라는 글자(문자)의 형상을 마음에 그리면서 만트라를 외운다. 2) 각기 다른 문자의 소리를 잘 구분한다. 3) 그 구절의 의미를 잘 이해한다. 4) 수행자와 붓다의 상호교섭 합일을 위해 호흡을 조절하는 조식법調息法을 행한다.

다음으로 두 번째와 세 번째는 신에게 꽃과 향 등을 바치면서 하는 염송이다. 마지막으로 네 번째는 있는 그대로의 참모습[실상實相]을 염송하여 만트라의 힘으로 완성(싯디Siddhi)[32]을 성취한다.

---

29 북부 지방에 비하여 지대가 높은, 독일의 남부와 중부에서 쓰는 독일어. 현재 독일의 표준어에 해당한다.
30 마음의 본성을 자세히 살피는 수행. 어떤 현상이나 진리를 마음속에 떠올려 그것을 자세히 살피는 수행. 한 생각만 주시하여 한결같이 그것을 잊지 않는 수행.
31 깨달음을 구하는 마음. 부처가 되려는 마음.
32 산스크리트어 siddhi의 음역은 실지悉地이며, 성취·완성이라 번역한다. 밀교에서 전하는 가르침이나 수행으로 성취된 결과, 또는 경지를 말한다.

2) 의식을 위한 동작과 춤의 수행

만트라의 소리에 더해, 밀교에서는 의식儀式의 동작이 매우 중요하며, 주술적 효력을 지닌 손의 모양(수인手印)[33]에 관한 복잡한 분류 체계가 있다. 그중에 보다 일반적인 몇몇 의식 동작은 불상이나 보살상을 통해 알려진 것인데, 이 수인은 불보살상의 감별에 중요한 안내자 역할을 한다. 여기서는 그에 대한 상세한 설명을 생략하겠다. 힌두교도들에게 춤은 '몸으로 노래하는' 한 형태이다. 이 춤은 북인도와 티베트의 영향을 받은 나라들에서 매우 중요시되었다. 어쨌든 밀교 교리에 따르면, 유효한 의식 행위는 우리 존재의 세 가지 측면, 곧 몸과 말과 뜻(신구의身口意)을 모두 포함해야 한다. 몸은 동작을 통해서, 말은 만트라를 통해서, 뜻(마음)은 선정을 통해서 겉으로 드러낸다.

3) 특별한 명상을 통한 신들과의 합일

밀교는 귀의하고자 하는 대중의 욕구를 유식파의 선정 수행과 중관파의 형이상학에 결합시켰다. 달리 말하면, 밀교는 놀랄 만큼 많고 다양한 신들, 요정들, 마녀들을 포함한 방대한 민중신화의 만신전萬神殿을 계승했지만, 또한 반야바라밀다의 형이상학도 받아들였다.

반야바라밀다의 형이상학에 따르면, 비어 있음(공空)이라는 하나의 진실만이 온전한 실재이고, 모든 종류의 다양한 존재들은 궁극적으

---

33 무드라mudrā. 양손의 열 손가락으로 표현하는 여러 가지 모양. 불보살의 깨달음의 내용이나 활동 또는 서원을 상징적으로 나타낸다.

로 실재하지 않으며, 우리의 전도顚倒[34]된 망상이 만들어낸 허구[가상 假相]일 뿐이다. 다양한 신들도 우리의 망상이 만들어낸 허구에 지나지 않으며, 그 신들 중 어느 하나도 실제로 존재하지 않는다.

사고방식이 자유로운 우리 현대인들은 그 가정에 전적으로 동의할 것이다. 그렇지만 중요한 차이점이 있다. 현대인들은, 우리 주위의 다양한 사물들은 실제로 있지만 신들은 실제적이지 않고, 일상생활의 어려운 현실과 맞닥뜨렸을 때 우리의 본능에 따른 삶에 실망한 나머지 만들어낸 허구라고 생각한다. 밀교는, 거대한 하나의 공空과 비교할 때 주변의 사물들과 신들은 모두 똑같이 비실제적이지만, 신화의 자료는 우리들 일상 경험의 자료들보다 훨씬 가치 있는 허구이며, 적절히 다루면 우리들이 존재의 속박에서 해탈하는 데 큰 도움을 줄 수 있다고 여긴다.

밀교는 신에 대한 명상 체계를 4단계로 만들었다.

제1단계는 비어 있음을 이해하고, 각자의 분리된 개아를 비어 있음 속에 가라앉힌다.

제2단계는 씨앗으로서의 음절[종자種子][35]을 반복하면서 마음속에 그려본다.

제3단계는 조각상이나 그림 등에 보이는 신의 모습을 마음속에 형

---

34 번뇌 때문에 잘못된 생각을 갖거나 현실을 잘못 이해하는 일.
35 산스크리트어 bīja. 밀교에서는 상징적 의미를 지닌 하나하나의 산스크리트어 문자를 뜻한다. 일반적으로 불교에서 종자는 과거의 인식·행위·경험·학습 등에 의해 아뢰야식에 저장되어 인식 작용을 일으키는 원동력을 의미한다.

상화한다.

제4단계는 신과 자신을 동일시하여 스스로 신이 된다.

제1단계: 신지혜학파에 따르면, 비어 있음[공空]이 유일한 궁극적 실재라는 것을 우리는 기억한다. 유식파는 이러한 비어 있음을 의식 [식識]과 동일시하여, 식識 바깥에 외부세계는 존재하지 않음[36]을 가르 쳤다. 불교는 애초부터 어떤 형태이든 '개인이라는 환상'을 죄와 고통 과 실패의 근원으로 여겼다. 밀교에서도 이제 수행자들에게 "나의 본 질적인 존재는 금강의 본성을 지니고 있다"는 생각을 닦아 "비어 있 음을 성숙시켜 나가라"고 조언한다. 이 생각을 함양하는 데 성공하 면 궁극에는 개아가 소멸된다. 『사다나 말라』[37]에서는 이렇게 말한 다. "비어 있음이라는 개념의 불로 다섯 가지 무더기[오온五蘊]를 모두 태워 없애서 다시는 되살아나지 않는다." 우리의 자아가 비어 있음을 알 때, 그러한 마음 상태를 '깨달은 마음'[보리심菩提心]이라고 한다.

제2단계: 베다 시대 이래로 '소리'는 서양보다 인도에서 훨씬 더 진 지하게 다뤄졌다. 서양철학은 거의 사물의 가시적인 현상에 지배되 어 소리는 냄새나 맛과 함께 비교적 종속된 위치로 강등되었다. 우리 는 왠지 시각과 촉각으로 느끼는 것이 청각으로 느끼는 것보다 사물

---

36 오직 인식 작용만 있고, 인식 작용이 분별하여 지어낸 대상은 없다는 의미이다.
37 Sadhana-Mala. 산스크리트어 Sadhana는 성취라는 뜻을 지닌 밀교 명상법이다. 『사다나 말라』는 300여 개의 사다나가 실려 있는 모음집이다.

의 진실한 모습에 더 가깝다고 믿고 있다.

그렇지만 주술적 전통에서는 언제나 그 무엇보다도 소리가 힘의 본질에 훨씬 가깝다고 여긴다. 모든 말은 음절들로 분석될 수 있다. 밀교에 따르면, 여러 가지 다른 음절들은 각각 다른 영적인 힘이나 신들에 상응할 뿐만 아니라, 한 음절 또는 한 문자가 어떤 신을 화현시키는 데 사용될 수 있다. 그러므로 어떤 의미에서는 그 음절이나 문자가 해당 신의 씨앗이라고 할 수 있는데, 마치 밀 씨앗이 밀을 품고 있는 것과 같다.

만약 우리가 우선 마음 집중을 통해 자기 자신을 비어 있음 속에 녹일 수 있다면, 다음에는 비어 있음을 통해 전체 현상 세계를 드러낼 수도 있다는 추정은 논리적으로 타당해 보인다. 따라서 옴AM, 홈HUM, 스바하SVAHA 같은 어떤 소리의 도움으로 비어 있음에서 신들을 창조할 수 있는 것이다. '이러한 신들은 요기(요가 수행자)들이 소리의 도움을 받아 창조하기 전에는 객관적으로 존재하지 않는다'고 믿는 점에서 밀교는 아주 독특해 보인다. 그리고 이집트의 사제들만이 밀교 수행자들처럼 자신들이 그와 유사한 능력을 갖고 있다고 믿었다.

대다수의 신화적 사상 체계에서는 그들의 신들에게서 객관적이고 독립적인 존재성을 빼앗기를 두려워했다. 보통 "신은 존재하지 않는다"라고 말하는 것은 신을 경멸하는 것으로 여겼기 때문이다. 그렇지만 밀교에서 신은 실체가 아니라 단순한 영상(반사작용)일 뿐이다. 비록 전통에 의해 억제되기는 했지만, 창조적 상상력이 최상의 지위를 차지했다.

제3단계: 신들의 가시적 형상에 관한 전통에 의해, 불확정적이고 장황한 개인의 공상에 일종의 질서가 잡혔다. 밀교에서 신들은 이른바 '사다나'에 세심하고 주의 깊게 묘사되었는데, 사다나 중 일부는 CE 500년경까지 거슬러 올라간다. 예술가들은 이 사다나의 규정을 잘 따라야 했다. 지금까지 전해진 밀교 조각상들의 압도적 다수는 사다나의 규정을 어김없이 지키고 있다. 예술가들이 예술적이라는 이유로, 예를 들면 여러 개의 팔을 가진 조각상의 좌우 균형을 증대시키기 위해 변형을 가하는 일 등은 매우 드물었다. 예술 조각상은 신을 마음속에 떠올리는 기본 토대로 간주되었다. 그러나 신의 '환영'이 마음에 새겨지면 더 이상 필요 없는 일종의 소도구일 뿐이다.

　제4단계: "신과 합일함으로써 신의 신통력을 나누어 받는다"는 말은 주술 세계의 상투어이다. 확실히 신은 환상이며, 우리가 신에게서 얻는 이익들 또한 그러하다. 신과의 이러한 합일이 가능한 것은 제법諸法이 공空[비어 있음]이기 때문이다. 우리 내부의 공空이, '신이 곧 공'인 공과 합치하므로 가능한 것이다. 3단계에서는 신의 환영을 유발했다. 4단계에서 우리는 실제로 신이 된다. 주관이 객관과 일치되며, 믿는 사람이 믿음의 대상과 일치한다. "숭배, 숭배하는 자, 숭배 받는 자, 이 셋은 분리될 수 없다." 이것이 바로 요가, 삼매, 선정 등으로 알려진 정신 상태이다.

　밀교 명상에 중요한 보조 도구는 불교예술 애호가에게 잘 알려진 만다라이다. 만다라는 신들을 영적·우주적 연결 속에서 보여주는 도형인데, 여기에 표현된 영적 법칙에 대한 통찰력을 얻는 바탕으로 사용된다. 만다라는 천이나 종이에 그리거나, 땅바닥에 색색의 쌀이나 조약돌로 그린다. 또는 돌이나 금속에 새기기도 한다.

밀교의 각 체계들은 저마다 독자적인 만다라를 갖고 있다. 신들은 눈에 보이는 형태의 그림으로 표현되거나, 산스크리트어 문자의 씨앗 음절[종자種子]로 표현되거나, 또는 다양한 기호로 표현된다. 어떤 만다라들은 전 우주를 압축적이면서 세밀하게 표현한다. 그리고 불보살뿐만 아니라 신과 정령과 산과 바다, 황도 십이궁도,[38] 이교도의 성자들도 표현되어 있다.

만다라는 주술적인 고대 전통과 직접 연결되어 있다. 신통력을 불러내고 싶어 하는 주술사의 첫 단계는 주위의 세속적인 영향으로부터 분리된, 마술적 힘을 갖춘 신비의 원을 그리는 것이다. 최근에 융은 그의 일부 환자들이 불교 만다라와 유사한 그림을 무의식적으로 그리는 것을 발견했다. 융에 따르면, 원과 사각형은 만다라의 본질적 요소이다. 융은 불교 명상법을 전혀 이해하지 못했지만, 밀교 전통과 무의식적 심리학을 연관시키려는 그의 시도는 이 분야에서 더 발전된 연구 성과가 나올 수 있는 유익한 출발점이었다.

---

38 황도대에 있는 열두 별자리. 양자리, 황소자리, 쌍둥이자리, 게자리, 사자자리, 처녀자리, 천칭자리, 전갈자리, 궁수자리, 염소자리, 물병자리, 물고기자리 등이 있다. 황도는 태양의 둘레를 도는 지구의 궤도가 천구天球에 투영된 궤도이다

4

밀교 철학과 법신

밀교가 신성한 행위에서 해탈을 기대한다면, 그 행위가 해탈의 지렛대 역할을 할 수 있어야 하고, 그에 걸맞은 우주관을 가져야 한다. 우주는 수많은 힘들로 구성되어 있고, 그 힘들의 상호작용으로 세계의 활동 방식이 정해진다. 신성한 행위를 통해 우리는 이러한 힘들에 상응할 수 있고, 그 힘이 우리의 목적에 쓰이도록 만들 수 있다. 우리의 목적은 그 자체로 우주의 목적이기도 하다.

붓다는 더 이상 초월적이고 영적인 실재가 아니다. 붓다를 '우주적인 몸'[법신法身]으로 여긴다는 사실은 불성이 두루 존재한다는 것을 의미한다. 만물의 구성 요소인 땅·물·불·바람·공간·의식 등 여섯 원소는 우주적 몸[우주신宇宙身]의 본질이다. 그리고 몸·말·뜻으로 지은 행위[삼업三業]는 우주적 몸의 작용이다. 세계는 다름 아니라 붓다의 광명이 비추어진 것이고, 경우에 따라 빛이 좀 더 집중되기도 하고, 좀 더 퍼져 있기도 한 것이다.

붓다는 모든 사물에 비밀히 깃들어 있으며, 그들 속에 살아 있는 마음이고 중심 진리이다. 우리 자신도 예외가 아니다. 그리고 우리가 해야 할 일은, 우리가 바로 붓다이며 우주라는 사실을 깨닫는 것이다. 여기에 논리적 추론과 토의는 전혀 불가능하다. 오직 신비적 가치를 지닌 행위만이 우리로 하여금 친밀하고 우주적인 공동체를 깨닫게 하거나, 우리가 붓다와 동일하다는 것을 깨닫게 할 수 있다.

이러한 이론은 선행한 불교 사상의 경향에 따른 필연적이고 논리적인 발전임을 쉽게 알 수 있다. 옛지혜학파에서 열반은 이 세계와 정반대에 있었다. 초기 대승은 비어 있음이라는 유일하고 절대적인 실재 안에서 열반과 세속을 동일시했다. 이제 밀교는 이 세상을 붓다의 법신이 현현한 것으로 여긴다. 또한 과거의 불교도들이 주장했던 '완전한 자기 소멸'을 새로운 형이상학적 형식으로 표현했다.

> 우리가 다른 중생들은 물론 자신을 영원한 생명 원리의 현현으로 여긴다면, 우리는 '우리 자신이 비어 있음'이라는 느낌 속에서 행동하게 되며, 개인적이고 이기적인 이익에서 자유롭게 된다. 그럴 때만이 우리는 영적 진보에 방해를 받지 않고, 세속의 일에 전념할 수 있다. 현상 세계를 대하는 우리의 정신적 태도를 변화시키면서 우리는 실제적으로 이 세계를 극복했기 때문이다. ─ 헬무트 폰 글라제나프[39]

---

[39] Helmuth von Glasenapp(1891~1963). 독일의 인도학자, 비교종교학자.

5

다섯 붓다의 신화적 체계

불교에서는 애초부터 인간의 개아를 다섯 가지 무더기[오온五蘊]의 복합체로 여겨왔다. 이제 밀교는 이 개념을 붓다에게도 적용시켜 붓다 역시 오온으로 이뤄졌다고 주장한다. 그 무더기들 자체가 붓다들인 것이다.

유럽의 문헌에서는 종종 이것을 디야니 붓다Dhyani Buddha[선정불禪定佛]라고 불렀다. 그러나 약 1세기 전 호지슨[40]이 소개한 이 용어는 잘못된 산스크리트어일 뿐 아니라 밀교 문헌 어디에서도 찾아볼 수 없으니 이제 폐기할 때가 되었다.

---

[40] Brian Houghton Hodgson(1800~1894). 영국의 동양학자, 외교관. 동인도 회사원을 거쳐 외교관이 되었다. 네팔 네와르족의 불교를 연구했고, 어학과 종교 등에 관한 많은 저작이 있다.

문헌에는 항상 '5여래如來'[41]나 '5지나Jina'로 언급되어 있다. 지나는 '승리자' 또는 '정복자'를 의미하는 붓다의 옛 칭호인데, 원래 '열정의 정복'이라는 뜻이다.

티베트인들은 항상 5지나에 대해 말하는데, 나도 그들을 따를 것이다. 5지나는 비로자나Vairocana(빛을 비추는 여래), 아축Akshobhya(흔들리지 않는 여래), 보생여래Ratna Sambhava(보석으로 태어난 여래), 아미타 Amitabha(무량한 빛의 여래), 그리고 불공성취여래Amoghasiddhi(실패 없는 성취의 여래)이다. 이들 다섯 붓다는 CE 750년경에 소개되었고, 그 당시까지 불교에 알려졌던 붓다들과 완전히 다르다. 밀교 이전 시대의 붓다는 모두 평범한 인간에서, 심지어는 동물에서 시작하여 수백만의 생 동안 점진적으로 정화 과정을 거치면서 서서히 점차 성불에 이르게 된다. 반면에 5지나는 처음부터 항상 붓다였으며, 붓다가 아닌 적이 없었다.

5지나는 우주의 몸을 구성한다. 덧붙여 밀교에서는 이들 5지나가 우주의 다양한 구성 요소들에 신비롭게 '상응'하여 각기 그 우주 속에

---

41 밀교에서, 다섯 가지 지혜(오지)를 체득한 다섯 부처를 말한다. 이는 모든 법의 본성이 되는 지혜인 법계체성지法界體性智를 체득한 대일여래大日如來, 큰 거울에 삼라만상이 그대로 비치는 것과 같이 원만하고 분명한 지혜인 대원경지大圓鏡智를 체득한 아축여래阿閦如來, 모든 법이 평등하며 자타가 평등함을 깨닫는 지혜인 평등성지平等性智를 체득한 보생여래寶生如來, 모든 사물의 모양을 관찰하여 옳고 그름을 분별하고 남을 교화하여 의혹을 끊게 하는 지혜인 묘관찰지妙觀察智를 체득한 아미타여래阿彌陀如來, 모든 것을 완성으로 인도하는 지혜인 성소작지成所作智를 체득한 불공성취여래不空成就如來 등이다.(보생여래가 성소작지, 불공성취여래가 평등성지인 경우도 있다.)

'참여'한다는 한 체계를 만들어냈다. 즉 5요소(지·수·화·풍·공)는 5지나, 오근五根[42](다섯 감각 기관), 오경五境[43](다섯 감각 대상), 오방五方(동서남북과 중앙, 중앙은 제5의 방위)과 상응한다. 동시에 산스크리트 문자와도 상응하고, 신체의 다섯 부위[44]와도 상응하고, 여러 종류의 생기, 색깔, 소리 등과도 상응한다.

이에 그치지 않고, 천상의 붓다들은 천상의 보살과 인간의 모습으로 나타난 붓다에 각각 반영되어 있으며, 여성적 힘인 샥티와 결합되어 있다. 나아가 각각의 지나는 그에 속한 신비로운 권속을 관장하는데, 이 체계는 모든 신들을 5지나 중 하나에 소속된 부수적인 신들로 만들어놓았다.

5지나의 체계가 밀교 유일의 신화적 체계는 아닐지라도 가장 큰 영향력을 가진 체계임에는 틀림이 없다. 불교가 인간을 다만 오온의 구성체로 여기고 그 이상의 통합 원리를 가정하지 않은 것처럼, 우주를 궁극적 구성 요소인 5여래로 환원시킨 것에 대다수 불교도들이 논리적 만족을 느꼈을 것이다. 그런데 CE 800년경 이후 새로운 교리 하나가 여러 곳에서 여러 가지 형태로 제시되었다. 5여래가 때로 아디붓다Adi-Buddha라고 불리는 하나의 본초불本初佛[45]에서 유래했다는

---

42 바깥 세상을 인식하는 다섯 가지 기관. 곧 눈, 귀, 코, 혀, 몸을 말한다.
43 오근의 대상인 모양, 소리, 냄새, 맛, 촉감 등이다.
44 정수리, 얼굴, 가슴, 배꼽, 배꼽 아래를 말한다.
45 불교에서 말하는 최초의 부처. 불교에서는 모든 사물과 존재가 인연에 의해 생멸한다고 보는데, 이 부처는 겁초에 출현한 우주 만물의 창조자이므로 스스로 생긴 자생자이다.

교리인데, 아디붓다는 온 우주에 영원히 살아 있는 원리를 말한다.

아디붓다는 밀교 전통에서 특히 비밀스러운 부분으로 남아 있고, 현재로서는 각 종파 간 사상의 차이를 명확히 구분할 수 있는 입장이 아니다. 많은 종파들에서 5지나 중 하나를, 일반적으로 비로자나를 주된 지나로 삼은 것으로 여겨진다. 다른 종파들은 5지나를 주재하는 제6의 존재를 도입했는데, 그 이름은 때로는 마하바이로차나 Mahavairocana[대일여래], 때로는 바즈라다라,[46] 때로는 그냥 아디붓다고 불렀다.

여기에 이르러 불교는 마침내 그 본래의 가르침에서 완전히 일탈하여 자멸의 길로 들어섰다. 이런 종류의 교리가 유일신교의 방향으로 흘러가는 것은 아주 명백하다. 앞에서 살펴본 대로, 불교 전통에서 이 세상에 대해 사유하는 목적은 세상에서 벗어나기 위한 것이지 세상의 기원을 설명하기 위해서가 아님이 확실하다. 우리를 둘러싼 우주 현상의 기원에 관해서 불교는 신의 창조가 아니라 무명無明 탓으로 돌리면 그만이었다. 유식파는 밖에 펼쳐진 현상세계가 무명에서 기인하고, 아뢰야식이라는 토대에서 우주가 기원한다는 극히 복잡하고 서로 관련된 체계를 세운 최초의 학파였다. 곧 무명과 아뢰야식이 우주의 기원이라는 것이다.

500년이 지나 CE 950년경에 야크사르 강[47] 인근에 살던 몇몇 밀교

46　Vajradhara. 손에 금강저金剛杵를 가지고 있는 불교의 수호신. 지금강지持金剛, 집금강執金剛으로 한역한다.
47　시르다리야 강의 옛 이름. 톈산 산맥에서 서쪽으로 흘러 아랄 해로 나가는 중앙

학자들은 유일신론에 가까운 우주기원론을 불교 교리의 핵심이라고 생각하게 되었다. 그때까지는 여래가 우주의 기원에 관해 진실한 가르침을 설하는 사람이었는데, 이제는 여래 자신이 우주의 기원으로 등장했다.

《칼라차크라 탄트라》[48]와 중국의 몇몇 밀교 체계에서는 붓다가 일종의 창조주 역할을 맡고 있다. 요가 수행자들의 숭배 대상인 붓다들은 이 세계를 창조하는 주술사로 변모하여 삼매 속에서 이 세계를 창조한다는 것이다. 모든 사물들은 그들의 주술적 창조물이다. 그들은 존재하는 모든 것을 그들의 창조적 명상 속에서 바라본다. 그들이 명상 속에서 보는 것들은 실재적임이 틀림없다. 왜냐하면 '오직 식識뿐'이므로 이 명상하는 마음 밖에는 아무것도 존재하지 않기 때문이다. 그리고 모든 것은 실제로 마음이기 때문이다. 수세기 동안 유식파는 늘 궁극적 실재를 여래장如來藏[49](여래의 자궁)으로 그려왔다. 그런데 이제는 여래장에서 세계가 나온다고 설한다.

이러한 우주기원론을 만들어낸 것이 불교 사상에 있어서 마지막 창조 행위였다. 일단 이 단계까지 발전하자 불교는 그 주위의 유일신교들에게 합병되고 말았다.

아시아 최대의 강이다.

48 Kālacakra-Tantra. 탄트라 중 최고의 지위에 있는 경전. 1027년 이전에 야사 왕에 의해 성립된 것으로 추정된다. 《시륜時輪 탄트라》로 한역한다.

49 tathāgata-garbha. 여래를 내장內藏한다는 비유적인 표현으로, 중생의 청정한 본마음을 일컫는다. 장藏은 태胎를 의미하는데, 인간은 본래 여래가 될 요인(여래의 태아), 즉 불성(부처의 본성)을 가지고 있다는 것을 뜻한다.

6

좌도밀교와 무도덕주의

앞에서 밀교의 역사를 살펴볼 때 우리는 좌도밀교[50]와 우도밀교[51]
의 차이에 주목한 바 있다(349쪽 참조). 좌도밀교의 주요 특징은 다음
과 같다.

1) 여신인 샥티에 대한 숭배. 남신은 사랑의 포옹으로 여신과 합일
   하고, 여신에게서 에너지를 얻는다.
2) 수많은 악마와 무서운 신들의 존재. 공포스러운 바이라바 신의
   숭배. 묘지와 관련된 정교한 의례.

---

50 반야[지혜]와 방편이 둘이 아님을 남녀의 성을 통해 실현시키려 한 밀교의 유파.
51 반야와 방편이 둘이 아님을 이론적·종교적으로 승화하여 실현시키려 한 밀교의
    유파.

3) 해탈로 이끄는 수행 가운데 성적 교합과 기타 부도덕한 행위가
포함됨.

좌도밀교는 많은 반감에 부딪치고, 대다수의 사람들은 도덕적 분
개심을 느껴 그것을 이해하려는 시도조차 하지 않았다. 그럼에도 불
구하고 좌도밀교의 생명력은 놀라웠다. 좌도밀교는 수세기 동안 동
양에서 아주 강한 역사적 힘을 발휘해왔다. 우리는 좌도밀교의 세 가
지 현저한 특징을 올바로 이해하려고 노력해야 한다.

1) 예전의 불교는 엄격한 남성 중심의 체계였고, 몇몇의 아주 부수
적인 여신만 허용될 뿐이었다. 높은 단계의 신들은 성이 없으며, 불
교의 보살들도 남녀의 구분이 없었다. 대체로 여성은 최고의 영적 성
취에 도달하는 데 장애가 있기 때문에 성불의 단계에 근접한 보살들
은 여성으로 다시 태어나지 않아야 했다. 여인은 성불할 수 없었다.
반야보살[52]과 타라보살은 최초의 자주적인 불교 신이다. 타라보살
숭배는 CE 150년경 불교에 도입된 것으로 보인다. 타라는 산스크리
트어 타라야티tarayati(남을 건네주다)에서 나온 말로, 우리를 피안으로
건너가도록 도와주는 여성 구원자이다. 또한 타라는 두려움과 공포
를 없애주고, 우리들의 모든 바람을 성취하게 해준다. 타라는 민중의
마음이 창조한 보살이다.

---

52 Prajñāpāramitā. 정확하게는 반야바라밀보살般若波羅蜜菩薩이라고 한다. 지혜[반
야prajñā]를 상징하는 보살로, 밀교에서는 불모佛母라고 부른다.

반면에 반야보살은 금욕적 형이상학자들의 작은 모임들에서 유래했다. 대승에서 반야바라밀다는 덕德, 책, 만트라일 뿐 아니라 신이기도 했다. 초월적 지혜의 인격화는 서력기원 초쯤에 시작된 것으로 보인다. 《반야경》에서 반야바라밀다는 '모든 붓다의 어머니'[불모佛母]로 묘사된다. 이 구절의 의미는 무엇인가? 아이가 어머니에게서 태어나듯이 붓다의 완전한 깨달음이 '지혜의 완성'[반야바라밀다]에서 태어난다는 뜻이다. 세상에서 살아가는 방법을 가르쳐준 이도 그녀(반야보살)이다.

　이런 식으로 여성적 원리는 붓다와 나란히 위치하며, 오히려 어느 정도는 붓다 위에 있기도 했다. 이 세상에서 여성적 원리를 강조하는 반야부 경전이, 모계 중심 사상이 살아 있는 드라비다족이 거주하는 남인도에서 기원했다는 것은 매우 흥미롭다. 북인도에서는 보다 배타적인 남성적 브라마니즘Brahmanism 때문에 이러한 사상이 억압되었다.

　고대 사상의 거의 모든 곳에서 우리는 지혜와 여성 둘 다를 동시에 의미하고, 모성과 처녀성을 결합한 원리의 개념을 발견할 수 있다. 예를 들면, 동시대의 지중해 세계에서는 이슈타르, 이시스, 아테네를 본떠서 만들어낸 소피아를 만날 수 있다. 소피아는 지혜와 위대한 어머니라는 관념을 융합시킨 것으로 최고의 남성 존재 곁에 위치해 있다. 이슈타르와 성모 마리아처럼 반야보살은 본질적으로 어머니인 동시에 처녀였다.

　반야보살은 모든 붓다의 어머니이다. 즉 반야는 불임不姙이 아니라 가임可姙과 다산多産이어서 많은 선업의 결실을 낳는다. 그녀의 조각상에는 풍만한 가슴이 매우 강조되어 있다. 그와 동시에 그녀는 처녀처럼 순수하고 때묻지 않은 채로 남아 있다. 경전들은 무엇보다도 그녀의 순수성을 강조하고 있다.

이와 같이 불교는 세상에 대한 여성적 태도의 중요성을 인정하고, 그런 태도들을 많은 여성 신들로 인격화시켰다. 그러는 동안 여성에 대한 성적 태도는 일반적으로 억제되었고, 여성이나 남녀의 성적 교섭 원리에 관련된 표현들은 얼버무리고 넘어갔다. 좌도밀교는 성생활에서 유래한 개념들을 영적 현상을 설명하는 데에 공개적으로 도입했다. 물론 성적인 것이 종종 신비 체험들 속에 거의 공공연하게 들어가 있다는 것을 심리학자들은 잘 알고 있다.

추상적인 형이상학적 사상조차도 성적 충동[리비도libido]의 측면이 전혀 없는 것은 아니다. 모든 평범한 인간적 애착들에서 멀어진 무정한 철학자에게서도 성적인 면이 느껴진다. 어떤 사람이 칸트Immanuel Kant에게 왜 결혼하지 않느냐고 물었다. 칸트는 평생 동안 한 애인을 품고 있다고 대답했다. 그 애인은 형이상학이고, 칸트는 계속 그녀의 충복으로 남고 싶어 했다. 마찬가지로 반야경의 저자들도 반야바라밀다[지혜의 완성]의 추구가 절대자와의 연애 같은 특성이 있다는 것을 알았다. 반야바라밀다는 끈질기게 추구해도 잘 파악되지 않아서 끝까지 흥미를 유지할 수 있다. 한 남자가 '용모가 준수하고, 매력적이고, 아름다운 여인'과 딱 한 번 데이트를 하고 다시는 못 만나게 되었을 때 오매불망 그 여자를 그리워하듯이 보살은 반야바라밀다를 그리워해야 한다고 우리는 분명히 들었다.

　지혜에 관한 대부분의 논서에 암시만 되어 있는 것을 샥티즘은 공공연히 밝혔다. 이 파는 남성적(능동적) 원리와 여성적(수동적) 원리의 결합이 최고의 실재라고 생각한다. 능동적 원리는 '방편'으로 불리고, 수동적 원리는 '지혜'로 불린다. 둘의 결합만이 해탈로 인도할 수 있다. 하나인 절대자는 이 두 가지가 결합한 것이며, 결합의 행위는 절대자를 지고의 행복으로 가득 채운다.

　잘 알려진 대로 샥티즘의 예술은 티베트어로 '압윰'[53](아버지-어머니) 자세라고 부르는 성교 행위를 하고 있는 불보살들을 표현하고 있다.

　2) 좌도밀교에서 우주의 무서운 면을 강조하는 것은 요가 수행의 목적과 관련이 있다. 좌도밀교의 수행은 에고(자아)를 모두 제거하는 것이 목표이고, 그 결과 신성의 원리와 완전히 일치될 수 있다. 에고의 제거는 에고를 구성하는 모든 요소들, 즉 우리의 욕망과 열정을 완전히 파괴하고 소멸시키는 것이다. 자아 소멸에 전념하는 것이 많은 무서운 신들의 등장 이유를 어느 정도 설명해준다. 무서운 신들은 자아 소멸을 위한 요가 수행자들의 노력을 나타낸 것이다. 포트[54] 박

53　티베트어 yab-yum의 음역. 라마교의 남녀 포옹상으로, 남존男尊(압)이 여존女尊 (윰)을 껴안고 남녀 2존이 일체가 된 모습이다.
54　Pieter Hendrik Pott(1918~1989). 네덜란드 라이덴대학교 외래교수 및 민족학 박물관 소장. 인도 고고학, 네팔과 티베트 불교, 탄트라 불교 등을 연구했으며, 『요가와 얀트라Yoga en Yantra』 외 다수의 저작을 남겼다. 프리메이슨(18세기 초 영국에서 시작된 세계시민주의적·인도주의적 우애를 목적으로 하는 단체) 소속으로 활동했다.

사는 다음과 같이 묘사했다.

소멸이라는 개념은 물질적 육체가 소멸되는 묘지를 자연스레 연상시킨
다. 좌도밀교는 신성 의식을 행하는 장소로 묘지를 선호했다. 의식은 묘
지의 분위기에서 더욱 영감을 받았다.

비의적秘義的으로 묘지는 인간과 그의 세계 사이에 남아 있는 마지
막 고리가 끊어진 장소를 의미한다.

3) 마지막으로, 모든 부도덕한 행위를 정당화시키기 위해 그들이
제시한 논점을 고려해야 한다. 우리는 어떤 종교의 추종자들이 가령
신성한 의무로 "외진 곳에서 찬달라(천민) 계급의 12세 소녀들과 매일
성적 교섭을 하라"고 주장했다고는 도저히 상상하기 힘들다.

초기경전이면서 좌도밀교의 가장 신성한 경전 중 하나인《비밀집
회 탄트라》는 불교의 금욕주의와는 정반대의 가르침을 전하는 것으
로 보인다. 그 경전은 "욕구가 솟는 대로 모든 감각적 쾌락을 탐구하
면" 확실히 쉽게 성불할 수 있다고 가르친다. 고행과 엄격한 금욕으
로는 성불할 수 없으며, "모든 욕구의 충족"으로만 성불할 수 있다는
것이다.

가장 부도덕하고, 가장 금기시되는 행위들이 좌도밀교의 추종자
들에게는 특히 매력적인 듯하다. 그들은 금욕수행자들이 먹어서는
안 되는 음식들에 대한 금계를 깨라는 가르침을 받는다. 그들은 코끼

리 고기, 말고기와 개고기를 먹어야 하고, 모든 음식과 음료에 똥, 오줌 또는 고기를 섞어 먹어야 한다. 종종 이 교리가 인간 정신의 일탈이라고 비난받는 것은 당연하다.

신비주의 심리를 연구하는 사람들은 이 교리의 목적을 완전히 이해할 수 있을 것이다. 여기서는 강한 매력 혹은 강한 반감으로 그들을 자극하는 대상을 일부러 접촉하여 감각하게 한다. 이것은 한편으로는 감각적 즐거움을 경험함으로써 그것의 헛됨과 상대성을 완전히 깨닫고 이해할 수 있고, 다른 한편으로는 우리가 알고 있는 기독교 성자들처럼 역겨운 사물을 입에 넣음으로써 그에 대한 감각적 반감을 극복하고자 노력하는 것이다. 이러한 행위는 참으로 고행 정신과 일치한다고 할 수 있다. 대승의 형이상학으로도 그러한 결론에 도달할 수 있음을 쉽게 이해할 수 있다. 대승은 열반과 세속이 하나라고 가르쳤다. 그렇다면 열정(욕망) 역시 열반 바깥에 따로 있는 것이 아니며, 열정이 곧 열반이라고 할 수 있다.

밀교의 두 분파도 이에 동의한다. 우도밀교는, 욕망이 승화되어야만 깨달음을 향해 가는 양 날개가 될 수 있다고 주장한다. 감각적인 사랑, 자기애, 여인에 대한 사랑, 세속적인 소유에 대한 사랑은 넓은 포용력의 보편적 자비로 향하는 출발점이 된다는 점에서 정당화될 수 있다. 그러므로 욕망을 억압하지 말고 고상하게 승화시켜야만 한다는 것이다.[55] 반면에 좌도밀교에서는, 정제되지 않고 승화되지 않

---

[55] 개아의 이기적인 욕망의 힘이 개아가 소멸된 보살의 서원의 힘과 그 원천이 같으니, 보살의 원력은 승화된 욕망이라 할 수 있다.

은 욕망의 형태도 해탈로 인도하는 수레가 될 수 있다고 믿었다.

종교의 이름으로 행해지는 부도덕한 수행에 대한 반대는 종교적이기보다는 사회적인 것으로 받아들여야 한다고 나는 생각한다. 좌도밀교의 요가 수행자는 영성이 결여되었을 수도 있다. 확실한 사실은, 그들이 안타깝게도 존경을 받지 못했다는 것이다. 그들이 존경받기를 바라지 않았다는 것도 분명하다.

이를 더 잘 이해하려면 종교는 제도적 형태로도, 고도의 개인주의적 형태로도 존재할 수 있다는 점을 인식해야만 한다. 제도화된 종교에서는 종교 교리와 수행이 일반 사회도덕과 거의 충돌하지 않는다. 반면에 좀 더 개인주의적인 신비주의자들은 종교와 도덕이 반드시 일치해야 한다고 생각하지 않는다.

보통 사람들의 일반적인 도덕성은 단지 사회적 금기, 본질적으로는 사회적 고립에 대한 공포에 근거하고 있다. 그러나 신비주의자들은 오히려 사회적 고립을 영적 해탈을 위한 이상적인 환경으로 간주한다. 사회적 금기를 깸으로써 초래되는 사회적 고립에 공포를 느끼는 한 요가 수행자들은 자신이 목표로 하는 '영적 자유'를 얻지 못한다. 그들은 영적 진보의 과정을 거치는 도중에 아직 사회 환경의 도덕률에 속박된 느낌을 받는다면, 그 도덕률에 대한 집착을 끊고 종족들이 인정하는 아늑함과 따뜻함에서 벗어나는 것이 수행에 더 유익하다는 것을 발견하게 된다.

사회적 제약에 대한 그러한 저항을 '도덕률 폐기론Anti-nomianism'이라고 부른다. 그것은 시대를 불문하고 모든 종교들에서 나타나는 현상이다. 불교에서는 밀교만이 아니라 정토종과 선종에서도 관찰된다. 그러므로 '부도덕한' 행위는 아마도 '도덕을 넘어선' 행위에 도달하기 위해 필요한 이행 단계일 것이다. 우리는 로이스브루크[56]가 '자유정신 추종자들'의 견해에 대해 묘사한 글에서 불교의 무도덕주의amoralism와 거의 정확히 대응하는 구절을 발견하게 된다.

> 이런 이유로 그들(자유정신 추종자)은, 사람들이 덕을 쌓으려는 경향이 있고 신의 고귀한 의지를 따르고 싶은 바람이 있는 한 무엇을 얻는 일에 사로잡혀 있는 것이므로 아직 불완전한 단계에 있다고까지 극언한다. 그러므로 그들은 덕을 신봉하지도 않고, 더 이상의 공덕을 쌓지도 않고, 죄를 범하지도 않는다.[57] 그 결과 저급한 성질의 모든 욕구도 승인할 수 있다. 왜냐하면 그들은 고상해지고자 하는 욕구에서도 벗어난 순수한 상태로 돌아갔고, 법률에도 구애받지 않기 때문이다. 그들은 계율과 덕목에서 벗어나 정말로 자유롭다고 선언한다. 몸에서 자유로워진 그들은 몸이 요구하는 것을 충족시킨다. 그들에게 인간 최고의 존엄성은 강요받지 않는 수순隨順과 자연스런 본능을 따르는 것이다. 그래서 몸의 필요를 충족시키는 모든 충동에 자신을 내맡기게 된다.

---

56 Jan van Ruysbroek(1293~1381). 14세기 벨기에의 신비주의 수도사.
57 선한 것이든 악한 것이든 무엇을 하고자 하는 욕구가 남아 있다는 자체가 불완전한 것이니 이 욕구에서 벗어남으로써 완전해진다는 의미이다.

7

깨달음을 위한 신체 조절

밀교 교리와 그 이전의 불교 교리의 차이를 너무 지나치게 강조하면 오히려 오해하기가 쉽다. 밀교의 모든 분파들은 한 가지 결정적이고 특정한 불교 전통의 정신을 충실하게 유지하고 있다. 늘 그래왔듯이 밀교에서도 몸을 모든 노력의 주요 대상으로 삼았다. 앞에서 우리는 몸에 대한 마음챙김이 불교 수행의 기초라고 이야기한 바 있다(186쪽 참조). 이는 불교의 분파가 매우 다양함에도 불구하고 모두에게 공통으로 적용된다.

사리불[사리푸트라]을 불교로 개종시킨 것은 한 승려의 위엄 있고 엄숙한 태도[위의威儀]였다.[58] 궁핍한 걸식 생활을 하려면 신체를 잘 다스

---

58 사리불은 원래 절친한 친구 목건련과 함께 육사외도六師外道의 한 사람인 산자야Sañjaya의 수제자로 수행하고 있었다. 그는 어느 날 성안에서 걸식 중인 아싸

려야 한다. 붓다가 사리불에게 말했듯이 승려는 추위와 폭염과 극심한 배고픔을 견딜 수 있어야 한다. 승려는 쇠파리, 뱀, 사람이나 짐승 등의 공격을 두려워하지 말아야 한다. 또한 먹고 자는 장소에 불평을 늘어놓지 않아야 한다. 신체 수련은 교리 논쟁의 영향을 받지 않았고, 고요한 가운데 행해지는 불제자들의 생활에서 필수적인 기본 항목이었다. 부드러운 촉감 등 몸의 편안함은 언제나 무시하고 멀리 했다. 근육의 움직임은 끊임없는 마음챙김의 대상이 되었다. 즉 걷고 서고 앉는 동작에 의식적으로 주의를 기울였다. 율동적이고 마음챙김을 갖춘 요가 호흡으로 폐와 호흡기관을 조절한다.

단식을 하거나 정오가 지나면 음식을 먹지 않는다는 규칙[오후불식午後不食]을 지키고, 식사의 부담스러운 면과 혐오스러운 면에 대해 명상하며 소화기관의 욕구와 싸운다. 우리가 앞에서 살펴본 바와 같이 감각 기관은 엄격하게 방호해서 욕망을 좇아 헤매지 않게 한다(190쪽 참조). 신체의 조절과 금욕은 영적인 삶의 핵심이다. 그와 동시에, 몸이 짐스럽기는 해도 경멸하지 말아야 한다. 앞에서 보았듯이 최고의 선정은 신체를 통해 이뤄지기 때문이다(195쪽 참조). 최고의 선정은 지고의 행복과 완전한 적정을 가져다준다. 그리고 모든 생

지Assaji 존자를 만나고, 그의 거룩한 위의에 반해 다가가 물었다. "당신의 스승은 누구이고, 그분에게 무엇을 배웠습니까?" 아싸지는 이렇게 답했다. "모든 것은 인연 따라 생기고, 인연 따라 멸합니다. 이것이 나의 위대한 스승 붓다의 가르침입니다." 사리불은 이 가르침을 전해 듣고 목건련을 비롯한 250명의 동료들과 더불어 석가모니의 제자가 되었다. 붓다의 10대 제자 중 하나인 사리불은 주로 교화 활동에 종사했는데, 붓다를 대신하여 설법하는 모습이 여러 경전에서 종종 발견된다.

각이 소멸했기 때문에 이러한 상태의 실현은 신체에 의존한다. 결국 "이 몸으로 불사의 진실에 닿게" 되는 것이다.

명상을 해본 사람은 누구나 신체의 허약함과 장애가 지속적인 명상에 방해가 되기 쉽다는 사실을 알아챘을 것이다. 그런 이유로 《무량수경無量壽經》에서는, 극락에 태어난 사람의 신체가 "나라연금강[59]처럼 강할 것"이라고 설한다. 밀교는 이 사상을 받아들였고, 신체를 금강신金剛身으로 변화시키는 많은 요가 수행법을 채택했다. 그렇게 하여 육체는 영적 여행에 적합한 수레가 된다. 그리고 영적 활동으로 부과된 긴장을 견딜 만큼 충분히 강하고 성숙한 신체가 된다고 보았다.

이와 관련하여 하타 요가[60]의 생리학을 권위 있는 것으로 받아들였다. 신체에는 수많은 신경과 동맥(나디nadi),[61] 주술적 힘이 통하는 관管, 신경얼기(차크라cakra)[62] 또는 연꽃(파드마padma)이라고 불리는 4개의 생명 중추 등이 포함되어 있다고 여겼다. 그중 맨 아래 중추는 배꼽 부분에 있고, 그 위로 심장과 목 밑, 그리고 머리에 각각 다른 중추

---

59 산스크리트어 나라야나Nārāyaṇa. 힌두교 비슈누 신의 다른 이름으로, 불교에 수용되면서 천상의 역사力士이자 불법의 수호신이 되었다. 보통은 입을 다물고 있으며, 그 힘의 세기가 코끼리의 백만 배나 된다고 한다.

60 하타 요가는 감각을 통제하여 몸을 다스리고, 신체를 단련하여 의식에 영향을 줌으로써 궁극적 자아실현을 이룰 수 있다고 가르친다.

61 기가 흐르는 통로를 뜻하는 요가 용어이다. 생명의 기운, 즉 프라나Prana가 순환하는 통로인데, 차크라를 중심으로 순환한다.

62 인체의 여러 곳에 있는 영적 에너지의 중심점 가운데 하나. 신경총神經叢이라고도 한다. 차크라는 산스크리트어로 '바퀴', 또는 '순환'을 의미한다. 정수리와 척추를 따라 존재하는 7개의 차크라가 명상과 신체 수련에서 중요시된다.

가 있다.

수많은 신경들 중에는 세 가지가 가장 중요한데, 두 개는 척수의 양쪽에 있고, 중앙에 또 하나가 있다. 좌측 신경은 지혜를, 우측 신경은 방편을, 그리고 중앙의 신경은 '절대적 통일'을 의미한다. 요가 수행자는 구루의 지도 없이는 전혀 이해할 수 없는 밀교 수행의 도움을 받아 맨 아래 차크라에서 지혜와 방편의 합일을 이룩하여, 거기에 깨달은 마음[보리심]을 일으킨다. 그다음에 이것이 중앙 신경을 따라 상승하여 맨 위의 신경 중추에 이르면 흔들리지 않는 지고의 행복 상태가 된다.

이 수행법에서 체계적인 호흡 수행이 중요한 역할을 한다. 호흡 수행은 신경들 속에서 주술적 힘의 흐름을 결정하는 생명의 바람[생기生氣]을 조절하기 때문이다. 이 모든 것을 여기에서 일반적인 용어로 적어놓았지만 현실과 아주 동떨어지게 들릴 것이다. 그리고 희미하게라도 이해시키려면 많은 지면이 필요하다. 하타 요가에 관한 논문은 많이 나와 있으니 독자들은 그것들을 참조하기 바란다.

이 부분에서 우리의 관심은 밀교가 신체를 얼마나 진지하게 다루는지를 보여주는 데 있다. 진리는 신체 안에 있고, 신체에서 일어난다.

《헤바즈라 탄트라》[63]에서 세존은 "모든 것이 공空[비어 있음]이라 해도 신체의 존재는 필요하다. 왜냐하면 지고의 행복은 몸 없이는 얻을 수 없기 때문이다"라고 설했다. 궁극적 진리는 신체 안에 머물고 있다.

---

63 Hevajra Tantra. 좌도밀교의 색채가 짙은 대표적 탄트라 경전.

남편은 집 안에 있는데, 당신은 그를 집 밖에서 찾고 있다. 당신은 당신의 남편을 집 안에서 보고 있으면서, 아직도 이웃에게 그가 어디에 있느냐고 묻는다.[64]

벵골의 밀교 시인 사라하Saraha[65]도 말했다.

학자들은 모든 경전에 대해 설명하고 있지만, 붓다가 몸 안에 머물고 있다는 것을 알지 못한다.[66]

밀교의 요가 수행자들은 자기 삶의 바탕이 되는 자신의 신체적 구성 요소와 고된 싸움을 한다. 그가 어떤 이론을 갖고 있다 하더라도 그것은 그가 분투하여 거둔 사소한 부산물에 지나지 않는다.

---

64 Shashibhusan Dasgupta, Obscure religious cults, 1946, p. 104
    샤시부산 다스굽타(1911~1964)는 인도 벵골인 철학자, 언어학자, 문학자(벵골문학), 문학비평가, 저술가이며 신학자이다.
65 베다Veda의 최고 통달자. 마하빨라Mahapala 왕의 스승이었으나 불교로 개종하여 불교 탄트라Tantric Buddhism의 제4조가 되었다. 탄트라를 정립시키고 탄트라 도하Dohā 문학을 남겼다. 그의 조각상은 언제나 활을 든 모습으로 그려진다.
66 앞의 책, p. 105

9장

인도 밖에서 발전한 불교

1

변형된 종파들

지금까지 다뤄온 불교 학파는 모두 인도에서 일어났고, 인도 밖으로 전파되어서도 기본 교의는 심하게 왜곡되지 않았다. 그러나 예외적으로 인도의 불교를 극심하게 변형시킨 세 학파가 있는데, 동아시아의 선禪과 정토교, 그리고 티베트의 닝마파이다.

불교는 중앙아시아를 통해 CE 50년경에 중국으로 전해졌다. 중국 불교는 유교에는 늘 의문을 품었지만, 토착종교인 도교로부터는 많은 부분을 받아들였다. 6세기 양나라 치하와 당나라(618~907) 번성기 때 중국 불교가 크게 흥성했다. CE 1000년경 이후로 대다수의 중국 승려들이 선과 정토교의 종파로 흡수되었다. 명상적인 선종은 대승의 형이상학과 반야바라밀다와 유식학파에서 발전했는데, 중국과 일본의 상황에 맞추어 변형되었다. 정토교는 시간이 흐르면서 중국과 일본에서 신앙불교로 형성되었다.

티베트에는 CE 700년경 벵골 출신의 승려들에 의해 불교가 전해졌다. 티베트의 고유 종교인 본Bon교는 주술적 샤머니즘이었다. 불교는 토속종교를 대체하는 데 성공하지는 못했다. 불교가 티베트를 지배한 지 거의 1,200년이 지난 오늘날까지 본교는 여전히 활발하게 살아 있다. 티베트의 승려들은 항상 이 토착 샤머니즘에 대해 여러 가지 서로 다른 태도를 보였다. 어떤 승려들은 토착종교의 많은 부분을 받아들였지만, 다른 승려들은 거의 영향을 받지 않았다. CE 1400년경 이후 토착종교의 주술적 부분에 영향을 덜 받은 황모파黃帽派는 총카파Tsong-kha-pa의 개혁을 통해 우위를 점하게 되었다. 보다 주술적 경향이 있는 홍모파紅帽派의 분파들도 여전히 존재하고 있는데, 닝마파라고도 부르는 이들은 본교의 영향을 많이 받은 티베트 밀교의 대표적 종파이다.

2

선종

선禪은 산스크리트어 디야나Dhyāna를 중국어로 음역한 '선나禪那'에서 유래하여 '나那'를 생략하고 간단하게 '선禪'만 남은 것이며, 명상을 뜻한다. 선종禪宗의 발달은 4단계로 구분된다.

1) 선종의 형성기는 CE 440년경 구나바드라[1]가 《능가경楞伽經》을 한역할 때 함께한 제자들의 모임에서 시작되었다. CE 520년경에는

---

1 Gunabhadra(394~468). 중인도 출신의 승려로, 구나발타라求那跋陀羅로 음역한다. 스리랑카를 경유하여 435년 광동성 광주에 도착했다. 여러 사찰에 머물며 《잡아함경》등 많은 경전을 번역했다.

보리달마[2]라는 전설적인 인물이 등장했다. 그 후에 승찬僧璨[3](?~606)과 혜능惠能[4](638~713) 같은 인물을 둘러싼 승려들의 집단이 생겨났다. 승찬은 내가 아는 한 불교를 가장 훌륭하게 설명한 것 가운데 하나인 「신심명信心銘」[5]이라는 게송을 지었다. 남중국 출신의 혜능은 문맹이었지만 이론을 배격한 실천적인 사람이었고, '단박에 진리를 깨달음'[돈오頓悟]을 주창한 것으로 알려져 있다.

초기 선종의 역사에 관한 많은 전승들은 후대에 창작된 것이다. 그러나 현재 우리에게 전해지는 여러 조사祖師[6]들의 어록이나 게송은 역사적·정신적으로 매우 가치 있는 문헌들이다.

---

2 Bodhidharma의 음역. 선종 제1조. 남인도 향지국 왕의 셋째 아들로 태어났으나, 출가하여 반야다라 존자의 법을 이어받았다. 6세기 초에 바닷길로 광동성 광주에 이르렀고, 남경에 가서 양 무제를 만나 문답한 후 양자강을 건너 북위의 숭산 소림사에 가서 9년 동안 면벽 수행했다고 전한다. 보통 달마대사로 대중에게 널리 알려져 있다.

3 선종 제3조로 수나라의 승려이다. 혜가대사에게 출가하여 그의 법을 이어받았다.

4 선종 제6조로 당나라의 승려이며, 흔히 육조대사六祖大師라고 부른다. 어려서 아버지를 잃고 어머니와 함께 땔나무를 팔아 생계를 꾸려가다가 어느 날 누군가 금강경 읽는 소리를 듣고 느낀 바 있어 호북성 빙무산에 머물던 홍인대사를 찾아가 문답했다. 8개월 동안 곡식 찧는 소임을 하며 지내다가 마침내 홍인대사의 법을 전해 받고 남쪽으로 내려가 10여 년 동안 은둔했다. 676년에 광동성 광주 법성사에서 삭발하고 정식으로 출가한 뒤 선풍禪風을 크게 일으켰다. 《육조단경六祖壇經》은 혜능의 설법을 모아 엮은 것으로 중국 남종선의 근본 선서禪書이다.

5 선禪의 궁극적 경지를 설명한 운문이다. 깨달음은 어렵지 않지만 옳고 그름을 가려서는 얻을 수 없으므로 차별과 분별을 일시에 놓아버려야 하며, 말이 끊어지고 생각이 끊어진 곳에 깨달음의 세계가 있다고 가르친다.

6 한 종파를 세워 그 종지宗旨를 펼친 사람, 또는 그 가르침을 계승하여 전한 승려를 높여 일컫는 말이다.

2) CE 700년경 이후부터 선은 독립된 종파로 확립되었다. CE 734년경에 혜능의 제자인 신회神會는 중국 남부에 한 종파(남종선南宗禪)를 세웠다. 북종선北宗禪이 당나라 중기(750년경)에 사라진 반면 그 후에 발달한 선종의 종파들은 모두 신회의 종파에서 나왔다.

선승들은 그때까지 율종律宗[7]의 사찰에서 살았는데, 750년경 백장百丈 선사가 선종 자체의 독립 조직과 청규清規(백장청규百丈清規)[8]를 만들었다. 백장청규의 가장 혁신적인 특징은 "하루 일하지 않으면 하루 먹지 말라(일일부작一日不作 일일불식一日不食)"로 대표되는 육체 노동의 도입이었다.

당조唐朝(618~907) 하에서 선종은 서서히 다른 종파들보다 우세해졌다. 그 이유 중 하나는 845년에 일어난 격심한 불교 박해[9]에서 다른 종파들보다 잘 견뎌냈다는 사실도 있다. 혜능에게는 다섯 명의 위대

---

7   계율종戒律宗이라고도 하며, 중국 당나라의 도선율사道宣律師가 창시한 계율을 중시하는 종파이다.
8   중국 선종의 의식과 규율을 정한 책. 중국 당나라의 백장 회해百丈懷海 선사가 선종 사원의 규범을 성문화한 것을 『고청규古清規』라고 한다. 이것이 당나라와 송나라 때 흩어져 없어지자 1335년 원나라의 백장 덕휘百丈德輝가 순제順帝의 명으로 여러 청규를 모아 만든 것이 백장청규이다. 정식 이름은 『칙수백장청규勅修百丈清規』이며, 총 8권이다.
9   중국 역사상 세 번째로 벌어진 대규모 불교 탄압 사건인 회창폐불會昌廢佛을 말한다. 회창은 중국 당나라 무종의 연호이다. 무종은 궁중에 도사를 들여 도교를 보호하는 반면 불교와 조로아스터교 등 외래 종교를 대대적으로 탄압했다. 당시 사찰 4,600개, 작은 절 4만여 개를 폐쇄하고, 비구와 비구니 스님 26만여 명을 환속시켰다. 수십만 경에 이르는 사찰 전답을 몰수하고, 15만 명의 사찰 노비를 일반 백성으로 편입시켰다. 그 결과 중국의 여러 불교 종파들이 심각한 타격을 입었다.

한 제자들이 있었다. 이들로부터 시작해 당조에는 위대한 선승들이 지속적으로 배출되었다. 이 시기가 영웅적이고 창조적인 선의 황금기였다.

3) CE 1000년경에 이르자 정토교를 제외한 모든 중국 불교의 종파들이 선종의 그늘 아래 가려졌다. 선종 내에서는 임제종臨濟宗이 주도권을 잡았고, 수행법은 체계화되었는데, 어느 정도 기계적인 면도 있었다. 12~13세기에는 당조의 선사들과 연관된 수수께끼와 난해한 어록들을 모은 특별한 문헌들이 지어졌다. 수수께끼는 전문 용어로 공안公案[10](공문서라는 뜻)이라고 부른다. 예를 들면 이런 것이다.

어느 날 한 승려가 동산洞山[11]에게 물었다.
"붓다가 무엇입니까?"
동산이 답했다.
"삼베 세 근[마삼근麻三斤]이니라."[12]

---

10 깨달음을 구하려고 참선하는 수행자에게 해결 과제로 제시되는 부처나 조사의 파격적인 문답 또는 언행을 말한다. 공안은 원래 공부公府의 안독案牘, 곧 백성이 따라야 할 국가의 공문서라는 뜻으로, 부처나 조사의 문답 또는 언행은 수행자의 가장 중요한 본보기이므로 이와 같이 말한다. 공안의 수는 약 1,700개에 이르며, 화두話頭라고도 한다.
11 법명은 수초守初(910~990). 중국 오가칠종五家七宗 가운데 운문종을 개창한 운문선사의 제자이자 '마삼근麻三斤'이라는 화두로 잘 알려진 선승이다.
12 동산화상洞山和尚 인승문因僧問 여하시불如何是佛 산운山云 마삼근麻三斤
　─『무문관無門關』제18칙, 『벽암록碧巖錄』제12칙
　여기에서 마삼근麻三斤은 "(지금 내가 입고 있는) 삼베(옷의 무게)는 세 근일세."

4) 마지막 시기는 선종이 동아시아의 민중문화, 예술, 일반 생활관습에까지 스며든 시기이다. 송나라 시대의 예술은 선 사상의 표현이라고 할 만하다. 선이 문화에 끼친 영향은 특히 일본에서 크게 나타났다. 일본에 선이 전파된 것은 CE 1200년경 에이사이[13]와 도겐[14]에 의해서였다. 선의 단순성과 솔직한 영웅주의는 무사(사무라이) 계급의 관심을 끌었다. 선 수행은 그들이 죽음의 공포를 물리치는 데 큰 도움을 주었다. 무사들이 죽음을 극복했음을 증명하는 많은 시들이 지어졌다.

> 천지간에 외로운 지팡이 세울 땅 없으나
>
> 기쁘도다! 나도, 나를 구성하는 물질도, 모두 비어 있음을 깨달았도다.
>
> 소중한 원나라 삼척 장검도
>
> 봄바람 칼로 베는 그림자로다.[15]

여기에서 선이 일본의 그림, 서예, 원예, 다도, 검도, 춤, 시 등에 광범위하게 미친 영향을 상세히 묘사할 일은 아니다. 이런 주제에 대해

라는 뜻이다. 이는 붓다가 무엇인지 묻는 물음에 동산 스님 자신이 바로 부처라고 대답한 것이며, 누구나 불성을 갖추고 있다는 가르침이다.

13 영서榮西(1141~1215). 일본 임제종의 창시자.

14 도원道元(1200~1253). 일본 조동종의 창시자.

15 송나라 임제종의 승려이자 일본에 순수한 형태의 임제선을 전파한 무학조원無學祖元(1226~1286)이 지은 「참춘풍게斬春風偈」이다. 원문은 다음과 같다.
: 건곤무지탁고공乾坤無地卓孤筇 희득인공법역공喜得人空法亦空 진중대원삼척검珍重大元三尺劒 전광영리참춘풍電光影裏斬春風

알고 싶다면 스즈키[16]의 탁월한 저술들을 참고하기 바란다.

선불교의 특징은 네 항목으로 분류할 수 있다.

1) 선은 불교의 전통적인 측면을 적대시했다. 불상과 경전을 경멸하고, 고의적인 기행으로 통념을 조롱했다. 선이 표명한 근본적 경험론[17]의 정신은 17세기 영국 왕실사회에 나타난 정신과 매우 유사하다. 선에는 이런 좌우명도 있다. "생각하지 말라. 몸소 (체험)해보라!" "책을 읽더라도 이전에 무엇을 (체험)해보았는지를 살피는 데 그쳐라."

선은 문자에 의지하지 않고[불립문자不立文字], 직접 마음에서 마음으로 진리를 전달하는 것이 목표였다[이심전심以心傳心]. 그러므로 경전 공부는 도외시되었다[교외별전敎外別傳]. 사찰 내에 경전들이 비치되기는 했지만, 그것은 수행 도중에 가끔 참조하기 위한 것에 불과했다. 주석들을 논하고, 경전을 뒤져보고, 말들을 되씹어보는 것은 바다 밑의 모래를 조사하는 것과 같다고 여겼다. "남의 보물을 헤아리는 것이 무슨 소용이 있는가?" "자신의 성품을 보는 것[견성見性]이 선이다." 선과 비교하면 다른 것은 모두 중요하지 않았다.

역사가들은 종종 이러한 사고방식을 중국 민족의 실용주의적 특

---

16 스즈키 다이세쓰(1870~1966). 일본의 불교학자이자 사학자. 인류문명이 위기에 처하게 된 원인을 서양의 합리주의에 두고 동양적인 직관, 곧 선 사상의 중요성을 알리는 데 주력했다. 저서로 『스즈키 다이세쓰 전집』(전30권) 등이 있다.

17 모든 철학적 논의는 경험에서 시작되어야 하며, 여러 사물 간의 관계는 사물 자체가 아니라 경험과의 관계에서 기술되어야 한다는 실용주의적 경험론. 미국의 철학자 윌리엄 제임스가 유물론과 형이상학적 관념론에 반대하여 주장한 이론이다.

징 때문이라고 생각했다. 이런 견해가 전적으로 옳은 것은 아니다. 왜냐하면 반反 전통주의는 CE 500~1000년 사이에 불교계 전체에 만연했으며, 이런 관점에서 인도 밀교도 선과 유사성이 많았다.

2) 선은 형이상학적 사색에 적대적이고, 이론을 싫어하며, 추론을 없애려고 했다. 미묘한 사상의 정교한 망網보다는 직관을 더 소중하게 여겼다. 진리는 추상적이며 일반적인 용어로 언명될 수 없고, 가능한 한 구체적으로 나타낸다. 당나라의 선사들은 숨은 뜻이 있는 아리송한 문장들, 기묘하고 독창적인 행동으로 유명하다.

해탈은 일상생활의 평범한 일들 속에서 발견된다[평상심시도平常心是道]. 선감宣鑑[18]은 그의 스승이 촛불을 불어 끄는 순간에 깨달았고, 어떤 선사는 기왓장이 대나무에 부딪치는 소리에 깨달았다. 또 어떤 이는 그의 다리가 부러질 때 깨달았다. 이런 것들이 모두 새로운 현상은 아니었다. 팔리어로 된 「형제들의 시Theragāthā」[19]와 「자매들의 시Therīgāthā」[20]에서 나타나듯이, 옛 지혜학파에도 사소한 일이 궁극적

---

18 당나라의 승려. 용담사의 숭신에게 사사하여 법을 이어받고, 그곳에 30여 년 동안 머물렀다. 그 후 덕산에서 선풍禪風을 크게 일으켜 덕산화상으로 부른다.

19 부처의 제자들 중 비구들이 읊은 시를 모은 시집. 장로게長老偈로 한역한다. 『장로니게』와 함께 인도 서정시의 백미로 평가된다. BCE 6~3세기 사이에 만들어진 것으로 보인다. 붓다의 말을 그대로 옮긴 것도 있고 《법구경》이나 《숫타니파타》의 내용과 비슷한 것도 있다. 모두 264명의 비구들이 지었다고 하나 구체적인 이름까지 확인하기는 어렵고, 한 사람이 만들었는지 또는 여러 사람이 공동으로 만들었는지도 확실하지 않다.

20 부처의 제자들 중 비구니들이 읊은 시를 모은 시집. 장로니게長老尼偈로 한역한다. 장로니는 학식이 풍부하고 덕이 높은 여승을 가리키는 말이다. 종교적인 이

인 깨달음의 계기가 될 수 있다는 서술이 보인다.

선사들은 기상천외의 엉뚱한 행동을 함으로써 전통을 배격하는 태도를 과시했다. 선사들은 '나무 불상을 불태우고', '고양이를 죽이고', '새우와 물고기를 잡는다'. 제자들의 깨달음을 도울 때는 입에서 나오는 현학적인 말보다는 '코를 비틀거나', '지팡이로 때리거나[방棒]소리지르기[할喝]' 등 직접 행동하는 방법을 사용했다.

선의 바탕이자 지지대인 공안은 수수께끼와 헷갈리게 하는 이야기들로 가득하다. 공안선 수행자는 오로지 그 공안만을 생각하고, 생각의 길이 끊어진 막다른 곳에서 문득 공안을 깨닫게 된다. 공안이 중국인의 특별하고 독창적인 창안이라고 종종 주장되는데, 다시 말하지만 그렇지 않다. 그것은 일반적인 불교 흐름의 중국적인 형태일 뿐이다. 공안은 벵골에서도 분명히 보인다. 벵골의 밀교 사하지야파는 수수께끼와 불가해한 표현들로 제자들을 가르쳤다. 그 이유는 그들 사상의 비밀을 지키기 위해서, 또 구체적 이미지[심상心像]에 의해 추상화되는 것을 피하기 위해서이다.

3) 돈오頓悟[21]는 중국 남종선南宗禪[22]의 독특한 표어였다. 혜능과 그

상과 가르침을 주된 내용으로 하면서도 문학성이 뛰어나다고 평가받는다. 같은 시대에 만들어진 『장로게』가 외적 경험을 다루고 자연에 대한 묘사가 많은 반면, 이 책에는 내적 경험과 인생에 대한 묘사가 많다.

21 점진적인 과정을 거치지 않고 단번에 깨달음. 단계적으로 깨달음에 이르는 점오漸悟와 대비된다.

22 혜능에 의해 성립된 불교 선종의 일파이다. 신수神秀가 중심이 된 북종선北宗禪의 대칭어이기도 하다. 북종선이 《능가경》을 근거로 단계적 깨달음(점오)을 주

의 계승자들에 따르면, 깨달음은 점차적으로 이뤄지는 것이 아니라 즉각적으로 실현되는 것이다. 이 가르침의 요지는 종종 오해를 받았다. 선사들이 말하려는 의도는, 깨달음에는 준비가 필요 없다거나 깨달음은 단시간 내에 이뤄진다는 것이 아니었다. 그들이 강조한 것은, 깨달음이 '초超시간적인 순간', 곧 '시간을 초월한 영원' 속에서 일어나며, 깨달음은 우리 자신의 의도적 행위로 얻어질 수 없고, '절대자 자신의 스스로 드러남'이라는 평상적이면서 신비한 진실이었다.

사람이 깨닫기 위해 할 수 있는 일은 아무것도 없다(213쪽 참조). 고행과 명상이 해탈을 가져올 것이라는 기대는 '기와를 갈아서 거울을 만들려는 것'과 같다.[23] 깨달음은 어떤 정형적인 조건이나 영향의 매개 없이 완전히 자유로운 사건으로 단지 일어날 뿐이다. 그것은 깨달

장한 데 반해, 남종선은 《금강경》을 근거로 행동적이고 즉각적인 깨달음(돈오)을 주장했다. 후대에는 남종선이 특히 발전하여, 선종이라 하면 남종선을 지칭하는 말이 되었다.

23 중국 당나라 개원開元(713~741) 연간 때의 일이다. 사문 도일道一이 전법원傳法院에서 날마다 열심히 좌선坐禪을 하고 있었다. 중국 선종 제7대 조사인 남악회양南岳懷讓(677~744)이 도일의 그릇을 알아보고 넌지시 물었다. "자네 무엇을 위해 좌선을 하나?" "부처가 되려구요." 남악이 기와 한 장을 가지고 와서 도일이 기거하는 암자 앞에서 숫돌에 갈기 시작했다. 도일이 여쭈었다. "스승께서는 지금 무엇을 하십니까?" "기와를 갈면 거울이 될 것이네." "기와를 갈아서 어찌 거울을 만듭니까?" "기와를 갈아서 거울이 안 된다면, 어찌 좌선으로 부처가 되겠는가?" "어찌하면 되겠습니까?" "수레를 탄 사람이 있는데, 만약 수레가 안 간다면 수레를 때려야 하느냐? 소를 때려야 하느냐?" 스승의 질문에 도일은 대답하지 못했다. 남악이 다시 물었다. "너는 좌선을 배우느냐, 아니면 좌불坐佛을 배우느냐? 좌선을 배운다면 선은 앉거나 눕는 데 있지 않다. 좌불을 배운다면 부처님은 정해진 모습이 없다. 머무름 없는 법에서는 취하거나 버리지 말아야 한다. 그대가 좌불을 좇는다면 곧 부처를 죽이는 것이며, 만약 앉는 모습에 집착한다면 그 이치에 통하지 못한다." ─ 『전등록傳燈錄』

음을 일으키는 공덕을 점진적으로 쌓아서 되는 것이 아니고, '돌연 알아채는 행위'이다.

이 모든 가르침은 본질적으로 흠잡을 데 없이 완벽하게 정통적인 것이다. 사소한 수행 규범에 집착할 필요가 없다는 추론에 도달했을 때, 선종은 비로소 정통에서 일탈하게 되었다. 그리고 이러한 것이 도덕적 무관심을 키우게 되어, 일본 선종이 군국주의의 요구를 받아들이게 되었다.

4) 정토교와 중관파, 그리고 어느 정도는 밀교처럼 선禪도 불교적 삶의 완성은 역설적으로 삶의 부정을 통해서만 찾을 수 있다고 믿었다. 붓다는 일상생활 속의 눈에 띄지 않는 사물들에 숨겨져 있다. 그것을 있는 그대로 받아들이는 것이 깨달음의 전부이다.

> 선 수행자들은 지팡이를 보면 그저 지팡이라고 부른다. 걷고 싶으면 그저 걷는다. 앉기 원하면 그저 앉는다. 그들은 어떤 상황에서도 흐트러지거나 산만해지지 않는다.[24]

이런 말도 있다.

---

24 납승견주장단환작주장衲僧見拄杖但喚作拄杖 행단행行但行 좌단좌坐但坐 총부득동착總不得動著 ─『고존숙어록古尊宿語錄』

얼마나 경이롭고 불가사의한가! 이것은 기적이 아닌가!

내가 물을 긷고 장작을 나른다는 것이!²⁵

또 다른 예도 있다.

봄에는 꽃들, 가을에는 달

여름에는 상쾌한 미풍, 겨울에는 눈

그밖에 더 무엇이 필요한가?

내겐 매일 매시간이 기쁨의 시간이네.²⁶

---

25 중국의 유마힐로 칭송 받는 방온거사龐蘊居士(740~808)가 지은 게송의 일부이
   다. 원문은 다음과 같다.
   : 일용사무별日用事無別 유오자우해唯吾自偶諧 두두비취사頭頭非取捨 처처물
   장괴處處勿張乖 금은수위호金銀誰爲號 구산절점애丘山絶點埃 신통·병묘용·神
   通幷妙用 운수급반시運水及搬柴
   : 일상사에 별다를 것 없으니 오직 나 스스로 (나와) 짝하여 어울릴 뿐, 모든 현상
   에 취사선택 않고 어디서나 어긋남이 없네. 선과 악, 바름과 그름 누가 그 이름
   을 붙였는가. 산언덕에 한 점 티끌조차 없네. 신통과 묘용이란 물긷고 땔나무
   나르는 일이로세.
26 「무문관無門關」으로 유명한 중국의 선사 무문혜개無門慧開(1183~1260)가 지은
   게송이다. 원문은 다음과 같다.
   : 춘유백화추유월春有百花秋有月 하유양풍동유설夏有凉風冬有雪 약무한사괘심
   두若無閑事掛心頭 변시인간호시절便是人間好時節
   : 봄에는 백화 (만발하고) 가을에는 밝은 보름달 (뜨며), 여름에는 서늘한 바람
   (땀 식히고), 겨울에 백설 (분분히 날리네). 쓸데없는 일에 마음 쓰지 않는다면,
   이것(사시사철)이 곧 인간세상의 호시절이네.

3

정토교

아미타불[아미타바Amitābha] 숭배는 인도와 이란의 접경 지역인 인도 북서부에서 시작되었다. 또한 그 지방의 전도자들에 의해 CE 150년경 중국으로 전파되었다. CE 350년경 혜원慧遠은 《아미타경阿彌陀經》에 근거하여 해탈에 이르기 쉬운 정토종淨土宗을 세웠다. 중국의 신앙불교는 오랫동안 석가모니불과 미륵보살상을 중심으로 이뤄졌다. 그리고 관음보살과 지장보살 같은 많은 보살들도 널리 숭배되었다. 미륵보살이 항상 대중 속에 스며들어 있었고, 문수보살과 비로자나불에 대한 숭배는 8세기에 널리 퍼졌다.

명문銘文들과 조각상들을 미루어 보면, 아미타불은 CE 650년경 전면에 등장했고, 관세음보살도 아미타불 신앙과 확고하게 관련되어 있었다. 인도에서는 지금까지 아미타불 불상이나 그가 주재하는 극락정토에 대한 묘사가 거의 발견되지 않는 반면에, 중국에서는 아미타불 불상들이 많이 발견된다. 아미타불의 서방정토가 왜 그렇게 중국인들의 상상력을 자극했는지 우리는 알지 못한다.

서양에서 정토의 개념을 찾자면, 이집트의 '갈대의 밭' 또는 '오시리스의 천국', 이란의 '바르Var', 그리고 그리스의 '행복의 섬'과 '헤스페리대Hesperidae의 정원' 등이 있다. 그리고 중국의 민간전승에서는 이미 '서왕모西王母²⁷가 사는 곤륜산의 반도원蟠桃園²⁸이 있는 궁전' 같은 개념이 있었다. CE 650년경 이후에는 정토교가 정교한 붓다관을 갖게 되었다. 자민慈愍²⁹(680~748)은 아미타불의 명호를 반복해서 부르는 염불念佛 수행을 한 최초의 승려 가운데 하나였다. 정토종은 오늘날까지도 대중적인 인기를 유지하고 있다.

일본에는 정토교 사상이 CE 950년경 이후에 전파되었다. 가마쿠라 시대에 정토교가 조직화되어 많은 종파를 형성했고, 그중에 두 종파가 가장 중요하다. 호넨法然이 1175년에 정토종을 세웠고, 그의 제자 중 하나인 신란新鸞³⁰ 성인(1173~1262)이 정토진종淨土眞宗을 세웠다. 1931년에 정토종들은 1,600만 명의 신도와 23,000명의 승려들이

---

27 중국 신화에 나오는 신녀神女. 곤륜산에 사는 선계의 성스러운 어머니로 전해진다.
28 서왕모의 천계 궁전에 있는 '신비한 복숭아(반도蟠桃)'가 열리는 과수원. 반도가 열리는 시기가 되면 서왕모는 모든 신선들을 초대해서 반도회라는 연회를 베푸는 관례가 있었다.
29 법명은 혜일慧日, 호는 자민삼장慈愍三藏이다. 중국 당나라의 승려로 정토교 포교에 힘써 정토교 자민류慈愍流의 개조가 되었다.
30 어릴 때 부모를 여의고 출가해 천태종을 수학한 후 호넨에게 입문하여 정토교에 귀의했다. 정토종 탄압으로 유배되었고, 사면 후에는 포교와 저술에 전념했다.

속해 있었다. 일본 불자의 절반보다 약간 적은 수에 해당한다.

니치렌日蓮(1222~1282)의 종파도 관례적으로 정토종의 일파로 여겨진다. 그렇지만 국수주의적 신토오神道의 분파로 보는 것이 더 적절할 것이다. 니치렌은 자기주장이 강하고 성마른 기질을 타고났고, 다소 개인적이고 민족적 이기주의 성향을 보여서, 불교 지도자로서의 자격은 없는 셈이다. 그는 그 자신이 《법화경》에서 언급된 사람이라고 확신할 뿐 아니라, 일본인들이 세계를 혁신하도록 선택 받은 민족이라고 믿었다. 일련종日蓮宗의 추종자들은, 스즈키가 말했듯이 "지금도 다소 군국주의적이며 다른 불교도들과 잘 융화되지 않는다."

불교 사상의 관점에서 보면, 동아시아의 정토교 발전에서 가장 관심을 끄는 부분은 정토교가 급진주의 성향을 강화하여 마침내 진종眞宗[31]이라는 극단에 이르렀다는 것이다. 진종은 신앙의 힘과 아미타불의 서원을 강조하는 것에 열중하면서, 해탈을 용이하게 하고, 교리를 단순화하고, 모든 의식과 철학과 승단생활의 온건한 금욕까지도 거부했다. 정직한 사람이든 죄인이든 구분 없이 모두에게 아미타 정토에 태어나는 것이 허락되었다. 극락에 갈 수 있는 유일한 조건은 아미타불의 자비에 대한 믿음이다. 우리는 모두 똑같이 죄인이고, 아미타불은 자비와 사랑의 신이다. 기독교와 다른 점은, 아미타불은 심판자가 아니라는 것이다.

---

31 신란이 세운 정토종의 한 분파. 신란이 죽고 난 후 정토진종은 오랫동안 침체되다가 남북조 시대부터 점점 신자들이 증가하면서 렌뇨蓮如(1415~1499)의 시대에 크게 확산되었다.

신앙에 비해 도덕성이 무시되는 사상은 오래전부터 있어왔다. 그러한 사상은 신란에 앞서 이미 1,000년 전부터 존재했다. CE 150년 경 『디비야아바다나Divyavadana』에서도 도덕률이 얼마나 경시되었는지 알 수 있는 이야기가 발견된다. 3겁 전에 살았던 다르마루치 Dharmaruci는 그의 부모와 아라한을 죽이고 사원을 불태웠다. 그럼에도 불구하고 미래의 석가모니는 그에게 계를 주면서 말했다. "계율이 무슨 소용인가? 다만 '붓다에 귀의합니다'와 '다르마에 귀의합니다'만 지속적으로 반복하라."

진종의 승려는 결혼을 해도 되고, 물고기나 육류를 먹어도 된다. 그들은 '사람은 세상에 순응해야 한다'는 옛 사상을 논리적 결론으로 가져왔다. 세상이 하는 대로 하고, 다른 보통 사람들이 사는 대로 살아감으로써 승려들은 속인들과 벽을 쌓는 것을 피하고, 재가자들과 편하게 대화할 수 있다고 생각했다. 진종은 모든 특별한 종교적 의식을 폐지하려는 경향이 있다. 물론 독신주의를 폐기한 동기는 밀교에 널리 퍼진 것과 전혀 다르다. 밀교에서는 해탈을 위해 온몸을 활용해야 한다는 것이므로 성적인 부분을 제외할 이유가 없었다. 성은 육체적 수련의 한 형태이며, 용감히 견뎌야 할 유혹이었다.

진종에서 결혼은 열등하고 비천한 사람들의 짐을 함께 나누는 수단이며, 사회적 관습과 의무를 준수하는 방법이다. 사람은 사회 안에서 살아야 하고, 그것을 거부하는 것은 주제넘은 짓이었다. 승려의 주요 임무는 다른 사람들처럼 살면서 세상과 붓다에게 봉사하는 것이다. 진종은 민주적인 정신을 갖고 사회적 의무를 준수하는 삶을 인정했기 때문에 현 시대까지 성공적으로 존재할 수 있었다. 지난 50년 동안 산업사회에 불교가 적응할 수 있음을 보여준 것은 모든 불교 종파 가운데 진종이 유일하다. 그러나 그런 식의 적응은 불교를 폐기하는 것이라고 오해 받기 쉽다.

4

티베트 불교의 닝마파

티베트에서 노란 옷 대신 붉은 옷을 입은 홍모파紅帽派는, 인도 왕자 파드마삼바바Padma Sambhava가 CE 750년경 처음으로 티베트에 도입한, 비전秘傳의 설법과 수행을 하고 있다. 파드마삼바바는 티베트를 짧게 두 번밖에 방문하지 않았지만, 그가 한 일은 놀랍다. 18개월이라는 짧은 기간을 머무는 동안 그가 끼친 영향력은 오늘날에도 여전히 티베트에서 느낄 수 있다. 공식 종파인 노란 옷을 입은 황모파黃帽派가 지금까지 5세기 동안 파드마삼바바의 교리와 싸워왔다는 사실에도 불구하고 말이다.

파드마삼바바의 영향력이 지속되는 주된 이유는, 그의 밀교 형태의 불교 해석이 티베트 고유의 종교인 본bon교와 흡사하기 때문이다. 파드마삼바바의 추종자들은 보통 닝마파라고 불린다. 닝마파의 문자 뜻은 '옛 학파'이다. 이런 이름이 붙여진 이유는, 닝마파의 교리가 대략 CE 750~850년 사이에 도입되었기 때문인데, 그 시기는 랑다르마 왕[32]의 대대적인 불교 박해가 있기 전이었다.

비밀의 주술적 교리들은 논리적으로 정당성을 주장할 수 없기 때문에, 그 교리에 권위를 부여할 수 있는 어떤 형태의 '영감'이 명백히 필요하다. 닝마파의 전통은 두 가지 원천에 바탕하여 권위를 주장한다.

첫째는, 초기에 설립된 교리가 인도의 스승들에게서 직접 전해졌다는 것이다. 게다가 서양 지중해의 헤르메스 전통[33]처럼, '비밀스럽게 숨겨진 경론'[델마gter-ma]의 발견으로 추가적인 권위를 갖게 된다고 믿었다. 파드마삼바바와 그를 따르는 종교 지도자들이 사람들의 눈에 띄지 않는 곳에 어떤 경론들을 파묻었고, 그것들은 추가적으로 새로운 계시가 필요할 때마다 예정된 운명을 타고난 사람들에 의해 지정된 시간에 발견될 것이라고 그들은 생각했다.

이와 유사하게 점성술과 연금술, 주술 등을 다룬 헤르메스 비전의 서적들도 고대 현자들이 써놓은 것으로, 무르익은 시기에 발견되어

---

32 Glang dar ma. 티베트의 고대 왕국 토번의 제42대 첸포(재위 838~842)이다. 치데송쩬의 넷째 아들이고, 렐빠쩬의 형이다. 지진과 가뭄과 흉작 등 재난의 원인이 불교에 있다고 생각하고 불교를 박해하다가, 승려 라룽 베끼도제의 화살에 암살되었다.

33 헤르메스주의, 헤르메스학 또는 서양의 헤르메스 전통이라고도 한다. 이집트 신인 토트와 그리스 신인 헤르메스가 결합된 신 또는 반신적 존재인 헤르메스 트리스메기스투스는, 연금술·점성술·신성 마법·백마술White Magic에 능통하다. 헤르메스주의는 이 결합신의 저술로 알려진 『외경적인 저작들(코르푸스 헤르메티쿰)』을 신봉하는 일군의 철학적·종교적 믿음들과 지식들을 말한다. 이는 서양의 밀교 전통에 심대한 영향을 미쳤고, 르네상스 시대 동안 매우 중요시되었다.

편집된 것이라고 주장하는 예들이 많다. 이것은 밀교의 많은 부분이 영지靈知적 형태의 이집트 주술과 대승의 형이상학이 융합된 것이라는 우리의 견해를 다시 확인시켜주는 듯하다. 티베트의 '비밀스럽게 숨겨진 경론'은 CE 1125년경 이후부터 발굴되었는데, 그 가운데는 매우 귀중한 문헌들도 있다.

닝마파의 교리는 본질적으로 좌도밀교의 한 부분이다. 닝마파에서는 수호신들의 숭배가 중요한 역할을 한다. 그들의 수호신은 100명인데, 그중 58명은 평화로운 형상이고, 42명은 분노하는 형상이다. 물론 '무서운 신들'에 대한 숭배도 있었다. 무서운 신들은 우리 마음의 평화를 깨뜨리는 최대의 적인 탐욕과 성냄과 어리석음이라는 삼독심三毒心을 파괴하는 것이 본질이다. 하타 요가의 생리학적 수행도 중요한 역할을 한다. 동맥들과 정액의 정력을 잘 조절하면(387쪽 참조) 행복과 광명과 무념無念의 경지에 이른다고 여겨졌다.

수행의 차례는 보통 다음과 같다. 첫째, 주문을 염송하고 그에 따라 일어나는 비전(종교적 환영)에 대해 명상함으로써, 수호신의 이미지를 마음속에 그린다. 둘째, 동맥과 정액의 정력[정기精氣]을 정신적·신체적으로 조종하는 단계에 이른다. 셋째, 비어 있음[공空] 그 자체인 마음의 진정한 본성을 깨닫는다.

이 종파의 독특한 사상은 불교도들이 일반적으로 버리는 것들, 예를 들면 분노와 탐욕의 감정 등을 활용하려고 시도한다는 점이다. 그리고 다른 불교도들에게는 물질적 몸이 정신의 두려운 족쇄인데, 이들은 영성을 돕는 유익한 수단으로 사용한다. 닝마파의 주술적 성격은 '최고 형태의 초월'이라는 교리에서 나타난다. 그에 따르면, 물질적 육체가 무지개 속으로 사라지는, 또는 무지개 색이 사라지는 방식으로 육신이 사라지는 해탈의 길이 있다고 한다.

이 종파의 교리들은 매우 세밀하여, 여기에서 간단히 설명한다는 것은 전혀 불가능하다. 이 방면의 불교에 관심이 있는 독자들은 에반스 벤츠[34]의 영어로 된 책들을 읽어보기 바란다.

닝마파가 지닌 교리 중에 특히 매혹적인 것은 바르도Bardo[중음中陰]이다. 바르도는 죽음과 새로운 탄생 사이에 있는 사람이 겪는 경험에 붙여진 이름이다. 많은 불교도들은 죽음 뒤에 바로 새로운 탄생이 따른다고 생각한다. 그렇지만 죽음과 새 삶의 중간 과정을 가정하는 사람들도 있고, 닝마파는 중음기의 영혼이 겪는 가장 상세한 경험을 우리에게 알려준다.

이에 대해서는 에반스 벤츠의 경탄할 만한 번역서 『티베트 사자의 서the Tibetan Book of the Dead』를 보면 좋을 것이다. 그 책에 포함된 전승의 일부는 분명히 석기시대까지 거슬러 올라간다. 이 책은 임종을 맞는 사람의 영혼에게 조언하는 내용으로 되어 있다. 즉, 그가 죽은 후에 겪게 될 전형적인 경험에 대비하게 하는 내용이다. 이집트인의 많은 지혜가 이 책 속에 오늘날까지 살아 있다.

---

34 Walter Evans Wentz(1878~1965). 미국의 인류학자, 작가로 티베트 불교 연구의 선구자이다. 티베트 불교를 서방세계에 전파하였고, 1927년 『티베트 사자의 서』를 영역 출판한 것으로 유명하다. 이외에 『티베트의 위대한 요기 밀라레빠』, 『티베트 요가와 밀교 교리』, 『대해탈의 티베트 서』 등의 저서가 있다. 파라마한사 요가난다가 쓴 『어느 요기의 자서전』의 서문도 썼다.

5

유럽의 불교

17~18세기의 예수회[35] 전도사들은 중국 불교와 일본 불교에 대해
아주 정확한 지식을 갖고 있었다. 그러나 불교를 실천적 신앙으로
서 유럽에 처음 소개한 것은 독일 철학자 쇼펜하우어(1788~1860)였
다. 그는 불교 경전에 대한 지식이 전혀 없었다. 오로지『우파니샤드
Upanisad』의 페르시아어 번역본을 다시 라틴어로 번역한 것과 칸트
철학에 기대어, 그리고 인생에 대한 환멸에 근거하여 1819년까지 '삶
의 의지의 부정'과 구원의 자비를 주장하는 철학체계를 발전시켰다.

---

35 1540년 스페인의 성 이냐시오 데 로욜라Ignatius de Loyola가 창설한 가톨릭교 남
성 수도 단체. 교육과 학문을 통한 봉사와 선교를 중시한다. 예수회의 기본 정신
은 명확하고 비판적인 사고와 묵상, 성찰, 그리고 하느님의 은총에 의탁하며 이
웃에 봉사하는 것이다.

이 철학체계의 정신은 불교와 매우 흡사하다.

쇼펜하우어의 사상은 생생하고 읽기 쉬운 문체로 표현되어 유럽 대륙에 지대한 영향을 주었다. 바그너는 붓다의 가르침에 깊이 감명을 받았고, 최근에 알베르트 슈바이처는 쇼펜하우어가 권장만 하고 실행은 하지 않았던 삶을 몸소 실천했다.

19세기 동안 유럽의 상인들, 군인들, 전도사들이 아시아로 유입되면서 아시아의 사상이 유럽으로 서서히 침투하기 시작했다. 이러한 침투는 학문적 연구와 대중 전파라는 두 가지 형식으로 이뤄졌다. 불교의 저작과 예술에 대한 학문적 연구는 최근 120년 동안 그치지 않고 지속되었다. 각 세대마다 상당한 수의 유능한 학자들이 불교 역사에 매료되었다. 그들 중 다수가, 특히 처음에는 기독교의 우월성을 증명하려는 의도로 불교를 원수 대하듯 하며 연구했다. 몇몇 사람들은 유럽인들이 많은 것을 배울 수 있는, 최고의 완전성과 순수성을 갖춘 불교 신앙을 다뤄야만 한다고 확신했다. 대대수는 십자말풀이를 풀 듯이 거리를 두고 무심하게 불교 문헌들을 조사했다. 비록 아직 미답인 부분이 많이 남아 있지만, 4세대에 걸친 노력의 결과로 불교 탐구에 큰 진척이 있었다.

사회학적으로 보면, 유럽에서의 '동양학'은 제국주의와 밀접하게 연관되어 있다. 유럽 제국주의의 쇠퇴와 함께 현재 동양학은 깊은 위기 속에 극심한 고통을 겪고 있으며, 미래에 어찌 될지는 아무도 예측할 수 없다. 러시아는 과거에 불교 연구에 후원을 많이 했지만, 오늘날 소련에서는 불교 연구가 점차 줄어들어 사라져가고 있다. 불교의 신비주의는 변증법적 유물론자들의 취향이 아닌 듯하다.

1875년에는 중요한 사건이 있었다. 블라바츠키 부인과 올코트 대령이 신지학회神智學會[36]를 설립한 것이다. 이 학회의 활동으로 아시아 종교에 관한 지식의 유입이 가속화되었다. 그리고 아시아인들의 주눅든 마음에 자신감을 회복시켜 주었다. 그 당시의 유럽문명은 과학과 상업, 기독교와 군국주의가 혼합되어 매우 강고하게 보였다. 국가적 전쟁과 계급투쟁이라는 다이너마이트가 그 속에 잠재해 있다는 것은 소수만이 감지했다.

인도와 스리랑카에서는 교육 받은 사람들의 수가 점점 늘어갔다. 당시 일본인들이 그랬듯이 그들은 서구 시스템과 그에 수반되는 모든 것을 받아들이는 수밖에는 달리 선택의 여지가 없다고 느꼈다. 기독교 전도사들은 많은 개종자들이 빠른 속도로 생길 것이라고 기대했다. 그러나 갑자기 예기치 않게 형세가 바뀌었다. 러시아, 미국, 영국 등의 지배적인 백인종 출신의 몇몇 남녀 신지학자들이 힌두인들과 스리랑카인들 틈에 나타나 동양의 옛 지혜를 찬양한 것이다. 마담 블라바츠키는 불교에 대해 최고의 칭찬을 했고, 올코트 대

---

36 Theosophical Society. 1875년 미국에서 신비주의적 종교관을 바탕으로 창설되었으며, 주로 인도에서 활동한 국제적 종교단체이다. 신비주의 종교철학인 신지학은 고대부터 존재했는데, 근대에 들어 융성해진 것은 러시아 귀족 출신 여성인 헬레나 페트로브나 블라바츠키Helena Petrovna Blavatsky(1831~1891)에 의해서였다. 블라바츠키는 1875년 미국에서 헨리 스틸 올코트Henry Steel Olcott(1832~1906) 대령과 함께 신지학 교리에 바탕을 두고 모든 종교의 융합과 통일을 목표로 신지학회를 창설했다.

령은『불교 교리문답서Buddhist Catechism』를 지었다. 그리고 시네트[37]
는 온갖 종류의 신비롭고 매혹적인 사상들이 담긴『비밀불교Esoteric
Buddhism』라는 제목의 아주 성공적인 책을 출판했다.

또 '성인聖人들의 신화'에 의하면, 눈에 보이지 않고 현명한 반신半
神의 인류 지도자들이 히말라야, 곧 불교 국가인 티베트에 살고 있다
고 한다. 그래서 티베트는 초인의 지혜 기운(오라aura)이 서려 있다.
신지학회는 시기적절하게 개입해서 불교 운동 조직에 큰 기여를 했
다. 비록 나중에 이 학회는 재산과 협잡꾼들 때문에 조직이 부패했지
만 지속적으로 불교 연구의 추동력이 되었고, 연구를 더욱 진전시키
도록 많은 사람들을 고무했다. 에드윈 아놀드[38]도 신지학자의 무리에
속했으며, 그의 시「아시아의 빛The Light of Asia」은 많은 사람들로 하
여금 '청정한 삶을 살고 인류의 행복에 헌신한 붓다'를 사랑하고 찬탄
하게 만들었다.

1900년 이후 아시아에서 파견된 몇몇 전도자들이 런던 등지에서
포교에 노력했으나 큰 성공은 이루지 못했다. 파리, 런던, 베를린 등
유럽의 수도들에는 작은 포교 기관들이 설립되었다. 영국에서는 크
리스마스 험프리스[39]의 유능한 지도하에 '불교협회The Buddhist Society'

---

37 Alfred Percy Sinnett(1840~1921). 1879년 인도로 이주하여, 선도적 영국 일간지
    『개척자pioneer』의 편집장을 지냈다. 블라바츠키와 오래 교유하며 신지학회 회
    원으로 활동했으며, 몇 권의 저서를 남겼다.
38 Edwin Arnold(1832~1904). 영국의 시인, 언론인.
39 Christmas Humphreys(1901~1983). 영국의 판사이자 불교학자. '런던불교회
    London Buddhist Society'를 창립하였고,『불교Buddhism』등 불교에 대한 많은 저
    술을 남겼다. 불교 대중화의 선구자, 그리고 영국 불교 신자들의 리더로 널리 알

가 '법고法鼓(다르마의 북) 울림[40]'을 주도하고 있다.

그러나 지금까지 유럽의 불교는 발걸음을 떼지 못하고 있다. 우리가 앞에서 본 바와 같이 불교 역사에서 승단 조직은 영원하고 견실한 요소였다(101쪽 참조). 불교 운동에서 승려들과 사원들은 필수불가결한 토대이며, 살아 있는 사회적 실체로 구현되는 것을 목표로 한다. 사원 생활에 마음이 끌린 수많은 유럽 불교도들이 스리랑카와 중국, 일본으로 떠났다.

유럽에 불교사원을 세우는 데에는 큰 장애가 있다. 그러나 중국에 처음 사원이 세워질 때보다 더 크지는 않을 것이다. 서양문명의 파국이 점점 더 명백해지고 있으므로 점점 더 많은 사람들이 과거의 지혜를 찾을 것이고, 그들 중 일부는 불교 사상에 끌리게 될 것이다. 이제는 황색 가사를 걸친 유럽인들이 언제 어디서 처음 등장하게 될지 지켜볼 일이다.

려져 있다.

40 법고는 '법[진리]'을 전하는 북으로, 보통 종각에 걸어두고 예불을 알릴 때 친다. '법고를 울린다'는 표현은 곧 중생 제도를 의미한다.

고통을 소멸하고 평온에 이르는 불교

불교는 붓다buddha, 다르마dharma, 승가saṅgha의 삼보三寶가 갖춰지
면서 성립되었다. 삼보란 세 가지 보배란 뜻으로 불교에서는 이 셋을
아주 소중히 여긴다. 다르마는 붓다의 가르침, 승가는 붓다의 가르침
을 믿고 불도를 실천하는 사람들이다.

기원전 6세기 경 최상의 깨달음을 얻은 붓다인 고타마 싯다르타
가, 한때 함께 고행했으나 자신을 떠난 다섯 동료를 찾아가 첫 다르
마법, 진리를 베풀었다. 이때에 붓다, 붓다의 가르침, 붓다의 가르침
을 받은 5비구 등 삼보가 최초로 갖추어졌으니, 불교는 지금으로부
터 2,500여 년 전인 기원전 6세기에 성립된 셈이다.

붓다는 신이 아니고, 불교에는 창조 신화가 없다. 붓다에게 중요한 것은 '삼계三界가 모두 고苦(불만족스럽고 견디기 힘든 고통)인데, 이 문제를 어떻게 해결할 것인가?'라는 문제였다. 붓다는 깨닫고 난 뒤에 앉아서 기다리다가 누가 찾아오면 법[진리]을 베푼 것이 아니었다. 법을 펴기 위해 250km의 먼 거리를 여행하여, 눈에 티끌이 덜 낀 사람을 적극적으로 찾아가서 첫 설법을 하였다. 그 내용은 '쾌락의 탐닉과 고행의 양 극단을 떠난 중도를 행하라'는 것이었다. 또 '세상은 모두 고인데, 고통의 원인은 관능적인 갈애, 무엇이 되고 싶은 갈애인 탐심貪心, 무엇을 회피하고 싶은 갈애인 증오심憎惡心[진심瞋心]이다. 이 원인으로 고의 결과가 초래된다'는 세속의 연기, 곧 유전연기流轉緣起를 설하였다. 다시 '이 원인을 없앰으로써 고가 소멸될 수 있는데, 고를 소멸시키는 여덟 겹의 길인 8정도를 닦아 고멸苦滅의 결과를 얻으라. 팔정도가 곧 중도이다'라는 출세간의 연기, 곧 환멸연기還滅緣起를 설하였다.

세속의 연기와 출세간의 연기를 결합해 체계화한 것이 네 가지 거룩한 진리인 사성제四聖諦이다. 사성제[고집멸도苦集滅道]의 네 번째인 도성제[고멸도성제(고를 멸하는 길·방법)]는 구체적으로 팔정도이고, 팔정도의 첫 번째인 정견正見은 사성제의 네 번째인 도성제의 하나이면서 다시 돌이켜 '사성제를 바로 아는 것'이다. 이처럼 붓다의 첫 가르침은 중도와 사성제, 팔정도를 유기적으로 잘 엮은 설법이었다. 이 첫 설법을 초전법륜경이라고 하는데, 이는 '법[진리]의 바퀴를 처음 굴렸다'는 의미이다.

불교도들의 수행 노력의 출발점은 눈앞에 보이는 이 세상에 대한 불만(고품)이다. 불교 수행의 힘겨운 분투는 궁극적으로 평온한 마음이라는 결실을 가져온다. 모든 사람들은 이 결실을 절실히 원한다. 그러나 출발점과 도달점 사이, 곧 수행할 마음을 내서 마음의 평온을 얻기까지는 대부분의 사람들이 피하고 싶어 하는 수많은 고난이 놓여 있다. 길(도道)을 잘 알려면 그 길을 걸어보는 수밖에 없다.

붓다의 수제자 중 지혜제일 사리푸트라(사리불)가 설립한 옛지혜학파는 아라한이 되기 위한 실천수행 방법을 계율·선정·지혜, 곧 삼학三學으로 대분했다. 이는 팔정도에서 유사한 내용들을 세 가지로 묶은 것이다. 정견正見·정사유正思惟는 지혜에 속하고, 정어正語·정업正業·정명正命은 계율에 속하며, 정정진正精進·정념正念·정정正定은 선정에 속한다. 이들을 자세히 다룬 탁월한 논서가 인도의 학승 붓다고사Buddhaghosa의『청정도론淸淨道論』이다.

'몸은 좋아하고 욕망할 수 있는 놀랄 만한 도구이기 때문에 우리가 원해서 이러한 부정한 몸에 스스로를 묶고 있다.' 탐욕으로 빚어졌고, 더 큰 탐욕을 부르는 이 몸에 깃들어 있는 상황에서는 자유롭고 편안할 수 없다. 고의 원인인 탐진貪瞋의 갈애를 벗어나려면 감관을 보호하고 지켜야 한다.

붓다의 가르침대로 자신의 감관을 보호하고 지키는 수행을 해본 사람은, 불과 1~2분 동안 마음을 고요하게 지키는 데도 얼마나 힘들고 뜻대로 안 되는지를 누구나 안다. 마음 밖의 외적인 자극으로부터 마음을 지켜내지 못해서 좋고 싫음에 물들지 않은 본래 타고난 대로의 순수한 참자아를 있는 그대로 볼 수 없으면, 마음의 참본성은 찾을 수 없다. 고멸에 이를 수 없다.

팔정도, 곧 계정혜 삼학을 잘 닦으면 아라한과를 성취할 수 있다. 아라한은 '번뇌가 완전히 말라서 위대한 삶을 사는 사람, 해야 할 일을 마친 사람, 짐을 벗은 사람, 목표를 성취한 사람, 더 이상 윤회에 매이지 않은 사람, 바른 견해[정견正見]가 열려 자유로운 사람'이다. 아라한은 '나'와 '내 것'에 대한 집착을 모두 놓아버렸고, 은둔해 있으며, 열성적이고 성실하며, 내적인 자유를 얻었고, 완전히 제어되며, 스스로의 주인이고, 자기를 절제하고, 정념에 좌우되지 않으며, 검박하다. 붓다가 250km의 먼 길을 걸어가서 초전법륜경을 설하자 5비구가 5아라한이 되었다. 붓다는 초전법륜경 설법 이후 '세상에서 물러나는 법[출리], 곧 세속의 탐진을 버리는 법'을 전파하기 위해 45년간 티끌 세상의 길 위에서 지내다가 열반의 길로 떠났다. 붓다는 한없는 자비와 지혜로 길 위에서 길을 보이다가 길을 떠난 분이다.

팔정도의 첫째인 정견은 사성제를 아는 것이라 하였다. 이는 곧 유전연기와 환멸연기의 연기를 아는 것이고, 연기를 안다는 것은 무아無我를 안다는 것이다. 무아는 상常·일一·주재主宰의 아체我體가 없다는 것이다. 곧 인연이 일어나면[연기緣起하면] 있는 듯이 보이고, 인연이 멸하면[연멸緣滅하면] 없는 것 같아, 항상 변하지 않는 나[상常]라는 알맹이의 통일체[일一]가 없고, 마음대로 컨트롤[주재主宰]할 수도 없으니 무아無我이다.

눈앞에 전개된 세계가 불쾌하다면, 무엇이 우리를 불쾌하게 하는지 우리는 묻게 된다. 불교는 이 세상의 짜증나는 모든 특징들을 세 가지 표지[삼법인三法印]로 대분했다. 그것은 무상無常·고苦·무아無我이다.

이 세상의 모든 것은 항상 변하고, 파괴될 운명이고, 믿을 만하지 못하며, 허물어지기 마련이다. 삼계는 모두 고통이다. 생로병사는 몸에 닥치는 고통이고, 사랑하는 사람과 헤어짐, 미워하는 사람과 만남, 구하는 것을 얻지 못함은 마음에 닥치는 고통이고, 결론으로 우리가 '나'라고 잘못 오인하는 오온에 집착하는 것이 바로 고통이다. 모든 것은 자신의 것이든 남의 것이든 직접 현재 고통으로 경험하거나, 과거나 미래의 고통으로 간접 경험한다는 것이 불교의 근본 명제이다.

우리는 존재를 결코 확실히 소유한 적도 없고, 존재를 완전히 주재主宰하지도 못하며, 그 소유자를 소유하지도 못하고, 그 주재자를 주재하지도 못한다. 따라서 무아이다.

불교의 주목적은 개아個我의 소멸[무아無我]이고, 이는 우리가 어떤 것과 자신을 동일시하기를 그치면 이룰 수 있다. 우리는 오랜 습관에 따라 자신의 경험을 '나'와 '내 것'이라는 용어로 자연스럽게 표현해왔다. 아비달마 논서는 '나'와 '내 것'이라는 말을 전혀 쓰지 않고, 비개아적인 다르마[제법諸法](만물과 현상)들만 적용하여 우리의 경험을 표현하는 다른 방법을 구축하려고 시도한 것이 큰 장점이다.

불교 전승에 따르면 개인이 '가질 수 있는 것'은 다섯 가지 무더기, 곧 오온五蘊(five skandhas)으로 나눌 수 있다. 자신의 것으로 생각할 수 있는 모든 것, 자신이 기대고 있는 모든 것은 오온 중의 어느 하나에 속한다. 오온은 '형체[색色](우리의 몸과 소유물들), 느낌[수受], 지각[상想], 의지[행行], 의식[식識]'이다.

아비달마에서는 '개아에 관련된' 표현들이 '개아에 관련되지 않은' 표현들로 대치된다. 아비달마의 핵심 사상은, 모든 경험들이 '비개아적 힘들의 상호작용'으로 분석되어야 한다는 것이다. 계율과 선정만으로는 개아에 대한 우리 믿음의 토대를 완전히 뿌리 뽑고 파괴하지 못한다. 개아가 있다는 망상은 오래된 습관으로 굳어져 있어서 지혜만이 우리의 생각으로부터 그런 망상을 몰아낼 수 있다. 다시 말해, 행동도 아니고 선정도 아닌 지혜로운 생각만이 사고思考 속에 고착된 망상을 제거할 수 있다.

인연과 생멸의 조건을 떠난[무위無爲] 세계는 인연과 생멸로 조건 지어진[유위有爲] 세계와 구분된다. 우리가 고통을 겪는 것은 조건 지어진 사물들을 우리와 동일시하기 때문이며, 그 사물들에 일어난 일을 우리에게 일어난 일처럼 여기며 행동하기 때문이다.

유위의 사물들에서 멀어질수록 무위의 본성에 더욱 눈뜨게 되어 자아는 소멸되고 절대적 존재인 열반만 남는다. 마치 환자에게 위약僞藥을 투여하여 심리적인 효과를 얻듯이, '열반'이 말로 표현될 수 있는 차원이 아니더라도 말로 표현함으로써 수행자에게 가시적인 목표가 되게 하고, 막연함에서 오는 수행자의 불안을 덜어준다.

선정의 바탕을 이루었던 절대적 존재에 대한 모든 관념들은 일단 집이 완성되면 버려지는 임시 가설물임이 드러난다.

불교를 한 눈에 조망할 수 있는 에드워드 콘즈의 불교 강의

불교를 시동한 붓다가 부재한데도, '세상에서 물러나는 법'[출리出 離]인 불교는 2,500여 년이 지난 오늘날까지 인류 역사 속에서 살아 있는 유기체로 성장하고 발전해왔다. 이러한 불교가 물질만능의 21세기에 과학과 종교와 철학 분야의 중심에서 세상에 크게 기여하고 있는 역설과 모순은 우리의 호기심을 격발시키기에 충분하다. 이제 우리는 에드워드 콘즈의 예리하고 넓고 깊은 눈을 빌려 쉽게 이 역설과 모순에 빠져들 수 있다.

세계에서 가장 저명한 불교학자에 속하는 콘즈는 본대학과 함부르크대학에서 인도철학과 비교철학을 전공했다. 비교종교학과 비교철학에 능통한 에드워드 콘즈는 팔리 원전, 산스크리트 원전, 중국, 티베트, 일본 원전의 번역을 통해 대대로 이어온 불교의 전개 및 발달 과정을 추적했다. 그의 저서들은 현재도 널리 유통되고 있으며, 불교 문헌 최고의 선집으로 정평이 나 있다.

특히 이 책『불교의 길Buddhism: Its essence and development』은 불교에 조예가 깊고 동서양의 종교와 철학에 해박한 콘즈가 공들여 지은 불교개론서이다. 그는 한정된 지면에 최대한 친절한 설명을 곁들이고자 노력했으며, 동양사상과 불교를 잘 모르는 독자들도 불교의 전모를 한눈에 파악할 수 있도록 곳곳에서 배려하고 있다.

역자 또한 불교를 처음 접하는 사람이라도 콘즈의 동서양을 넘나드는 해박한 불교 및 철학의 세계에 쉽게 빠져들 수 있도록 많은 역자 주를 추가로 달았다. 다른 참고서적들에 의지하지 않고 이 책만 보고도 불교가 인류 역사 속에 살아 있는 유기체로 조망되게 노력했다.

그리하여 독자들이 이 책을 통해 짧은 시간과 적은 노력으로 불교의 기본 개념, 전체 불교역사와 각 종파들 간의 유기적 연결고리, 세계의 사상과 철학과 종교 속에서의 불교의 지평, 곧 인류의 위대하고 보편적인 지혜 전통인 불교의 지평을 선명하게 조망하게 될 것이라 확신한다.

에드워드 콘즈가 '지은이의 말'에서 언급했듯이 이 책의 아이디어는 출판되기 10년 전인 1941년에 실제 불교 명상 수행이 얼마나 많이 이루어지는지를 알아보는 데에서 시작되었다. 그리고 1948년 옥스퍼드 동아시아 박물관 개관을 준비 중이던 윌리엄 콘 박사가 콘즈에게 불교 사상 전반을 다루는 강의를 부탁했고, 그 강의를 기초로 이 책이 집필되었다.

초판 출간 이래 70여 년 동안 출판사가 여러 번 바뀌면서 여전히 발행되고 널리 읽히는 이 책은 영어 불교서적의 고전임에 틀림없다. 이 외에도 콘즈의 저서 10여 권이 지금도 판을 거듭하며 읽히고 있으니, 서양불교에서 콘즈가 점한 위치를 짐작할 만하다. 그의 저서 목록은 부록 '현재도 읽히는 콘즈의 책'에 원제 그대로 실었다.

아더 웨일리는 이 책의 서문에서 이렇게 극찬했다. "콘즈 박사의 글은 불교에 관한 질의응답이 실제적이고 살아 있으며, 시종일관 역사적 통찰을 통해 현재의 불교와 밀접하게 연관되어 있다. 책이란 저자의 관점이 드러나지 않으면 가치가 없고, 사실을 왜곡시켜서도 안 되며, 저자의 감성과 지성으로 알게 된 사실들이 독자에게 명확하게 전달되어야 한다고 생각한다. 콘즈 박사의 책은 내가 오랫동안 읽어온 어느 책들보다도 이것을 성공적으로 표현하고 있다."

그는 또한 "오늘날 영어 또는 다른 어떤 언어로든 불교에 관해 콘즈의 책만큼 포괄적이고 읽기 쉽게 설명한 글은 없다"고 적었는데, 그 말이 정당한 평가임을 오늘날에도 확인할 수 있다.

서양의 불교학자나 역사가들은 19세기 초까지 네팔의 중세불교 산스크리트 문헌만 겨우 접할 수 있었다. 그 후 스리랑카에서 팔리성전이 발견되면서 1881년 토마스 윌리엄 리스 데이비즈에 의해 팔리성전협회Pali Text Society가 결성되었다. 이 협회에서 팔리성전의 로마자字화와 더불어 번역 작업을 지속하여 초기불교의 전모가 드러나기 시작했고, 1925년에는 40년의 각고 끝에 데이비즈와 그 제자 윌리엄 스테드William Stede에 의해 방대한 『팔리어―영어 사전』이 출간되었다. 한편 20세기 초에는 돈황석굴에서 돈황본 문헌이 다량 발견되었다. 중국 선종의 초조인 보리달마 스님이 전설이 아니고 실존 인물임은 돈황본 문헌 발견 이후에 확정적이 되었으니, 이 발견이 불교사에서 얼마나 획기적인 일인지 짐작할 수 있다.

1951년 당시 서양불교학자나 사학자들은 충분한 불교 원전을 접하지 못하고, 불교 문헌의 서양어 번역서도 드문 상황에서 '맹인의 코끼리 만지기'식 관견管見들이 대부분이었다.

콘즈 역시 저자의 말에서 "내 책을 쓰는 데 바탕이 된 많은 원전들이 아직 영어로 번역되지 못했다. 앞으로 언젠가 불교 사상의 주요 문헌을 번역한 선집이 독자들에게 제공되어, 여기에서 겨우 간단히 서술한 부분들이 입증될 수 있기를 바란다"고 희망하며 아쉬움을 내비쳤다.

그런데 비평가 폴 그리피스Paul Griffiths는 콘즈의 번역을 '불교의 영어 번역의 매우 난해한 예'라고 비판했는데, 콘즈의 《대반야경》번역의 일부 문장을 들어 이렇게 말했다. "이 번역은 어떤 주와 번역도 없이 출판되었고, 콘즈 박사가 독자를 고려하지 않는 저자라는 의심을 지울 수 없다. 산스크리트어에 문외한이고, 반야경전의 영어 표현에 익숙하지 않은 비불교학자는 그 뜻을 이해할 수 없다. 콘즈 박사의 번역은 문법적으로 영어 문장일 뿐 설명을 곁들이지 않은 전문 용어들로 가득 차 있다."

이는 당시 불교 원전의 영역서가 태부족한 상황에서, 불교에 대한 선행 지식이 부족한 비평가의 과다한 욕심에 따른 비판이었다고 사료된다.

한국불교도 언어 문제에서는 서양과 사정이 비슷했다. 그동안 우리가 접한 불교 문헌은 대부분 한문으로 되어 있거나, 그것을 한글로 번역한 번역본들이었다. 한문 문헌은 한자의 특성상 모호한 부분이 많았고, 한글 번역본이 한문본보다 더 이해하기 힘든 경우도 많았다.

게다가 노년층을 제외하고는 이제 한문보다는 영어를 훨씬 수월하게 느끼는 시대가 되어 기성불교는 현대인과의 접점이 더욱더 좁아질 수밖에 없다.

다행히 최근에는 영어로 된 불교 문헌과 그 번역물들을 쉽사리 접할 수 있는 환경이 되었다. 한문에 비교적 익숙한 세대들도 한문 불교 문헌의 애매한 부분들이 영어 표현에서 그 뜻이 명쾌히 드러나는 경험을 수없이 해왔다. 더구나 요즘 젊은이들은 영어를 훨씬 익숙하게 느끼고, 한문은 먼 언어가 되었다. 이러한 점이 이 책을 번역 소개하고자 하는 역자의 열망을 더 크게 하였다.

불교를 만나면 삶이 바뀐다

콘즈는 불교를 서양세계에 전하려는 사명의식이 투철했다. 그의 자서전에는 이런 서술이 나온다.

> 초년시절부터 계속, 나는 상계에서 왔으며 양이洋夷(서양 오랑캐)에게 보내져 그들에게 성스러운 반야바라밀을 가르침으로써 그들의 마음을 유연선심으로 만드는 사명을 가지고 있다는 확신이 있었다.

콘즈는 불교를 이론으로만 하지 않고, 불교정신의 근간인 실천수행을 통한 삶의 질적 변환을 위해 꾸준히 노력했다. 수행을 중요시한 그의 면모를 본문 곳곳에서 엿볼 수 있다.

> 불교에 심취한 사람들에게서 보이는 부동의 결단력과 고요한 선정 등이
> 매력의 일부이다. …… 불교가 나날의 일상적인 삶에 끼치는 변화를 보
> 고 판단해야만 불교의 참가치를 올바로 알 수 있다.

> 다르마는 도그마(독단적인 신념)가 아니라 근본적으로 실천 방법이다.

> 불교에서 선정 수행은 우물과 같아서 불교 안에 살아 숨 쉬는 모든 것이
> 그 우물에서 샘솟는다. 불교의 역사적 발전이란 본질적으로 해탈에 이
> 르는 새로운 방법들을 끊임없이 고심하며 창안해내는 과정이었다. 그
> 렇지만 이러한 수행들을 말로, 생각으로 이해시키는 것은 결코 쉬운 일
> 이 아니다. 왜냐하면 모든 수행은 세속을 포기하고 금욕하는 것을 목표
> 로 하고, 오늘날 대다수의 사람들은 이러한 목표에 별로 흥미가 없기 때
> 문이다.

불교도에게 지혜는 다르마[제법諸法]의 체계적인 관조觀照이다. 지
혜는 제법, 곧 만물과 현상을 있는 그대로 꿰뚫어 보아 제법의 본성
을 뒤덮은 무명의 어두움을 부수는 기능이 있다. 지혜는 '내가 있다
는 견해'[아견我見]를 벗어난 상태이다. '선정에 든 이는 그가 본 것의
실제 있는 그대로의 진실한 모습을 안다'고 경전에 쓰여 있다. 선정
은 지혜를 계발하는 가장 근본적인 원인이다.

콘즈는 반야부 경전을 많이 번역했는데, 그 이유는 《반야심경》에 관한 그의 말에서 알 수 있다.

이 경은 어리석고, 감정적이고, 지식이 부족한 사람을 위한 것이 아니다. 다른 의미로 그들을 제도하기 위한 것이다. 《반야심경》에는 꼭 알 만한 가치가 있는 모든 것이 담겨 있다. 그러나 그것은 영적 통찰과 지적 능력이 결합된 경우에만 발견할 수 있고, 즐거이 이지理智를 사용하는 사람들만이 발견할 수 있다.

고통과 괴로움에 극히 예민한 사람들만이, 앞에서 언급한 불교적 분석에 자연스럽게 동의할 수 있다. 그리고 그런 성향의 사람들만이 세속을 떠나 살 수 있다. 불교도가 지닌 관점의 정당성을 충분히 이해하고 그들처럼 세계를 바라보려면, 이 세계가 아주 완전히 무가치하다는 믿음을 키우고 강화시키는 유일한 길인 선정 수행 처방을 기꺼이 따라야 한다. 이러한 논증에서 우리는 선정 수행과 그 결과를 당연하게 받아들이게 된다.

전통적으로 '정신 집중'에는 다음의 세 가지 수행이 있다. 유식의 여덟 가지 선정, 초기 대승불교의 네 가지 무량한 마음[사무량심四無量心], 밀교의 신통력이 그것이다.

여덟 가지 선정은 감각적 자극의 영향과 그에 대한 우리의 일반적인 반응을 초월하기 위한 수행 방법이다. 자애, 연민, 함께 기뻐함, 평정함 등의 사무량심 수행을 원만히 이루려면 우선 선정 수행을 통해 마음의 집착을 끊고 청정해져야 한다.

불교에서는 표전법表詮法보다는 차전법遮詮法을 즐겨쓰는 편이지만, 표전과 차전을 동시에 사용하는 때도 많다. 대상의 본질을 부정적·역설적으로 표현하는 것을 차전遮詮, 긍정적·직설적으로 표현하는 것은 표전表詮이라고 한다. 예를 들면, '마음도 아니고 부처도 아니다(비심비불非心非佛)'는 차전, '마음이 곧 부처이다(즉심시불卽心是佛)'는 표전이다. 이때 '마음도 아니고 부처도 아니다'와 '마음이 곧 부처이다'는 서로 상반되고 모순된다. 그러나 이 두 가지 모순된 서술이 서로 상보하여 언어의 한계를 넘어서며 대상의 본질에 더 가깝게 해준다.

콘즈는 이원론적 서양사상의 풍토에도 불구하고, 고차원의 변증법적 논리로 모순을 해소하고 역설을 즐겨 사용하는 불교를 깊이 이해한 불교 연구의 선구자였다.

> 어떤 문제나 다른 중요한 쟁점에 직면했을 때 불교는 야누스의 머리처럼 서로 상반된 두 방향을 착실히 탐색한다. 불교는 반대 견해를 오류라고 배제하는 것이 아니라 동일한 진리의 또 다른 형태로 포함시켜 진리에 이르려고 노력해왔다.

정신보다는 물질에 많이 기울고, 넘쳐나는 정보의 홍수에서 허우적대는 현대사회이다. 이 책을 통해 독자들이 불교를 보다 쉽게 이해하고, 인생의 이정표를 세우는 데 도움이 되어 한껏 피어난 존귀한 인간 붓다처럼 살 수 있게 삶의 질이 변환되기를 바란다.

이는 45년을 길에서 길을 보인 붓다의 바람이고, '성스러운 반야바라밀을 가르침으로써 사람들의 마음을 유연선심으로 만드는 사명을 가지고 있다는 확신'에 찬 에드워드 콘즈의 바람이다. 또한 역자의 바람이고, 한글 번역을 곱씹어 읽으면서 조금이라도 난해하고 미진한 부분에 대해 계속 의문부호를 달아 더 쉬운 한글 번역이 되도록 끈질기게 노력한 뜨란출판사의 바람이다.

매주 수요일마다 역자를 포함해 10여 명의 '수요강독회' 회원들이 모여 영어불교 원서를 찬찬히 윤독하며 질의응답 시간을 가진 지 5년여가 되었다. 그사이 뜨란출판사의 부탁으로 이 책을 번역하기 시작했고, 강독회 회원들의 동의하에 여섯 번째 교재로 선택하여 함께 윤독하게 되었다. 역자로서는 번역하면서 읽고, 강독회에서 또 함께 읽으며 복습하고 다지는 시간이 된 셈이다.

지금으로부터 약 70년 전인 1951년에 출판된 책이라 현대의 영어 서적과는 문체에서 차이가 있고, 긴 중문과 복문이 대부분이어서 초기에는 강독회원들이 조금 난해해 했다. 독일 출신의 콘즈가 제2외국어인 영어 구사에 익숙하지 않아 책읽기가 어렵다는 의견도 있었다. 그러나 콘즈는 14개 국어가 가능했고, 출판 당시 원어민 두 사람에게 영어 문체를 감수 받았으니 그러한 판단은 편견이겠다. 윤독이 끝날 무렵이 되니 콘즈의 문체와 중문, 복문에 익숙해져 한결 수월해 했다.

많은 질문으로 이 책의 번역이 더 완벽해지도록 도움을 준 수요강독회 회원들과 뜨란출판사에 감사드린다. 또 꼼꼼히 교정을 보아준

대승(Mahayana)		예술(Art)	
	초기 반야경(신지혜학파)	120	산치대탑의 문
80	대승경전: 법화경 등	~CE500	간다라
		~CE200	마투라
			아마라바티
	대반야경(신지혜학파)		페샤와르의 사리함
		150~350	아마라바티 유적
160	해심밀경解深密經(유식학)		
	용수(신지혜학파)		
	성천聖天(신지혜학파)		
			남중국의 불화가들
		265	중국의 최초 불탑
		~600	굽타 예술
			엘로라와 아잔타 석굴

붓다 탄생 후	CE	역사(History)	소승(Hinayana)
860	300		
		355 중국에서 칙령으로 승려 인정	
		357~385 부견符堅이 불교 보호	
		372 고구려에 불교 전파	
		385~414 찬드라굽타 2세	
		399~414 법현法顯 인도 유학	
960	400		세친(설일체유부)
		414~455 쿠마라굽타 1세가 나란다대학 설립	
			420 붓다고사(상좌부)
		438~452 북위 태무제太武帝의 불교 박해	440 대사大史(상좌부)
		버마, 자바, 수마트라에 불교 전파	
		452 북위 문성제文成帝의 회복불교	460 담마팔라(상좌부)[2]
1060	500	518 승우僧祐의 출삼장기집出三藏記集	
		552 일본에 불교 전파	
		572 성덕태자 출생	
		573 북주의 무제武帝 법난	

대승(Mahayana)		예술(Art)	
333	여산혜원廬山慧遠 출생(정토불교)		
	능가경楞伽經(유식학파)	약 345	고개지顧愷之
	미륵彌勒(중관—유식)	~406	
385	구마라집 중국 입국		
	세친世親(유식학파)	~500	북중국의 불상 조각
	무착無着(유식학파)	414~520	운강석굴雲崗石窟
	구마라집(신지혜학파)		
416	여산혜원 사망		
	진나陳那(유식논리)		
498~561	보리달마(선)		
	진제眞諦(유식학파)		북위北魏의 불상
560	안혜安慧 사망		
580	천태종 설립		
	삼론종三論宗 설립		중국예술 부흥기

붓다 탄생 후	CE	역사(History)	소승(Hinayana)
1160	600	수마트라로 불교 전파	
		606~647 인도의 하르샤 왕[3]	
		621 성덕태자聖德太子[4] 사망	
		629~645 현장스님 인도에 감	
		642 송첸감포[5](티베트) 이하 참조	
		642 티베트에 불교 전파	
		651 티베트에 최초의 불교사원 건립	
		671~695 의정義淨의 인도 여행	
1260	700	베트남에 불교 전파	
		대승이 스리위자야 왕국[9] 공식 종교로	
		710~784 나라[奈良]시대	
		711 인더스강 하류의 신드Sindh를 이슬람이 지배	
		720 소승불교 샴(타일랜드)에 전파	740 아누룻다의 아비달마교의강요 阿毘達磨教義綱要[11]
		749 티베트에 최초 불교사원 삼예사[10] 건립	

대승(Mahayana)		예술(Art)	
	화엄종 창종		
606	승찬僧璨 사망(선)		
635	호법護法[6](유식학파)		아잔타 석굴
637	혜능 출생(선)		
	율종律宗 창종		
643	법장法藏[7](화엄종)		
	법칭法稱(논리학)		
645~664	현장玄奘(유식학파) 중국에서 활동		이사훈李思訓[8]
650	월칭月稱(신지혜학파)		
691	적천寂天 출생(신지혜학파)		나라의 사찰들
			오도현吳道玄[12]
		~1000	돈황燉煌 석굴
713	혜능 사망(선)		
716	진언종眞言宗 창종		
	선무외善無畏(밀교)		
	금강지金剛智(밀교)		
	불공금강不空金剛(밀교)		
747	연화생蓮華生(밀교)이 티베트에 감	747	나라奈良의 대불
	적호寂護(밀교)		자바의 보로부두르
			동대사東大寺

붓다 탄생 후	CE	역사(History)	소승(Hinayana)
1260	700	760 아랍인의 중앙아시아 점령 팔라왕조에 의해 오딘타푸리사원 건립 770~815 다르마팔라 왕[13]	
1360	800	카슈미르에서 시바교가 불교를 넘어섬 캄보디아에서 대승 발전 845 회창폐불會昌廢佛[14] 850~1350 한국의 고려[15]왕조	
1460	900	티베트의 랑다르마 왕[20] 중앙아시아에서 이슬람이 불교를 능가함	920 카샤파 5세[21](스리랑카)
1560	1000	1000 베트남 왕실의 불교 후원 ~1200 1077 버마의 아누룻다 왕 사망 1086 버마의 짠지타 왕[26] ~1112	1040 상좌부가 버마 불교 주도

대승(Mahayana)	예술(Art)
774　불공금강不空金剛 사망	
사자현師子賢[16](신지혜학파)	802　앙코르[19] 세움
805　전교대사[17]가 히에이산에 　　　천태종 설립	
840　홍법대사[18](밀교) 사망	
공안의 체계(선)	~1300　고려 예술
942~1017 겐신[源信][22](천태종)	
949　운문雲門[23] 사망	
구야[空也][24](정토종)	
965　시륜時輪[칼라차크라] 탄트라(밀교)	
980　아티샤[25] 출생	
	1017　에신 소주[惠心僧都] 겐신[源信] 　　　사망
1020　벽암록碧巖錄(선)	
1038　밀라레빠 ~1122	
1039　아티샤가 티베트에 감	
1052　아티샤 사망	

붓다 탄생 후	CE	역사(History)	소승(Hinayana)
1660	1100		
			1140 상좌부가 샴 불교를 주도
		1180 ~1205 자야바르만 7세[27](캄보디아)	
		1197 이슬람이 날란다 대학 파괴	
1760	1200	1202 사캬 판디타[33] 티베트 도착	
		1227 ~1263 호조 도키요리[北条時頼][34] 선 지지 선호	1240 담마키티[37]
		1251 ~1284 호조 도키무네[北条時宗][35] 선 지지 선호	
		1260 ~1294 쿠빌라이 칸[36] 불교 우호 일본에 다도茶道 전래	
			1280 지나차리타[38]

대승(Mahayana)	예술(Art)
1100 료오닌[良忍][28](천태종, 정토종)	
1133 호넨[法然][29] 상인上人 출생(정토종)	
1173 신란[親鸞][30] 출생(정토종)	티베트 예술 번성
1191 에이사이[榮西][31]가 일본에 선 도입	캄보디아의 바이욘[32] 예술
1200 도겐[도원道元][39] 출생(선)	
일본 정토종淨土宗 창종(정토종)	
1211 호넨 상인 사망(정토종)	
1215 에이사이 사망(선)	
도겐 조동종 창종(선)	
1222 니치렌[日蓮][40] 출생	
1225 정토진종淨土眞宗[41] 창종	
1228 무문관無門關[42](선)	
1239 잇펜[一遍][43]상인(정토종)	
1253 도겐 사망(선)	1252 가마쿠라 대불[鎌倉大佛][46]
	엔가쿠지[円覚寺][47]
1267 다이오[大應] 국사國師[44] 임제종 창종	
에이손[叡尊][45] 율종律宗 창종	
1282 니치렌 사망	
1289 잇펜 쇼닌[一遍上人] 사망(정토종)	
1290 부톤 출생(밀교)	

붓다 탄생 후	CE		역사(History)	소승(Hinayana)
1860	1300	1320	캄보디아에서 대승불교 쇠퇴	
		1340	라오스 불교로 개종	
		1360	소승불교가 샴의 공식 종교로	
		1392	한국의 불교 쇠퇴	
1960	1400	~1500	베트남 불교 박해	
		1480	자바: 힌두교가 불교를 능가함	
			수마트라: 이슬람교가 　　　　불교를 능가	
2060	1500			
		1576	쿰붐 초르텐[52] 건립	
		1577	몽골불교 최후의 개종[53]	
2160	1600	1603	일본 도쿠가와 시대 불교(의 세속권력) 쇠퇴	1620　　요가바차라 편람[59]
		1642	5대 달라이라마, 티베트의 사제이자 정치지도자 역할	
		1643	포탈라궁 건립	
2260	1700	1718	몽골군 겔룩파 지원	
		1769	네팔 힌두교로 개종	
		1785	러시아 부리야트에 최초의 사원	

대승(Mahayana)	예술(Art)
1357 총카파[48] 출생	
1365 자바의 나가라키르타가마[49](밀교)	
1385 료오요 쇼오게이[了譽聖冏][50]의 고금집서주古今集序註(정토종)	
1392 겔룩파 창종(밀교)	
1419 총카파 사망	1420 셋슈 토요[雪舟等楊][51](선) ~1506
오승은吳承恩[54]의 서유기(정토종)	
1573 타쿠안 소호[澤庵宗彭][55](선) ~1645	
1575 타라나타[56] 출생	
1599 지욱智旭[57](선) ~1655	1584 미야모토 무사시[宮本武藏][58] ~1645
	1644 마쓰오 바쇼[松尾芭蕉][61] ~1694
1685 하쿠인 에카쿠[白隱慧鶴][60](선) ~1768	

붓다 탄생 후	CE		역사(History)	소승(Hinayana)
2360	1800	1819	쇼펜하우어의 『의지와 표상으 로서의 세계』	
		1840	유진 부르노프[62]	
		1851 ~1864	태평천국太平天國의 난[63]	
		1875	신지학협회神智學協會	
		1879	에드윈 아놀드의 『아시아의 빛』	
		1890	일본 불교의 부흥	
		1891	마하보디 소사이어티[64] [대각회大覺會] 설립	
2460	1900	1904	영국 탐험대 티베트 라싸로	
		1909	타이슈[太虛][65]의 중국 불교 개혁	
		1926	영국불교협회[66] 설립	
		1929	아미스 듀 부디스메[67] 설립	

대승(Mahayana)	예술(Art)
1924 ~1929　대정신수대장경大正新脩大藏經	

불교사 주요 연표 주석

1 통용되는 붓다의 입멸연도는 BCE(Before Common Era의 약어)483년이지만, 불기佛紀와 서력기원(Commom Era. 약어 CE) 환산의 편의상 BCE 480으로 표기한 것으로 사료된다.

2 담마팔라Dharmapāla; 5세기 후반에 상좌부 사원인 바다라티타Badaratittha 사원 (현 인도의 타밀나두 주에 있던 절)에 머물렀던 유명한 주석가. 주로 게송으로 된 짧은 팔리어경전 일곱 가지의 주석이 있고, 신화적 불교경전인 팔리어경전 네티 Netti의 주석이 있다.

3 하르샤Hārsha(550~647); 인도 카나우지에 수도를 정하고 북인도를 다스린 왕으로 계일왕戒日王(재위 606~647)이라고도 부른다. 619년경 대규모의 정복으로 인도를 통일하여 바르다나 왕조를 수립했다. 불교를 깊이 믿었고, 당나라의 이름 난 승려 현장이 인도에 왔을 때도 바로 그가 왕위에 있었다.

4 성덕태자聖德太子(574~622); 쇼토쿠 태자. 일본 최초의 절 법흥사에서 고구려 승려 혜자와 백제 승려 혜총에게 불교를 배웠다. 일본이 불교국가로 자리잡는 데 절대적인 공헌을 했으며, 법륭사法隆寺를 지었다.

5 송첸감포Srong-btsan sgam-po(581~649); 티베트 초대 국왕(재위 608~649). 두터운 불교 신앙심을 바탕으로 티베트 최초의 통일국가를 건설했다. 당나라 태종의 딸 문성공주와 네팔 국왕의 딸 티쑨을 왕비로 맞았는데, 두 왕비는 각각 백다라白多羅(White Tara), 청다라靑多羅(Green Tara) 보살의 화신으로 여겨졌다. 라싸에 조캉 불전, 라모체 불전을 세우고 석가모니의 불상을 모셨다. 조캉 불전은 현재에 이르기까지 티베트 불교의 중심이며, 국내외에 성지로서 널리 알려져 있다. 라싸에 포탈라 궁을 세웠다.

6 호법護法; 다르마팔라Dharmapāla(530~561). 남인도 달라비도국達羅毘荼國 출신의 승려. 마갈타국의 나란타사那爛陀寺에서 경론을 강설하고, 29세에 대보리사大菩提寺에 은둔하여 수행하면서 『유식삼십송唯識三十頌』의 주석서를 지었다. 인도 10대 논사 중 하나로 32세에 입적했다. 현장玄奘이 번역한 『성유식론成唯識論』은 그의 주석을 중심으로, 다른 9명의 논사들의 견해를 취사 선택하여 하나의 논서로 편집한 것이다. 『대승광백론석론大乘廣百論釋論』·『성유식보생론成唯識寶生論』·『관소연론석觀所緣論釋』등을 지었다. 호법의 『관소연론석觀所緣論釋』(Commentary of Ālambana-parīkṣā)에 다르마키르티Dharmakfrti[법칭法稱(600~680)]에 대한 언급이 있어서 7세기 인물로 보기도 한다.

7   법장法藏(643~712); 당나라 장안長安 출신의 승려로 화엄종 제3조이다. 17세
     에 태백산에 들어가 수년 동안 경론을 두루 배우고, 운화사雲華寺의 지엄智儼
     (602~668)에게 화엄학을 사사했다.

8   이사훈李思訓(651~716); 당나라 황족 출신의 화가이며, 자字는 건룡建見이다.
     측천무후가 정권을 잡고 황족을 박해하자, 숨어 살면서 그림 그리는 법을 익혔
     다. 산수를 세밀하게 묘사했으며, 색채가 화려하여 당나라 제일의 화가로 이름이
     났다. 아들 이소도李昭道와 함께 '금벽산수金碧山水'의 창시자가 되었다.

9   스리위자야 왕국; 2~13세기 동안 말레이반도 남부와 인도네시아의 수마트라, 자
     바섬을 거점으로 발전한 고대 해상 왕국.

10   삼예사; 티베트어 bsam yas, 중국어 桑耶寺. 티베트에 건설된 최초의 불교 승원이
     다. 7세기에 송첸감포 왕이 도입한 이래 스러졌던 불교의 재흥을 꾀하기 위해 서
     력 775년경 치쏭 데짼 왕의 후원으로 세워졌다.

11   아비달마교의강요阿毘達磨敎義綱要; Abhidhammattha-sangaha. 불교심리학과 불
     교윤리학 입문서로 가장 중요한 책이다. 상좌부 불교에서 널리 읽히는 입문서이
     자 상좌부 불교 논장의 요약집이다. 아비달마 연구의 중심지인 인도 또는 미얀마
     에서 편집되었다. 승려인 아누루다Anuruddha의 팔리어 저작으로, 8세기경 또는
     11~12세기경에 집필된 것으로 보인다.

12   오도현吳道玄(700?~760?); 당나라 때의 화가. 현종에게 그림 재주를 인정받아 궁
     정화가가 되었다. 날카롭고 속도감 있으며 생생한 필치로 그렸는데 '백묘白描의
     벽화' 등이 이 경향을 대표한다. 또 나무·들·땅거죽 등의 주름을 그리는 동양화
     입체표현의 한 방법인 준법皴法을 처음으로 사용했다.

13   다르마팔라Dharmapāla 왕; 인도 고대 팔라왕조 제2대 왕(재위 770~815). 부친 고
     팔라가 갠지스강 중하류 유역에 소왕국을 세웠고, 이를 물려받아 그 유역의 중심
     지인 카나우지Kanauj와 중류 전체를 지배하여 왕조의 세력을 확립했으나, 오래
     지 않아 프라티하라Pratihara 왕조에게 카나우지를 빼앗겼다. 이후 남서 라슈트
     라쿠타Rashtrakuta 왕조 등 3파가 카나우지를 둘러싸고 쟁탈을 되풀이했다. 불교
     를 보호하고 비크라마실라Vikramaśilā 사원과 오단타푸리Odantapuri 사원을 조
     영造營했다.

14   회창폐불會昌廢佛; 당나라 무종 대에 회창 5년(845) 4월부터 8월까지 벌어진 폐

불 사건. 당시 장안을 중심으로 번성했던 마니교, 조로아스터교, 네스토리우스파 기독교도 함께 배척당했다.

15 고려高麗; 918년에 왕건王建이 궁예를 축출하고 즉위한 이후, 1392년 이성계에 의해 멸망하기까지 한반도 대부분을 지배하던 국가이다.

16 사자현師子賢; 하리바드라Haribhadra. 인도의 논사로《소품반야경》의 주석서인 『팔천송반야바라밀경주해』를 지었다.

17 전교대사傳敎大師(767~822); 사이초[最澄]. 일본 헤이안 시대의 불교 승려로 히 에이산에 엔랴쿠사延曆寺를 세우고 일본 천태종을 열어 일본 불교의 여러 종파 를 통일하는 데 힘썼다.

18 홍법대사弘法大師(774~835); 구카이[空海]. 일본 헤이안 시대의 불교 승려로 일 본 진언종을 일으켰다. 그의 진언종은 마음과 육체의 합일을 강조하고 현세에서 의 이익을 인정했다.

19 앙코르Angkor; 캄보디아 시엠레아프 주에 있는 유적지로, 9세기부터 15세기까지 크메르 제국의 수도였다.

20 랑다르마 왕(799?~842); 티베트의 고대 왕국 토번의 제42대 첸포이다. 치데송쩬 의 넷째 아들이고, 렐빠쩬의 형이다. 지진과 가뭄과 흉작 등의 원인이 불교에 있 다고 생각하고 불교를 박해하다가, 승려 라룽 베끼도제의 화살에 암살되었다.

21 카샤파 5세(재위 929~939); 스리랑카 아누라다푸라 왕국의 람바카나 제2왕조의 왕으로, 카샤파 4세의 아들이고, 다푸라 4세의 아버지이다.『법구경 주석서 싱할 리어 용어집』을 지었다.

22 겐신[源信](942~1017); 에신 소주[혜심승도惠心僧都]. 일본 천태종 승려로서 염 불을 권했다. 사자성어 '노소부정老少不定'은 겐신의 저서『관심약요집觀心略要 集』에 들어 있는 말로, 반드시 노인은 먼저 죽고, 젊은이는 오래 산다고 정해진 것이 아니며, 인간의 수명이나 죽는 시기는 알 수 없는 것이어서 언제 죽음이 닥 쳐올지 모르므로 부처님을 믿고 불경을 외우라고 권한 데서 비롯되었다.

23 운문雲門(미상~949년); 중국 당송오대唐宋五代의 승려. 중국 선종과 운문종의 개조이다.

24 구야[空也](903~972); 일본 헤이안 시대의 승려. 염불念佛의 가르침을 설법하여 널리 귀족과 서민의 신앙을 모았다. 아미타성阿彌陀聖, 시성市聖 또는 시상인市上人이라 불렸다.

25 아티샤Atisa(982~1054); 인도의 승려로 동벵골 지역에서 태어나 나란다 대학에서 수학하고 비크람쉴라 대학에서 후학을 가르쳤다. 티베트 오드 왕의 초대를 받았지만 계속 거절하다가 60세에 히말라야를 넘어 티베트 전법에 나서며, 말년을 보냈다. 이때부터 티베트 불교는 밀교 전통을 반석으로 만개하기 시작했다.

26 짠지타 왕(1084~1112); 바간 왕조의 왕으로, 짠지타 왕의 치세 때 몬족 문자에 기초한 버마족 문자가 만들어졌고, 무역으로 번영하면서 바간의 왕들은 나라 곳곳에 웅장한 절과 불탑을 세웠다.

27 자야바르만 7세(1125~1218); 크메르 제국의 가장 위대한 왕으로 평가받는다. 자야라자데비와 결혼한 후 그녀가 죽자 그녀의 동생인 인드라데비와 결혼했다. 두 왕비는 그에게 불교에 대한 영감을 고취시켜 불교에 헌신하게 했다. 그 이전에 불교 신자인 왕은 한 명밖에 없었다. 1181년 자야바르만은 왕좌에 등극하고, 앙코르 왕조의 가장 위대한 왕이 되었다. 얼굴 조각으로 유명한 바이욘 사원을 지었고, 수도 앙코르톰에서 제국 각지로 뻗은 총길이 1,200km의 고속도로를 건설했으며, 인도차이나 전역과 말레이 반도에까지 이르는 대제국을 이룩했다.

28 료오닌[良忍](1072~1132); 염불왕생을 주장하는 융통염불종의 개조.

29 호넨[法然](1133~1212); 일본 가마쿠라 시대의 불교 승려로 법명은 겐쿠[源空]이며, 일본 정토종의 개조이다. 염불 한 가지만을 정토왕생의 업으로 삼는 '전수염불專修念佛'이 가장 확실한 수행법이라고 대중들에게 전파했다.

30 신란[親鸞](1173~1262); 일본 가마쿠라 시대의 불교 승려로 악인정기설惡人正機說을 주장하며 새로이 정토진종淨土眞宗을 열었다.

31 에이사이[榮西](1141~1215); 일본 가마쿠라 시대 초기에 임제종을 창시한 승려.

32 바이욘Bayon; 자야바르만 7세가 앙코르톰의 중심에 세운 거대한 불교사원이다. 앙코르와트와 함께 크메르 제국의 가장 인상적이고 상징적인 건축물로 꼽히는 피라미드형 사원이다.

33 사캬 판디타Sakya Pandita(1182~1251); 티베트 불교 사캬파의 제4조. 티베트의 영적 지도자이며 불교학자이다. 문수보살의 화현으로, 모든 붓다의 지혜의 구현으로 여겨진다.

34 호조 도키요리[北条時賴]; 일본 가마쿠라 시대 중기 가마쿠라 막부의 5대 싯켄이다. 싯켄은 막부의 수장인 쇼군의 보조자를 말하는데, 호조 도키요리는 1246년부터 1256년까지 당시 정치의 절대권력을 쥔 실권자로 군림했다.

35 호조 도키무네[北条時宗](1251~1284); 호조 도키요리의 아들로 제8대 싯켄이다. 1282년 중국에서 무가쿠 소겐 선사를 초청하고 사찰 엔가쿠지를 창건하여 일본에 선종이 전파되는 데 공헌했다.

36 쿠빌라이 칸Qubilai Qaàn(1215~1294); 칭기즈 칸의 손자로서, 몽골제국 제5대 칸(재위 1260~1294)이자 중국 원나라의 시조이다. 1279년 남송을 정복하고 금나라와 거란족의 잔당을 토벌했으며, 고려를 부마국으로 편입시켰다. 또 태국·캄보디아·자바 섬을 원정했으며, 베트남 북방까지 영토를 확장했다.

37 담마키티Dhammakitti; 13세기 스리랑카 사람. 스리랑카의 왕통 역사인 『대사大史』의 저자들 중 하나이다. 『대사大史』는 스리랑카의 정통 보수불교인 대사파大寺派가 전하는 스리랑카 불교사로 보아도 손색이 없다. 대사파의 불교를 전하는 또 다른 역사책으로 『니카야상그라하Nikaysamgraha』가 있는데, 이는 14세기말 비라바후Virabahu 2세가 통치할 때 담마키티가 싱할리Sinhali어로 저술한 것으로, 부처의 입멸에서 부바나이카바후 5세까지의 기록이다.

38 지나차리타jinacarita; 붓다의 생애를 472개의 팔리어 시구詩句로 표현한 책이다. 스리랑카 비자야바후 파리베나Vijayabāhu-parivena 사원의 바나라타나 메단카라 Vanaratana Medhankara가 지었다.

39 도겐[道元](1200~1253); 일본 가마쿠라 시대 초기의 선종 승려. 중국에서 조동종을 배우고 계승하여 일본에 돌아와 전파했다. 노년에 들어 기겐[希玄]이라는 휘를 사용했다. 조동종 승려들 사이에서는 고소[高祖]라는 존칭으로 불렸으며, 일반적으로 도겐선사라고 불린다.

40 니치렌[日蓮](1222~1282); 일본 불교 종파의 하나인 니치렌종[日蓮宗]의 개조로 독자적인 법화불교를 수립했다. 이 문파가 한국에 들어와 일련정종日蓮正宗, 창가학회創價學會 등을 이루었다.

41 정토진종淨土眞宗; 가마쿠라 시대 초기에 신란[親鸞]이 스승 호넨의 가르침을 계
　승하여 창종한 종파이다. 일본적인 색채가 더욱 두드러진 종파로서 진종이라고
　약칭하기도 한다.

42 무문관無門關; 남송南宋의 임제종에 속하는 무문 혜개無門慧開가 1228년에 48
　개의 고칙古則을 선별하여 각각에 해설과 게송을 붙인 것을 미연 종소彌衍宗紹
　가 엮은 책이다.

43 잇펜[一遍](1239~1289); 가마쿠라 시대 중기의 승려로서 일본 시종時宗의 개조이
　다. 신앙의 핵심은 아미타 신앙인데, 구원은 중생의 노력이나 아미타여래의 힘에
　의한 것이 아니라 명호名號 그 자체에 있다고 주장했다. 오로지 명호를 외우면
　아미타여래와 중생과 명호가 혼연일체가 되어, 거기에 구원의 세계가 있다고 가
　르쳤다. 타력 염불의 극치라고 할 수 있다.

44 다이오[大應] 국사國師(1235~1309); 난포소묘[南浦紹明]. 가마쿠라 시대에 일본
　임제종을 연 선사. 송나라에서 온 난계도륭蘭溪道隆 선사에게 선을 배우고, 함께
　송나라에 가서 난계의 사형師兄인 허당지우虛堂智愚에게 인가를 받았다.

45 에이손[叡尊](1201~1290); 일본 가마쿠라 중기 율종의 승려. 야마토국 서대사西
　大寺에 머물며, 쇠퇴해가던 계율 부흥에 진력했다.

46 가마쿠라 대불[鎌倉大佛]; 1252년 제작된 약13.35m 높이의 청동대불. 가마쿠라
　시 소재 정토종 사찰인 고토구인[高德院]에 있다.

47 엔가쿠지[円覚寺]; 1282년에 창건되었으며, 특히 석가모니의 치아사리가 봉안되
　어 있는 사리전舍利殿은 가마쿠라 유일의 국보 건축물이다.

48 총카파Tsong Kha pa(1357~1419); 티베트 정통파 불교의 개혁자로서 현교와 밀교
　를 융합한 신교도의 종교개혁운동을 일으켰다. 그 결과 라마교 황모파黃帽派[겔
　룩파]의 개조開祖가 되었다. 저서 『보리도차제론菩提道次第論』을 남겼다.

49 나가라키르타가마Nagarakirtagama; 인도네시아 자바섬 중부에 있던 왕국 마자파
　힛Majapahit의 궁정시인 프라판챠가 편찬한 역사책. 마자파힛의 최고 전성기의
　모습을 서사시로 기록했다.

50 료오요 쇼오게이[了譽聖冏](1341~1420); 일본 정토종 제7조. 8세에 수계하고 이
　바라키현의 조후쿠지[常福寺]에 머물렀다.

51 셋슈 토요[雪舟等楊](1420~1506); 일본 무로마치시대 수묵화의 대가.

52 쿰붐 초르텐[Kumbum Chorten; 15세기 초 티베트의 왕이었던 랍텐 쿤짱 파그가 세
    운 티베트에서 가장 유명한 초르텐, 즉 탑이었던 것으로 추정된다. 지상층의 석
    가모니 부처님부터 첨탑에 안치된 밀교의 명상 신들까지 이들은 모두 75개의 예
    배당에 모셔져 있다. 건물은 총 8층으로 외관은 하얀 석회칠을 했다.

53 몽골불교 최후의 개종; 원제국의 태조 칭기즈 칸 때부터 불교를 보호하던 원나라
    의 숭불은 티베트에서 일어난 라마교의 도입으로 더욱 열렬해졌다. 원대의 라마
    승으로 가장 유명한 사람은 파스파[八思巴](1239~1280)인데, 그는 황제의 스승이
    되었다. 제사帝師의 지위는 더욱 존엄해져 그의 명령은 조칙詔勅과 동등한 권위
    를 가졌다. 이처럼 도에 지나친 원나라의 태도는 라마승을 타락하게 하여 마침내
    원제국의 멸망을 초래하는 원인이 되었다. 1368년 원제국이 멸망하자 극성하던
    몽골의 라마교는 쇠퇴하기 시작했다.

54 오승은吳承恩(1506~1582); 중국 4대기서四大奇書의 하나인 『서유기西遊記』를
    쓴 중국 명나라 때의 문학자.

55 타쿠안 소호[澤庵宗彭](1573~1645); 일본 임제종의 승려. 10세에 불문佛門에 들
    어가 1604년 타쿠안의 호를 받고, 1609년 교토 다이토쿠지[大德寺] 주지가 되었
    다. 에도 막부의 압박에 항의하다가 유배된 뒤 도쿠가와 이에야스의 신임을 얻고
    도카이지[東海寺]를 세웠다.

56 타라나타Tāranātha(1575~1635); 5대 달라이라마의 핍박을 받은 조낭파의 승려로,
    여러 가지 불교 역사 문헌을 썼다. 인도불교에 대한 역사 지식을 통해 기존 티베
    트의 전통적 해석을 비판적으로 극복하려고 했다.

57 지욱智旭(1599~1655); 중국 명나라의 불교계를 대표하는 대학자이다. 천태종을
    조종祖宗으로 삼았지만 모든 종파의 통일을 주장했다.

58 미야모토 무사시[宮本武藏](1584~1645): 일본 에도 시대 초기의 무사이자 화가.
    힘있고 직선적이며 무사다운 패기가 있고 예리한 기백이 느껴지는 약필의 수묵
    화, 특히 새그림을 잘 그렸다.

59 요가바차라 편람Yogāvacara's manual; 16~17세기에 지어진 상좌부 불교의 초심
    자용 명상 지침서. 촛불을 사용한 명상, 만트라 '아라한A-RA-HAN'의 사용, 이미
    지 관하기 등 독특하고 비정통적인 내용이 담겨 있다.

60 하쿠인 에카쿠[白隱慧鶴](1685~1768); 대중포교 활동으로 일본의 임제종을 중흥시킨 고승이다. 수행자들의 귀감이 되는 『야선한화』와 『원라천부』를 집필했다.

61 마쓰오 바쇼[松尾芭蕉](1644~1694); 일본 에도 시대 전기의 하이쿠 작가.

62 유진 부르노프Eugène Burnouf(1801~1852); 프랑스인 동양학자로 조로아스터의 고대 경전에 사용된 옛 이란 언어와 종교교리를 유럽에 소개했다. 또한 1841년 네팔에 보존되었던 산스크리트 원전에서 《법화경》을 프랑스어로 번역했다.

63 태평천국太平天國의 난; 태평천국은 청나라 말기인 1851년에 홍수전洪秀全과 농민반란군이 세워 1864년까지 약 14년간 존속했던 기독교 신정 국가이다. 이들이 일으킨 반란을 '태평천국의 난'이라고 부른다. 아편 전쟁의 결과 막대한 양의 은이 해외로 빠져 나가고 전쟁 비용과 배상금 지불 등을 위해 청나라가 많은 세금을 부과하면서 민중들의 삶이 피폐해지는 사이 세력이 확대되었다.

64 마하보디 소사이어티Mahabodhi Society[대각회大覺會]; 13세기 초 인도에서 이슬람의 유린으로 사라진 불교가 19세기에 재건되기 시작하는데, 그 첫번째 조직이 1891년 스리랑카 출신의 아나가리카 다르마팔라(1864~1933)가 콜롬보에서 결성한 대각회이다.

65 타이슈[太虛](1890~1947); 근대 중국의 대표적 개혁승. 타락한 승가의 개혁을 위해 거사들과 함께 '각사覺社'와 '무창불학원武昌佛學院'을 설립했다. 태허법사는 '장례 및 의식불교'를 '인간불교(인생불교)'의 이념으로 바꾸어 현대 중국 불교의 방향성을 정했다. 또 『해조음海潮音』이라는 불교잡지를 창간했다.

66 영국불교협회English Buddhist Society; 영국의 의사이자 불교작가인 어네스트 라인홀드 로스트 중령을 중심으로 1907년 '대영제국 불교협회the Buddhist Society of Great Britain and Ireland'를 설립하여 리스 데이비즈Rhys Davids가 초대회장이 되었다. 이는 영국 최초의 불교협회였으며 1926년까지 지속되었고, 정기 불교학술지인 『The Buddhist Review』를 출판했다.

67 아미스 듀 부디스메Amis du bouddhisme; 미국 불교도인 콘스탄트 란즈베리Constant Lounsbery가 1929년 프랑스 파리에 설립한 불교증진협회.

불교사의 갈래와 흐름

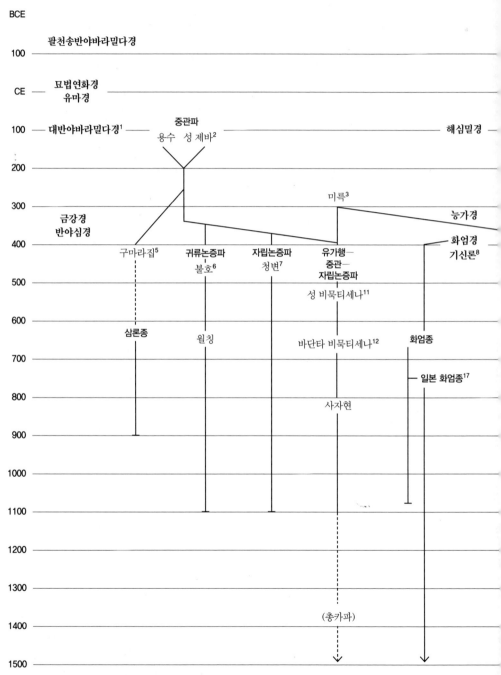

BCE

팔천송반야바라밀다경

100

CE

묘법연화경
유마경

100 — **대반야바라밀다경**¹ — 중관파 ————————————————— 해심밀경 —

용수 **성 제바**²

200

미륵³

300

금강경
반야심경

능가경

400

구마라집⁵   **귀류논증파**   **자립논증파**   **유가행—**   **화엄경**
기신론⁸

불호⁶   **청변**⁷   **중관—**
자립논증파

500

성 비묵티세나¹¹

600

삼론종   월칭   바단타 비묵티세나¹²   화엄종

700

— 일본 화엄종¹⁷

800

사자현

900

1000

1100

1200

1300

(총카파)

1400

1500

범례: 저자는 본문 내용에 있음. 저작은 **볼드체**, 종파는 **고딕체**, 현존하는 종(학)파는 ↓로 표기함.

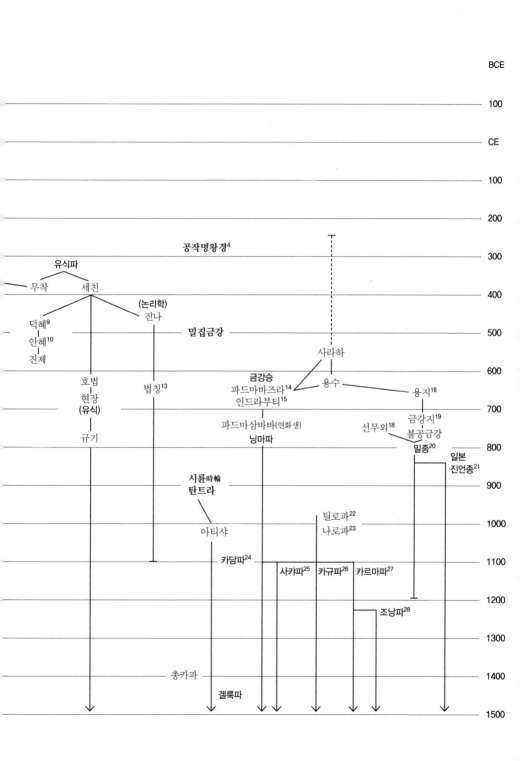

BCE

100

CE

100

200

공작명왕경[4]

300

유식파

무착   세친

400

(논리학)
덕혜[9]   진나
안혜[10]   밀집금강
진제

500

사라하

호법
현장
(유식)   법칭[13]   금강승
파드마바즈라[14]   용수   용지[16]
인드라부티[15]

600

700

규기   파드마삼바바(연화생)   선무외[18]   금강지[19]
닝마파   불공금강
밀종[20]   일본
진언종[21]

800

시륜時輪
탄트라

900

틸로파[22]
아티샤   나로파[23]

1000

카담파[24]   1100

사캬파[25]   카규파[26]   카르마파[27]

조낭파[28]   1200

1300

총카파

겔룩파   1400

1500

불교사의 갈래와 흐름 주석

1 대반야바라밀다경大般若波羅蜜多經; 약칭 대반야경大般若經. 600권. 반야부 경
  전의 약 4분의 3을 차지하는 방대한 경으로, 전체 16회로 이루어져 있다. 제1회
  와 제11회 이하는 현장玄奘이 처음 번역했고, 나머지는 이미 번역된 것을 현장이
  다시 번역했다.

2 제바提婆; deva의 음역. 2~3세기 남인도 바라문 출신의 승려로, 용수의 제자
  이다. 중인도와 남인도에서 여러 외도들의 주장을 논파했으며, 성천聖天(ārya-
  deva)이라고도 한다.

3 미륵彌勒: Maitreya. 4~5세기에 활약한 인도 유식파의 개조. 자씨慈氏라고 한역
  하며,『유가사지론瑜伽師地論』을 지었다.

4 공작명왕경孔雀明王經; Mahāmāyūrī vidyārājñī-sūtra. 8세기 중엽 인도 출신의 학
  승 불공금강不空金剛(Amoghavajra)이 한역했다. 총 3권으로 된 이 경은 공작명
  왕의 진언과 그것을 외우는 공덕에 대해 설법하고 있다. 예로부터 전래되어온
  《자타카Jataka》에는 금색 공작의 호신주護身呪가 독사를 비롯한 갖가지 재앙을
  제거하는 내용이 나오는데, 여기에 밀교적인 요소가 더해져 완성된 것이《공작
  명왕경》이다.

5 구마라집鳩摩羅什(344~413); 인도의 승려로 여러 곳을 편력하며 가르침을 받다
  구자국에서 주로 대승교의 포교활동을 벌였다. 이후《성실론成實論》등 경전 번
  역에 힘썼으며 삼론三論 중관中觀을 확립하여 삼론종三論宗의 조사祖師로도 불
  린다.

6 불호佛護(약 470~540); Buddhapalita. 남인도 출신의 승려. 중관파의 한 분파인
  귀류논증파의 창시자이다. 중호衆護(Saṃgharakṣita)에게 용수의 학설을 배우고,
  용수의『중송中頌』에 대한 주석서를 지었다.

7 청변清辯(약 490~570); Bhāvaviveka. 남인도 크샤트리야 출신의 승려. 중관파 중
  자립논증파를 창시했다. 중호에게 대승 경전과 용수의 학설을 배웠고,『반야등
  론般若燈論』등을 지었다.

8 대승기신론大乘起信論; Mahāyāna-śraddhôtpāda śāstra. 마명馬鳴(Aśvaghoṣa)이
  지었으며,『기신론起信論』으로 약칭한다. 대승의 법법과 의義, 대승에 대한 신심
  信心과 수행을 설한 논서로서, 이론과 실천의 두 측면에서 대승불교의 중심 사상
  을 요약하여 설한다.

9 덕혜德慧(5세기 말~6세기 초); Guṇamati. 남인도 출신의 승려로, 인도 10대 논사
   論師 중 하나이다. 세친의『유식삼십송唯識三十頌』에 대한 주석서 등을 지었다.

10 안혜安慧(510~570); Sthiramati. 남인도 출신의 승려로, 인도 10대 논사論師 중
   하나이다. 덕혜德慧의 제자이며, 유식학唯識學과 인명因明에 정통했다. 세친의
   『유식삼십송唯識三十頌』에 대한 주석서를 비롯하여『대승아비달마잡집론大乘
   阿毘達磨雜集論』등을 지었다.

11 성 비묵티세나; Ārya Vimuktisena. 세친의 제자이고, 사자현(Haribhadra)의 스승
   이다.『현관장엄론現觀莊嚴論』에 대한 주석서를 지었다.

12 바단타 비묵티세나; Bhadanta Vimuktisena. 성 비묵티세나의 제자이다.

13 법칭法稱(600~680); Dharmakīrti. 디그나가의 학설을 바탕으로 인도불교 논리학
   을 집대성했다. 실용주의 노선에서 인식론적 논리를 전개했으며, 철학적 합리주
   의 사유에 근거하여 논리를 전개시켰다.『정리일적론正理一滴論』등을 지었다.

14 파드마바즈라; Padmavajra. 팔라바 왕조 인드라부티 왕의 아들. 인드라부티 왕은
   후계를 이을 자식이 없어 신에게 기원을 올렸고, 왕비가 잉태하게 되었다. 왕비
   는 태몽을 꾸었는데, 수미산을 삼키고, 바다 전체를 마시고, 삼계를 발 아래 두는
   꿈이었다. 점성가와 사제들은 장차 위대한 보살이 태어나고 하늘에서 보물이 쏟
   아질 것이라고 예언했다. 아이는 호수의 연꽃 가운데서 탄생했고, 예언대로 하늘
   에서 많은 재물이 쏟아졌다. 이렇게 태어난 파드마바즈라의 공덕으로 나라가 번
   영했다. 부왕의 서거 후 파드마바즈라는 왕위 계승을 거부하고 출가했으며, 관세
   음보살에게 관정을 받고 12년간 선정 수행을 했다. 파드마바즈라와 파드마삼바
   바[연화생]는 탄생 설화가 비슷하다.

15 인드라부티; Indrabhūti. 인도 우디야나의 왕. 오랫동안 후계를 이을 아들을 얻지
   못한 왕은 천명이 넘는 불교 승려와 힌두교 승려들을 불러 제사를 지냈으나 실패
   하고, 바닷길을 항해하여 소원을 들어주는 여의주를 얻은 뒤 꿈을 꾸었다. 끝이
   아홉 개로 갈라진 황금빛 바즈라vajra(구고저九鈷杵)가 하늘에서 내려와 손안에
   들어오고, 가슴에서 태양이 떠오르는 꿈이었다. 그 후 왕실 연못의 거대한 연꽃
   안에서 사내아이를 발견한다. 이렇게 하여 아이는 파드마삼바바, 곧 연화생蓮花
   生이라는 이름을 갖게 되었다.

16 용지龍智; Nāgabodhi. 3세기경의 스리랑카 승려. 용수龍樹의 제자이고, 금강지金

剛智의 스승이다. 용수의 밀종密宗을 널리 전했으며, 중국의 승려 현장은 그에게서 『중관론中觀論』과 『백론百論』 등을 배웠다. 나이 7백 세가 넘어서도 얼굴은 젊은이와 같았다고 전한다.

17 일본 화엄종; Kegon Shū. 나라시대(710~794)에는 신라와 중국에서 온 승려들, 그리고 중국 유학에서 돌아온 일본 승려들이 불교를 연구했고, 그 결과 삼론종·성실종·법상종·구사종·화엄종·율종 등이 형성되었다. 736년에 중국의 승려 도선道璿이 일본으로 건너가 율律과 화엄경을 강의했다. 또 당시 화엄종에 정통한 신라의 승려 심상審祥(?~742)이 일본 대안사大安寺에 머물고 있었는데, 일본 승려 양변良辨은 화엄종을 융성시킬 목적으로 심상에게 화엄경 강의를 청했다. 이렇게 일본 화엄종이 시작되었으므로 그 시조는 심상이라 할 수 있다. 도다이사(동대사東大寺)는 화엄종의 근본 도량이 되었다.

18 선무외善無畏(637~735); Śubhakarasiṃha. 깨끗한 사자獅子라는 뜻을 지닌 인도 진언밀교의 고승. 학문을 대성한 후 당나라로 건너가 포교와 역경譯經에 힘썼으며,《대일경大日經》,《소바호동자경蘇婆呼童子經》 등의 번역으로 이름이 높다.

19 금강지金剛智(669~741); Vajrabodhi. 인도의 승려. 10세에 출가하여 31세에 용지龍智에게 7년 동안 밀교를 배웠다. 719년에 광동성 광주에 이르고, 이듬해 낙양에 와서 대자은사大慈恩寺·천복사薦福寺에 머물면서 밀교를 전파했다.

20 밀종; 중국의 밀교를 밀종이라고 한다.

21 일본 진언종; 대일여래大日如來를 교주로 하고, 대일경大日經과 금강정경金剛頂經에 의거하여 신체로는 인계印契를 맺고, 입으로는 진언眞言을 외우고, 마음으로는 대일여래를 깊이 주시하여, 현재의 이 육신이 그대로 부처가 되는 즉신성불即身成佛을 목표로 하는 종파이다.

22 틸로파(988~1069); Tilopa. 인도 벵골인 승려. 무상요가탄트라Anuttarayoga Tantra를 수행했으며, 나로파Naropa가 주요 제자이다. 네팔의 힌두 대사원인 파슈파티낱Pashupatinath에 틸로파가 성취를 이룬 동굴과 제자 나로파에게 관정한 동굴이 있다.

23 나로파(1016~1100); Naropa. 인도 벵골인 승려. 티베트 밀교 학자이며, 틸로파의 법을 이었다. 날란다사에 머물며 티베트에서 온 마르파Marpa(1012~1109)에게 6개 요가를 포함한 심오한 교리들을 전수했다. 마르파는 티베트에 돌아가 티베트 불교의 한 종파인 카규파Kagyupa를 일으켰다.

24 카담파; Kadampa. 티베트 불교의 한 종파. 카담은 '부처의 뜻을 가르친다'는 의미
   이다. 인도 출신의 승려 아티샤의 재가제자인 드롬톤Dromtön(1005~1064)이 창
   설했다. 아티샤의 가르침에 충실하여, 먼저 소승불교를 배운 뒤 대승불교를 배우
   게 했다. 또한 높은 법력을 지닌 승려에게만 밀교 수행을 허락했다. 경전 공부와
   계율 준수를 강조하여 사캬파처럼 타락하지 않았다. 창시 이후 350년 동안 티베
   트 역사에 별다른 영향력을 발휘하지 못하다가 총카파가 등장하면서 발전했다.

25 사캬파; Sakyapa. 티베트 불교의 한 종파. 1073년에 세워진 사원인 사캬를 중심으
   로 발전하여 라마교의 홍모교 가운데 가장 큰 세력을 이루었다. 13세기 말엽 몽
   고가 점령한 때에는 몽고의 보호로 당시 교주인 파스파가 전 티베트에서의 정교
   政敎 양권을 장악했으나, 몽고가 쇠망함에 따라 쇠퇴하였다.

26 카규파; Kagyupa. 티베트 불교의 한 종파. 카규는 '입으로 전한다'는 뜻으로, 전통
   밀교 수행을 위주로 하며 아티샤의 가르침도 공부한다. 밀라레파의 제자 감포파
   Gampopa[쇠남린첸Sönam Rinchen]가 1121년에 감포 사원을 세운 데서 유래했다.

27 카르마파; Karmapa. 티베트 불교 카규파의 12카규 분파 중 하나. 카르마카규의
   최고 지도자를 말하기도 한다. 카르마파는 금강총지의 화신으로 여겨지며, 티베
   트 불교에서 환생 제도의 전통을 제일 먼저 시작했다. 정식 칭호는 게와까마빠
   Gyalwa Karmapa이고, 명나라 영락제가 준 칭호인 대보법왕大寶法王이라고도 한
   다. 쇠남린첸의 제자 뒤숨첸파Düsum Khyenpa가 1147년 동부 티베트 리오체 부근
   의 까마에서 까마댄사 사원을 세운 것이 카르마카규와 카르마파의 시작이다.

28 조낭파; Jonangpa. 티베트 불교의 한 종파. 기원은 12세기 초 유모미쿄도르제
   Yumo Mikyo Dorje까지 거슬러 올라간다. 사캬파에 속했던 승려 돌포파쉐랍걀첸
   Dolpopa Sherab Gyaltsen에 의해 널리 전파되었다. 17세기 말에 5대 달라이라마가
   조낭파를 이단시하고 조낭파 사찰들을 그가 속한 겔룩파에 강제 합병함으로써 소
   멸되었다고 여겨진다.

참고문헌

INTRODUCTIONS AND SURVEYS

· A. DAVID-NEEL, *Buddhism, its Doctrines and Methods*, 1939.
· J. B. PRATT, *The Pilgrimage of Buddhism*, 1929.
· CH. ELIOT, *Hinduism and Buddhism, 3 vols.*, 1921.
        Japanese Buddhism, 1934.
· E. J. THOMAS, *The Life oj Buddha as Legend and History*, 1927.
· HAR DAYAL, *The Bodhisattva-Doctrine in Buddhist Sanskrit Literature*, 1932.
· J. E. CARPENTER, *Buddhism and Christianity*, 1922.
· H. KERN, *Manual of Indian Buddhism*, 1896.
· J. BLOFELD, *The Jewel in the Lotus*, 1948. (China)
· L. A. WADDELL, *The Buddhism of Tibet*, 1895~1934.
· CH. BELL, *The Religion of Tibet*, 1931.
· E. STEINILBER-OBERLIN, *The Buddhist Sects of Japan*, 1938.
· D. T. SUZUKI, *Essays in Zen Buddhism, 3 vols.*, 1926~1934.

TEXTS

THERAVADINS

· F. L. WOODWARD, *Some Sayings of the Buddha*, 1925.
· A. K. COOMARASWAMY and I. B. HORNER, *The Living Thoughts of Gotama the Buddha*, 1948.
· THE DHAMMAPADA, ed., trsl. S. Radhakrishnan, 1950.
· SUTTA NIPATA: *Woven Cadences*, trsl. E. M. Hare, 1944.
· NYANATILOKA, *Guide through the Abhidhamma-Pitaka*, 1938.
· BUDDHAGHOSA, *The Path of Purity*, trsl. P. M. Tin, *3 vols.*, 1923~1931.

SARVASTIVADINS

· E. J. THOMAS, *The Quest of Enlightenment, A Selection of the Buddhist Scriptures:* trsl. from the Sanskrit, 1950.
· VASUBANDHU, *Abhidharmakosha, traduit et annotée par L, de la Vallee-Poussin*, 1923~1931.

MAHAYANA

· THE LOTUS OF THE WONDERFUL LAW, trsl. W. Soothill, 1930.
· MAHAYANA TEXTS, trsl. M. Mueller and Takakusu, 1894.
· NAGARJUNA, *Madhyamikasutras*, trsl. M. Walleser, *Die mittlere Lehre des Nagarjuna*, 1911.
· SHANTIDEVA, *Shikshasamuccaya*, trsl. C. Bendall, 1922.
· THE LANKAVATARA SUTRA, trsl. D. T. Suzuki, 1932. (Yogacarin)
· SHRICAKRASAMBHARA TANTRA, *ch.* 1, trsl. *Kazi Dawasamdup, Tantrik Texts, ed. A. Avalon, VII*, 1919.
· THE TIBETAN BOOK OF THE DEAD, trsl. W. Y. Evans-Wentz, 1927.
· W. Y. EVANS-WENTZ, *Milarepa*, 1929.
· THE SUTRA OF WEI LANG, trsl. Wong Mou-lam, 1930. 1947. (Ch'an)
· D. T. SUZUKI, *Manual of Zen Buddhism*, 1935.

ART

· A. FOUCHER, *The Beginnings of Buddhist Art*, trsl. F. W. Thomas, 1917.
· A. GETTY, *The Gods of Northern Buddhism*, 1914. 1928.
· A. K. GORDON, *The Iconography of Tibetan Lamaism*, 1939.

현재도 읽히는 콘즈의 책

- *Buddhism: Its Essence and Development*
- *Buddhism: A Short History* (Short Religion)
- *Buddhist Meditation*
- *The Buddha's Law Among the Birds*
- *Buddhist Thought in India: Three Phases of Buddhist Philosophy*
  (Routledge Library Editions: Buddhism)
- *Thirty Years of Buddhist Studies*
- *Selected sayings from the Perfection of Wisdom*
- *Further Buddhist studies: Selected essays*
- *The Large Sutra on Perfect Wisdom: with the Divisions of the Abhisamayalankara*
  Translated from the Sanskrit and Edited by Edward Conze
- *Buddhist Wisdom: The Diamond Sutra and The Heart Sutra*(공저)

찾아보기

ㄷ

ㅁ

ㅎ

옮긴이 배광식

고등학교 시절 불교에 입문하여 삼십대에 동리산 태안사에서 청화 큰스님을 친견한 뒤 마음공부의 길을 전수받았다. 안심과 환희를 주신 큰스님께 경주敬宙라는 법명을 받고, 스승의 법을 배우고 실천하며 사제지간의 돈독한 불연을 이어왔다.

2002년부터 회원수 7천여 명의 사이버 도량 금강카페를 운영하며 도반들과 매월 참선과 염불을 함께 하는 염불선 수행으로 정진하고 있다. 불교 경전을 비롯하여 다양한 불교 서적을 공부하는 금강강독회, 영어 불교 원서를 윤독하는 수요강독회를 이끌고 있다.

서울대학교 치의학대학원 교수, 대한치과보존학회장, 대한치과의사학회장을 역임했으며, 국제포교사회 회장, 선학원 중앙선원 선정회장, 조계종단 종교평화위원회 전문위원을 지냈다.

저서로 『금강심론 주해 I 』, 『금강심론 주해 II 』, 『금강심론 주해 III 』, 『천 개의 연꽃잎으로 피어나리라』 등이 있다.

불교의 길

초판 1쇄 발행 2021년 8월 12일
지은이 에드워드 콘즈
옮긴이 배광식
펴낸이 강성도
편집 정선우
펴낸곳 뜨란
주소 경기도 파주시 조리읍 내산길55, 102-1001
전화 031-918-9873
팩스 031-918-9871
이메일 ttranbook@gmail.com
등록 제111호(2000. 1. 6)

ISBN 978-89-90840-51-6 03220